GOLDMANN
STERN-BÜCHER

Buch

Leo Sievers schildert eine weithin unbekannte Seite der deutsch-russischen Beziehungen. Seine fesselnde Rückschau ist weniger die Geschichte kriegerischer Auseinandersetzungen als vielmehr die eines jahrhundertelangen fruchtbaren Zusammenlebens.
Schon im frühen Mittelalter errichteten deutsche Kaufleute einen Handelsknotenpunkt in der mächtigen Stadtrepublik Nowgorod. Die berühmte Universität von Dorpat wurde von Deutschen gegründet – und Anna, die Tochter Peters des Großen, heiratete einen deutschen Herzog. Ihr Sohn Peter III., in Kiel geboren, ehelichte die Prinzessin von Anhalt, die als Katharina II. dem Russischen Reich zur höchsten Blüte verhalf.
Carl von Clausewitz, der Philosoph des Krieges, diente in einer russischen Armee. Russische Truppen halfen, Deutschland von der Franzosenherrschaft zu befreien. Otto von Bismarck war drei Jahre lang preußischer Gesandter am Zarenhof und schuf die Vertrauensvorlage für seine spätere Politik, deren Grundpfeiler das friedliche Zusammenleben mit Rußland war. Heinrich Schliemann verdiente als Kaufmann in Petersburg ein Vermögen, das er später dafür aufwandte, Troja auszugraben.
Erst das 20. Jahrhundert brachte die Wende in den Beziehungen. Den Schrecken des Ersten Weltkriegs folgte erst eine behutsame Annäherung, dann die trügerische Ruhe des deutsch-sowjetischen Vertrags von 1939, der Hitlers Angriff auf Polen erst möglich machte. Der deutsche Angriff auf die Sowjetunion 1941 war dann folgerichtig der Anfang vom Ende des Deutschen Reiches . . .

Autor

Leo Sievers, 1917 in Hamburg geboren, studierte Hochbau und wurde Architekt. In den fünfziger Jahren schrieb er Feuilletons für die FAZ, die ZEIT, die Süddeutsche Zeitung. Im STERN veröffentlichte er aktuelle Reportagen mit geschichtlichen Rückblicken. Seine historischen Serien »Napoleon«, »Tito«, »Die Churchills« waren Pflichtlektüre in vielen Schulen. »Die Bauernkriege« und »Juden in Deutschland« wurden als Bücher verlegt.

LEO SIEVERS

DEUTSCHE UND RUSSEN

Tausend Jahre
gemeinsame Geschichte
von Otto dem Großen
bis Gorbatschow

GOLDMANN VERLAG

Herausgeber der Originalausgabe:
Henri Nannen

Redaktion der Originalausgabe:
Hans-Joachim Maass

Der Goldmann Verlag
ist ein Unternehmen der Verlagsgruppe Bertelsmann

Made in Germany · 1/91 · 2. Auflage
Genehmigte Taschenbuchausgabe

Umschlagfoto: Interfoto, München, und AKG, Berlin
Umschlaggestaltung: Design Team München
Druck: Pressedruck Augsburg
Satz: Filmsatz Schröter GmbH, München
Verlagsnummer: 11520
BL · Herstellung: Martin Strohkendl
ISBN: 3-442-11520-5

DEUTSCHE UND RUSSEN

Inhalt

Vorbemerkung

Seit Michail Gorbatschow die prägende Kraft in der Sowjetunion ist, haben sich neue, hoffnungsvolle Perspektiven auch für das deutsch-russische Verhältnis ergeben, dessen historische Hintergründe vielfach verdrängt, vergessen oder verfälscht worden sind. Dabei ist die gemeinsame Geschichte der Deutschen und Russen weder eine Kette kriegerischer Auseinandersetzungen noch eine Demonstration unversöhnlichen Hasses. Den beiden Weltkriegen gingen wenige blutige Zusammenstöße voraus, aber lange Epochen fruchtbaren Zusammenwirkens, in denen nicht nur Handelswaren ausgetauscht wurden, sondern Können und Wissen, Verständnis und Sympathie. Immer wieder in den tausend Jahren dieser gemeinsamen Geschichte fühlten sich Menschen aus beiden Völkern mit einer merkwürdigen Intensität zueinander oder zum Land des anderen hingezogen. Neben sachlichen Kontakten war da immer noch eine mit dem Verstand nicht zu erklärende wechselseitige Attraktion, der Wunsch, Wesen und Geist des anderen zu erfassen, den Menschen zu erleben, der sich so unverkennbar in der Musik, der Literatur, den bildenden Künsten offenbart.

Drei große Gruppen von Deutschen waren es, die der wirtschaftlichen und kulturellen Entwicklung Rußlands entscheidende Impulse gaben: zuerst die Nachkommen der Ritter, Kaufleute und Handwerker, die an den Ostseeküsten in den deutschen Ordensländern von Kurland bis Estland Städte bauten, welche sich jahrhundertelang als Exklaven des Deutschen Reiches betrachteten, auch dann noch, als sie von Polen und Schweden und schließlich von den Russen erobert worden waren. Dann kamen Techniker und Ingenieure, die, von den Zaren gerufen, Häfen und Kanäle bauten, Ärzte und Apotheker, die das Gesundheitswesen organisierten, Steiger und Hauer, die den Bergbau im Ural entwickelten. Generationen von Handwerkern machten sich in den Städten unentbehrlich: Uhrmacher, Glockengießer, Büchsenschmiede und viele andere.

Schließlich kamen noch, von ihrer Landsmännin Katharina der Großen ins Land geholt, deutsche Bauern nach Rußland, wo sie beiderseits der Wolga und an den Schwarzmeerküsten aus Wüste und Ödland ertragreiche Ländereien und blühende Gärten machten und in 150 Jahren 3536 Dörfer bauten, von denen manche zu Städten anwuchsen.

Noch heute leben in der Sowjetunion mehr als 1,9 Millionen Menschen, die »deutsch« als ihre Nationalität angeben, und bei der letzten Volkszählung im Jahre 1979 bezeichneten 1103520 Bürger der Sowjetunion Deutsch als ihre Muttersprache.

Dieses Buch geht dem Phänomen einer intensiven Wechselbeziehung nach, von ersten Begegnungen zu Zeiten der Sachsenkaiser bis zum heutigen Tage. Es ruft die Kapitel einer gemeinsamen Geschichte ins Gedächtnis, die von den Schatten zweier Weltkriege und eines kalten Krieges verdrängt wurden. Es schildert wesentliche Stationen des Miteinanderlebens anhand kraftvoller Schlüsselfiguren, an denen gerade diese Geschichte so reich ist.

Viele Russen studierten an deutschen Universitäten, als es in ihrer Heimat solche Institutionen noch nicht gab. Viele Deutsche halfen dort beim Aufbau des Hochschulwesens und erlebten entscheidende Entwicklungsjahre in Rußland. Ein Zar und die meisten Zarinnen waren gebürtige Deutsche, ebenso viele Staatsmänner und Feldherren, Theaterdirektoren und Archäologen, Erfinder und Entdecker, Poeten, Revolutionäre und eine große Zahl ungewöhnlicher Frauen. Mehrere russische Adelsgeschlechter führen ihren Stammbaum auf deutsche Einwanderer zurück wie die Grafen Tolstoj und die Fürsten Kutusow.

Besonders eng sind die Bindungen in der Musik, der Literatur und der Philosophie. In Deutschland haben die russischen Klassiker seit dem 19. Jahrhundert einen festen Platz, so wie die deutschen bis heute in der Sowjetunion. Schließlich wirken Hegel, Marx und Engels dort bis zum heutigen Tage ebenso über ihren Tod hinaus wie Lenin im geteilten Deutschland. Und man sollte nicht übersehen, daß in den USA nur 400000 Schüler und Studenten Deutschunterricht nehmen, während sich acht Millionen Russen intensiv mit der deutschen Sprache und Literatur beschäftigen.

Hamburg, im September 1988 — Leo Sievers

KAPITEL I

Olga, die erste Frau in Rußlands Geschichte

Mit dem Marsch römischer Legionen nach Norden beginnt die deutsche Geschichte, mit den Fahrten normannischer Boote nach Süden die russische. Die Männer, die aus Skandinavien über die Ostsee gesegelt kamen, nannten sich Waräger. Ihr erster Fürst, den die alten Chroniken nennen, hieß Rurik, die erste Frau, deren Leben sie schildern, war seine Schwiegertochter Olga. Vorher hatten Land und Menschen noch verschwommene Konturen. Selbst Rurik war noch eine Figur im Halbdunkel. Über seine Persönlichkeit, seine Herkunft, seinen Lebenslauf ist kaum etwas überliefert. Mit Olga bekamen die Ereignisse in Rußland feste Umrisse. Mit ihr endete die Sage, mit ihr begann die Geschichte. Olga war die erste von vielen kraftvollen russischen Frauengestalten. Sie war die Stammutter des Herrschergeschlechts, das 700 Jahre lang in den russischen Fürstentümern regierte und schließlich auch die ersten Zaren des vereinigten Reichs hervorbrachte.

In den drei sehr verschiedenen Abschnitten ihres Lebens hatte sie drei Namen und drei Gesichter. Als junges Mädchen, als Tochter eines Pleskauer Waräger-

◁ Die Waräger gründeten in Rußland die ersten Fürstentümer und drangen bis Konstantinopel vor. Diese drei Schlachtszenen zeigen den vergeblichen Versuch, die Hauptstadt des byzantinischen Kaiserreichs zu erobern (aus der »Ersten russischen Chronik«).

fürsten, hieß sie noch Helga. In der Ehe bekam ihr germanischer Name dann seine slawische Form: Olga. So hieß sie als Fürstin von Kiew, die den Tod ihres Mannes so grausam rächte, daß die Chroniken in Detailschilderungen schwelgen. So hieß sie als Regentin, deren politischer Weitblick sie bewog, Verbindung sowohl zum Kaiser von Byzanz als auch zum deutschen König zu suchen. Als sie im Jahre 937 Christin wurde, erhielt sie bei der Taufe den dritten Namen: Helena; der blieb ihr auch, als sie nach ihrem Tode heiliggesprochen wurde, und der ziert noch heute alle Ikonen, die ihrem Andenken gewidmet sind.

Die drei Namen sind symbolhaft für Olgas Leben, und Olgas Leben ist symbolhaft für die frühe Geschichte des russischen Volkes, für die Verschmelzung unterschiedlicher Kulturen und Wesensarten in seinem Innern. Diese Tochter eines warägischen Stammeshäuptlings, die zur russischen Fürstin wurde, erfaßte die ganze Spannweite eines Lebens zwischen der Ostsee und dem Schwarzen Meer, zwischen normannischem Wanderdrang, der Beharrlichkeit einer slawischen Urgesellschaft und byzantinischer Dekadenz. Alle Extreme waren in ihr dicht beieinander.

Die Waräger waren das östliche Pendant jener westlichen Normannen, die zur gleichen Zeit nach Deutschland, England und Frankreich segelten. Sie kamen auf schmalen schnellen Booten im achten und neunten Jahrhundert von Insel zu Insel über das Meer, drangen in den Finnischen Meerbusen ein, durch die Newa in den Ladoga-See, durch die Narwa in den Peipus-See, durch die Rigaer Bucht in die Düna und auf all den Flüssen bis tief ins Innere des Landes. Sie fanden Verbindungen kreuz und quer über das verzweigte Netz russischer Wasserwege bis zur Wolga, bis zum Dnjepr, zum Don. So gelangten sie auch ins Schwarze Meer. Zur Sicherung ihrer Verbindungswege legten sie an allen wichtigen Knotenpunkten befestigte Siedlungen an.

Sie waren Seefahrer und Räuber, Kaufleute und Krieger. Aus den unendlichen Wäldern Rußlands holten sie die Waren, die bei den westlichen und südlichen Nachbarn begehrt waren: Harze, Honig und Wachs, Tierhäute für feine Lederwaren, edle Pelze – und den wichtigsten Energiespender jener Zeit: Menschen. Die Menschen fingen sie in freier Wildbahn oder kauften sie von berufsmäßigen Fängern, verschifften sie in den Süden und verkauften sie auf den Märkten am Schwarzen Meer, wo wegen des heißen Klimas und des entsprechend raschen Verschleißes ein ständiger

Bedarf an dieser wertvollen lebenden Ware bestand.

Menschen brauchte man zum Schleppen aller Lasten, aller Eimer für die Wasserversorgung, zum Zersägen der Baumstämme zu Brettern, zum Tragen der Sänften byzantinischer Aristokraten im behutsamen Zuckeltrab, zum Treideln der Frachtschiffe, zum Transport der Kähne über Land. So eng das Netz der Flüsse und Seen Rußlands auch verflochten war, so gab es zwischen den Wasserstraßen doch immer Landbrücken, über die man die Schiffe auf Walzen und Baumstämmen hinüberwuchten mußte.

Die Waräger waren auch geschickte Handwerker. Sie konnten sich Waffen schmieden und Boote bauen, Hütten, Anlegeplätze. Sie bildeten feste Gemeinschaften, deren kleinste Einheit die Bootsbesatzung war, die geschlossen kämpfte und Siedlungen gründete. Den Bootsführer wählten sich die Männer. Später wurde er zum Dorfältesten, zum Stammeshäuptling, zum Fürsten. Wo sie seßhaft wurden, fügten sie nach kurzer Zeit die verstreut lebenden slawischen Ureinwohner in ihre straff organisierten Gemeinschaften ein.

Die Slawen waren Jäger und Sammler, Hirten, die ihre Schafe und Schweine in den Laubwald trieben, oder Bauern, die schon den Ackerbau kannten. Das waren Menschen, die irdenes Geschirr brennen, Wollstoffe weben, Eisen schmieden, Silberschmuck fertigen konnten. Sie lebten in Sippengemeinschaften und Stammesverbänden, aber ohne weitreichende politische Ordnung und religiöse Organisation.

Bau der Stadt Nowgorod (Miniatur aus der Radziwill-Chronik).

Die Völker, in deren Siedlungsgebiete die Waräger eindrangen, waren Kriwitschen und Dregowitschen, waren Radimitschen und Wjatitschen, Poljanen und Ljutschanen, Sewerjanen und etliche andere. Ihnen allen zusammen gaben die Skandinavier, als sie sich mit ihnen vermischten, ihren eigenen Namen, den das Volk, das aus dieser Mischung entstanden ist, heute noch trägt: Russen. Der Begriff »Rus« wurde zur Bezeichnung für das Volk, das Land und die politische Gemeinschaft.

Schon bald verschmolzen die germanischen Neusiedler mit ihren slawischen Nachbarn so vollkommen, daß sie ihre eigene Sprache aufgaben. Die Neuen heirateten die Töchter der Alten, und ihre Kinder lernten schon die Sprache der Mütter, in die die Väter nur ein paar Worte einbrachten, die sich nicht übersetzen ließen, aus dem Bereich des Schiffbaus, der Seefahrt, des Handels und alle Begriffe der gesellschaftlichen Ordnung. Die Siedlungen entwickelten sich zu Herrschaftsbereichen, die sich immer weiter ausbreiteten und zu Fürstentümern wurden.

In dem weiten Raum, der nach Norden und Osten noch unbegrenzt war, wuchs aus diesen Elementen das Volk der Russen zusammen, wie zur gleichen Zeit im Westen das Volk der Deutschen zusammenwuchs, aus romanischen und keltischen, aus slawischen und germanischen Elementen.

In den Verschmelzungsprozeß brachten die Waräger einiges von ihrer Erbmasse ein: Aktivität und Eroberungsdrang, technische Fähigkeiten und Unternehmungslust, vor allem die Fähigkeit, sich zu aktionstüchtigen Gemeinschaften zusammenzuschließen.

Anfangs führten sie noch ihre alten germanischen Namen, aber die schliffen sich allmählich ab und bekamen ihre slawische Form. Aus Helgi wurde Oleg, Waldemar verwandelte sich in Wladimir, Hakon in Jakun, aus Ingvar entstand Igor, aus Wisselwald Wsewolod, und aus Helga wurde Olga.

Olgas Schwiegervater Rurik, der erste Fürst in Rußland, gründete mit zwei Brüdern im Jahre 862 seine Herrschaft in Nowgorod am Ilmensee, während sich zwei andere Waräger, Askold und Dir, in Kiew am Dnjepr niederließen.

Die Berichte über die ersten Staatengründungen in Rußland stammen aus der »Nestor-Chronik«, der ältesten Quelle russischer Geschichtsschreibung. Sie wurde von einem Mönch namens Nestor im Höhlenkloster bei Kiew Ende des 11. Jahrhunderts aufgezeichnet, nach älteren Quellen, die später verschollen sind, und nach mündlichen Überlieferungen, die ein greiser Mitbruder gesammelt hatte. Im 19. Jahrhundert gab es Bestrebungen unter russischen Historikern, den Anteil der Waräger an der Entstehung des russischen Volkes abzuwerten und diese als einen rein slawischen Schöpfungsakt darzustellen. Dagegen konstatiert der Geschichtsforscher Mirskij: »Zweifellos waren Normannen die Begründer der russischen Dynastie«, und ein anderer sowjetischer Historiker, Pokrowskij, bestätigt: »Ohne Frage waren die ersten Nowgoroder und Kiewer Fürsten, deren Namen wir kennen, schwedischer Abstammung.«

Als Rurik 879 starb, war sein Bruder Igor noch ein Kind. Er wuchs unter der Vormundschaft eines älteren Verwandten heran und lernte, was er können mußte: reiten, fechten, führen. Als er erwachsen war, zog er nach Norden und holte sich aus Pleskau die Tochter des dortigen Warägerfürsten zur Frau: Helga. Sie gebar ihm einen Sohn, den nannten sie Swjatoslaw; er war der erste Waräger, der einen slawischen Namen bekam.

Bald darauf zog Igor mit seinen Kriegern nach Süden, eroberte Kiew, erschlug seine Stammesbrüder Askold und Dir und vereinigte ihr Reich mit seinem. Da ihm die Stadt am Dnjepr gefiel, blieb er dort und holte seine Familie dahin; Helga wurde jetzt Olga genannt. Er versuchte, sein Reich noch weiter nach Süden auszudehnen und Konstantinopel im Handstreich zu erobern, aber das gelang ihm nicht. Er segelte schon mit einem Schwarm seiner schmalen und schnellen Schiffe über den Bosporus, aber die Byzantiner schossen mit »Griechischem Feuer« auf sie, einer Mischung aus Schwefel, Pech und Erdöl, und die »Rus« wurden unter schweren Verlusten zurückgetrieben.

Nicht viel später kam Igor auf einem Zug gegen die Drewljanen ums Leben, einen slawischen Volksstamm, der nördlich von Kiew siedelte und ihm tributpflichtig war. Die Nestor-Chronik berichtet: ». . . und Igor zog wider die Drewljanen, Zins einzutreiben. Sie berieten sich und sagten: ›Wenn der Wolf unter die Schafe geht, dann wird er immer wiederkommen und nach und nach die ganze Herde holen, falls er nicht erschlagen wird.‹ So töteten sie Igor und die wenigen Männer, die bei ihm waren . . .«

Olga wartete in Kiew auf seine Rückkehr mit Swjatoslaw, der fünf Jahre alt war; andere Kinder hatte sie nicht. Die Drewljanen selber meldeten ihr Igors Tod. Sie kamen in einem Boot den Dnjepr abwärts vor Olgas Burg gerudert und forderten sie auf, mit Swjatoslaw einzusteigen und mitzukommen; sie sei doch nun Witwe

und solle dankbar sein, daß der Drewljanen-Fürst bereit sei, sie zu heiraten, ihren Sohn an Kindes Statt und das Kiewer Reich als Mitgift anzunehmen.

Bisher war Olga nur Igors Frau gewesen. Dieses war der Augenblick, in dem ihre eigene Geschichte begann. Bevor sie überhaupt Trauer empfinden konnte, empfand sie erst einmal Haß. Sie dachte an nichts anderes als an ihre Rache. Sie sagte: »Wenn Igor tot ist, dann seid ihr die Sieger, und ihr habt Anspruch darauf, entsprechend behandelt zu werden. Deswegen sollt ihr nicht zu Fuß in meine Burg hinaufgehen, sondern in eurem Boot sitzen bleiben und euch von meinen Leuten hinauftragen lassen.«

Die Drewljanen waren von dem Vorschlag angenehm überrascht. Sie saßen aufrecht im Boot und ließen sich von den keuchenden Russen das steile Ufer hinauf zur Burg tragen. »Sie spreizten sich mächtig und trugen dicke Spangen auf der Brust ...«, berichtet die Nestor-Chronik.

Oben war gerade eine Baugrube aus dem Fels gebrochen worden. Als sie an der vorbeikamen, gab Olga ihren Männern einen Wink, und die kippten die Drewljanen hinein. Als sie dann schreiend aus der Tiefe heraufzuklettern versuchten, beugte Olga sich über den Grubenrand und fragte: »Nun, fühlt ihr euch jetzt genügend geehrt, ihr Sieger?« Dann befahl sie ihren Leuten, die Drewljanen lebendig zu begraben.

Danach sandte sie Boten zum Drewljanen-Fürsten und ließ ihm melden, sein Antrag sei freundlich aufgenommen worden. Sie sei bereit, ihn zu heiraten, er müsse ihr aber schon eine festlichere Abordnung schicken, bestehend aus den vornehmsten Männern seines Volkes, damit seine künftige Gemahlin auch mit angemessenen Ehren aus Kiew abgeholt werde.

Bald darauf kamen tatsächlich ausgesuchte Edelleute in Kiew an. Da sie ziemlich verschwitzt waren von der weiten Reise, be-

Olga rächt sich an den Mördern ihres Mannes (Radziwill-Chronik).

deutete Olga den Herren, sie möchten doch bitte erst ein Bad nehmen. Das Badehaus sei ihnen zu Ehren schon angeheizt.

Beeindruckt von dem noblen Kiewer Stil folgten die Drewljanen gern dem Wink. Als sie dann behaglich in den Zubern saßen, warfen Olgas Knechte ganze Berge von Reisigbündeln und Holzkloben ins Feuer und ringsherum und verschlossen die Türen fest von draußen. Bald brannten die Bündel und die Kloben und dann auch die Dielen und die Wände des Blockhauses. Alle Drewljanen kamen elend in Rauch und Flammen um.

Als das geschehen war, schickte Olga abermals Boten zum Drewljanen-Fürsten und ließ ihm ausrichten, sie sei bereit, zu ihm zu kommen, wolle dort aber zunächst an Igors Grab das Totenmahl feiern, dazu solle man ausreichend Met bereithalten. Sobald die Drewljanen meldeten, alles sei bereit, und es stehe auch ausreichend Met in den Fässern, machte Olga sich mit einer großen Schar starker Krieger auf den Weg.

Zuerst ließ sie sich zu der Stelle führen, an der man Igor und seine Begleiter verscharrt hatte. Dort weinte sie, aber dann sagte sie, jetzt könne man mit dem Totenmahl beginnen. Als man sie fragte, wo denn die beiden Gesandtschaften geblieben seien, sagte sie, die hätten noch genug mit dem Verpacken der Mitgift zu tun und kämen später nach.

Danach setzten sich Russen und Drewljanen zusammen und fingen an zu trinken, der Fürst an Olgas Seite. Sie sprach ehrerbietig mit ihm, wie es einem Sieger zukam, und empfahl sich beizeiten mit ihren Begleiterinnen. Ihre Krieger aber tranken heftig weiter, und sie konnten das besser als die Drewljanen. Von denen fiel einer nach dem anderen betrunken unter den Tisch, und dann war auch Olga wieder da

und befahl ihren Mannen, die Feinde zu erschlagen. Das taten sie, und danach machten sich alle zusammen auf den Weg nach Kiew, bevor es noch hell wurde und das ratlose Volk der Drewljanen auf den Gedanken kommen konnte, sie daran zu hindern.
In Kiew rüstete sie ein Heer aus. Mit dem zog sie abermals gegen die Drewljanen und schlug sie vernichtend. Als sie dann um Gnade baten und sich bereit erklärten, kostbare Sühnegaben zu bringen, sagte Olga: »Ich will euch nicht mit unangemessenen Forderungen bedrücken. Bringt mir von jedem Haus drei Tauben und drei Spatzen. Damit werde ich mich begnügen.«
Die Drewljanen wunderten sich über solche Milde und brachten von jedem Haus drei Tauben und drei Spatzen ins Heerlager der Russen; die ließ Olga an ihre Krieger verteilen. Am Abend, nach Einbruch der Dunkelheit, befahl sie, jedem Vogel eine Schnur an den Schwanz zu binden und daran ein glimmendes Stück Zunder. Als das geschehen war, ließen sie die Vögel frei. Die flogen voller Angst vor dem glühenden Zunder heim in ihre Nester, die Spatzen unter die Strohdächer, die Tauben in ihre Schläge.
Die Chronik berichtet: ». . . so fingen Scheunen und Speicher und Heuböden Feuer, und kein Haus, das nicht brannte, und niemand konnte löschen, denn es brannten alle Häuser. Die Menschen flüchteten aus der Stadt. Olga ließ sie einfangen. Die einen befahl sie niederzumetzeln, die anderen gab sie ihren Kriegern als Sklaven, die dritten mußten dableiben und Tribut zahlen. Und sie erlegte ihnen schwere Lasten auf und gab ihnen strenge Steuergesetze . . .«
Bevor Olga mit Swjatoslaw nach Kiew heimkehrte, errichtete sie mit all ihren Männern einen Grabhügel aus Steinen und Erde über der Stelle, an der Igors Leichnam verscharrt war, so hoch wie eine Burg. Damit war ihre Rache vollbracht, und sie fing an, von Kiew aus ihr Land für ihren Sohn zu verwalten.
Das war im Jahre 945, zur selben Zeit, als in Deutschland Otto der Große König war, Bistümer gründete, Burgen baute, Klöster stiftete. Aber noch nahm Olga keine Verbindung zu Otto auf. Sie wandte sich zunächst nach Süden. Von griechischen Popen, die in Kiew missionierten, ließ sie sich zum Christentum bekehren. Das war für sie nicht nur eine Frage des Bekenntnisses. Sie suchte bewußt den Anschluß an die klassischen Kulturen und Machtbereiche des Schwarzen Meers und des Mittelmeerraums, in die ihr Mann Igor vergeblich mit Gewalt einzudringen versucht hatte.

Die Taufe Olgas in Gegenwart des Kaisers von Byzanz (Radziwill-Chronik).

Sie kam als Gast, als Freundin, als Täufling. Denn diesen feierlichen Akt sollte nicht irgendein Missions-Pope in Kiew vollziehen. Das hätte ihrem Selbstbewußtsein nicht genügt. Olgas Taufe sollte im prächtigsten Gotteshaus des byzantinischen Kaiserreichs gefeiert werden, in der Hagia Sophia, und der höchste geistliche Würdenträger, der Patriarch, sollte sie unter den Augen des Kaisers zelebrieren. So wünschte sie es sich, und so geschah es auch.

Die Reise von Kiew nach Konstantinopel – rund 1500 Kilometer – war nicht allzu beschwerlich. Gleich unterhalb der Burg konnte man in die Boote steigen und den Dnjepr abwärts segeln oder sich treiben lassen, wenn kein Wind war. Dann ging es weiter durchs Schwarze Meer und durch den Bosporus. Im Goldenen Horn, zu Füßen des Kaiserpalasts, machte man fest und wurde in Sänften durch eine kostbar gekleidete Menschenmenge hinaufgetragen.

Nicht nur zur Sicherheit nahm Olga ein zahlreiches Gefolge mit; die Byzantiner sollten auch sehen, wer sie war. Sie kam mit vielen schön bemalten Schiffen, begleitet von den ansehnlichsten Männern und Frauen, umgeben von wuchtigen Kriegergestalten, die jeden Betrachter nachdenklich stimmen mußten.

Konstantinopel war tief beeindruckt, und als Olga unter den Augen Kaiser Konstantins VII. die Taufe empfing, stand die Kaiserin ihr als Patin zur Seite und gab ihr den eigenen Namen: Helena.

Daß die Byzantiner, diese hochmütigen Produkte einer über tausendjährigen Kultur, die – in ihren Augen – halbwilden Leute aus dem Norden so bemerkenswert auszeichneten, hatte seine Gründe: Noch saß ihnen das kalte Grauen im Nacken in der Erinnerung an jenen Morgen, an dem plötzlich auf dem Bosporus Igors zweihundert lange schlanke Wikingerboote aufgetaucht waren, jedes mit mindestens vierzig hellmähnigen Kriegern an Bord. Damals war es gerade noch gelungen, die Nordländer zu vertreiben, die wie geblendet waren vom Glanz der unvergleichlichen Stadt. Aber auf lange Sicht gab es keine andere Möglichkeit, als dieses Volk konsequent zu christianisieren und damit auch in die politischen Interessensräume des byzantinischen Reiches einzubinden.

Olga genoß ihren Auftritt im Zauber von Blattgold unter Weihrauchwolken und Glockengeläut, verlor dabei aber nicht ihren klaren Kopf. Damit niemand auf den Gedanken kam, ihre Pilgerfahrt an den Bosporus als einen Akt politischer Unterwerfung unter die Macht des Kaisers von Byzanz zu mißdeuten, schickte sie schon bald nach ihrer Heimkehr von Kiew aus Gesandte zum deutschen König Otto dem Großen, mit der Bitte, er möge Missionare seiner christlichen Glaubensrichtung in ihr Reich entsenden.

Die Trennung der römisch-katholischen von der griechisch-orthodoxen Kirche war ein langwieriger Prozeß gewesen, der sich über Jahrhunderte hingezogen hatte. Ein wesentlicher Unterschied zwischen beiden Konfessionen lag allein schon darin, daß die Kirchensprache der einen Lateinisch, der anderen Griechisch war, die beide mit völlig verschiedenen Buchstaben geschrieben werden. Der Papst in Rom bestimmte das religiöse Leben im Westen, der Patriarch in Konstantinopel war die geistliche Leitfigur der Ostkirche. Für die slawischen Länder hatten zwei Brüder, Kyrillos und Methodios, aus der Mundart ihrer makedonischen Heimat eine Kunstsprache entwickelt und aus griechischen

Buchstaben ein slawisches Alphabet. Das so geschaffene Kirchenslawisch konnte von allen Stämmen verstanden werden, da die einzelnen Dialekte der großen slawischen Sprachfamilien zu jener Zeit kaum voneinander abwichen.

Olgas Botschaft an Otto den Großen verriet politischen Weitblick. Die Frau vom Dnjepr hatte sich ausreichend über die Verhältnisse in Mitteleuropa informiert. Sie sah in dem Mann aus Niedersachsen – nicht im Papst – den potenten westlichen Verhandlungspartner. Sie wußte, daß jede der beiden großen kirchlichen Organisationen vor allem auch eine politische Kraft war und daß die Bindung an eine von ihnen entscheidend für die weitere Entwicklung ihres Landes werden mußte. Nun wollte sie wissen, welche der beiden rivalisierenden Mächte dem Fürstentum Kiew bessere Möglichkeiten bot.

Otto verstand den Wink. Er konnte in großen Räumen denken und in die Zukunft hinein planen. Der Mann, der später auch König der Lombardei, König von Italien, Kaiser des Römischen Reiches wurde, zog, um sein Weltbild zu erweitern, ständig ausländische Gelehrte und Künstler an seinen Hof. Er gründete zahlreiche Klöster als Pflegestätten der Bildung, gründete das Bistum Prag und das Erzbistum Magdeburg als Basis der Slawenmission, die ihm als Schutzherrn

Otto I., der Große, unter deutschen Fürsten und Rittern (aus der Chronik Ottos von Freising).

der Christenheit aufgegeben war. Zu Ottos Lebzeiten begann sich auch das Wort »deutsch« durchzusetzen, das »volkstümlich« bedeutete, im Gegensatz zum elitären Latein der Priester und Mönche. Die Begriffe »Deutsch« und »Reich« fingen an zu verschmelzen. Zum erstenmal entstand eine typisch deutsche Baukunst, der »Ottonische Stil«. In der klaren Luft dieser Epoche konnten auch so besondere Frauengestalten gedeihen wie die Dichterin Roswitha von Gandersheim. Otto der Große war die starke Figur des Abendlandes.

Auch Olga vermochte in weiten Räumen und über ihre Zeit hinaus zu denken. Die Bitte um deutsche Missionare war eine politische Tat. Als solche begriff Otto sie auch. Kontakte mit dem jungen russischen Fürstentum knüpften die ersten Verbindungen zwischen zwei Völkern, die zur gleichen Zeit begannen, ihre nationale Identität zu finden.

Auf dem Weihnachtsfest des Jahres 959, das er in Frankfurt am Main feierte, besprach Otto sich mit seinen geistlichen und weltlichen Fürsten und Beratern und beauftragte den Mönch Libutius aus dem Kloster Sankt Alban in Mainz, eine deutsche Rußland-Mission aufzubauen. Libutius betrieb über ein Jahr lang eifrig seine Vorbereitungen. Als er im Frühjahr 961 damit fertig war und auch eine Schar tüchtiger Gefährten beisammen hatte, starb er plötzlich kurz vor der Abreise.

Nun mußte ein Nachfolger Hals über Kopf diese schwierige Aufgabe übernehmen, ohne sich einarbeiten zu können. Der Mönch Adalbert aus dem Kloster Sankt Maximin bei Trier wurde damit beauftragt. Er ging in ein Land, von dem er nichts wußte, dessen Sprache er nicht kannte, ohne Aussicht, die Menschen, die er gewinnen wollte, ansprechen zu können. Es stellte sich auch bald heraus, daß der Mann von der Mosel der rauhen Luft am Dnjepr auf die Dauer nicht gewachsen war; seine Begleiter wurden schon bald durch Krankheiten und Unfälle dezimiert. Nach einem Jahr gab Adalbert auf und kehrte nach Deutschland zurück. Immerhin brachte er allerlei Erkenntnisse und Erfahrungen mit, die er als Erzbischof von Magdeburg und damit auch als Leiter der Slawenmission verwerten konnte. So war es vor allem sein Verdienst, daß das Christentum in Polen und Litauen rasch verbreitet wurde.

Den Wettstreit der beiden christlichen Konfessionen entschied die griechisch-orthodoxe für sich.

Olgas Enkel Wladimir machte das Christentum zur Staatsreligion. Nach seinem Tod wurde er heiliggesprochen.

володимиръ посылаеть бориса
protivu печенѣгъ

Swjätoslaw und seine Familie.

Miniature in dem Iskornich Swjätoslaws vom Jahre 1073. Aeltestes Denkmal russischen Schriftthums; Schrift mit Metallfarben auf weißes Pergament geschrieben. Aufenthalt im woskresenschen Kloster. Abgebildet ist der Großfürst, seine Frau Oda, seine Kinder Gleb, Oleg, David, Roman und Jaroslaw. Dazu zwei drachenartige Thiere. Die Inschrift enthält die Namen der Abgebildeten und die Worte des 53. Psalms:

„Verachte nicht, Herr, die Wünsche meines Herzens ꝛc."

Der Patriarch von Konstantinopel war so nahe und der Erzbischof von Magdeburg so weit. Die Entfernung war die gleiche, aber vom Bosporus aus konnte man Kiew mit dem Schiff erreichen, auf den Planken liegend und schlafend. Von Magdeburg aus mußte man wandern oder auf einem Esel reiten, auf einem Pferd, je nach Vermögen, tausendfünfhundert Kilometer über Berge und Ebenen, an Sümpfen, an Seen vorbei, über Bäche und Flüsse, immer quer zu den Wasserläufen, die man, wenn man keinen Fährmann fand, auf einer Furt durchwaten mußte, das Bündel auf dem Kopf.

Letzten Endes war es eine Frage der geographischen Lage, welche Form des Christentums die Russen übernahmen. Seit Olga mitsamt ihrem Gefolge getauft worden war, breitete sich die griechische Orthodoxie rasch im ganzen Land aus. Olgas Sohn Swjatoslaw ließ sich nicht taufen. Da er aber später, als er die Regierung über sein Land selber übernommen hatte, viel auf Kriegszügen unterwegs war, um angrenzende Länder zu unterwerfen, wuchsen seine Kinder unter Olgas Obhut auf, und die erzog sie allesamt zu Christen.

Olga starb im Jahre 969. Die Nestor-Chronik berichtet darüber: »... und es weinten um sie ihr Sohn, ihre Enkel und das ganze Volk. Sie trugen sie hinaus und begruben sie ganz schlicht, denn sie hatte befohlen, kein Totenmahl für sie zu halten. Sie war für das Land die Morgenröte vor dem Sonnenaufgang. Als erste Russin ist sie eingegangen ins Himmelreich, und nach ihrem Tode hat sie Fürbitte eingelegt bei Gott für alle Russen ...«

Swjatoslaw starb als Heide. Getreu der Familientradition fiel er in einem Gefecht, drei Jahre nachdem er seine Mutter begraben hatte. Die Chronik schildert seinen Tod so: »... als es Frühling wurde, begab sich Swjatoslaw zu den Stromschnellen, und Kurja, der Petschenegenfürst, griff ihn an, und sie töteten Swjatoslaw. Sie schnitten ihm den Kopf ab und machten einen Becher daraus, indem sie ihn in Silber faßten. Daraus tranken sie ...«

Er hinterließ drei Söhne: Jaropolk, Oleg und Wladimir, die sich das Reich ihres Vaters teilten. Der älteste bekam Kiew im Süden, der mittlere das Land der Drewljanen, der jüngste den einstigen Stammsitz seines Urgroßvaters: Nowgorod.

Fürst Swjatoslaw II. (geb. 1027, gest. 1076), Enkel Wladimirs des Heiligen, war mit einer Gräfin von Dithmarschen verheiratet. Diese Miniatur aus dem Jahre 1073, das älteste Zeugnis russischer Buchmalerei, zeigt ihn mit seiner Frau und seinen Söhnen: Gleb, Oleg, David, Roman und Jaroslaw.

Wladimir der Heilige, Großfürst von Kiew (regierte von 980 bis 1015).

Wladimir ließ im Jahre 989 die alten heidnischen Götzenbilder zerschlagen und christliche Kirchen errichten. Er erklärte das Christentum zur Staatsreligion und wurde nach seinem Tode als Heiliger verehrt.

Fast zweihundert Jahre war Kiew Rußlands beherrschende Stadt, deren Fürsten alle anderen in Abhängigkeit hielten. Kiew war der religiöse, der wirtschaftliche, der kulturelle Mittelpunkt mit einem blühenden Handwerk und einem lebhaften Handel, mit über fünfzig Kirchen und sieben Klöstern. Das älteste von ihnen war das Höhlenkloster Sankt Anton am steilen Westufer des Dnjepr. In den Mönchszellen, die in die Felsen geschlagen worden waren, wurden noch bis zum Ersten Weltkrieg die mumifizierten Körper von 73 Heiligen gezeigt, die dort in reich mit Edelsteinen geschmückten Goldbrokatgewändern in offenen Särgen ausgestellt wurden, darunter der heilige Anton, der das Kloster achtzig Jahre nach Olgas Tod gegründet hatte.

In einer der steinernen Nischen hatte auch der Mönch Nestor gelebt, gebetet, gefastet und nebenbei seine Chronik geschrieben, das erste russische Geschichtswerk, das nach seinem Tod im Jahre 1115 andere Mönche weitergeführt, ergänzt und erweitert hatten. Mehrfach wurde es kopiert und korrigiert, verändert und verfälscht. Das Original ging schließlich verloren. Nur Abschriften sind erhalten geblieben. Erst viele hundert Jahre später machte sich ein Mann in mühsamer und zäher wissenschaftlicher Arbeit daran, die Texte wieder zu entzerren, zu entschlacken und in eine Form zu bringen, die der ursprünglichen Fassung so nahe wie möglich kam. Der deutsche Historiker und Sprachwissenschaftler August Ludwig Schlözer aus Kirchberg an der Jagst kam 1761 mit sechsundzwanzig

Jahren nach Petersburg. Da lernte er erst einmal Russisch, dann erforschte er die slawonische Grundsprache, in der die alten Schriften verfaßt waren, und hielt russischen Studenten Vorlesungen über sie und über die frühe Geschichte ihres Landes. Er übersetzte die Nestor-Chronik auch ins Deutsche.

Das fünfbändige Werk erschien 1802 in Göttingen unter dem Titel »Übersetzungen des russischen Chronisten Nestor bis zum Jahr 980«. Schlözer verfaßte auch eine Geschichte des Handels und der Schiffahrt sowie eine Geschichte der nordischen Staaten und begann eine für seine Zeit erstaunliche Arbeit: eine Weltgeschichte für Kinder. Wegen seiner Verdienste um die russische Geschichtsforschung erhob ihn Zar Alexander in den Adelsstand.

Schlözers Tochter Dorothea war wegen ihrer Schönheit ebenso bekannt wie wegen ihrer Bildung. Die Maler wetteiferten, sie zu porträtieren, die Gelehrten, mit ihr zu diskutieren. Mit siebzehn erwarb sie den Doktorgrad, und das in einer Zeit, in der junge Mädchen bestenfalls lesen und schreiben lernen konnten. Dann verfaßte sie die erste und grundlegende Geschichte des russischen Münzwesens, und schließlich heiratete sie den Lübecker Bürgermeister Rodde, zog sich völlig von allen wissenschaftlichen Arbeiten zurück und lebte nur noch für ihre Familie.

Schlözers Sohn Christian wurde Professor an der Moskauer Universität. Sein berühmtestes Werk neben der Biographie seines Vaters war die »Anfangsgründe der Staatswirtschaft«, das gleichzeitig auf russisch und deutsch 1804 in Riga erschien.

Auch dessen Enkel Kurd von Schlözer folgte der Familientradition und setzte sich mit dem deutsch-russischen Verhältnis auseinander, vor allem mit dem Wirken der Deutschen in den Ostseeprovinzen. »Verfall und Untergang der Hanse« und »Livland und die Anfänge deutschen Lebens im baltischen Norden« waren seine wichtigsten Arbeiten. Nach der Reichsgründung 1871 wurde er der erste deutsche Gesandte in Washington.

August Ludwig Schlözer; der deutsche Gelehrte erarbeitete die ältesten russischen Quellen für die Geschichtsforschung.

KAPITEL II

Albert von Buxhövden, ein Mann des Ausgleichs

Anfangs war Moskau ein bedeutungsloses Dorf an einem trägen, mäßig breiten Fluß namens Moskwa. Die Landschaft beiderseits der schilfigen Ufer war undramatisch. Selbst die Fische im Wasser wurden von Kennern als ziemlich langweilig im Geschmack bezeichnet.

»Moskwa« heißt soviel wie trübes Wasser. Der Ort bekam keinen eigenen Namen. Man nannte ihn der Einfachheit halber nach dem Fluß, weil niemand auf den Gedanken kommen konnte, daß dieses Dorf einmal zu einem Angelpunkt der Weltgeschichte werden würde. Es gab dort nur ein paar Häuser für Menschen, Schafe und Bienen, einen Anlegesteg für Lastkrähne und Fischerboote, eine kleine Kirche und die Burg eines nicht sehr begüterten Bojaren namens Kutschko. Dieser war ein Vasall des Landesherrn Jurij Dolgorukij, eines direkten Nachkommen von Olgas Enkel Wladimir.

In den Chroniken taucht der Name Moskau zum erstenmal im Jahre 1147 im Zusammenhang mit einem großen Festgelage auf. Jurij Dolgorukij, Fürst von Susdal, dem die ländliche Idylle gefiel, hatte Stepan Kutschko zu einer Bärenjagd eingeladen und bei der Gelegenheit, wie böse Zungen behaupteten, von einem dressierten Bären zerreißen lassen. Nun war der Landesherr auch noch Grundherr des kleinen Orts, der so günstig an der Handelsstraße von Rostow nach Susdal lag.

Im Sommer 1147 lud Jurij Dolgorukij seinen Vetter, den Fürsten von Nowgorod-Sewersk, in die verträumte Landeinsamkeit Moskaus ein, um dort in Ruhe einen Bündnisvertrag auszuhandeln. Weil man nie wissen konnte, wie sich die Dinge entwickelten, brachte dieser vierhundert Krieger mit, und jeder von ihnen zu seinem Vergnügen ein Mädchen. Jurij Dolgorukij war ein Mann von bester Herkunft. Seine Großmutter war die byzantinische Kaisertochter Irene, und seine Tante Eupraxia hatte den deutschen Kaiser Heinrich IV. geheiratet. Jurij kannte die Neigung seines Gastes, immer noch Leute mitzubringen, und ließ beizeiten alles zusammenschleppen, was man im weiten Umkreis an Rindern, Schweinen und Schafen, an Hirschen, Rehen und Hasen, an Gänsen, Enten und Hühnern auftreiben konnte, dazu riesige Fässer mit Branntwein.

Jurij Dolgorukij, Fürst von Susdal.

Der arabische Gesandte Ahmed ben Foszlan ben Abbas, der um diese Zeit Rußland bereiste, um für den Kalifen von Bagdad die Eigenarten dieses Landes zu erkunden, schrieb: »... die russischen Fürsten beginnen alle Konferenzen mit endlosen Saufereien, bei denen sie unvorstellbare Mengen vertilgen. Bisweilen stirbt ein fröhlicher Zecher an Herzversagen oder Gehirnschlag. Die Mädchen machen kräftig mit, stets bedacht, die Kontrahenten ihrer Herren mit ihrem Liebreiz zu verwirren und schließlich in kleine Holzhütten zu locken, die von außen recht schlicht wirken, drinnen aber überaus zweckdienlich eingerichtet sind. Da machen sie sie dann restlos verhandlungsunfähig. Vierzig junge Mädchen stehen dem Fürsten zur Verfügung. Sie dürfen sich um ihn herum auf seinem Podest lagern, das mit Edelsteinen aus dem Ural reich geschmückt ist. Manchmal beginnt er ungeniert mit einer von ihnen zu scherzen. Das Podest verläßt er allenfalls, wenn ihn menschliche Notdurft bewegt. Gewöhnlich benutzt er dazu eine Schüssel ...«
Möglicherweise hatte Ahmed ben Foszlan seinen Rußland-Bericht gezielt mit pikanten Details gewürzt, um damit zu erreichen,

daß sein Herr in Bagdad den Text auch tatsächlich las. Moskau jedenfalls, das später so prächtige und gewaltige, das immer etwas unheimliche, aber unglaublich anziehende, das oft noch geschundene und niedergebrannte, begann seine historische Existenz mit einem Bacchanal.

Als alle Fässer leergetrunken, alle Schüsseln leergegessen, die Freundschaftsverträge unterzeichnet und die Gäste mit ihren Mädchen fortgeritten waren, kam Jurij der Gedanke, die kleine Bojarenburg zu einer starken Festung auszubauen, als westlichen Vorposten seiner zweihundert Kilometer ostwärts gelegenen Residenz Susdal. So entstand auf dem Hügel über der Moskwa in achtjähriger Bautätigkeit der erste hölzerne Kreml mit Wall und Graben und einer steinernen Mauer. Fürst Jurij kam gelegentlich, um den Bau zu überwachen. Seine Residenz aber behielt er im weit größeren und schöneren Susdal, wo er angemessen Hof halten konnte. Er überlebte die Fertigstellung des Moskauer Kreml nur um wenige Monate und starb am 15. Mai 1157, knapp zehn Jahre nach dem großen Fest.

Sein Sohn und Nachfolger Andrej machte das neugegründete Wladimir, das einen Tagesritt westlich Susdals lag, zu seiner Residenz. Da baute er einen prächtigen Palast und die berühmte De-

Moskau Mitte des 12. Jahrhunderts, als Jurij Dolgorukij den kleinen befestigten Platz in Besitz nahm.

metrius-Kathedrale aus Steinen, die vom Ural kamen, mit Baumeistern, Steinmetzen und Dachdekkern aus Deutschland. Kaiser Friedrich Barbarossa schickte Andrej bereitwillig Baufachleute, von denen es im Reich so viele gab, wo an den Flüssen und Strömen immer neue Dome und Klosterkirchen in den Himmel wuchsen.

Andrej Bogoljubskij war ein starker Herrscher, entschlossen, Ruriks Reich wiederherzustellen. Er eroberte Kiew, dessen Glanz schon deutsche Chronisten wie Adam von Bremen und Thietmar von Merseburg geschildert hatten. Er zwang auch das mächtige Nowgorod im Norden in seine Gewalt. Mögliche Rivalen schaltete er aus, bevor sie gefährlich wurden. So lud er seinen Neffen Gleb, dem er mißtraute, zur Jagd ein und variierte den Bären-Trick seines Vaters, indem er Gleb ertränken ließ und nachher das Gerücht ausstreute, der Bär habe ihn in die Kljasma gedrückt.

Leute, die ihm weniger nahestanden, ließ er ohne so dramatische Begleitumstände einfach beseitigen. Bald wagte niemand mehr, sich ihm zu widersetzen. Mehrere kleine Fürsten erklärten sich freiwillig zu seinen Vasallen. Er selber verlieh sich den Titel »Großfürst«. Er war unangreifbar bis zu dem Tag, an dem sich drei Frauen gegen ihn verschworen.

Die erste war die Witwe seines Neffen Gleb, die die Geschichte von der Bärenhatz nicht glauben wollte.

Die zweite war Andrejs Frau, die er um einer jüngeren und schöneren willen verstoßen hatte.

Die dritte war die jüngere und schönere: Tanaita, eine Bulgarin, die er auf einem Feldzug erbeutet und mit nach Wladimir gebracht hatte. Obwohl sie als seine Geliebte in allem Überfluß lebte, konnte sie nie vergessen, wie Andrejs Soldaten ihre Schwestern

Im Jahre 1174 wurde Fürst Andrej Bogoljubskij im Auftrag dreier Frauen von seinen Bojaren nach dem Kirchgang umgebracht.

und Freundinnen erst vergewaltigt, dann an Sklavenhändler verschachert hatten, zum Weiterverkauf an orientalische Hurenhäuser. Sie haßte den Mann, der die Nächte mit ihr auf den seidenen Polstern seines Lagers verbrachte.

Nachdem die drei Frauen zueinandergefunden hatten, gewannen sie zäh und geduldig Mann für Mann aus Andrejs Leibwache für sich. Diese Männer lauerten ihm am Morgen des 29. März 1174 vor dem Portal der schönen neuen Demetrius-Kathedrale auf, und als er herauskam, erschlugen sie ihn.

Um das Erbe führten seine Brüder einen verbissenen Krieg. In der russischen Rechtstradition gab es nicht die Primogenitur, das Erbrecht des Ältesten. Wer ein Landgut oder ein Fürstentum besaß, konnte es dem unter seinen Nachkommen vermachen, der ihm der liebste war, oder alles aufteilen. Das führte oft zu blutigen Fehden, bei denen scharenweise Gefolgsleute ihr Leben lassen mußten, denen es im Grunde gleichgültig sein konnte, wer ihr neuer Herr wurde. Andrejs jüngster Bruder Wsewolod erwies sich als der Stärkste. Er unterwarf die anderen und noch mehrere kleine Fürsten in der Nachbarschaft. Dann baute er den Moskauer Kreml zu einer starken Festung und zu einer Residenz aus, in der er großartig Hof halten konnte.

Zu seiner Zeit war es, daß der Deutsche Ritterorden und die Schwertbrüder an der Ostsee zu missionieren begannen, bis hinauf zur Rigaer Bucht und zum Finnischen Meerbusen. Aber das berührte nicht seine Interessen. Noch war das Reich der Moskauer Herrscher weit von der Ostsee entfernt.

Riga, heute die Hauptstadt der Lettischen Sowjetrepublik, wurde von einem Bremer Domherrn gegründet, von niedersächsischen Handwerkern erbaut, mit dem Hamburger Stadtrecht ausgestattet, von Lübecker Kaufleuten ins Netz ihrer Handelsbeziehungen eingeflochten. Lange war es Sitz eines deutschen Bischofs und Reichsfürsten und bis zum Zweiten Weltkrieg Wohnort deutscher Handwerker und Kaufleute. Die Umgangssprache war Plattdeutsch, das im 17. Jahrhundert allmählich durch Hochdeutsch verdrängt wurde. Oft zerschossen, geplündert und verwüstet, wurde Riga immer wieder so aufgebaut, daß es seine Verwandtschaft mit den anderen deutschen Hafenstädten an der Ostsee niemals verleugnete.

Der Mann, der das Wagnis unternahm, zwischen einigen verstreuten Fischerkaten und Schifferhütten eine Domkirche zu errichten, die zum Mittelpunkt einer blühenden Stadt wurde, war der Niedersachse Albert von Buxhövden. Er führte als Domherr in Bremen ein stilles Leben, bis ihn im März 1199 sein Onkel Hartwig, Erzbischof von Bremen und Leiter der Heidenmission im Norden, zum Bischof von Livland weihte.

Die Diözese des jungen Herrn lag über tausend Kilometer von Bremen entfernt und war weitgehend unerforscht. Man wußte nur, daß sie von kriegerischen Volksstämmen bewohnt wurde, die ständig miteinander in Fehde lagen und sich nur darin einig waren, daß sie sich keinesfalls taufen lassen wollten.

Ein einziges kleines Missionszentrum gab es da oben, mit einer hölzernen Kapelle am Unterlauf der Düna. Der Segeberger Chor-

Deutsche Baumeister errichteten zwischen 1160 und 1170 die Residenz des Großfürsten Andrej in Wladimir.

herr Meinhard hatte es gegründet und war dort im Sommer 1196 noch eines natürlichen Todes gestorben. Seinen Nachfolger Berthold aber, vormals Abt im Kloster Loccum, hatten die Liven erschlagen, um anzudeuten, man möge von weiterer Missionstätigkeit Abstand nehmen.

Nahe der kleinen Kapelle gab es Anlegeplätze und Lagerschuppen. Da löschten vor allem Lübecker Schiffe ihre Ladung, die aus ganz Deutschland kam: Werkzeuge aller Art, Tuche und Wirkwaren, Garne und Nähnadeln, Hopfen, Kupferzeug, Silberzeug und allerlei Bijouterien für die Fürstenhöfe. Da wurden die Frachten umgeschlagen auf die leichten, flachen Flußkähne, die sie weiterschafften, die Düna aufwärts nach Polozk, Witebsk, über das verzweigte russische Flußsystem bis tief ins Innere, nach Nowgorod im Norden, nach Kiew im Süden. Und da luden auch die Ostseeschiffe, was diese Kähne aus den unendlichen Weiten Rußlands herangeholt hatten: Pelze und Häute, Wachs und Pech, Jagdfalken aus den nördlichen Urwäldern und die kostbaren Walroßzähne von den Eismeerküsten.

Was man über das Land dort oben wußte, wußte man von Lübecker Kaufleuten und Seefahrern. Diese waren an der Rigaer Bucht und am Finnischen Meerbusen gern gesehene Gäste, weil sie brachten, was man brauchte, und weil sie holten, was man verkaufen wollte. Eine eigene Handelsschiffahrt hatten die Anrainer-Völker an der oberen Ostsee nicht. Das risikoreiche Geschäft, ihre Märkte zu beschicken, überließen sie gern den Deutschen.

Ein Jahr bereitete sich Albert auf seine Livland-Fahrt vor, sammelte Informationen und machte Pläne. Seine ersten Gefährten fand er in der engsten Familie. Fünf seiner Brüder, Männer aus verschiedenen Berufen, waren bereit, alles daheim aufzugeben und ihn zu begleiten. Sie halfen ihm, Dolmetscher zu finden, Geistliche, die leicht fremde Sprachen lernen konnten, Handwerker für die erste Siedlung: Zimmerleute, Schmiede, Schuhmacher, auch Bootsleute und Pferdeknechte, Männer, die backen und schlachten konnten, räuchern und pökeln. Er wollte in kleinen lebenstüchtigen Gemeinden das Christentum praktizieren, um aus ihnen heraus die Lehre über das ganze Land zu verbreiten.

Hilfe kam auch aus Rom. Papst Innozenz III. forderte in seiner Bulle vom 5. Oktober 1199 alle abkömmlichen Männer zwischen Rhein und Elbe auf, die Slawenmission zu unterstützen. Zur Belohnung sollten die Livland-Fahrer den gleichen Ablaß erhalten wie die Rom-Pilger.

Siegel Bischof Alberts von Buxhövden.

So wichtig der Segen der Kirche war, so unerläßlich war die Hilfe der politischen Mächte. Albert versuchte, den deutschen König für sein Vorhaben zu begeistern. Das war Philipp von Schwaben, Kaiser Friedrich Barbarossas Sohn, ein junger Herr von einundzwanzig Jahren, der durch die ererbte Reichspolitik ganz auf den Süden fixiert war. Dennoch fand er nicht uninteressant, was Albert ihm über die Diözese am nördlichen Ende der Welt vortragen wollte, und lud ihn zum Weihnachtsfest nach Magdeburg ein, wo viele Reichsfürsten versammelt waren und wo zu ihrer Unterhaltung der berühmte Dichter Walther von der Vogelweide auftrat.

Aber der Glanz trog. Nicht alle Reichsfürsten hielten zu Philipp. Die Opposition hatte Otto von Braunschweig zum König gewählt, den Sohn Heinrichs des Löwen. Das Reich war gespalten in zwei Parteien, Deutschland hatte zwei Könige. Beide waren so in die inneren Kämpfe verwikkelt, daß keiner daran denken konnte, seine Kräfte für die Christianisierung Livlands einzusetzen. Das Reich hatte gerade seinen Weg in die Machtlosigkeit begonnen, die Walther von der Vogelweide in seinen Liedern so bitter beklagte.

Vom deutschen König hatte Albert nichts zu erwarten, aber die deutschen Kaufleute unterstützten ihn kräftig. Die alten Handelsverbindungen, die von Köln über Bremen und weiter über Hamburg oder Lüneburg nach Lübeck verliefen, waren die Basis des deutschen Ostseehandels. Ein starkes Missionszentrum an der Rigaer Bucht mußte letztlich auch zum Festpunkt im Netz wirtschaftlicher Verbindungen werden. Die Handelshäuser der nördlichen Hafenstädte, die sich bald darauf zur Hanse zusammenschlossen, waren gern bereit, Schiffe auszurüsten und den Transport der Expedition von Lübeck bis in die Rigaer Bucht zu übernehmen.

Auch der dänische König zeigte sich interessiert. Unter den vielen Adeligen, die sich Albert anschlossen, war auch Graf Albrecht von Holstein, ein Neffe von König Knud VI. Albrecht stellte die Kontakte zu seinem Onkel her. Die Dänen taten schon lange, wozu die Deutschen nicht kamen: Sie errichteten systematisch Machtpositionen rings um die Ostsee. Mit Knud mußte sich arrangieren, wer in Livland missionieren wollte.

Zeitig im Frühjahr 1200 ritt Albert mit Albrecht von Holstein nach Ribe, um sich dem dänischen König vorzustellen, der die weltliche Herrschaft über Livland und Estland beanspruchte. Knud freute sich, einen Mann kennenzulernen, der unter seiner Oberhoheit ein Land christianisieren wollte, für dessen Erschließung er bisher keine dänischen Geistlichen und Ritter hatte begeistern können.

Begleitet von König Knuds Segenswünschen segelte Albert am ersten warmen Tag des Jahres 1200 mit 23 Schiffen von Lübeck ab. Er und seine Gefährten hatten zu Hause ihren gesamten Besitz verkauft und den Erlös in die gemeinsame Kasse eingebracht, um nur noch nach dem Missionsgebot der Heiligen Schrift zu leben: »... gehet hin und lehret alle Völker und taufet sie im Namen des Vaters und des Sohnes und des Heiligen Geistes!« (Matth. 28 Vers 19)

Vier Brüder begleiteten Albert, der fünfte, der Augustiner-Pater Engelbert, blieb daheim, um neue Freiwillige für die Reise nach Livland zu sammeln.

Dort wirkte Albert neunundzwanzig Jahre bis zu seinem Tode. Er baute Riga zum Bischofssitz und zur Hafenstadt aus. Er holte immer mehr Deutsche ins Land, Ziegelbrenner und Maurer, Dachdecker und Tischler. In wenigen Jahren entstand die Stadt aus dem Nichts. Zwischen Bauhütten und Werkstätten erhob sich der Dom, Gärten und Felder wuchsen hinaus ins Land, Hafenanlagen entstanden. Die neuen Häuser bevölkerten sich mit Menschen aller Art und einer Sprache.

Die Liven in der Umgebung erlebten staunend mit, wie diese vitale Gemeinde erblühte. Es war nicht schwer, sie zur Taufe zu bewegen, da sie die Vorzüge christlicher Lebensweise so deutlich demonstriert bekamen. Daß die Zivilisation mit der Mission Hand in Hand ging, bestätigte 700 Jahre später die Sowjetische Akademie der Wissenschaften, als sie die »... fortschrittliche Wirtschaftsform der deutschen Siedler« lobte.

Nicht alle Männer der ersten Stunde waren durch ein Keuschheitsgelübde gebunden. Es lag nahe, daß sie sich bald nach pas-

Hansekoggen verkehrten zwischen Lübeck und Nowgorod (Illustration aus dem Hamburger Stadtrecht von 1487).

senden Frauen umsahen. Sie fanden in den Dörfern ringsum hübsche, kräftige Mädchen mit weichen Gesichtern und hohen Wangenknochen, blond meistens, mit etwas schrägen blauen Augen. Viele waren nicht abgeneigt, mit einem dieser emsigen Männer, die eine Stadt aus dem Nichts aufbauten, eine Familie zu gründen, und die Geistlichen hatten viele Ehen zwischen Norddeutschen und Livinnen zu segnen.

So entstand in seinen ersten Wurzeln der Stamm der Deutsch-Balten, widerstandsfähig, tüchtig, nie seines Lebens ganz sicher, aber immer seines Lebens auf etwas melancholische Weise froh, mit einem eigentümlich makabren Humor begabt. In der Geschichte der deutsch-russischen Beziehungen spielte er eine besondere Rolle. Er brachte viele bedeutende und auch skurrile Männer und Frauen hervor.

Um Bischof Albert weiterzuhelfen, weihte der Papst das Land der Jungfrau Maria und gewährte auf die Livland-Fahrt den gleichen Ablaß wie auf einen Kreuzzug ins Heilige Land. Außerdem gab er Albert das Recht, neue Bistümer zu gründen und Bischöfe zu ernennen.

Albert gründete die Bistümer Dorpat, Kurland und Ösel-Wiek. Sein Wirkungsbereich wuchs, je mehr Liven sich taufen ließen und je mehr Deutsche aus der Heimat nachkamen und die neuen Städte bevölkerten. Er erhielt die gewachsenen Stammesverbände der Liven und Lettgaller, der Semgaller und Kuren, schloß Verträge mit ihnen und fügte sie nach und nach in sein geistliches Fürstentum ein, das zwischen Rigaer Bucht, Düna und Peipus-See immer klarere Konturen annahm. Sein Kampfinstrument bei kriegerischen Auseinandersetzungen waren die »Schwertbrüder«, ein geistlicher Ritterorden, den der Zisterzienser-Mönch Theoderich 1202 in Riga gegründet hatte mit dem Auftrag, gewaltsam zu missionieren. Demonstrativ trugen die Ordensbrüder auf ihren weißen Mänteln schräg über dem Kreuz ein rotes Schwert aus Stoff aufgenäht. Als festen Standort bauten sie sich eine Burg in Wenden, einen Tagesritt ostwärts Riga. Albert versuchte, sie, die ihm der Papst persönlich unterstellt hatte, am kurzen Zügel zu halten, um zu vermeiden, daß sie in ihrem fanatischen Eifer Konflikte mit den russischen Nachbarn im Binnenland heraufbeschworen, mit denen seine Städte durch einen lebhaften Handelsverkehr verbunden waren.

Nachdem der Papst sich so eifrig für Albert eingesetzt hatte, wollte der deutsche König nicht zurückstehen. Acht Jahre nach dem stimmungsvollen Magdeburger Weihnachtsfest mit Lautenmusik, Minnegesang und politischer Spruchdichtung lud Philipp von Schwaben den Bischof Albert im Februar 1207 zum Hoftag nach Gelnhausen und verlieh ihm dort feierlich das Bistum Livland zu Lehen. Von nun an waren die Bischöfe von Riga deutsche Reichsfürsten und blieben es dreihundertfünfzig Jahre lang.

Das war eine stolze Rangerhöhung ohne praktischen Wert. Livland war eine ferne Exklave, vom Reich durch weite Gebiete mit unklaren Besitzverhältnissen getrennt. Das Volk bestand aus mehreren Stämmen, die zwar getauft, aber noch nicht voll integriert waren. Die deutschen Geistlichen und Ritter, Kaufleute und Handwerker bildeten Oberschichten, in die Einheimische allenfalls durch Heirat Einlaß fanden. Das Verhältnis zu den russischen Nachbarn war delikat, denn denen konnte es auf die Dauer nicht gleichgültig sein, daß an allen Buchten und Flußmündungen der Ostseeküste Missionszentren entstanden, aus denen leicht Bastionen politischer Macht werden konnten.

Zu dieser Zeit war Rußland keine politische Einheit, sondern ein Flickenteppich aus vielen Fürstentümern, deren Herrscher miteinander verwandt und verfeindet waren. Der Handel, der aus Deutschland über ihre Flüsse zu ihren Städten lief, funktionierte reibungslos. Es war sinnvoll, Spannungen zu vermeiden, und die konnten sehr leicht aus dem aggressiven Bekehrungsdrang der Schwertbrüder entstehen.

Alberts nächster russischer Nachbar war Fürst Wladimir von Pleskau, und der mußte sich als orthodoxer Christ bedroht fühlen, wenn bewaffnete römisch-katholische Missionare seine Grenzen überschritten. Um Wladimir einen Beweis seiner friedlichen Gesinnung zu liefern, schickte Albert seinen Bruder Dietrich von Buxhövden mit hübschen Geschenken aus heimischen Goldschmiedewerkstätten nach Pleskau

Dietrich führte seinen Auftrag, persönliche Kontakte herzustellen, vorbildlich aus. Als er wiederkam, folgte ihm auf einer zarten Stute eine kräftige russische Prinzessin, und er war Fürst Wladimirs Schwiegersohn. Noch heute leben Nachkommen dieses Paares.

Damit war ein Vertrauensverhältnis zum östlichen Nachbarn geschaffen. Man konnte miteinander sprechen. Den Russen war es gar nicht so unangenehm, daß die Deutschen an ihren Flußmündungen Städte gründeten und in der Wildnis ein Ordnungssystem schufen, wo vorher die kreuz und quer miteinander verfeindeten baltischen Völker ein ständiger Unruheherd gewesen waren. Die

Deutschen sollten nur die Grenzen der russischen Interessen respektieren, und dazu war Albert fest entschlossen.
Auch mit dem dänischen König fand er ein friedliches Auskommen. Als Knuds Nachfolger Waldemar II. die Burg Reval am Finnischen Meerbusen baute, um seine Ansprüche auf Estland deutlich zu manifestieren, schickte ihm Albert deutsche Handwerker. Die blieben da und bauten um die Burg herum eine Stadt. Reval bekam bald lebhaften Zuzug aus dem Reich und wurde zu einem wichtigen Mitglied der Hanse mit so engen Verbindungen nach Lübeck, daß es in der Stadt zur festen Redensart wurde: »Lübeck und Reval gehören zusammen wie die beiden Arme eines Kreuzes.«
Albert, einer der großen politischen Köpfe seiner Zeit, fand seine gefährlichsten Gegner in den eigenen Reihen. Die Enthaltsamkeit der Schwertbrüder beschränkte sich auf leibliche Genüsse, sonst waren sie maßlos. Auf dem Land, das sie eroberten, wollten sie unabhängig vom Bischof einen eigenen Ordensstaat gründen, begünstigt vom Papst, der sie, um ihre Mission mit allen Mitteln voranzutreiben, gegen den maßvollen Bischof unterstützte. Albert mußte den Schwertbrüdern einen Teil seines Landes überlassen.
Auch die Bürger in den Städten hatten eigene politische Vorstellungen. Sie waren es ja, die hier Werte schufen, und sie waren geprägt vom Geist der freien Reichsstädte, denen sie meistens entstammten. In Riga und Dorpat, in Reval und Narwa, in Mitau, Pernau und Windau lebte ein selbstbewußtes Bürgertum, das die mitgebrachten demokratischen Grundsätze pflegte. Die Städte waren das Rückgrat des Landes, die Quellen wirtschaftlicher Kraft.
Als Albert 1229 starb, hinterließ er seinen Nachfolgern ein ausgedehntes Staatswesen zwischen schwimmenden Grenzen, weitab vom Reich, mit gesunden Hafenstädten als Festpunkten, aber einer schwierigen Sozialstruktur: Die adeligen Ordensbrüder auf den Burgen durften nicht heiraten, mußten ihren Nachwuchs also ständig aus dem Reich holen. In den Städten lebte ein deutsches Bürgertum, das seine Sprache und Kultur bewahrte und stark genug war, alle, mit denen es sich vermischte, voll einzubeziehen. Die Ureinwohner auf dem Land lebten unter den gewohnten Umständen weiter in ihrer Kultur, mit ihrer Sprache, wenn sie auch jetzt Christen waren.
Es gab also drei verschiedene Stände im Land, die kaum etwas miteinander zu tun hatten; und es

Banner des Deutschen Ordens in Livland (1410 in der Schlacht bei Tannenberg von den Polen erbeutet)

gab drei politische Kräfte, die mehr gegeneinander als miteinander wirkten: den Bischof, die Schwertbrüder und die Bürger.

Sieben Jahre nach Alberts Tod ließ sich der Orden auf einem Missionszug nach Süden bei Schaulen in Litauen auf eine Schlacht mit einem überlegenen litauischen Heer ein und wurde vollkommen vernichtet. Nur die überlebten, die als Besatzung auf den Burgen verblieben waren. Sie schlossen sich im Jahr darauf dem Deutschritterorden an, der kämpfend und missionierend durch Preußen und Kurland bis nach Livland vorgedrungen war.

Der Deutsche Orden hatte sich ursprünglich im Heiligen Land der Krankenpflege gewidmet und war 1199 von Papst Innozenz III. in einen geistlichen Ritterorden umgewandelt worden, mit dem Auftrag, Heidenmission zu betreiben. Er rekrutierte sich vorwiegend aus Deutschen, daher der Name. Im Jahre 1230 hatte ihn der polnische Herzog Konrad von Masowien zu Hilfe gerufen, weil die Polen aus eigener Kraft die kriegerischen Pruzzen nicht christianisieren konnten. Den deutschen Rittern versprach er, falls sie es schafften, das Kulmer Land als Belohnung, das sie allerdings erst erobern müßten.

Die Ordensritter eroberten es, befreiten Polen von der Angst vor den Pruzzen, verbreiteten das Christentum und bauten Burgen: Kulm und Thorn an der Weichsel, Elbing und Marienwerder, später Bromberg, Graudenz, Königsberg. Auch sie bekamen Zustrom aus dem Reich, nicht nur Ritter, Handwerker und Kaufleute, sondern auch Bauern, die sogleich anfingen, in der Weichselniederung aus Brachland und Buschgelände Weiden und Äcker zu machen.

Aus den Burgen wurden Städte, aus dem Land der preußische Ordensstaat, aus dem weißen Mantel mit dem schwarzen Kreuz das preußische Wappen, aus dem Hochmeister ein deutscher Reichsfürst. Ihm unterstellten sich die überlebenden Schwertbrüder.

In Livland begann der Deutschritterorden sogleich seine eigene Politik zu treiben, entschlossen, die Bevormundung durch den Bischof abzustreifen und einen eigenen Staat zu gründen. Im Vertrauen auf seine Stärke nahm er keinerlei Rücksicht auf die Nachbarn im Osten, sondern missionierte rigoros in der Stadt-Republik Groß-Nowgorod und im Fürstentum Pleskau, dessen Einwohner längst Christen waren, wenn auch orthodoxer Konfession.

Immer tiefer drangen die berittenen Missionare über die Narwa ins Land Nowgorod ein und südlich davon ins Land Pleskau, bis in dessen gleichnamige Hauptstadt. Es war nur eine Frage der Zeit, wann es zum blutigen Zusammenstoß kommen mußte.

Am 5. April 1242 früh am Morgen, auf der unübersehbaren Eisfläche des Peipus-Sees, der noch dick zugefroren war, geschah es dann zum erstenmal in der Geschichte, daß ein deutsches und ein russisches Heer einander gegenüberstanden. Das kleine deutsche Ritterheer führte Alberts jüngerer Bruder Hermann, der Bischof von Dorpat geworden war. Den Russen ritt ein junger Fürst von Anfang zwanzig voraus, der schon einen großen Namen als Kriegsheld hatte: Alexander Newskij.

KAPITEL III

Die Apokalypse kam aus Asien

Rußlands Nationalheld Alexander Newskij ist ein Heiliger der orthodoxen Kirche und zugleich eine Leitfigur des sowjetischen Patriotismus. Seine Gebeine ruhen in einem silbernen Sarkophag. Über ihnen errichtete Peter der Große als Krönung des prachtvollen Alexander-Newskij-Prospekts in Petersburg das gewaltige Alexander-Newskij-Kloster mit acht Kirchen und Unterkunft für tausend Geistliche. Heute noch pilgern Gläubige an seinem Gedenktag, dem 11. September, dahin. In unzähligen Liedern und Erzählungen wurde er verherrlicht. Sergej Prokofjew widmete ihm eine wuchtige Konzertkantate. Die Zaren verliehen ihren Kriegshelden als hohe Auszeichnung den Alexander-Newskij-Orden, und selbst Stalin griff auf dieses bewährte Mittel zurück, Soldaten zu höchster Tapferkeit anzuspornen, und stiftete für die Rote Armee den alten monarchistischen Orden wieder neu.

Alexander wurde als Sohn des Fürsten Jaroslaw II. von Kiew und als Urenkel von Jurij Dolgorukij um 1220 geboren. Er wuchs heran unter vergoldeten Türmen im dunklen Geläut der vielen hundert Kirchenglocken von Wladimir, 179 Werst = 190 Kilometer nordöstlich von Moskau. Er lernte beten vor den himmelhohen Ikonenwänden in den dreiundzwanzig Kirchen der Stadt, lernte reiten und fechten, lernte tanzen und gebratene wilde Schwäne tranchieren, wie es

Fürst Alexander Newskij (1220–1263) besiegte die Schweden an der Newa, die deutschen Ritter auf dem Eise des Peipussees und unterwarf sich dann der Übermacht der Tataren.

sich ziemte, wenn man Gäste bewirtete, und lernte sogar lesen und schreiben.

Das war das normale Leben eines russischen Prinzen. So wuchsen sie heran in den dreizehn Fürstentümern, und alle waren miteinander verwandt, und alle waren Nachkommen der Stammmutter Olga, die das Reich zusammengehalten hatte, das dann unter ihren Enkeln aufgeteilt und unter ihren Urenkeln zerfallen war.

Schon als junger Mann mußte Alexander erkennen, daß Rußland zwei Gesichter hat; eines nach Westen, eines nach Osten gewandt. Folglich muß die russische Politik auch zwei Gesichter haben, die einander nicht gleichen können, weil jedes seinen eigenen Blickwinkel hat und seine eigene Mimik.

Zuerst lernte er den Blick nach Westen kennen. Er war noch keine zwanzig Jahre alt, da traten die Bürger von Nowgorod an seinen Vater, Fürst Jaroslaw, heran und baten ihn um Hilfe. Die Stadt sei in Not und brauche einen starken Mann. Da schickte Jaroslaw seinen Sohn Alexander. Nowgorod war ihm tributpflichtig.

Es war nicht leicht für einen so jungen Prinzen, dort das Amt eines Vize-Fürsten zu übernehmen, denn die Nowgoroder hatten ein ausgeprägtes Selbstbewußtsein. Ihre Stadt war älter als Kiew. Hier hatte Rurik sein Reich gegründet, aber seit Ruriks Nachfolger ihre Residenz an den Dnjepr verlegt hatten, stand Nowgorod politisch in Kiews Schatten, wenn es auch als Handelszentrum und Wirtschaftsmetropole ein kraftvolles Eigenleben führte. Wie Kiew durch den Dnjepr mit dem Schwarzen Meer verbunden war, so Nowgorod durch Wolchow, Ladoga-See und Newa mit der Ostsee. Wie Kiews Lebensadern nach Byzanz und in den Orient liefen, so liefen die von Nowgorod nach Reval und Riga, nach Wisby auf Gotland, vor allem nach Lübeck, in die Hauptstadt der Hanse, und weiter über Hamburg tief nach

Deutschland und in die anderen Nordseehäfen hinein.

Die Hanse, dieser Schutzbund deutscher See- und Handelsstädte, formierte sich gerade. Ihm schlossen sich auch fremde Orte wie Bergen in Norwegen und Krakau in Polen an; anderswo im Ausland unterhielt sie eigene Kontore, etwa in London, aber auch in Nowgorod. Mit den Seefahrern und Kaufleuten kamen nicht nur Handelswaren und Kulturgüter in die Stadt, sondern auch politische Ideen und Erfahrungen. Diese deutschen Gäste, durchweg Bürger freier Reichsstädte, waren weit herumgekommen und hatten auch allerlei Gedankengut von Weggenossen und Geschäftsfreunden in anderen Ländern aufgenommen. So hatte nicht nur die Alltagspraxis in Rathaus, Hafen und Speicher ihr Weltbild geprägt. Während Kiew sich zu einer Metropole im byzantinischen Stil entwickelte, zum Symbol absoluter Autokratie, während sich im Süden die äußere Form geistlicher und weltlicher Macht in ikonenhafter Starre immer schärfer vom schlichten Leben einfacher Menschen abhob, entwickelte sich oben in Nowgorod eine viel offenere Gesellschaft. Diese Hauptstadt eines ausgedehnten Stadtstaates war ein Experimentierfeld demokratischer Möglichkeiten.

In diesen beiden russischen Städten stecken zwei grundverschiedene Wurzeln politischen Bewußtseins: Aus Kiew stammt der Hang zu byzantinischer Vergöttlichung der Herrschaft, aus Nowgorod der Anspruch der Bürger, an der Gestaltung von Staat und Gesellschaft mitzuwirken.

Die Erschließung der endlosen Weiten des russischen Nordens bis hinauf ans Weiße Meer war die große Leistung der Nowgoroder. Aus den dichten Wäldern dort oben kamen die Pelze von Luchs, Zobel und Hermelin, edle Hölzer, Bienenwachs und Jagdfalken, und von den Küsten die Walroßzähne. Das waren begehrte Exportartikel, die Geld in die Stadt brachten.

Die Deutsche Mole, »Nemeckij Vymol«, an der die Hanseschiffe anlegten, war der große Umschlagplatz. Von dort aus wagten hansische Kaufleute auch die abenteuerliche Fahrt über Flüsse und Seen, über Landbrücken und Wasserstrudel, und dann auf der unermeßlichen Wolga abwärts bis ins Kaspische Meer, wo sie günstig orientalische Gewürze einkaufen konnten.

Nowgorod war die erste russische Stadt, die einer ausländischen Minderheit ein eigenes Viertel einräumte. Im »Peterhof« rings um die deutsche St.-Petri-Kirche wohnten die deutschen Kaufleute, Steinmetze und Glokkengießer, die Schnitzer und Vergolder. Zehn Klöster und 63 Kirchen wuchsen auch mit ihrer Hilfe in wenigen Generationen über dem Wolchow in die Höhe. Die berühmten bronzenen Tore der Sophien-Kirche waren in Deutschland gegossen und unter unendlichen Mühen hierhergebracht worden.

Nominell hatte Nowgorod seine Landesfürsten. Das waren durchweg Söhne oder jüngere Brüder Kiewer Machthaber, die hier als Statthalter fungierten. Aber die Nowgoroder verteidigten zäh ihre weitgehende Unabhängigkeit. Sie akzeptierten den Fürsten nicht blind, leisteten oft Widerstand, vertrieben ihn sogar einige Male aus der Stadt, wenn er die Beschlüsse ihres Wetsche, der frei gewählten Volksversammlung, nicht anerkennen wollte.

Ähnlich wie zum Herrschaftsbereich deutscher Reichsstädte oft noch Dörfer und Marktflecken gehörten, so hatte auch Nowgorod sein Landgebiet, von allerdings – vergleichsweise – ungeheuren Dimensionen. Es war ein großflächiges Staatsgebilde, das seinem Fürsten am liebsten nur dekorative Aufgaben zugestehen wollte, um einen Repräsentanten zu haben, der anderen Fürsten als Ebenbürtiger gegenübertreten konnte.

Als Alexander Newskij im Jahre 1240 erstmals in die Stadt kam, wohnten in Nowgorod fast 30000 Menschen, weniger als in Lübeck, aber mehr als in Hamburg und London. Sie waren griechisch-orthodoxe Christen, und ihr Land war Erzdiözese. Obwohl ihr Erzbischof ebenso unermüdlich gegen die Katholiken eiferte wie die katholischen Geistlichen gegen die Orthodoxen, konnte er doch nicht verhindern, daß die Nowgoroder ihren deutschen Gästen gestatteten, im »Nemeckij Dwor«, dem »Deutschen Hof«, eine eigene katholische Kirche zu bauen, die Peterskirche.

Um den orthodoxen Christen die katholischen näherzubringen, erfand ein Nowgoroder Poet die Legende vom heiligen Antonius, der, auf einem Stein stehend, trockenen Fußes durch Meere, Flüsse und Seen auf dem Kurs der Hanseschiffe aus dem Heiligen Römischen Reich bis in den Hafen von Nowgorod gelangt war.

Seit 1198 galt in der Stadt ein Vertrag »mit allen deutschen Städten«, der ihnen die Sicherheit für Menschen, Schiffe und Ladung vom Finnischen Meerbusen bis in die Stadt garantierte und den Glauben der Deutschen ausdrücklich anerkannte.

Dieses Klima gegenseitigen Vertrauens änderte sich grundlegend, als Papst Gregor IX. zum Kreuzzug gegen die Orthodoxen aufrief. Nun waren nicht mehr Seefahrer, Kaufleute und Handwerker die Repräsentanten

Deutschlands, sondern religiöse Fanatiker. Die Mittel der Schwertmission waren nicht die Predigt, nicht die geduldige Bekehrung, sondern die Taufe mit Gewalt.

Die Strategie des Papstes sah eine Zangenbewegung vor: Den schwedischen Erzbischof von Lund wies er an, von Norden nach Nowgorod einzudringen; der Deutsche Orden sollte im Süden Pleskau erobern und zur Ausgangsbasis für die Zwangsmission machen. Die Deutschen nahmen die Stadt, während die Schweden von Karelien her auf die Newa vorstießen.

Das war die Lage, als Alexander in Nowgorod eintraf. In aller Eile trommelte er ein Heer zusammen und marschierte zunächst den Schweden entgegen. Am 15. Juli 1240 vernichtete er ihre zahlenmäßig überlegene Streitmacht am Ufer der Newa. Daher bekam er den ehrenden Beinamen »Newskij«.

Für seinen Zug gegen den Ritterorden sammelte er im Winter 1241/42 ein größeres Heer. Mit diesen Soldaten stand er am Morgen des 5. April auf dem Eis des noch dick zugefrorenen Peipus-Sees der Ritterschar gegenüber, die Bischof Hermann von Dorpat anführte. Im Frühdunst formierten sie sich im eisverkrusteten Schilf an den flach ansteigenden Ufern zur Schlachtordnung. Dann ritten sie über die spiegeln-

Dieses Bronzetor der Nowgoroder Sophien-Kathedrale wurde Ende des 11. Jhr. in Magdeburg gegossen.

de Fläche aufeinander los. Bei Sonnenaufgang prallten die gepanzerten Krieger aufeinander.
Die alte Chronik »Vom Leben des heiligen Alexander Newskij« berichtet: »... Fürst Alexander hob die Hände zum Himmel und betete: ›Herr, sprich du Recht und entscheide!‹ – Es war Sonnabend an jenem Tag, und es wurde eine grimmige Schlacht. Als die Sonne aufging, zerbarsten die Speerschäfte, und die Schwerter zersprangen, als ob der ganze See aufbräche. Danach war vom Eis nichts mehr zu sehen, weil alles mit Blut bedeckt war. Mit großem Ruhm zog Alexander Newskij in Pleskau ein, und die Sieger schleiften die Ritter an die Pferdeschwänze gebunden hinter sich her ...« Die erste Schlacht zwischen Deutschen und Russen endete mit einer vernichtenden Niederlage der Deutschen. Bischof Hermann überlebte und kehrte nach Dorpat zurück.
Vier Jahre darauf besiegte Alexander auch noch die Litauer, die von Süden her gegen das Land Nowgorod vordrangen. Jetzt war er gerade sechsundzwanzig Jahre alt. Die dreifache Bedrohung der Westgrenze hatte er damit ausgeschaltet. Nun konnte er sein Gesicht nach Osten wenden.

Schlacht auf dem Peipussee 1242: Miniatur aus einer Chronik des 16. Jahrhunderts.

Aus dem Osten kam die viel größere Gefahr. Sie war immer dagewesen, seit er denken konnte, erst noch in der Ferne, da hatten Flüchtlinge von den Schrecken berichtet, Spielleute, denen die Saiteninstrumente und die Hände zerschlagen worden waren, Bauern, denen das Haus, die Kinder, das Korn auf dem Feld verbrannt worden waren. Immer näher war die Apokalypse gerückt. Eine russische Stadt nach der anderen war stumm geworden, tot und leer. Vertriebene kamen in Scharen und baten um ein Stück Brot, um Ruhe für eine Nacht im Stroh.
Über Rußland war die schwerste Katastrophe seiner Geschichte hereingebrochen. Aus Asien kommend hatten Schwärme tatarischer Reiter das Land überschwemmt. In unendlichen Wellen brandeten sie über die Wolga, über den Don hinweg, machten die Dörfer dem Erdboden gleich, plünderten die Städte, erschlugen die Menschen oder trieben sie als Sklaven fort.
Ihr Führer war Khan Temudschin, der Herrscher über alle Mongolen, der sich Dschingis-Khan nannte. Am Asowschen Meer war ihm ein kleines russisches Heer entgegengetreten. Das hatten die Tataren vernichtet, die Reiter erschlagen, die Pferde zusammengetrieben.
Nach Dschingis-Khans Tod im

August 1227 hatte sein Sohn Ügedei den größten Machtbereich übernommen, den es je auf Erden gab und der von China bis Dalmatien reichte. Das mobile Reiterheer führte sein Neffe Batu. Der unterwarf alles Land weit und breit und setzte mit 120000 Mann zum Sturm auf Moskau an. Fürst Jurij II. wollte ihnen mit seinen Kriegern den Weg versperren, sie wurden aber allesamt niedergemacht. Batu ließ Jurij die Schädeldecke absägen und daraus von einem fingerfertigen Meister aus seinem Gefolge eine goldgefaßte Trinkschale schnitzen.

Khan Temudschin, genannt Dschingis Khan (Holzschnitt aus Sebastian Münsters »Cosmographia Universalis« von 1552).

Im Kreml lagen nur dreitausend Mann. Nach dem Tod ihres Fürsten sahen sie in lähmender Angst zu, wie die Tataren langsam näher rückten. In Batus Heer wurden die Signale nicht auf Hörnern, sondern auf Schilfflöten geblasen, vielstimmig, sanft und melodiös, bis sie im Schrei der herangaloppierenden Reiter erstickten. Moskaus Besatzung war dem Anprall nicht gewachsen. Sie wurde einfach überrannt.

Die Tataren feierten den Triumph auf ihre Weise: Die Russen mußten sich nebeneinander auf den Erdboden legen. Die Sieger warfen Bretter über sie, ließen die Musik aufspielen und tanzten so lange auf diesem Podest, bis die Menschen unter ihnen zerquetscht waren. Dann schleppten sie die Frauen und Mädchen herbei und vergewaltigten sie, worin sie nur das legitime Recht des Siegers sahen. Was am Leben blieb, verkauften sie an die Sklavenhändler, die dem Heer ständig mit Säcken voller Stricke folgten. Die sortierten die Beute nach Qualität und schickten sie auf die großen orientalischen Märkte. Batu aber zechte indessen mit seinen Unterführern im Saal des Kreml und ließ Fürst Jurijs goldgefaßte Hirnschale kreisen.

Als der strategische Knotenpunkt Moskau genommen war, trabten seine Reiter weiter, ein breitflächiger Schwarm, dessen Kampfgeist nicht auf einer straffen Schlachtordnung beruhte, sondern auf dem präzisen Funktionieren, dem blinden Gehorsam des einzelnen, auf einer Tollkühnheit, die an völlige Selbstaufgabe grenzte. Die Tataren stürmten Städte und Dörfer, Gehöfte und Hütten, metzelten, vergewaltigten, verkauften, wen sie fingen, im Gebüsch aufspürten, in Kellern und Erdhöhlen entdeckten.

Batus Ziel war das reiche Nowgorod, der Hafen voller Schiffe, die Speicher voller Waren, die Häuser voller Schätze, die ganze nach Westen weit offene Stadt, auf die sich der russische Ostseehandel konzentrierte.

Auf seinem Weg nach Nordwesten eroberte Batu Anfang März 1238 die Fürstenstadt Twer (heute Kalinin) und zog sofort weiter. Aber knapp sechzig Kilometer davon entfernt, am Osthang der Waldaihöhen, geriet sein Vormarsch ins Stocken. Es fing an zu tauen. Der Boden wurde weich, und die Bürger der kleinen Stadt Torschok wehrten sich verzweifelt. Die Pferde versackten im Matsch, lahmten, blieben stekken; und im Gefecht zu Fuß, Mann gegen Mann mit Schwert und Spieß, waren die langen Torschoker den Mongolen überlegen.

Batus Reiter brauchten ganze zwei Wochen, bis sie den Widerstand der paar Hundert Leute gebrochen hatten und über Berge von Leichen in die verkohlten Reste der Stadt eindringen konnten, in der es kein Leben und auch keine Beute mehr gab, die nur ein Hindernis gewesen war. Die Bäche, die das Schmelzwasser von den Waldaihöhen spülten, schwollen an. Die Moore, durch die der Weg nach Nowgorod führte, rissen auf. Die Pferde brachen durch das Eis, das in unberechenbarer Stärke auf den Tümpeln schwamm.

Batu gab den Vormarsch nach Nordwesten auf. Die sanften Schilfflöten bliesen zum Rückzug. Nowgorod war gerettet. Die Tatarenschwärme schwenkten zurück. Sie besetzten die weiten Ebenen zwischen Oka und Wolga und stürmten am 6. Dezember 1240 Kiew, Rußlands größte Stadt, mit über 60000 Einwohnern so groß wie Köln und Paris,

Das Gelage der siegreichen Tataren in Moskau (Illustration aus der »Ersten russischen Chronik«).

weit größer als London. Nur wenige Menschen überlebten, und nur zweihundert Häuser blieben stehen.

Von hier aus wollte Batu einen Vorstoß nach Westen unternehmen, ins Herz Deutschlands, dessen schwerfällige Ritterheere mit den viel beweglicheren Tataren offensichtlich Schwierigkeiten hatten, wie sich in der blutigen Schlacht bei Liegnitz am 9. April 1241 erwies. Aber wie Nowgorod seine Rettung dem Wunder von Torschok verdankte, so wurde Deutschland im letzten Augenblick durch das Wunder von Karakorum gerettet: Gerade als Batu zum Vormarsch nach Westen antreten wollte, starb fern in der Mongolei der große Khan Ügedei an einem Gift, das ihm eine verbitterte Geliebte gereicht hatte.

Das änderte die Lage mit einem Schlag. Batu hätte nun laut Gesetz die Pflicht gehabt, nach Karakorum zurückzukehren. Er ließ sich aber mit der Masse seiner Truppen an der unteren Wolga nieder, wo er in Sarai sein Regierungszentrum einrichtete. Von dort aus konnte er jederzeit sowohl im Westen als auch im Osten aktiv werden. An allen Schwerpunkten Rußlands ließ er Unterführer und Steuereinnehmer zurück, die den Russen auf die Finger sehen und notfalls Strafexpeditionen einleiten konnten, landauf und landab.

Dieses Tatarenreich nannte sich »Goldene Horde«, weil das Zelt ihres Khans mit Goldbordüren bestickt war. Bezeichnenderweise leitete sich der Name nicht von einem Land oder einem Volk ab, sondern von der mobilen Kampfformation, die diesen Machtkomplex geschaffen hatte. Die Tataren waren Nomaden. Sie kamen aus der Steppe, durchstreiften die Länder, schlugen ihre Zelte auf, weideten ihr Vieh, machten Beute in den Städten, feierten im Blutrausch orgiastische Feste, genossen den Triumph ihrer unwiderstehlichen Kraft und zogen weiter, wenn ihnen Ortschaften und Weidegründe nicht mehr ertragreich genug erschienen.

Als Eroberer der Macht waren sie animalisch, als deren Verwalter von sachlich kühlem Raffinement. Der Khan der Goldenen Horde beherrschte die unterworfenen Länder mit einem straff organisierten Beamtenapparat. In deren innere Angelegenheiten mischte er sich grundsätzlich nicht ein. Ihm kam es nur darauf an, daß die verlangten Abgaben pünktlich entrichtet wurden. Dazu sicherte er sich die Mitarbeit der russischen Fürsten, des Adels und der Geistlichkeit, indem er sie von allen Abgaben befreite.

Obwohl sie Moslems waren, behinderten die Tataren nicht das religiöse Leben der griechisch-orthodoxen Russen, sondern schützten Gotteshäuser und Geistlichkeit in der klugen Erkenntnis, daß die Kirche ein ideales Instrument war, Bauern und Bürger, die alle Lasten tragen mußten, in dauerhafter Demut zu halten.

Auf den Burgen saßen neben den russischen Fürsten tatarische Baskaken, eine Mischung aus Steuerfahnder, Kolonialbeamter und Geheimagent. Den direkten Umgang mit dem Volk, das sie auspreßten, überließen sie aber ihren russischen Gehilfen, die sich auch persönlich bereichern durften, wenn sie auch ständig damit rechnen mußten, aus nichtigem Anlaß geköpft zu werden.

Kein russischer Fürst konnte von nun an über sein Land herrschen, wenn er nicht den »Jarlyk« besaß, die Bestallungsurkunde des Khans. Um sie zu erhalten, mußte er nach Sarai pilgern, dem Herrn der Goldenen Horde in Demutshaltung Geschenke überreichen und dann sein ererbtes Land als Lehen empfangen. Die dritte der drei Kräfte, die das politische Bewußtsein der Russen prägten, begann wirksam zu werden. Zum demokratischen Selbstverständnis der Nowgoroder, zum byzantinischen Autoritätsgehabe der Kiewer kam der orientalische Despotismus der Tataren. 250 Jahre lang beherrschten sie Rußland. Das konnte nicht ohne tiefgehende Wirkung auf das Wesen

Ügedei, Dschingis Khans dritter Sohn und Nachfolger.

der Menschen bleiben, auf die Gesellschaftsordnung, auf die kulturelle Entwicklung.

Diese Zeit hinterließ Wunden, förderte aber auch Kräfte im Russen zutage, vor allem die, das Unerträgliche im Glauben an die Erlösung hinzunehmen. Alle Gestalten in den Werken der großen russischen Dichter späterer Jahrhunderte sind mit den Wurzeln ihrer Seele tief in dieser Zeit der Tatarenherrschaft verwachsen, mögen die Wurzeln ihres Geistes auch in anderen Zeiten und Räumen angesiedelt gewesen sein.

Vieles wurde in diesen 250 Jahren zerstört, manches übernommen. Der Fürst, Nachkomme einst frei

Iwan I. (1325 Fürst von Moskau) treibt den Tribut für die Tataren ein.

gewählter Stammeshäuptlinge, empfing nun seine Legitimation von fremden Gewaltherren, zu deren Steuereintreiber er sich erniedrigte. Vom Volk entfernte er sich immer mehr. Wie der Priester sich hinter die undurchschaubare goldene Altarwand zurückzog, so der Fürst hinter die unüberwindlichen Barrieren eines starren Zeremoniells.

Von den Tataren stammte die Sitte, die Frauen in Unfreiheit zu halten und im »Terem«, dem Frauenhaus, einzusperren, das sie nur verlassen durften, wenn ihr Herr sie rief.

Von den Tataren übernahmen die russischen Fürsten die Geringschätzung menschlicher Würde und menschlicher Wünsche. Es gab kein »Wetsche« mehr, die Volksversammlung, in der jeder seine Meinung hatte sagen kön-

nen. Es gab überhaupt keine eigene Meinung mehr. Die Menschen lernten, die Despotie als gottgegeben zu ertragen, und sie gewöhnten sich daran.
Die Russen übernahmen das tatarische System der Entschuldung. Wer Steuern und Abgaben nicht bezahlen konnte, haftete mit seiner ganzen Person und gliederte sich als Leibeigener ins lebende Inventar des Gläubigers ein.
Sie übernahmen auch die Flüche, jene endlosen schauerlichen Flüche, die seitdem einen festen Platz in der russischen Sprache haben, selbst bei so sensiblen Dichtern wie Alexander Puschkin.
Die Tataren hinterließen auch einen kräftigen Schuß ihres Bluts im russischen Volkskörper. Nicht alle Frauen, die sie vergewaltigt hatten, verkauften sie. Viele blieben im Land und bekamen dort von einem Mann, der ihnen furchterregend erschienen war, ein Kind, das ihnen ein Leben lang fremd bleiben mußte, wenn sie es gewiß auch oftmals liebten.
In den langen Jahren der Tatarenherrschaft rückte Rußland immer weiter von Europa ab und wurde immer mehr von Asien vereinnahmt. An dieser Entwicklung war die orthodoxe Geistlichkeit nicht unbeteiligt. Da sie sich mit den Tataren so gut arrangiert hatte, brauchte sie andere Teufel. Die fand sie in Gestalt der katholischen Nachbarn im Westen. Ein Mann wie Alexander Newskij, der diesen Feind vernichtend geschlagen hatte, lag genau auf ihrer Linie. Der Held bot sich als Heiliger geradezu an, vorausgesetzt, daß er den Richtlinien der orthodoxen Priester auch in der Ostpolitik folgte.
Er tat es. Nowgorod war von Batu Khan nicht bezwungen worden, aber das war keine Garantie dafür, daß er nicht eines Tages von Sarai aus einen neuen Vorstoß nach Norden unternahm, und offenbar hegte er solche Pläne, denn er schrieb Alexander Newskij einen Brief: »Gott hat mir viele Völker in die Hand gegeben, und Du als einziger willst Dich mir nicht unterwerfen? Willst Du Dein Land retten, dann komm her! Beuge den Nacken vor mir und sieh mit Deinen eigenen Augen meine Macht und den Glanz meiner Herrschaft!«
Alexander folgte dem Rat und pilgerte mit kostbaren Geschenken nach Sarai. Er kniete vor Batu nieder, beugte den Nacken und empfing das Land Nowgorod und die Fürstenwürde zu Lehen. Er wurde Batus ergebenster Vasall.
Das machte sich schon bald bezahlt. Als sein Vater starb, der alte Fürst Jaroslaw, erfuhr Alexander, daß er nicht der Universalerbe war, sondern daß sein Bruder Andrej aus den umfangrei-

chen Ländern das Fürstentum Wladimir bekommen hatte. Daraufhin eilte der Held von der Newa mit noch schöneren Geschenken nach Sarai, klagte Batu sein Leid und ließ bei der Gelegenheit durchblicken, daß Andrej ein heimlicher Tatarenfeind sei.

Der Bruderzwist kam Batu sehr gelegen. Er verlieh Alexander Newskij zu seinen sonstigen Ländern auch noch das Fürstentum Wladimir und gab ihm zu dessen Unterwerfung ein mongolisches Reiterheer mit, das auf diese Weise unter Führung eines russischen Fürsten endlich ins nördliche Rußland eindringen konnte. Mit diesem Heer besiegte Alexan-

Aufstand in Moskau gegen die Tatarenherrschaft. Die Goldene Horde hatte das Großfürstentum mit Waffengewalt zu Tributzahlungen gezwungen.

der die kleine Truppe seines Bruders, aber Andrej entkam ihm und konnte nach Schweden fliehen. Alexander Newskij mußte sich damit begnügen, Andrejs Frau hinrichten zu lassen und ihre Kinder einzukerkern.

Selbst mit seinem eigenen Sohn Wassilij bekam der Held von der Newa Streit, weil dieser ihm vorwarf, daß er allzu beflissen die tatarischen Baskaken beim Eintreiben der Steuern in Nowgorod unterstützte. Alexander enterbte ihn und schickte ihn in die Verbannung. Aber er ersparte dem Land Nowgorod das Grauen tatarischer Strafexpeditionen.

Alexander pilgerte noch mehrere Male zum Khan der Goldenen Horde, um Spannungen auszuräumen und Verstimmungen zu beseitigen. Von der letzten Reise im Herbst 1263 kehrte er krank zurück. Er erreichte Nowgorod nicht mehr, sondern starb auf dem Weg dorthin.

Sein jüngerer Bruder Jaroslaw wurde sein Nachfolger. Er wollte Alexander an Beflissenheit übertreffen und erließ harte Gesetze, mit denen er die Freiheit der deutschen Kaufleute in Nowgorod rigoros einschränkte, um sie letztlich aus dem Land zu treiben. Aber der Khan in Sarai reagierte ganz anders als erwartet. Er lobte Jaroslaw durchaus nicht wegen seines Eifers, sondern wurde sehr böse. Er kannte die Bedeutung des deutschen Handels für die Städte in seinem Machtbereich, die ja alle über das verzweigte Flußsystem mit Nowgorod verbunden waren, und beschied Jaroslaw hart und klar: »Öffne dem deutschen Gast den Weg in dein Land!« Und Jaroslaw gehorchte.

Alexander Newskijs Enkel Iwan I., den die Russen wegen seiner Habgier »Kalita«, »Geldsack«, nannten, erbot sich, die Tributzahlungen für die Tataren-Khane bei seinen Untertanen mit den brutalsten Mitteln einzutreiben, womit er sich selber kräftig bereicherte.

Iwan Kalitas Enkel aber, Dimitrij Donskoj, wagte es, den Tataren zu trotzen. Im September 1380 schlug er ihr Heer auf dem Kulikowo-Felde, 250 Kilometer südlich Moskau. Ihre Macht konnte er nicht brechen, aber er bewies, daß sie nicht unbesiegbar waren.

KAPITEL IV

Rußland wird Großmacht unter dem Doppeladler

Iwan III. war der erste Russe, der den Titel Zar annahm und sich damit zum Nachfolger der Cäsaren ernannte, die das Römische Weltreich beherrscht hatten. Er erhob Rußland in den Rang einer europäischen Macht und Moskau zum absoluten Mittelpunkt mit dem Wahlspruch: »Über Rußland steht Moskau, über Moskau der Kreml, über dem Kreml steht Gott!«

Iwan war ein Mensch voller Gegensätze, geduldig und jähzornig, planmäßig und sprunghaft, von kalkulierter Milde und unkalkulierbarer Grausamkeit, intelligent, triebhaft und völlig undurchschaubar. Er war für alle Zeiten gewarnt durch das Schicksal seines oft gedemütigten Vaters Wassilij, dem einst bei einer Erbstreiterei mißgünstige Vettern und Cousinen mit einer glühenden Eisenstange beide Augen ausgebrannt hatten. Argwohn gegen Verwandte wurde Iwans erster Grundsatz.

Nach Wassilijs Tod – er erstickte am 27. März 1462 an einer Kur mit glimmendem Feuerschwamm, die ihm sein Hofarzt zur Reinigung der Bronchien verschrieben hatte – wurde Iwan unumschränkter Herr des Großfürstentums Moskau. Da war er zweiundzwanzig Jahre alt, seit zehn Jahren verheiratet und Vater eines sechsjährigen Jungen. Mehr Kinder gebar ihm seine Frau, Maria von Twer, nicht.

Iwans politisches Ziel war die Unterwerfung aller Teilfürsten und die Konzentration aller Macht in seiner Hand. Als Genie im Erfinden moralischer Legitimation nannte er es: »Vereinigung des Vatererbes«, erklärte alle Länder zu seinen Erblanden und alle Leute, die anderer Meinung waren, zu »Kramolniki«, Verrätern, die hingerichtet werden mußten. Er unterwarf sich die Fürstentümer Twer und Wjatka, Perm und Jaroslaw, Rostow und Tschernigow alle mit der gleichen Methode: Stets erklärte er, er wolle den Frieden bewahren, man solle sich ihm anvertrauen, er sei ein gütiger Herr. Indessen ließ er in den Städten durch seine Agenten Mißvergnügte aufspüren und eine Opposition organisieren. Er konnte warten. Das war seine Stärke. In Perm dauerte es wenige Wochen, in Nowgorod zwanzig Jahre, bis er das innere Gefüge paralysiert und Leute gefunden hatte, die bereit waren, auf Abruf um Hilfe zu bitten. Den Zeitpunkt bestimmte er. Seine Intelligenz ging synchron mit seiner Instinktsicherheit.

Iwan III. war der perfekte Machtmensch. Vieles hatte er von den Tataren gelernt, aber riskante Überfälle vermied er. Erst wenn alles klar war, zeigte er sein Gesicht. Er war ein Meister der Verschleierung, der gezielten Desinformation, der behutsamen Subversion. Als ihm ganz Rußland bis auf Nowgorod im Norden untertan war, fehlte ihm nur noch der kleidsame Mantel uralter Tradition. Den bescherte ihm seine zweite Ehe mit der byzantinischen Prinzessin Sophia.

Das Oströmische Reich war ausgelöscht. Die Türken hatten, aus Asien kommend, Konstantinopel erobert. Der letzte Kaiser, Konstantin XI., war im Mai 1453 auf den Mauern seines Palasts kämpfend gefallen, seine Familie nach Italien geflohen. Und jetzt kamen byzantinische Höflinge nach Moskau. Um Iwan für den Kampf gegen die Türken zu interessieren, boten sie ihm an, des Kaisers Nichte, Prinzessin Sophia, zu heiraten, und zugleich mit ihr offerierten sie auch die ganze herrli-

Zar Iwan III. gewann durch seine Heirat mit Sophia den Anspruch auf den byzantinischen Doppeladler.

che Tradition des byzantinischen Kaiserhauses samt Titeln und Ansprüchen, die bis auf Julius Cäsar zurückgingen.

Iwans erste Frau Maria starb genau zur rechten Zeit. Über ihre Todesursache steht nichts geschrieben. Die Chroniken berichten nur mit Schaudern, daß sich Marias Leib während der Trauerfeierlichkeiten erschreckend aufblähte, so daß die Decke, die anfangs bis zum Boden hing, am Ende nicht einmal mehr die Leiche gänzlich habe bedecken können. Kenner so unheimlicher Symptome machten dunkle Andeutungen, vermieden es aber aus Angst vor Iwan, konkret zu werden.

Er war jetzt frei für eine Ehe mit Sophia. Am 24. Juni 1472 reiste sie mit großem Gefolge in Rom ab, am 14. Oktober landete sie in Re-

val, wo die heimischen Deutschen Ordensritter ihr einen großen Empfang bereiteten und sie weiter nach Pleskau geleiteten. Vier Wochen später kam sie in Moskau an und beeindruckte Bojaren und Kirchenfürsten, die sie in prächtigster Gewandung erwarteten, durch ihre Erscheinung: Wie Fachleute mit sicherem Blick abschätzten, wog sie mindestens zehn Pud, 320 Pfund

1453 eroberten die Türken Konstantinopel. Das war das Ende des Oströmischen Reiches. Die Türken wurden zu einer Gefahr für das Deutsche wie für das Russische Reich.

also, und mancher Höfling zeigte sich besorgt, wie Iwan sie zur Stammutter eines weltbeherrschenden Zarenhauses machen wollte.
Als Mann, der den Dingen gern auf den Grund ging, drängte Iwan auf raschen Vollzug der Ehe: Nachmittags feierte er im Terem des Kreml bei seiner Mutter die Verlobung, danach in der Kirche Mariä Himmelfahrt die Hochzeit und abends nach einem kurzen, heftigen Mahl in seinem Palast die Brautnacht.
Sophia bescherte ihm fünf Söhne, vier Töchter und den heiß ersehnten Doppeladler, das alte byzantinische Feldzeichen, Symbol des Anspruchs auf die Weltherrschaft. Von nun an nannte Iwan sich Zar, obwohl seine Berechtigung dazu von den Staatsrechtlern an den europäischen Höfen angezweifelt wurde, da noch zwei Söhne des letzten Kaisers lebten, die allerdings wenig Interesse für Wappentiere und Politik zeigten.
Aber Sophia wollte nicht nur Kinder gebären und Doppeladler ins Moskauer Nest einbringen. Sie wollte auch Politik machen und den Kreml neu gestalten, der zum

Das Siegel der russischen Zaren symbolisierte den Anspruch auf die Weltherrschaft.

Zentrum eines Weltreichs werden sollte. Noch war er eine Festung mit vorwiegend hölzernen Gebäuden. Wer aus Konstantinopel stammte und in Rom aufgewachsen war, hatte andere Maßstäbe. Deswegen hatte sie auch einige italienische Architekten mitgebracht. Die entwarfen nun prachtvolle Kirchen und Paläste für den Kreml, in denen sie die Stilmittel des moskowitischen Byzantinismus mit den technischen Möglichkeiten der italienischen Renaissance verschmolzen.

Auch einige versierte Diplomaten befanden sich in Sophias Gefolge, weil es für sie selbstverständlich war, daß Fürsten auch mit entfernteren Staaten Kontakte pflegten. Wie richtig ihre Einstellung war, zeigte sich, als im Sommer 1486 der erste deutsche Gesandte in Moskau erschien. Kaiser Friedrich III. hatte den Ritter Poppel mit ansehnlichem Gefolge und dem Auftrag zu Iwan geschickt, die Verbindung aufzunehmen, nachdem Rußland in den 250 Jahren der Tatarenherrschaft von der übrigen Welt so gut wie abgeschnitten gewesen war.

Nach den Erfahrungen mit den Tataren gab es bei den Moskowi tern im Umgang mit Fremden nur die Alternative: unterwerfen oder unterworfen werden. Höflichkeitsbesuche stimmten sie mißtrauisch. Iwan ließ den Edelmann und seine Leute scharf gegen die Außenwelt abschirmen und schleunigst wieder über die Grenze nach Westen abschieben.

Bei Poppels zweitem Versuch 1498 hatte sich unter Sophias Einfluß die Einstellung fremden Gesandten gegenüber schon etwas geändert. Iwan gestattete einer Gruppe von Bojaren, mit dem deutschen Ritter zu sprechen. Poppel schlug im Namen seines Kaisers die Erörterung einiger politischer Fragen vor und empfahl zur Einleitung persönlicher Beziehungen die Ehe zwischen einem deutschen Kurfürsten, von Sachsen oder von Brandenburg, mit einer Tochter des Großfürsten. Zu diesem Zeitpunkt waren Helene dreizehn und Theodosia ein Jahr alt.

Iwan fühlte sich gekränkt, daß der Kaiser nicht für einen seiner Söhne um die Hand einer russischen Prinzessin anhielt, und ließ ablehnen. Auch sonst waren konkrete Absprachen mit den Russen nicht zu erreichen. Es gab nur endlose Palaver mit Bojaren. Den Zaren bekam Poppel erst am letzten Tag zu sehen. Da trat Iwan als wirkungsvolle Zentralfigur in einer bombastischen Schlußapotheose von Höflingen in Erscheinung und beschränkte sich auf huldvolle Gesten.

Ein Jahr darauf schickte Iwan einen von Sophias Diplomaten, den Griechen Trachaniotes, nach Deutschland, um dort Männer anzuwerben, die etwas von Bergbau und Hüttenwesen verstanden, dazu Geschützgießer und Büchsenmacher, Münzmeister und Goldschmiede, Baumeister, Maurer und Zimmerleute. Da damals nicht viele Münzen in der Schatzkammer waren, bekam Trachaniotes einige Fuder Pelze als Zahlungsmittel mit, darunter achtzig Zobelfelle für Edelleute und dreitausend Eichhörnchenfelle, die als Handgeld für die Meister gedacht waren.

Er brachte aus dem Land, in dem damals gerade der junge Dürer zu wirken begann, Luthers Vater sein Bergwerk betrieb und Martin Behaim den ersten Globus baute, außer den gewünschten Handwerkern noch einen Orgelbauer und einen Arzt mit. Es gab zwar Ärzte im Kreml, aber die hatten durchweg nur eine kurze Lebensdauer. Iwan ließ nämlich die Doktoren, deren Behandlung nicht anschlug, köpfen oder im Kerker verkommen. Es war gut, Mediziner in Reserve zu haben, denen man aber die besonderen Arbeitsbedingungen im Kreml möglichst nicht vorher schildern durfte.

Mit Trachaniotes kam auch ein deutscher Gesandter namens Georg Delator und unterbreitete Iwan ein neues Heiratsangebot: Kaiser Friedrichs Sohn und Erbe, der jung verwitwete Maximilian, hielt um die Hand der nun fünfzehnjährigen Helene an, und das war schon etwas: Der künftige Herr des Römischen Reiches Deutscher Nation wollte Iwans Schwiegersohn werden.

Das große Projekt scheiterte an einer Kleinigkeit: Delator bat, die Prinzessin einmal sehen zu dürfen. Iwan jedoch beschied ihn schroff: Die Prinzessin sei nicht zu besichtigen, sie lebe im Terem. Nach der Verlobung könne Maximilian sie gern sehen.

Delator reiste unverrichteterdinge heim. Aber bald darauf bereute Iwan seine Absage. Er schickte den wendigen Trachaniotes mit vierzig Zobelfellen, einem Mantel aus Hermelin und einem aus Eichhörnchenfellen zu Maximilian und ließ ihm ausrichten, nun sei er doch bereit, über Helene zu

verhandeln. Aber nun wollte Maximilian nicht mehr, und für fünfundzwanzig Jahre erstarb jeglicher diplomatische Verkehr zwischen beiden Ländern.
Der Zuzug deutscher Handwerker aber hielt an. Die meisten, die nach Moskau kamen, blieben dort, gründeten ihren eigenen Stadtteil, »Nemeckaja Sloboda«, und heirateten oft Einheimische. Ihre Nachkommen lebten Jahrhunderte in Rußland und zeichneten sich durch Leistung und Loyalität aus. Nur über wenige aus diesen ersten Zeiten gibt es detaillierte Nachrichten. Die Bergleute Johannes und Victor spürten im Fluß Zilma Kupfer- und Silbervorkommen auf und bauten Verhüttungsanlagen. Andere, deren Namen nicht genannt wurden, richteten Werkstätten und eine Geschützgießerei ein.
Unglücklich wurde Anton, der Arzt. Er mußte eines Tages einen Tatarenfürsten behandeln, der sich Iwan unterworfen hatte und an seinem Hof Dienst tat. Der Mann war nicht mehr zu retten und starb. Iwan sah eine günstige Gelegenheit, sich den Tataren als besorgter Landesvater darzustellen, lieferte den Söhnen des Toten den deutschen Arzt in Ketten aus und sagte, sie könnten ihn nach Belieben zu Tode foltern. Das taten sie auch. Danach schleppten sie ihn unter die Moskwa-Brücke und »... schlachteten ihn wie ein Schaf...«. So beschrieb es der Chronist.
Von diesem Vorgang irritiert, bat Aristotele Fioravanti, der bedeutendste unter den italienischen Architekten, seinen Vertrag zu annullieren und ihn heimreisen zu lassen. Iwan zerriß auch wirklich den Vertrag, gab Aristotele aber nicht frei, sondern eröffnete ihm, von nun an müsse er als Sklave ohne Lohn und Vertrag weiterarbeiten.
Sophia, die ein Kind nach dem anderen bekam, hatte längst eingesehen, daß eine Frau im Kreml niemals die Rolle spielen konnte wie in Rom. Sie wollte aber wenigstens Einfluß auf den Werdegang ihrer Kinder nehmen. Vor allem lag ihr daran, ihrem Ältesten, Wassilij, die Thronfolge zu sichern. Immerhin hatte Iwan ja einen Sohn aus erster Ehe, der auch Iwan hieß und schon zum Mitregenten ernannt worden war. Den Titel »Zar« konnte aber nur Wassilij erben, denn nur Sophias Sohn war der Nachkomme der byzantinischen Kaiser.
Sie hatte aus Rom ihren Arzt Dottore Leon mitgebracht, der vorher Papst Pauls II. Leibarzt gewesen war und sich auf die Behandlung auch der diffizilsten Krankheiten verstand, die im Vatikan grassierten. Als Iwan der Jüngere eines Tages von einem Karbunkel befallen wurde, übernahm Leon die

Therapie. Der junge Herr starb am 15. März 1490. Um aller Welt zu beweisen, wie nahe ihm der Tod seines Erstgeborenen ging, ließ der Zar den Arzt vor allem Volk auf dem »Roten« oder auch »Schönen Platz«, »Krasnaja Ploschtschad« (rot = schön) enthaupten, auf dem er auch immer die lästigen Nowgoroder Volksvertreter köpfen ließ.

Nachdem Kiew von den Tataren zerstört worden war und Iwan die letzten russischen Teilfürstentümer unterworfen, sich der Bevormundung durch die Goldene Horde entzogen und schon etliche Tatarenfürsten bezwungen hatte, nachdem er den byzantinischen Doppeladler im Wappen trug und Moskau zur alleinigen Hauptstadt Rußlands gemacht hatte, gab es nur noch einen offenen Posten in seiner Rechnung: Nowgorod.

Diese blühende Stadtrepublik mit ihren demokratischen Traditionen und ihrem ausgeprägten Selbstwertgefühl saß ihm wie ein Dorn im Fleisch. Sie war mehr als Symbol fruchtbaren deutsch-russischen Zusammenlebens, sie war ein Beispiel erfolgreichen Zusammenwirkens. Die unbestritten reichste Stadt Rußlands war der lebendige Beweis dafür, daß eine gesunde Gesellschaft ihren Wohlstand aus der freien Aktivität aller Bürger gewinnt und nicht aus Weisungen von oben.

Iwans Groll gegen sie stammte noch aus jener Zeit, als er mit seinem blinden Vater dahin gereist war, um sich von den Bürgern huldigen zu lassen. Doch die Bürger hatten erklärt, sie würden dem Fürsten die gewohnten Steuern zahlen, aber huldigen würden sie keinem Menschen. Sie seien ihre eigenen Herren.

Iwan brauchte Geld. Wo sonst sollte er es sich holen, wenn nicht in Nowgorod? Bevor er anderweitig aktiv wurde, legte er der Stadt dreimal so hohe Steuern auf wie die Khane der Goldenen Horde in den Zeiten schlimmster Erniedrigung, den Deutschen dazu noch vielfache Sonderausgaben.

In Moskau, wo er sie gezielt ansiedelte, lebten sie isoliert und konnten die Russen mit ihren religiösen und politischen Ansichten nicht infizieren. In Nowgorod aber genossen sie seit jeher dieselben Freiheiten wie die Einheimischen, hatten ihren eigenen Anlegeplatz, ihre Kirche, ihren Markt. Sie brachten viel Geld ins Land, also sollten sie auch viel zahlen! Iwan begründete ihre Sondersteuern damit, daß sie Irrgläubige seien. Als die Deutschen Einspruch erhoben, ließ er ihre Petri-Kirche plündern und ihre Waren auf dem Markt beschlagnahmen.

Wie er mit den Teilfürstentümern verfahren war, so ließ er auch in Nowgorod zunächst seine Agenten einsickern, um innere Spannungen zu schüren und die Unzufriedenen zu sammeln. Jahre dauerte der Zersetzungsprozeß. Die Agenten wirkten in den Handelshäusern, in der Bürgerschaft und fanden viele Unzufriedene in der reichen Stadt, weit mehr als in jeder armen. Leicht ließen sich Gerüchte ausstreuen, die unmenschlichen Steuern seien das Werk der wohlhabenden Kaufleute, die sich noch mehr bereichern wollten.

Es kam zu Unruhen. Russische und deutsche Häuser wurden geplündert, in der »Preußischen Straße« im »Nemeckij Dwor«. Iwan zeigte sich als Retter und schickte Soldaten, die den Aufruhr unterdrückten. Dann zogen sie gleich wieder ab. Es wäre unklug gewesen, die ergiebige Geldquelle Nowgorod zu verschütten. Eine Zeitlang war Ruhe. Iwan wandte sich nach Osten. Die Goldene Horde war in drei Khanate zerfallen. Die Khane residierten in Kasan, in Astrachan, auf der Krim. Er verbündete sich mal mit dem einen, mal mit dem anderen und gewann viel Land dabei, gewann Tatarenprinzen, die seiner Hofhaltung reizvolle exotische Effekte verliehen, gewann tatarische Reiter für sein Heer.

Als im Osten Ruhe war, verstärkte er wieder den Druck auf Nowgorod. In der Angst vor der steigenden Bedrohung spaltete sich die Bürgerschaft in zwei Parteien. Die eine wollte starke Verbündete im Westen suchen, die andere sich Iwan bedingungslos unterwerfen. Durch seine Agenten stets gut informiert, schrieb er einen Brief: »An meine lieben Nowgoroder! Haltet den wahren Glauben in Ehren! Hütet euch, ein Bündnis mit Fremden zu schließen, dann will ich euer gnädiger Herr sein und immer bleiben!«

Der Führer derer, die sich ergeben wollten, Michael Stepanitsch, verfaßte eine Antwort. Er versicherte Iwan seiner unbedingten Treue und warnte ihn vor dem Oppositionsführer Miroschka Nesoinitsch.

Iwan lud Miroschka zu einem klärenden Gespräch nach Moskau, empfing ihn aber gar nicht erst, sondern ließ ihn in ein Verlies unter dem Kreml werfen, das »Jama« genannt wurde, das Loch.

Miroschkas Braut war die Tochter einer Lübecker Familie, die schon lange in Nowgorod lebte. Sie hatte ihm zuliebe seinen Glauben angenommen. Als sie – ihren Namen verschweigt die Chronik – erfuhr, was geschehen war, machte sie sich nach Moskau auf und bat den Metropoliten, der ja nun ihr geistliches Oberhaupt war, um Hilfe, und der brachte sie bei einem großen Empfang inmitten seiner Geistlichen vor Iwans Thron.

Iwan fühlte sich überrumpelt.

Nowgorod am Ilmensee, die Hauptstadt der Republik Groß-Nowgorod (Stich aus Adam Olearius).

Ihm war längst die tatarische Sitte vertraut, daß Frauen entweder als stumme Arbeitstiere in Küche und Stall wirkten oder, wenn sie der Oberschicht angehörten, im Frauenhaus hocken mußten, bis ihr Herr sie in sein Bett befahl. Und nun stand diese junge Deutsche aus der ärgerlichen Stadt Nowgorod vor ihm und bat ihn, ihren Verlobten freizugeben, weil er zu Unrecht eingesperrt sei.

Iwan zeigte Großmut, ließ Miroschka aus dem Kerker holen und erklärte, nun stehe der Hochzeit nichts mehr im Wege; allerdings habe er als Großfürst das Recht auf die erste Nacht, und das wolle er auch in Anspruch nehmen.

Der Metropolit und seine Geistlichen waren so entsetzt wie das Mädchen. Alle priesen Iwans Frömmigkeit und konnten keine Stelle in der Bibel finden, aus der sich ein solcher Anspruch ableiten ließ. Laut appellierten sie an Iwans Milde, und leise sorgten sie dafür, daß die jungen Leute unbehelligt nach Nowgorod zurückreisen konnten. Was aus ihnen wurde, ist nicht bekannt. In der folgenden Zeit gab es so viele Brände und Plünderungen in der Stadt, daß nur wenige Aufzeichnungen erhalten blieben.

Die große Frauengestalt dieser nächsten Jahre war Marfa Boretzkaja, die Witwe des Nowgoroder Altbürgermeisters Isaak Boretzkij und Mutter vieler Kinder. Zwei ihrer Söhne waren mit ihren Schiffen im Sturm in der Ostsee untergegangen, zwei spielten als

Kaufleute und kluge Politiker in der Stadt eine Rolle.
Marfa Boretzkajas Haus auf der Sophien-Seite war ein prächtiger Bau, angefüllt mit schönen Sachen aus vielen Ländern Europas, die hier in Generationen zusammengetragen worden waren. Für jeden, der Rat brauchte, Hunger hatte oder Gespräche suchte, standen die Türen offen. Dieses Haus, in dem früher geplaudert, diskutiert oder musiziert worden war, wurde nun zum Zentrum des Widerstands. Hier wurde auch die einzig realisierbare Alternativlösung konzipiert, ein Bündnis mit dem König von Polen, dem Iwans Macht ein Dorn im Auge war. Kasimir IV. bot Nowgorod seinen Beistand gegen Iwans Übergriffe unter der Bedingung an, daß der Stadtstaat ihn als Schutzherrn anerkannte. Das taten die Nowgoroder dann schweren Herzens, aber nur, weil er ihnen das kleinere Übel zu sein schien. Als er sie zum entschlossenen Widerstand gegen Iwan drängte, bewaffneten sie sich und hielten sich bereit.
Im Mai 1471 rückte Iwan mit zwei Heeren zangenförmig in Groß-Nowgorod ein, mit dem offensichtlichen Ziel, die Hauptstadt vom Hinterland und vom Zugang zur Ostsee abzuschneiden. Alle Ortschaften und Gehöfte auf seinem Wege ließ er niederbrennen, das Vieh wegtreiben, die Menschen erschlagen oder verschleppen.
Im Glauben an ihren perfekten Staat hatten die Nowgoroder die Verteidigung mit Waffen lange nicht mehr ernsthaft geübt. Nur Marfa Boretzkaja, ihre Söhne und ihre Freunde hatten immer gedrängt, wehrhaft zu sein um der Freiheit willen. Nun rückten sie beklommen Iwan entgegen und schickten Boten mit Hilferufen zu König Kasimir. Aber von dem kam kein Mann und keine Antwort. Der polnische König hielt es für klüger, erst einmal aus sicherer Entfernung zu beobachten, wie sich die Dinge weiterentwikkelten.
Am 13. Juni 1471 stieß Iwan am Fluß Schelonja auf das Nowgoroder Bürgerheer und schlug es vernichtend. Viele hundert Männer fielen, mehreren hundert Gefangenen ließ Iwan Nasen und Lippen abschneiden und schickte sie so in ihre Stadt zurück. Alle Führer befahl er sofort zu köpfen, darunter Marfa Boretzkajas Sohn Dimitrij.
Die Menschen in der Stadt gaben jegliche Hoffnung auf und sandten Iwan ihren Erzbischof entgegen. Dieser gab ihm die Titel, die die Bürger ihm so lange verweigert hatten: »Herr, Großfürst von ganz Rußland! Schenke Gnade deinem Erbland Nowgorod! Schenke Gnade deinen schuldbewußten Dienern!«

Iwans Friedensvertrag wurde ein Diktat. Das Land Nowgorod wurde bis auf wenige Reststreifen dem Großfürstentum Moskau eingegliedert, und die Stadt mußte Kontributionen zahlen, die weit über ihre Möglichkeiten hinausgingen. Dann zog er wieder ab und überließ sie ihrem Zersetzungsprozeß.

Im Sommer 1475 erschien er überraschend mit starken Polizeikräften, um Gericht zu halten, wie es ihm als dem von der Stadt nun anerkannten Herrn zukam. In einem großen Schauprozeß traten Leute auf, die offenbar insgeheim als seine Agenten für ihn gearbeitet hatten, und klagten alle an, die immer noch einen Rest von Freiheit zu retten versuchten. Iwan ließ sie in Ketten nach Moskau schaffen. Darunter war auch Fjodor Boretzkij, der letzte Sohn, der Marfa noch verblieben war.
Ehe er abzog, verlangte Iwan nach tatarischer Sitte Gastgeschenke. Nowgorods Bürger mußten zeigen, was sie in ihren Häusern hatten. Alles, was ihm gefiel, ließ er auf Wagen packen und nach Moskau schaffen: Tuchballen und Weinfässer, Pelzmäntel und Ledersachen, Silbergeschirr und Schmuck aller Art. Die Bürger baten, er möge doch die Gefangenen freilassen. Iwan sagte, die könnten sie in Moskau abholen, wenn sie mit neuen Geschenken kämen und ihn milde stimmten.
Zwei Jahre sammelten die Nowgoroder, was sie zusammenbringen konnten. Dann schickten sie Vertrauensmänner unter Führung des Erzbischofs mit ihren Gaben nach Moskau. Iwan nahm die Geschenke, gab die Gefangenen aber nicht frei. Viele waren schon im Kerker verendet, auch Fjodor Boretzkij.
Als die Gesandtschaft ohne die Gefangenen heimkehrte, brach im Volk die Wut auf den wortbrüchigen Großfürsten aus. Da ihm nichts anzuhaben war, stellten die Bürger drei seiner enttarnten Agenten vor Gericht. Sie wurden wegen des Schadens, den sie der Stadt zugefügt hatten, zum Tode verurteilt und hingerichtet. Und das war dann für Iwan der Anlaß, die Stadt, aus der ohnehin nichts mehr herauszuholen war, zu vernichten.
Nach langen, inbrünstigen Gebeten marschierte er im Oktober 1477 los. Unterwegs ließ er in den Gebieten, die einmal zu Nowgorod gehört hatten, alles zerschlagen, abbrennen oder töten, was je geschaffen, gebaut oder geboren worden war, und auf den kahlen Marktplätzen Pyramiden abgeschlagener Köpfe errichten. Sonst blieb nichts zurück – nur Ruinen, über denen der Wind die Asche aufwirbelte.
Scharenweise kamen ihm Now-

goroder entgegen und baten um Gnade. Aber Iwan sagte, nun sei von Gnade nicht mehr die Rede, nur noch von Demütigung. Während seine Soldaten die reichen Klöster plünderten, deren goldene Kuppeln Nowgorod wie eine Krone umgaben, ließ er die Wetsche-Glocke, die einst das Volk zur Beratung zusammengerufen hatte, abhängen und nach Moskau schaffen. Das war eine schwerwiegende symbolische Handlung: Nun hatte das Volk keine Stimme mehr.

Alle Bürger, die seine Agenten ihm als revanchistische Elemente bezeichneten, ließ Iwan in Ketten legen und durch den Schnee nach Moskau treiben, darunter auch Marfa Boretzkaja und ihren kleinen Enkel, den Sohn des toten Fjodor. Dort wurden alle, die in den Kerkern starben, zu Fischfutter für die Zuchtteiche verarbeitet. Die Tiere, die dort tafelfertig gemästet wurden, zumal die Krebse, galten als besondere Lekkerbissen. Das Wort: »Verräter den Fischen vorwerfen«, kam damals auf und hatte in der russischen Sprache bis ins neunzehnte Jahrhundert hinein seinen festen Platz.

Gut zwei Jahre später, im Januar 1480 – er liebte Überfälle im Schnee –, kam Iwan wieder nach Nowgorod. Den Erzbischof, der ihm mit erhobenem Kreuz entgegeneilte, ließ er in Ketten legen, den Domschatz beschlagnahmen. Über das Volk, das sich in den vereisten Straßen vor ihm zu Boden warf, ritt er hinweg. Wieder bekam er Listen von Menschen, deren Freiheitsdrang immer noch nicht gebrochen war. An die hundert Männer ließ er unter das Eis des Wolchow schieben, ihre Frauen und Töchter als Sklavinnen verkaufen.

Alle Familien, denen konkret zwar nichts vorzuwerfen war, die aber in der Stadt traditionell eine Rolle gespielt hatten, ließ Iwan aus ihren Häusern treiben und in weit entfernten Städten ansiedeln, die in der Tatarenzeit verwüstet und verelendet waren, in Murom, in Nischnij-Nowgorod, in Rostow am Nerosee und sonstwo. Rund 7000 Familien wurden von dieser Zwangsumsiedlung betroffen. Nicht alle erreichten ihr Ziel. Viele alte Leute und Kinder kamen in Schnee und Schlamm um. In die Häuser der Verbannten ließ Iwan besonders diensteifrige Kreaturen aus Moskau einziehen, in der Überzeugung, ihnen würde es nicht schwerfallen, als seine devoten Untertanen das fortzuführen, was die Nowgoroder in Freiheit geschaffen hatten. Seine Rechnung ging nur teilweise auf. Während die alten Nowgoroder neue Städte bauten oder neues Leben in verödete Trümmerfelder brachten, wußten die Neu-

bürger, an blinden Gehorsam gewöhnt, mit dem, was sie an Substanz übernahmen, kaum etwas anzufangen. Die Stadt verkümmerte schnell.
Nach drei weiteren Strafexpeditionen, 1484, 1487 und 1489, wohnten von den alten Nowgoroder Familien nur noch die Deutschen in der Stadt. Gegen sie führte Iwan 1495 den entscheidenden Schlag. Er ließ sie einkerkern und ihren Besitz beschlagnahmen. Aber nach einigen Jahren erkannte er wohl, daß Rußland ohne deren Verbindungen im Ostseehandel nicht auskommen konnte, und ließ einigen von ihnen nach und nach wieder gewisse Freiheiten und gab ihnen auch die Häuser zurück. Als der deutsche Gesandte Sigismund von Herberstain zweiundzwanzig Jahre später nach Nowgorod kam, fand er dort mehrere deutsche Familien vor und konnte auch einer Messe in der St.-Petri-Kirche beiwohnen.
Mit der Zerstörung der Nowgoroder Freiheiten war nicht nur eine Stadt als lebendiger Organismus tödlich verwundet worden, sondern auch das einzig noch intakte Element uralter demokratischer Traditionen in Rußland. An die Stelle des diffizilen Geflechts von Verbindungen und Verpflichtungen setzte Iwan die absolute Despotie. An politische Mitverantwortung wagte nun niemand

Raub und Abtransport der Wetsche-Glocke, des Symbols der demokratischen Freiheiten Nowgorods, durch die moskowitischen Eroberer.

mehr zu denken. Begriffe wie Menschenwürde und Freiheit wurden zum Fremdwort.
Nun ging nirgendwo in Rußland mehr die Macht vom Volk aus. Zu ihrer Verwaltung schuf Iwan III. eine komplizierte Rangordnung, deren Innehaltung ein besonderes Ministerium überwachte. Er schuf eine Funktionärshierarchie, in der jedermann mehrere Menschen zur Verfügung hatte, die er treten konnte, und andere, von denen er sich treten lassen mußte. Ganz oben in der Hackordnung stand der Zar. Alle waren seine Sklaven, von denen jeder

seine Untersklaven hatte, bis es unten nicht mehr weiterging. Da vegetierten dann die Millionen Nur-Sklaven, die Bootsschlepper und Lastenträger, die Ackersklaven und Haussklaven, all die Ausgebeuteten und Erniedrigten, denen die Gesellschaftsordnung außer der Arbeit nur zwei Möglichkeiten ließ,

Frühe Darstellungen: Komödianten und Musikanten, Krieger und Händler, Fänger und Jäger.

Schnaps zu trinken und sonntags in die Kirche zu gehen, wo ihnen dann mit goldenen Worten vor goldenen Ikonen erklärt wurde, das alles sei gottgewollt und müs-

se immer so bleiben, damit die Wonnen des Jenseits nachher um so herrlicher seien.
Iwans Zeitgenosse, der greise Priester Filofei, schwärmte: »Alle christlichen Reiche sind vergangen. Statt ihrer steht das Reich unseres russischen Zaren. Rom und Byzanz sind gefallen. Der Welt ist die dritte Metropole beschert worden: Moskau!«
Iwan III., der erste Despot orientalischer Prägung auf dem Zarenthron, erstickte alles, was an freiheitlichen Gedanken und Traditionen in Nowgorod entstanden oder eingeflossen war. Er übernahm manches von den Byzantinern und vieles von den Tataren. Deren Macht war gebrochen, ihr Staatsapparat zerfallen. Ihre Menschen aber waren nicht nach Asien zurückgegangen, sondern in Rußland geblieben. Ihr Blut sickerte ein in den russischen Volkskörper, ihr Wesen, ihre Eigenarten, viele ihrer Sitten. Das Fordern und Annehmen von Bestechungsgeschenken galt sowenig als ehrenrührig wie das Schlagen und Sichschlagenlassen, auch für Priester und Edelleute. Der Herr nahm, und der Herr gab, wie es ihm gefiel: Häuser und Menschen, Schmuck und Pferde, Auszeichnungen und Folterqualen, Zobelpelze, Leckerbissen, die erste Nacht mit einer jungen Braut, und alles streng nach der Rangordnung.
Aber auch an diesem Wechselspiel des Gebens und Nehmens konnte der Arme ganz unten keinen Anteil haben. Er durfte sich allenfalls die Gnade Gottes ertauschen mit einem Korb Walderdbeeren, die er dem Priester auf die Schwelle stellte.
Vier Jahrhunderte lang stauten sich Demut und Hoffnungslosigkeit. Ganz langsam wuchs daraus der Haß auf ein System, das dem Menschen die Würde nahm, das Recht, über sich selber zu bestimmen, das Recht zu leben, wo und wie er wollte, das Recht, einen Beruf zu wählen und die Frau zu heiraten, die er liebte. Alles bestimmte der Herr, zu dessen lebendem Inventar er gehörte und der ihn verkaufen und verpfänden konnte.
Man kann die gewaltige Eruption der so lange unterdrückten Kräfte des russischen Volkes in der Revolution von 1917 nur erfassen, wenn man die Gnadenlosigkeit des zaristischen Despotismus in den langen Jahrhunderten davor erfaßt.

KAPITEL V

Die Rußlandreisen des Sigismund von Herberstain

Im Herbst 1492 entdeckte Christoph Kolumbus jenseits des Atlantischen Ozeans im Westen den Kontinent Amerika. Fünfundzwanzig Jahre später, im Frühjahr 1517, machte sich Sigismund von Herberstain auf den Weg, jenseits des europäischen Bewußtseins, im Osten, ein Land wiederzuentdecken, das nahezu isoliert sein eigenes Leben führte: Rußland.

Er reiste als Gesandter Kaiser Maximilians I. mit dem Auftrag, persönliche Eindrücke von diesem unüberschaubaren Staatsgebilde zu gewinnen, das die Vorherrschaft der Tataren überwunden hatte und sich offenbar zu einem respektablen Machtfaktor entwickelte.

Das Heilige Römische Reich Deutscher Nation und das Russische Reich hatten zwei gemeinsame Feinde: die Türken, die von Süden her beide bedrohten, und die unberechenbaren Polen, die zwischen ihnen saßen, hartnäckig bestrebt, ihr Machtgebiet auf Kosten beider Nachbarn zu erweitern. Herberstain sollte die Chancen für einen russisch-polnischen Frieden sondieren, der Rußlands Westflanke entlastete, um dann den Großfürsten als Verbündeten gegen die Türken zu gewinnen.

Schon Maximilians Vater, Friedrich III., hatte Fühler ausgestreckt und seine Gesandten Nicolaus Poppel und Georg Delator in den Kreml geschickt, aber nach dem Scheitern seiner Heiratsprojekte waren die Kontakte wieder verkümmert. Maximilian nahm sie, nachdem er 1493 Kaiser geworden war, behutsam wieder auf: Im Jahre 1504 schickte er den Ritter Kantinger mit Geschenken und der Bitte um weiße Jagdfalken nach Moskau. Iwan gab dem Gesandten einige Prachtexemplare mit, und beide Seiten machten sich Gedanken über Formen weiterer Zusammenarbeit. Aber die große Entfernung, sprachliche Schwierigkeiten und die umständlichen Arbeitspraktiken der Kanzleien verschleppten die Sache ständig, bis Maximilian sich 1517 entschloß, den talentierten und vielsprachigen Herberstain zum Großfürsten, der sich auch Zar nannte, nach Moskau zu schicken.

Sigismund Freiherr von Herberstain, am 23. August 1486 im Herzogtum Krain geboren, war ein drei Jahre jüngerer Zeitgenosse Martin Luthers. Nach dem Studium der schönen Künste in Wien und ein paar Jahren Kriegsdienst war er schon mit Ende Zwanzig an den Königshöfen von Dänemark und Polen für diplomatische Aufgaben verwandt worden. Der Kaiser schätzte Menschen, die kontaktfreudig waren und sich um fremde Sprachen bemühten. Er selbst konnte sich mit allen Bürgern seines Vielvölker-Reiches unterhalten: mit den Burgunden französisch, mit den Lombarden italienisch, mit den Krainern slowenisch, mit den Studenten lateinisch und in seiner Muttersprache Deutsch mit den Deutschen.

Als Herberstain von Augsburg aus, wo Kaiser Maximilian sich gern und oft aufhielt, zu Beginn des Jahres 1517 mit elf Gefährten zu seiner ersten Rußlandreise aufbrach, war er 30 Jahre alt, ein kräftiger ausdauernder Mann, der tagelang im Sattel sitzen, nächtelang im Freien schlafen und wochenlang alle erdenklichen Strapazen ertragen konnte. Später, im Jahre 1526, wiederholte er die Reise noch einmal im Auftrag von Maximilians Enkel und Nachfolger Karl V.; beide Male blieb er etwa sieben Monate. Die politischen Erfolge seiner Missionen hielten sich in Grenzen. Er lieferte aber, und das verlieh seinen Reisen den bleibenden Wert, den ersten zuverlässigen Bericht über die Geschichte Rußlands, seine Landschaften, seine Städte, seine sozialen Verhältnisse, über seine Völker und deren Sprachen, über Rechtswesen und Verkehrsverhältnisse, über die großfürstliche Hofhaltung in Moskau und nicht zuletzt über die deutschen Landsleute, die dort lebten. Mit vielen von ihnen sprach er, und ihnen verdankt er auch die meisten seiner intimen Detailkenntnisse. Was er sah und was er erfuhr, zeichnete Herberstain gewissenhaft auf

und verarbeitete es zu seinem Bericht für den Kaiser, den er als reifer Mann im Jahre 1549 auch als Buch herausgab.
Über die Art, in Rußland zu reisen, schrieb er: »... der Postmeister ließ am Morgen vierzig bis fünfzig Pferde vorführen, obwohl wir doch nur zwölf brauchten. So nahm sich jeder das Pferd, das ihm behagte. Waren sie müde und kamen wir unterwegs zu einem anderen Posthaus, so behielten wir nur Sattel und Zaumzeug und wechselten die Pferde. Wenn eines nicht weiterkann, darf der Reiter aus dem nächstbesten Haus ein anderes rauben, oder auch jedem, der ihm begegnet, das Pferd wegnehmen, nur nicht dem Kurier des Fürsten ...«
»... im Winter reist man in Rußland meistens in Artachen. Das sind Bretter, eine Hand breit und ungefähr sechs Spannen lang, vorn etwas aufgebogen, in der Mitte mit erhöhten Rändern, wo man den Fuß hineinsetzt; in den Rändern sind Löcher, daß man den Fuß anbinden kann. Man hält dabei einen kleinen Spieß in der Hand, womit man steuert, wenn es von einer Höhe abgeht ...«
»... als der Schnee zerging, wurden die Wasser so gewaltig, daß bei einem Kloster uns ein Mönch auf einer kleinen Fischerzille durch die Wälder, die voll Wasser standen, bis wieder zur Straße fahren mußte. Da warteten wir, bis unsere Sättel auf der selben Zille nachgebracht wurden. Die Pferde aber mußten wir drei- oder viermal von einem Hügel zum anderen schwemmen ...«
»... auf der Düna bin ich bei meiner ersten Reise zwölf Meilen [89 Kilometer] stromauf nach Polozk

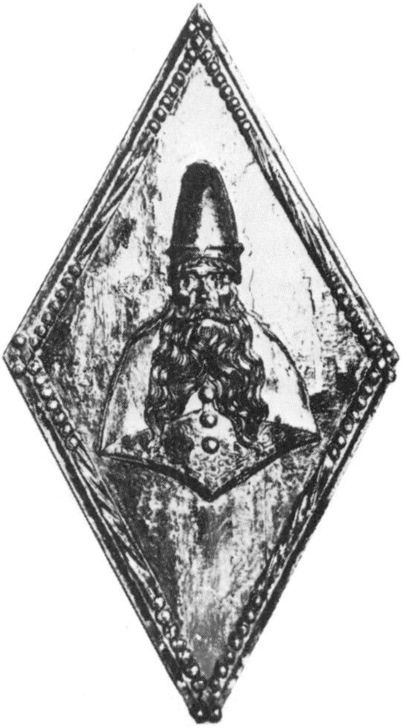

Wappen der lübischen Nowgorod-Fahrer.

gefahren. Dabei kam ich an eine Stelle, wo der Fluß offen und eisfrei war. Bloß die eingefahrene Spur, wo die Straße ging, hatte sich noch zwischen den Wasserflächen gehalten, ungefähr fünf Schritte breit, gerade so viel, wie die Schlitten brauchten. Darüber bin ich nicht ohne Sorge hinweggekommen. – Gott Lob!«

»... Nowgorod ist eine große Stadt. Solange sie frei war, beherrschte sie ein weites Gebiet nach Nord und Ost. Jeder hatte seine zuständige Obrigkeit, wo er sich Recht holte. Ihre Gemeindevorsteher wählten die Bürger nach ihrem Willen. Es war mal der große Handelsplatz von ganz Rußland. Immer noch gibt es da deutsche Kaufleute. Sie erbaten den Schlitten, auf dem ich von Augsburg dahingefahren war, von mir zum Andenken, um ihn in die Kirche zu setzen. Großfürst Iwan III. führte jahrelang schweren Krieg wider Nowgorod. Er gab vor, die Bürger wollten vom russischen Glauben abfallen, und er kam mit seinem Heer, nahm sie in ewige Dienstbarkeit und beraubte sie gänzlich. Wie ich vielfach vernommen habe, soll er mehr als dreihundert Wagen, beladen mit Gold, Silber und Edelgestein und anderen Kostbarkeiten, nach Moskau gebracht haben, dazu den Erzbischof und etliche Bürger. Die Häuser gab er anderen zu wohnen ...«

Von Nowgorod ab geleitete eine russische Eskorte die Gesandtschaft und schirmte sie gegen die Umwelt ab. Ein kompliziertes Zeremoniell erschwerte den Umgang mit den Begleitern. Herberstain ließ es mit wachsender Ungeduld über sich ergehen und erfuhr dabei, wer zuerst den Hut ziehen, wer zuletzt vom Pferd absitzen mußte, wie oft die endlosen Titel der Gesprächspartner zu wiederholen waren und was alles zu vermeiden war.

Da die Fremden offenbar nicht mit Einheimischen in Berührung kommen sollten, wurde die Gesandtschaft in weitem Bogen um alle Städte und Dörfer herumgeführt. »... die Nacht haben wir unter freiem Himmel im kühlen Schnee verbracht, nahe einem Bach, der zu laufen anfing, indem der Schnee zerging. Darauf haben wir die Brücke ausgebessert und uns bald nach Mitternacht auf den Weg gemacht ...«

Täglich gingen Boten mit Berichten über das Verhalten der deutschen Gesandtschaft nach Moskau ab, täglich kamen Kuriere mit neuen Richtlinien. Viele Nächte schliefen Herberstain und seine Gefährten draußen im Schnee. Tags legten sie meistens nur ganz kurze Strecken zurück.

»... so stark ist dort nicht selten der Frost, daß sich das Erdreich davon auftut und spaltet. Dann gefriert der Rotz, den man ausspuckt, ehe er auf die Erde kommt. Im Winter hatte man mehrere Grenzposten auf ihren Schlitten festgefroren gefunden. Ein Diener, der ein Rind am Strick führte, ist sitzend erfroren, ebenso das Rind neben ihm.

Der deutsche Gesandte Sigismund von Herberstain besuchte zweimal den russischen Zaren; im Frühjahr 1517 und im Sommer 1526. Das Schlittenbild entstammt seiner Reisebeschreibung.

Auch hat man fahrende Leute, die mit Tanzbären umherziehen, tot am Wege gefunden. Und die Bären gingen in die nächsten Höfe und brachen in die Häuser ein. Da flohen die Bauern samt den Kindern aus Angst und sind draußen elend erfroren. Zu solcher Kälte kommt im Sommer oft große Hitze. Im Jahre 1525 wurden von der Sonnenglut schier alle Saaten ausgebrannt. Man hat auch viele Dörfer und Wälder, dazu das Getreide auf dem Feld von der großen Hitze angezündet gesehen. Da war ein so großer Rauch über dem Land, daß viele

Wassilij III., der russische Zar, der den deutschen Gesandten Herberstain empfing und nobel beschenkte.

Menschen davon erblindeten...«
Trotz des schleppenden Tempos kamen sie doch eines Tages vor der Hauptstadt an. »...Moskau ist von Holz erbaut und recht groß. Jedes Haus hat Gärten und Höfe, das gibt der Stadt solchen Umfang. Sie ist weder mit Mauern noch Graben, noch Zinnen befestigt. Hier und da haben die Gassen Holztüren. Die schließt man zur Nacht und setzt Wächter dazu. Wer hernach von den Wächtern ergriffen wird, den prügelt man, zieht ihn aus oder wirft ihn ins Gefängnis ... Die Burg [der Kreml] ist aus Ziegeln gemauert, so groß wie ein Städtchen. Darin sind die prächtigen Häuser der Fürsten; auch der Metropolit und die Räte haben große Holzhäuser dort. Und viele Kirchen gibt es da...«
»...als wir uns Moskau auf eine halbe Meile genähert hatten, kam der Bote Simon eilend und voller Schweiß geritten und zeigte uns an, sein Herr schicke uns große Leute entgegen, uns zu empfangen. Es gebühre sich, stehend des Herren Wort zu hören, wir sollten also von den Pferden absitzen. Indem wir weiterritten, sahen wir eine Menge Volks im Feld in langer, geordneter Reihe. Sobald wir näher kamen, saßen sie ab. Desgleichen taten auch wir. Als wir ganz zusammengekommen waren, sprach der Oberste von denen: ›Der große Herr Basilius, König und Herr aller Russen...‹ Es folgte eine endlose Reihe von Titeln und ein langwährendes gegenseitiges Befragen nach der Gesundheit und den Annehmlichkeiten der Reise, bevor es weiterging.«

»... wir kamen zum Flusse Mosqua und setzten über. Bald gab es großen Zulauf von Volk, uns zu sehen, und wir wurden von denen allen in unsere Herbergen geleitet. Man hatte uns zwei gute Holzhäuser nach Art des Landes zugeteilt. Sie standen leer, ohne Menschen darin, allein Tische, aber keine Bänke. Doch wurde das alles beschafft. Unsere Quartiermeister stellten uns auch unsere Schreiber vor, welche uns täglich alles Nötige zubringen würden. Es gibt eine genaue Verordnung, wie die Botschafter unterhalten werden sollen, wieviel Brot, Fleisch, Fisch, Salz, Pfeffer, Zwiebel, Hafer, Heu, Stroh, Branntwein und anderer Trank täglich gereicht werden soll, nach der Anzahl der Personen und Pferde, so auch Holz für Küche und Öfen. Ich meinerseits bin ganz wohl gesättigt gewesen...«

Einige Wochen wartete Herberstain auf seine Audienz beim Großfürsten Wassilij III., auch Basilius genannt, der seit 1505 regierte. Sie wurde mehrfach für den nächsten Tag angesetzt, dann wieder verschoben. Er nutzte die Zeit, in der Stadt seine Beobachtungen zu machen, Informationen zu sammeln, mit Menschen zu sprechen, besonders mit den Deutschen, deren er überraschend viele in Moskau traf. Sie lebten in der »Nemeckaja Sloboda«, dem Deutschen Viertel, Kaufleute, Ärzte und Apotheker, Uhrmacher, Glockengießer und alle möglichen Handwerker sonst, die etwas konnten, was hier hoch im Kurs stand. Von ihnen hörte er viel über diese fremde Welt und über den Mann, der sie beherrschte.

Herberstain notierte: »Seine Gewalt braucht der Großfürst gleichermaßen gegen Geistliche wie gegen Weltliche. Er verfügt aus freier Willkür über jedes Leben und Gut. Alle im Land nennen sich des Fürsten Knechte. Er nennt sich so: Der große Herr Basilius, durch Gottes Gnade König und Herr aller Russen, Großfürst zu Wladimir, Moskau und Nowgorod, Pskow, Smolensk, Twer, Jugaria, Perm, Wiatka, Bulgarien etc., Herr und Großfürst zu Nischni Nowgorod, Resan, Wologda, Rschowie, Beloye, Rostow und so weiter, und so weiter, und so weiter...«

Über die Gesellschaft schrieb Herberstain: »Alle Vornehmen haben Leibeigene. Das Volk ist von solcher Natur, daß es sich der Leibeigenschaft mehr erfreut als der Freiheit. Wenn Sterbende in ihren letzten Verfügungen ihre Leibeigenen freilassen, dann bleiben die selten in der Freiheit, sondern verkaufen sich an andere Herren. So verkauft auch der Vater den Sohn, und wenn der Sohn sich durch seine Dienste freimacht, kann der Vater ihn zum zweiten und zum dritten Mal verkaufen ...«

Über die Geistlichkeit: »Bei meinem ersten Besuch war Bartholomäus noch der Metropolit von Moskau, aber den ließ der Großfürst in Ketten schmieden und machte Daniel zum Metropoliten. Der ist ungefähr dreißig Jahre alt, von starkem Leib und rotem Angesicht. Damit das Volk aber nicht denkt, er läge der Wollust ob, läßt er sich, sooft er in der Kirche zu tun hat, mit Schwefel beräuchern, womit er sich ein bleiches Gesicht macht. Mehrfach habe ich in Moskau beobachtet, daß betrunkene Priester auf der Gasse mit Geißeln geschlagen wurden. Sie beschwerten sich darüber, daß sie von Knechten und nicht von Edelleuten geschlagen wurden ...«

Über den Bauern: »... er muß für den Herrn sechs Tage in der Woche arbeiten, der siebte ist für sein vom Herrn zugemessenes Stück Feld oder Wiese, womit er auskommen muß ...« Das war allerdings nicht grundsätzlich anders als in weiten Teilen Deutschlands.

Herberstain beschrieb das Leben in Rußland, das harte Los der Leibeigenen ebenso wie das aufwendige Dasein der Oberschicht, Kleidung, Sitten und Gebräuche (Abb. aus Olearius).

Über das Rechtswesen: »... wider die Räuber hält man strenge Gerechtigkeit. Ergreift man sie, so zerschlägt man ihnen zunächst die Fersen, dann läßt man sie zwei oder drei Tage liegen, bis es schwillt, dann bewegt man sie hin und her. Hat man so einen ausgefragt und des Todes befunden, so hängt man ihn auf. Ich habe Leute hängen sehen, denen die Füße von Wölfen abgefressen waren, habe auch die Wölfe daran fressen sehen: So tief hängt man sie ... Wer einen anderen um Diebstahl, Raub oder Totschlag beklagen will, geht nach Moskau und bittet, jenen vorzuladen. Sagen die Zeugen gegen den Beklagten aus, so erklärt er: ›Ich befehle mich dem Göttlichen Recht und begehre den Kampf.‹ So wird der Zweikampf angesetzt. Dazu darf jeder die Waffe nehmen, die er will, außer Büchse und Bogen ...«

Über die Musik: »Trompeter haben sie viele. Wenn die nach Art des Landes alle auf einmal aufblasen, ist es erstaunlich und fremd anzuhören. Sie haben auch eine Art Schalmei, die nennen sie Szurna. Wenn sie die spielen, blasen sie wohl eine Stunde lang ohne Aufhören und Atemholen ...«

Über die Anzüge der Männer: »Sie tragen lange Röcke mit engen Ärmeln. Darauf haben die Christen die Knöpfe auf der rechten, die Tataren auf der linken Seite. Sie gürten nicht den Leib, sondern die Lenden, und so tief herab, daß der Bauch kräftig hervorsteht ...«

Über die Frauen: »Zur Sommerzeit gestatten sie Frauen und Töchtern auf den lieblichen Wiesen zusammenzukommen. Da spannen sie ein Seil auf, hängen sich hinein und schaukeln, indem sie sich hin und wieder stoßen. Oder auch, sie stehen vor ihren Häusern, singen und klatschen die Hände zusammen ...«

Über das Eheleben: »Es lebt in Moskau ein deutscher Kugelschmied und Büchsenmeister, Jordan genannt, der nahm eine Russin zum Weibe; und als sie schon lange beieinander gewesen, spricht sie freundlich zu ihm: ›Warum hast du mich nicht lieb?‹ Er sagt: ›Ich habe dich sehr lieb!‹, dagegen sie: ›Ich habe von dir kein Zeichen davon: Hast du mich doch noch nie geschlagen!‹ Nicht lange danach schlug er sie unbarmherzig und hat mir selber gesagt, daß sie ihm noch nie soviel Liebe erzeigt hätte ... Den Dienern und Arbeitern geht es wie den Weibern: Wenn sie ungeschlagen bleiben, meinen sie, ihre Herren lieben sie nicht ...«

Während Herberstain wochenlang geduldig auf seine Audienz beim Großfürsten von Moskau wartete, sammelte er gewissenhaft alles, was sich über diesen Herrn einer völlig fremden Welt

Frauen und Kinder, meist streng gehalten, nutzten die seltenen Gelegenheiten zur Zerstreuung (Kupferstich aus Olearius).

in Erfahrung bringen ließ: Wassilij, durch seine Mutter Sophia Erbe der Traditionen des byzantinischen Kaiserreichs, war bei Herberstains erstem Besuch achtunddreißig Jahre alt und seit zwölf Jahren mit Salomonia verheiratet, die seine Mutter für ihn ausgesucht hatte.

Die Brautschau war so vor sich gegangen: Die Großfürstin hatte Boten zu allen Fürsten und Edelleuten Rußlands geschickt mit der Weisung, sie sollten ihre mannbaren Töchter in den Kreml bringen. Es kamen etwa 1500 Mädchen zusammen. Sie wurden ins Frauenhaus, den Terem, und da ins Badehaus geführt. Dort mußten sie sich nackt ausziehen, der Reihe nach von Hebammen untersuchen lassen und dann vor einer Kommission von Fürstinnen, Bojarinnen und Hofbeamtinnen paradieren. Die sonderten in mehreren Durchgängen die Häßlichen, Krummen und Schlaffen aus, bis am Ende nur noch erstklassiges Zuchtmaterial übrigblieb.

Aus dieser Elite wählte die Großfürstin das Mädchen aus, das ihr am besten geeignet schien, Stammutter weltbeherrschender Zarengeschlechter zu werden: Salomonia Saburowa, die Tochter eines kleinen Landedelmanns, sechzehn Jahre alt, kräftig, von natürlicher Grazie, sonnig und außerordentlich hübsch. Wassilij konnte sich freuen. Anfangs tat er es auch.

In die Vorstellungswelt der weiblichen Hofchargen paßte Salomonia nicht. Sie war auf dem Land in Freiheit aufgewachsen, ritt wie ein Junge, wollte schwimmen, wollte durch Wälder laufen. Statt dessen wurde sie eingenäht in steife Brokatgewänder mit Applikationen von Perlen und Juwelen, wurde eingezwängt ins tödlich starre Hofzeremoniell, das ihr keine Bewegungsfreiheit ließ, und starb, lange bevor sie tot war. Was ihr die Höflinge am meisten verübelten: Sie bekam keine Kinder.

Salomonia war verdammt, ein Leben zu führen, das in keinem Augenblick ihr Leben war. Ihr Mann war nicht ihr Mann, sondern ein Halbgott, Herr über Leben und Tod. Er holte sie nicht in sein Bett, sondern ließ sie durch den Hofmarschall zu sich befehlen und durch eine Eskorte von Hofdamen in sein Schlafgemach geleiten. Daß vielleicht an dem großen Herrn Basilius irgend etwas nicht stimmte und daß Salomonia deswegen keine Kinder bekam, diesen Gedanken wagte niemand in Erwägung zu ziehen.

Von Jahr zu Jahr beklagte Wassilij lauter sein Schicksal. Wo er ging, wo er ritt, wo er in der Sänfte getragen wurde, ständig paraphrasierte er sein eines Thema. Sah er ein Vogelnest in einer Astgabel, so klagte er seinen Bojaren: »Seht die Amseln! Sie haben Junge, ich, der Herrscher über ganz Rußland, habe keine!« So wies er auf Lämmer und Kälber, auf Fohlen und Welpen und stimmte immer das gleiche Klagelied an. Sogar den Krebsen in den berühmten Teichen, die mit den Nowgoroder Ratsherren und Bürgern gefüttert worden waren, neidete er ihre Jungen, obwohl deren Lebenserwartung nicht eben die höchste war, da die großfürstlichen Köche ständig ihr Wachstum belauerten.

Während Wassilij auf einen Erben wartete, lenkte er sich mit einer hektischen Bautätigkeit ab. Die Kathedrale zur Verkündigung Mariä entstand zu dieser Zeit; die Erzengel-Michael-Kathedrale, in der alle Moskauer Fürsten begraben liegen, wurde vollendet, die Kathedrale zur Himmelfahrt Mariä prachtvoll ausgemalt. Wassilij ließ die Kreml-Mauern erweitern und den Kremlgraben in Steine fassen. Er war sogar selber schöpferisch tätig und entwickelte die Galgen-Flöße.

Den Anlaß dazu bot ein Aufstand in Nischni-Nowgorod. Dort hatten die Umsiedler, die von Iwan III. aus ihrer Heimat Nowgorod in das von den Tataren hinterlassene Trümmerfeld verpflanzt worden waren, die Stadt wieder aufgebaut und dann versucht, wenigstens einen Teil der alten Nowgoroder Freiheiten hier neu aufleben zu lassen.

Wassilij ließ diese unruhigen Leute festnehmen, ließ Flöße bauen, darauf Galgen errichten und daran die Menschen aufhängen, die es gewagt hatten, von Freiheit und Menschenwürde zu sprechen. Dann stakten Schifferknechte die Flöße in den Strom und ließen sie treiben. Langsam trieben sie da – die Wolga hat nur ein sehr geringes Gefälle – nach Süden, flußab, daß alle Leute an den Ufern sehen konnten, wie es Aufrührern ergeht, ein Floß nach dem anderen mit weit mehr als neunhundert Toten, leise schaukelnd im Wind an ihren Galgen, um dann hinausgetragen zu werden ins Kaspische Meer, wo sie irgendwann kenterten, im Sturm auseinanderbrachen, untergingen.

Aber Kinder bekam Salomonia nicht, nicht nach sechs, nach acht, nach zehn Jahren. Wassilij beklagte sein Geschick, baute Kathedralen, pilgerte zu heiligen Orten, schickte zauberkundige Kräuterweiblein zu Salomonia. Die verabreichten ihr widerlichen Tee, Salben, Latwergen, lehrten sie allerlei dunkle Sprüche, aber nichts half. Auch eine Nonne kam, der man in der Kindheit die Nase abgeschnitten hatte und die als wundertätig galt. Sie hatte Zauberhonig und Zauberöl zum Einreiben an den entscheidenden Stellen, dann werde Wassilij die Fürstin heftiger lieben und sie zur Mutter machen.

Wassilij liebte Salomonia immer weniger heftig und machte sie nicht zur Mutter. Statt dessen hörte er immer häufiger auf die Einflüsterungen seiner Bojaren, die immer offener ihre Meinung sagten: »Den unfruchtbaren Feigenbaum, o Herr, den solltest du umhauen und aus deinem Garten werfen!« Im Volk wurde geraunt, Salomonia sei eine Hexe, sie feiere schwarze Messen, man habe sie mehrfach nachts auf einem Ziegenbock zwischen den Wolken zu den Waldaihöhen reiten sehen, wo bekanntlich alle Hexen mit dem Teufel Unzucht trieben. Und die Höflinge machten immer unverhohlener den Großfürsten auf die Möglichkeit aufmerksam, Salomonia kahlzuscheren und in ein Kloster zu stecken, um frei zu sein für eine neue Ehe.

So war es um das Privatleben des großen Herrn Basilius bestellt, als Sigismund von Herberstain wochenlang darauf wartete, zur Audienz in den Kreml gerufen zu werden. Für die Schilderung dieser Audienz brauchte er zwanzig Seiten, fast ein Zehntel seines ganzen Berichts. Hier nur ein kleiner Ausschnitt: »Am Tage vorher kam der Pristaw [Polizeioffizier] und sprach: ›Des Großfürsten Räte haben befohlen, dir zu verkünden, daß du morgen vor den Fürsten berufen wirst!‹ – Zur Vesperzeit kam dann der Dolmetscher und sprach: ›Bereite dich vor, denn du wirst morgen vor den Fürsten kommen!‹ – Kaum eine Viertelstunde später kam der Pristaw mit der Meldung: ›Große Leute kommen, euch abzuholen; seid gleich bei der Hand, sie werden euch vor den Fürsten führen!‹ Es kamen viele Bojaren, und die Pristawe waren ohne Unterlaß am Mahnen, wir sollten den großen Leuten Ehre erweisen . . .«

Es gab viel Hin und Her, wer dem anderen weiter entgegenging, wer mehr Treppenstufen aufwärts oder abwärts schritt, wer den Hut früher und wer ihn tiefer zog.

». . . der erste sprach: ›Der große Herr Basilius [und so weiter, und so weiter, mit allen Titeln] hat befohlen, daß ihr vor ihn kommt.‹ Wir setzten uns zu Pferde und wurden zum Schloß geführt. Da stand des Volks so viel, daß wir kaum Platz fanden, um durchzukommen. So ist es nämlich Brauch: Wenn fremde Botschafter vor den Fürsten geführt werden, beruft man Adel und Dienstleute; aller Handel an Markt und Plätzen wird geschlossen und alles gemeine Volk auf den Platz vor dem Schloß befohlen. Wir sahen an den verschiedenen Stellen die verschiedenen Stände verteilt. Neben der St.-Michaels-Kirche geht die Treppe zur Wohnung des Großfürsten empor. Dahin darf keiner reiten. Das gebührt allein dem Fürsten . . .«

». . . als wir zur Mitte der Treppe gekommen waren, traten uns andere Räte entgegen, die der Fürst gesandt hatte, uns mit Händedruck und Kuß zu empfangen, und oben begrüßten uns wieder andere mit Händedruck und Kuß. Mit denen gingen wir in die Gemächer. Im ersten waren alle mit Samt, Seide und Goldstücken angetan. Im zweiten standen wieder wohlgekleidete junge Fürsten, die den täglichen Dienst beim Großfürsten versehen. Sie werden aus der Schatzkammer gekleidet und müssen etwas dafür zahlen, daß die Kleider wieder gereinigt werden.«

». . . wie wir ins Zimmer des Großfürsten traten und uns erstmals neigten, saßen rundherum viele Fürsten. Sie alle standen auf, nur der Großfürst nicht. Nun sprach einer der vornehmsten Räte: ›Großer Herr, König und Herr aller Russen! Sigismund von Herberstain schlägt dir sein Hirn.‹ Und zum zweitenmal: ›Sigismund von Herberstain schlägt dir sein Hirn um deiner großen Gnade willen!‹ Das erste bedeutet: Er beugt sich und erzeigt dir Ehre; das zweite: Er dankt dir für die Gnade der Speisung, denn ›Hirnschlagen‹ ist ihr Wort für Ehre erbieten und Dank sagen.« (Genau übersetzt: ». . . schlägt dir die Stirn«, das heißt, er beugt sich so tief, daß seine Stirn den Boden berührt.)

». . . Des Großfürsten Sitzstatt ist um eine Handlänge höher als die der übrigen; immer hat er ein Bildnis Gottes, eines Engels oder Heiligen über sich an der Wand, neben sich ein Becken mit zwei kleinen Kannen und ein Handtuch. Man sagt, wenn er einem vom römischen Glauben die Hand bietet, hat er sich verunreinigt; sobald darum der Botschafter fort sei, wasche er seine Hände ...

Als die Ehrerweisung und Danksagung geschehen war, sagten wir dem Großfürsten unseren Gruß. Sowie der Name des Kaisers dabei ausgesprochen wurde, stand er auf und sprach: ›Unser Bruder, erwählter Römischer Kaiser und höchster König, ist er gesund?‹ Nachdem man geantwortet: ›Von Gottes Gnaden, er ist gesund‹, setzte er sich wieder und hörte den Gruß bis zum Ende. Dann rief er jeden von uns einzeln heran und sprach: ›Gib mir deine Hand! – Wie gesund bist du gereist?‹ Darauf antworteten wir nach ihrer Art: ›Gebe Gott, daß du, großer Herr, lange gesund seiest! – Ich bin durch die Gnade Gottes und deine Güte gesund.

Als wir nun stehend unsere Botschaft ausgerichtet hatten, sprachen die, welche hinter uns standen: ›Pominiki!‹ und mahnten uns damit, Geschenke zu überreichen. Aber die Unseren sagten, das sei bei uns nicht Brauch. Nach vollbrachtem Gruß lud der Großfürst uns zum Mahl und sprach: ›Sigismund, wirst du unser Salz und Brot mit uns essen?‹ Und die Pristawe sagten durch die Dolmetscher: ›Stehet auf, wir wollen in eine andere Stube gehen.‹ ... Gegenüber dem Platz des Großfürsten war für uns aufgedeckt. Dahin wies er selbst mit der Hand. Ihm zur Rechten saß sein jüngerer, ihm zur Linken sein jüngster Bruder, danach die Fürsten und Räte nach Rang und Gnade. In der Mitte der Stube stand die Kredenz, reichlich mit Gold und Silber besetzt. An zwei anderen Tafeln saßen einige junge tatarische Königssöhne, die dem Großfürsten dienten und sich hatten taufen lassen, ferner solche, die der Fürst in besonderer Gnade dahin berufen hatte; auch Büchsenmeister fanden sich da ...«

Diese Fachleute, die Wassilijs Vater aus Deutschland hatte kommen lassen, genossen inzwischen in Rußland schon ein so hohes Ansehen, daß der Großfürst sie an seine Tafel lud.

»... als man sich gesetzt hatte, traten die Truchsessen herein in langer Reihe, prächtig gekleidet. Der Großfürst nahm drei Schnitten Brot von einem Haufen, legte sie dem Schenken auf die Hand und sprach: ›Gib dieses Brot dem Botschafter unseres Bruders, des erwählten Römischen Kaisers und höchsten Königs.‹ Ihr Brot ist

übrigens schön weiß, in Form eines Roßkummets ...
Nunmehr bringen sie Branntwein, den man gewöhnlich vor dem Essen trinkt. An Fleischtagen wurden dann gebratene Schwäne als erstes hereingebracht, und der Großfürst stach sie mit dem Messer an, um zu sehen, welcher am zartesten wäre. Er pflegte erst ein Stückchen zum Kosten seinem Truchseß zu geben, dann schneidet er verschiedene Stücke an und kostet selbst. Dann gibt er dem Schenken eine Schüssel, von der er gekostet hat, und läßt sie einem Gast bringen. Wem das geschickt wird, der steht auf, und all die anderen stehen ihm zu Ehren auch auf. Mit solchem Hin und Her, wo alle immer aufstehen müssen, mit Danken und Verneigungen nach allen Seiten, wird man fürwahr müd ...
Als wir von den Schwänen aßen, taten sie Pfeffer und Essig hinzu, an Stelle einer Tunke. Dafür nehmen sie auch saure Milch und Gurken, die sie, in Salz eingelegt, das ganze Jahr über behalten. Alles Geschirr war von Gold. Die Mahlzeiten währen manchmal bis zu vier Stunden. Vielerlei Trank wird gereicht, denn es ist bei ihnen eine Ehre und große Gnade, die Leute betrunken zu machen, und wer nicht ordentlich trunken gemacht wird, hält sich für mißachtet. Sie sind Meister, die Leute zum Trinken zu bereden; und wenn nichts anderes mehr helfen will, steht einer auf und trinkt auf des Fürsten Gesundheit. Darauf muß jeder Anwesende ohne Widerspruch austrinken, daß nichts übrigbleibt. Wenn er dann ausgetrunken hat, stürzt er den Becher über seinen Kopf und wünscht dem Herrn Gesundheit. Als mich der Großfürst von meiner ersten Botschaft entließ, stand er nach der Mahlzeit auf, lehnte sich an die Tafel, nahm seinen Becher, bot mir auch einen Becher und sprach: ›Sigismund, trinke ihn aus auf die Gesundheit unseres Bruders Maximilian, und so weiter mit den gewohnten Titeln. Danach gab er jedem Umstehenden einen Becher und sprach dieselben Worte. Wir traten zurück, neigten unser Haupt gegen den Fürsten und tranken aus. Danach bot mir der Fürst die Hand und sagte: ›Geh!‹ Damit zog ich zu meiner Herberge ...
... der Großfürst hat auch eine andere Kurzweil. Er hält sich wilde Bären in einem großen Haus. Dort läßt er sich besondere Spiele vorführen. Man läßt einen Bären heraus, es stehen dann arme Bau-

Zu Herberstains Zeiten bestand Moskau zum größten Teil aus Holzhäusern. Nur im Kreml gab es steinerne Paläste und Kirchen (Illustration aus Herberstains »Moscovia«).

MOSCAV
Arx
Der Moscoviten feldzug vnd Kriegsrüstung

ersleute mit hölzernen Gabeln bereit, und wenn der Fürst winkt, gehen sie dem Bären entgegen und reizen ihn zum Kampf. Wenn dann einem von ihnen durch die wütigen Tiere ein Schaden geschieht, so läuft er vor den Fürsten und ruft: ›Herr, begnadige mich!‹ Darauf läßt der Fürst ihn heilen und ihm dazu einen Rock und ein paar Maß Getreide reichen...

... als wir zuletzt abgefertigt und entlassen werden sollten, wurden wir in Ehren zur Mahlzeit geladen. Zuvor brachte man die Geschenke, nämlich ein goldenes Kleid, mit Zobel gefüttert, mit breiten Ärmeln und weitem Schnitt. Wir mußten sie anlegen und so vor den Fürsten treten. Wie wir in das Zimmer traten, sprach wiederum der Rat mit lauter Stimme: ›Großer Herr, Sigismund schlägt dir das Hirn!‹ und zum zweiten Mal: ›Großer Herr, Sigismund schlägt dir das Hirn für deine große Gnade!‹ Außer der Schaube von Gold gab der Fürst jedem von uns zweimal vierzig Zobel-, dreihundert Hermelin- und fünfzehnhundert Fehenpelze. Auf der ersten Botschaft hatte er mir außerdem noch einen Schlitten gegeben, darauf eine große weiße Bärenhaut, auch ein schönes großes Pferd, einen Fuchs, der den Schlitten zog, dazu noch viele Fische, die ohne allen Rauch und Salz, allein an der Luft getrocknet waren: Beluga, Osseter, Sterlet. So hatte er mich sehr freundlich entlassen...«

Zum Abschied bewies der Großfürst von Moskau seinen deutschen Gästen, die ja mit leeren Händen gekommen waren, eine Noblesse, die sie eigentlich hätte beschämen müssen.

Für die Menschen in Augsburg, Wien und Innsbruck waren Herberstains Berichte aus der fernen Welt eine fesselnde, aber unkontrollierbare Unterhaltungslektüre am Rand des Märchenhaften. Für die Männer, die in der kaiserlichen Kanzlei die Grundlagen der Außenpolitik erarbeiteten, boten sie eine Fülle wichtiger Informationen. Das schwer durchschaubare Land im Osten, dessen Grenzen im Endlosen verschwammen, war in erreichbare Nähe gerückt. Das für lange Zeit an Asien verlorene Rußland zeichnete sich als europäischer Machtfaktor ab, mit dem man rechnen mußte. Herberstains Bericht machte deutlich, wie wichtig es war, sich mit diesem Land zu befassen.

Im Herbst 1517, als er von seiner ersten Reise aus Rußland zurückkehrte, geschah in Deutschland etwas, was die Welt veränderte: Der Mönch Dr. Martin Luther stellte die Grundsätze der römisch-katholischen Kirchenlehre in Zweifel und forderte durch einen Anschlag an der Schloßkirche zu Wittenberg am 31. Oktober 1517 die Theologen zur Disputation über seine 95 Thesen auf.

Als Herberstain sich neun Jahre später zum zweitenmal auf den Weg nach Moskau machte, war ein Zeitalter zu Ende gegangen. Kaiser Maximilian war 1519 gestorben, und Herberstain hatte seinen Sarg mit tragen dürfen. Vorher schon war der Thronerbe Philipp der Schöne dahingegangen, und so war Maximilians Enkel Karl V. Kaiser geworden, ein junger Herr von neunzehn Jahren, halb spanischen Geblüts, in Burgund aufgewachsen, französisch parlierend, des Deutschen praktisch unkundig und ohne jedes Verständnis für deutsche Probleme. Durch das politisch zersplitterte Reich lief nun auch noch die Zackenlinie religiöser Trennungen. Zwischen Katholiken und Protestanten herrschte nackter Haß, und beide bewiesen, daß Grausamkeit keineswegs eine Domäne der Russen und der Tataren war. Gerade waren alle Versuche der Bauern und Bürger, gewisse Freiheiten und Rechte zu erlangen, im Blut erstickt worden. Der Bauernkrieg war vorbei, als Sigismund von Herberstain sich abermals zur Reise in den Kreml rüstete, für den jungen Kaiser mit dem alten Auftrag, ein Bündnis gegen die Türken zustande zu bringen. Die hatten inzwischen Belgrad und Budapest erobert und drängten kräftig nach Norden.

Auch in Moskau hatte sich einiges verändert. Nach zwanzigjähriger Ehe hatte Wassilij Salomonia verstoßen. Lange war der Metropolit dagegen gewesen, aber eines Morgens hatte Wassilij ihm eine Karre mit Krebsen aus den berühmten Teichen vors Portal schieben lassen, als zarten Wink, daß man gut auch mal einen Kirchenfürsten verfüttern könne. Dieses Argument hatte den frommen Mann beeindruckt. Seitdem bezeugte er, es sei Salomonias eigener Wunsch gewesen, ins Kloster zu gehen, um als Nonne Gottes Gnade genießen zu dürfen.

Herberstain wurde der Vorgang so geschildert: »Als man der Großfürstin den Kopf zu scheren begann, schluchzte sie auf und weinte. Dann entriß sie dem Metropoliten die Nonnenkappe, warf sie zu Boden und zerstampfte sie mit den Füßen. Da nahm Wassilijs Geheimer Rat Iwan Schigona die Peitsche und schlug sie damit. ›Wie darfst du mich schlagen?‹ fragte sie. ›Auf Befehl unseres Herrn‹, sagte Schigona . . .«

Salomonia war sechsunddreißig Jahre alt, als Wassilij sie ins Kloster nach Susdal schaffen ließ, rund 200 Kilometer östlich von Moskau, weit genug weg, daß sie der neuen Frau nicht im Wege sein konnte. Die Gerüchte verstummten aber nie, Salomonia sei schwanger gewesen, als ihr der Metropolit vor allen Bojaren und Priestern die Nonnenhaube auf den kahlen Schädel gepreßt habe. Sie sei auch bald wieder aus dem Kloster entflohen, was man dem Großfürsten aus Angst verschwiegen habe. Immer wieder tauchten Leute auf, die schworen, sie hätten sie irgendwo gesehen, abgerissen und halb verhungert, eine Landstreicherin mit einem kleinen Jungen an der Hand; eines Tages sei sie im Gestrüpp am Wegesrand verendet und von barmherzigen Menschen verscharrt worden. Offiziell aber wurde erklärt, sie sei im Jahre 1542 in Susdal ordnungsgemäß gestorben und bestattet worden.

Wassilijs zweite Frau war ein ganz anderer Mensch als Salomonia: Jelena Glinskaja war eine Prinzessin von Geblüt und die Nichte des berühmten Kriegshelden Michael Glinskij, der seine Jugend als Waffenbruder Kaiser Maximilians und Herzog Albrechts von Sachsen in Deutschland verbracht hatte. Später war er zu Wassilij nach Moskau gegangen, und der hatte ihm vor Freude, einen so weitgereisten Mann in seinen Diensten zu haben, zwei Städte und fünf Dörfer samt Menschen, Häusern und Tieren geschenkt.

Jelena, die Nichte dieses Mannes, war ein kapriziöses Geschöpf, das an mehreren europäischen Fürstenhöfen die Lust an westlicher Kultur, an eleganter Kleidung und amüsanten Palastintrigen gelernt hatte. Im Gegensatz zu Salomonia, die ahnungslos und unberührt nach Moskau gekommen war, brachte Jelena schon einige Lebenserfahrungen mit, dazu den Reiz einer aparten Rassenmischung: Die Glinskijs waren tatarischen Ursprungs, aus dem Städtchen Glinsk bei Poltawa, schon hundert Jahre zuvor getauft und durch mehrere Heiraten mit dem russischen und litauischen Adel eng verbunden.

Natürlich wußte Jelena, daß Wassilij von ihr vor allem Kinder erwartete. Selbst wenn er irgendwo einen kleinen Fehler haben mochte, wollte sie ihm unbedingt seinen Herzenswunsch erfüllen. So stellte sie sich von Anfang an mit dem Kammerherrn Iwan Obolenskij gut, dem das Protokoll die Pflicht auferlegte, dem Großfürsten beim Bad zu assistieren, ihm die mit Zobelfellen verbrämte Nachtmütze ans Bett zu bringen und zu Füßen seines Herrn zu nächtigen. Der Kontakt zu diesem Mann war also leicht herzustellen und im Bedarfsfall weiterzuentwickeln.

Die Aufgabe des Stallmeisters war übrigens weit weniger behaglich. Er mußte die ganze

Nacht im Freien mit entblößtem Säbel um die Schlafgemächer herumreiten, um dem Großfürsten ein Gefühl der Sicherheit zu vermitteln. Diesen unfrohen Posten hatte der Vater des Kammerherrn, der alte Fjodor Obolenskij, inne, was begreiflicherweise zu Verstimmungen innerhalb der Familie führte.

Wassilij war entzückt von Jelena und tat alles, um ihr zu gefallen. Er kleidete sich westeuropäisch und ließ sich sogar den Bart scheren, womit er die Moskowiter fast zur Revolution gereizt hätte, denn kein Russe, der auf sich hielt, hätte je ein Rasiermesser in die Nähe seines Gesichts kommen lassen. Es wurde sogar unter der Hand eine Schmähschrift verbreitet: »... Kater und Hunde schleichen mit Schnurrer daher; wer aber zu Seiten des Herrn Jesus Christus sitzen darf, trägt einen Vollbart! Denkt an jenen Ziegenbock, der sich das Leben nahm, als man ihm, um ihn zu demütigen, den Kinnbart stutzte!«

Trotz aller Liebesbeweise dauerte es vier Jahre, bis Jelena ein Kind bekam. Endlich, im August 1530, wurde ein Junge geboren. Erfüllt von Dankbarkeit, ließ Wassilij in Kolomenskoje an der Moskwa die prachtvolle Himmelfahrtskirche errichten.

Der Knabe bekam den Namen seines Großvaters: Iwan. Da während seiner Geburt aber gerade ein Gewitter tobte und böse zukkende Blitze auf den goldenen Turmspitzen des Kreml tanzten, sagten Kenner solcher Zeichen ihm eine schlimme Zukunft voraus.

Herberstain in dem russischen Prachtmantel, den Zar Wassilij ihm neben vielen anderen Kostbarkeiten zum Abschied geschenkt hatte.

Der kleine Prinz begann seine Laufbahn damit, daß er der Amme Agrafjona die Brust zerbiß, der Schwester des Kammerherrn, der zu Füßen des Großfürsten schlafen durfte. Sobald Iwan laufen konnte, erschloß er sich die ganze farbige Welt des Kreml samt allen Geschöpfen, die er zerstören konnte. Mit vier Jahren verstümmelte er kleine Katzen, mit elf vergewaltigte er erstmals eine Dienstmagd. Mit dreizehn stieß er seinen Erzieher in den Zwinger der Bluthunde, die den Mann sofort zerfleischten. Mit wachsender Reife wuchsen auch die Objekte. Später waren es Städte und Volksstämme. In den genealogischen Tabellen ist er als Iwan IV. eingetragen. Das Volk nannte ihn Iwan Grosny, Iwan den Strengen oder auch den Schrecklichen.

Wassilij konnte nicht lange die Ehe mit Jelena genießen. Er starb am 3. Dezember 1533. Auch sie hatte nur noch fünf Jahre. Sie war im Kreml immer ein Fremdkörper gewesen, und nach Wassilijs Tod sprachen es die Leute aus und verbreiteten unverhohlen Gerüchte über ihren Lebenswandel. Es hieß, sie schlachte ihre Liebhaber und sei nachts mehrfach gesehen worden, wie sie auf Friedhöfen Tote ausgegraben und ihnen die Herzen herausgeschnitten habe. Manche Leute schworen auch, sie hätten Jelena gesehen, wie sie in Gestalt einer Elster aus einem Terem-Fenster geflattert sei.

Sie starb am 3. April 1538 an einem Gift, von dem unbekannt blieb, wer es ihr gereicht hatte. Die meisten Menschen aber waren fest davon überzeugt, daß sie gar nicht tot sei, sondern als Elster weiterlebe. Es wurden viele Elstern geschossen in jenem Frühjahr.

Um diese Zeit war Herberstain wieder in der Heimat, und die Heimat brauchte ihn, denn die Türken bedrohten Wien. Nur in großen Abständen kam der vielbeschäftigte Mann dazu, an seinem Buch über Rußland zu schreiben, das erst 1549 unter dem Titel »Rerum Moscoviticarum Commentarii« gedruckt wurde.

KAPITEL VI

Eine gottgewollte Heimsuchung: Iwan der Schreckliche

Das Verhältnis Iwans des Schrecklichen zu den Deutschen war zwiespältig. Um möglichst viele Handwerker, Techniker und Bergleute für die Arbeit in Rußland zu gewinnen, richtete er in Goslar am Harz ein Werbekontor ein, das solche Fachkräfte mit günstigen Bedingungen anlockte. Gefangene Ordensritter aber ließ er öffentlich enthaupten, und die aus den deutschen Städten in Livland und Estland verschleppten Bürger mußten mit bloßen Händen gegen Bären kämpfen – was nicht einer überlebte. Damit die Hinterbliebenen und die Glaubensbrüder der Opfer, die durchweg Lutheraner waren, angemessen um ihre Toten trauern und würdige Gottesdienste halten konnten, errichtete Iwan ihnen in Moskau eine lutherische Kirche und verpflichtete für ihre Seelsorge den Pastor Wettermann, den er bald so schätzte, daß er ihm den Aufbau seiner Bibliothek anvertraute.

Iwans widersprüchliches Charakterbild ist sicher auch aus seiner merkwürdigen Entwicklungsgeschichte zu erklären. Im Jahr 1534 wurde er durch den frühen Tod seines Vaters schon als Vierjähriger Herr über das Russische Reich. Anfangs führten seine Mutter Jelena und ihr Geliebter Obolenskij die Regierungsgeschäfte, aber Iwan durfte im Prunkornat posieren. Bevor er die Technik der Machtausübung erfassen konnte, begriff er schon, daß er der Mittelpunkt der goldstrotzenden Schaustellungen

war, die sich dem Volk darboten. Vor ihm neigten sich alle.
Das war die erste Erkenntnis seines Lebens: Er konnte tun, was er wollte, kratzen, beißen, schlagen, junge Hunde aus dem Fenster werfen, daß sie unten zerplatzten, niemand gab ihm moralische Wertmaßstäbe. Seine schöpferische Phantasie entwickelte ständig neue Möglichkeiten, die Wirkung zu steigern, wenn er Instrumente zu Hilfe nahm: Messer, Zangen, Ofenhaken, zumal wenn er sie glühend machte. Immer mehr Mittel ersann er, um die Grenzen seiner Allmacht aufzuspüren. Offenbar gab es solche Grenzen nicht. Was er auch tat, die Menschen neigten sich in Demut vor ihm.
Seine zweite Erkenntnis war, daß die Rücken der Menschen nicht die gleiche Krümmungskurve aufwiesen, denn sie krümmten sich auch voreinander, und zwar unterschiedlich tief. Dabei tauschten die Leute oft haßerfüllte Blicke aus oder zischten sich Bosheiten zu, während sie bei anderen Gelegenheiten Bruderküsse wechselten. Die pittoresken Massenszenen im Kreml lehrten Iwan, daß es in seiner Welt viele Ränge, aber keine Aufrichtigkeit gab. Bei wem sollte er nun seine Maßstäbe holen?
Als er sieben Jahre alt war, starb seine Mutter unter düsteren Begleitumständen. Man munkelte von Gift, und er entwickelte einen Widerwillen gegen Mittel, die heimlich verabfolgt und heimlich wirksam werden. Sein Leben lang bevorzugte er Tötungsmethoden, die offen zutage traten. Iwans zwei Jahrzehnte jüngerer Zeitgenosse König Heinrich IV. von Frankreich forderte später einmal, jeder Bürger solle sonntags ein Huhn im Topf haben; Iwan dagegen billigte jedem Russen den Anspruch auf eine spezifische Todesart zu. Sie nannten ihn »Grosny«, das heißt »Der Schreckliche«, aber auch »Der Gestrenge«, und sie nahmen ihn als gottgegeben.
Bald nach Mutter Jelenas Begräbnis verschwand der junge Obolenskij, und dann auch dessen Schwester Agrafjona, Iwans Amme, der er die Brust zerbissen hatte und die ihm sehr lieb gewesen war. Nun hatte er keine Bezugsperson mehr. Die Bojaren, die jetzt die Regierung führten, gaben ihm ihre Söhne als Spielkameraden, um beizeiten ihren Einfluß aufzubauen. Sie alle bewunderten ihn einhellig, wenn er Frauen ansprang oder Mädchen die Kleider zerriß. Mit zwölf erlebte er eine Palastrevolution: Zwei Bojarenparteien kämpften im Kreml um die Macht. Der Metropolit, ein Halbgott sonst, auf Weihrauchwolken schwebend in Purpur und Gold, umhüllt vom wohltönenden Gesang der Mön-

che, stürzte plötzlich mit angstverzerrtem Gesicht und gerafften Gewändern in Iwans Schlafgemach und flehte um Hilfe. Iwan hielt schützend die Hand über ihn. So groß war seine Macht – und so klein war das geistliche Oberhaupt Rußlands.

Als im Jahr darauf einige Bojaren den Fürsten Schuiskij durch den Kreml hetzten, ließ Iwan ungerührt zu, daß sie ihn vor seinen Augen erwürgten. Auch das war ein Ausdruck seiner Macht. Er kannte bald all ihre Facetten und wurde doch die Angst nicht los vor den unberechenbaren Katastrophen, die diese Macht in Frage stellen könnten.

Als er sechzehn war und immer häufiger dem Verlangen nachgab, unter dem Gejohle seiner Gefährten in Moskaus Straßen Mädchen zu fangen und zu vergewaltigen, riet ihm der Metropolit, Brautschau zu halten. Iwan schickte Boten aus mit dem Befehl: »... wer jungfräuliche Töchter hat, soll sie zur Musterung in den Kreml schicken. Wer Jungfrauen unterschlägt, muß mit schwersten Strafen rechnen ...«

Es kamen mehr als tausend. Sie wurden zu je zwölf auf einem Zimmer im Arsenal untergebracht. Iwan wählte selber, da seine Großmutter Sophia und seine Mutter tot waren und deren Mutter Anna Glinskaja als Hexe galt, weswegen sie sich ungern in der Öffentlichkeit zeigte. Er wählte Anastasia Romanowna, ein hübsches, warmherziges Mädchen aus jener Bojarenfamilie, die rund 70 Jahre später die Zaren des Hauses Romanow hervorbrachte. Im Jahre 1547 ließ Iwan IV. sich mit großem Pomp zum Zaren von ganz Rußland krönen. Aber bald nach dieser Demonstration höchster Macht traf ihn die unbere-

Iwan der Schreckliche war ein exzentrischer Despot und ein Staatsmann von Format. Mit Hilfe deutscher Fachleute schuf er eine schlagkräftige Armee und ein funktionierendes Wirtschaftssystem.

chenbare Katastrophe: Ein Feuer verwüstete seine Hauptstadt.
Es war im heißen, trockenen Sommer desselben Jahres. Bis auf wenige Kirchen waren alle Häuser Moskaus aus Holz gebaut, und selbst im Kreml gab es weit mehr Holzhäuser als steinerne Paläste. Das Wasser in den Brunnen stand tief, die Moskwa und die Neglinka waren fast trocken. Wer hätte auch all die Eimer schleppen sollen, als die ganze Stadt in Flammen stand? Als der Feuersturm sich legte, war von 25 000 Häusern nur noch Asche da, 17 000 Menschen waren verbrannt, 80 000 obdachlos. Auch der Palast des Zaren war eingeäschert.
Eine solche Katastrophe mußte ihre Ursache haben. Die einfache Erklärung, daß jemand sein Herdfeuer nicht gehütet hatte, reichte nicht. Viele dachten es, bis einer den Mut fand, es auszusprechen: Anna Glinskaja, Iwans Großmutter! Nur sie konnte ein so großes Feuer über die ganze Stadt gehext haben! Dann schrien sie alle den Namen und rotteten sich zusammen, um die alte Frau zu jagen. Als sie den Kreml stürmen wollten, ließ Iwan ihre Führer fangen und einen nach dem anderen auf dem Richtplatz vor dem Erlösertor köpfen, bis die Leute nachdenklich wurden und sich trollten. Das Gleichgewicht zwischen der Macht und der Angst vor dem Unberechenbaren war wiederhergestellt, und die Moskauer begannen, ihre Stadt gottergeben neu aufzubauen.
Beflügelt von diesem Erlebnis, konzipierte Iwan eine Rechtsreform und eine Heeresreform, um seine noch mittelalterlich bewaffneten Truppen schlagkräftiger zu machen. Wie schon sein Vater, so holte auch er Spezialisten aus Deutschland: Büchsenmeister, Stückmeister, Sprengmeister. Sein Eifer ging so weit, daß er eines Tages auf dem Roten Platz unter das Volk sprang, das von den Marktständen auf ihn zulief, um ihm Rocksaum und Hände zu küssen, und vor allen Leuten anfing, Selbstkritik zu üben. Laut rief er über die Menge hin in den Himmel hinein, er bereue von Herzen alles Unrecht, das er in seinem Leben getan habe. Aber gerade damit verwirrte er die Menschen. Für sie war er der gottgegebene Herr, den niemand kritisieren durfte, auch nicht er selber.
Im Jahre 1552 zog er mit seinem reorganisierten Heer gegen die Tataren, die in Kasan und Astrachan Nachfolgestaaten der Goldenen Horde geschaffen hatten, die immer wieder tief in russisches Gebiet eindrangen, Tausende von Menschen gefangennahmen und in die Sklaverei trieben, darunter auch kleine Kinder, die in Netzen bündelweise ge-

Die Basilius-Kathedrale in Moskau, das pittoreske Bauwerk, das Iwan der Schreckliche zum Dank für seinen Sieg über die Tataren auf dem Roten Platz errichten ließ (aus Olearius).

handelt wurden. Er schlug die Kasaner Tataren und zwei Jahre darauf auch die Astrachaner.

Zum Dank für seine Siege ließ er am Südende des Roten Platzes gegenüber dem Erlösertor die neunkuppelige Basilius-Kathedrale errichten, dieses berühmte Wahrzeichen Moskaus mit seinen phantastischen Formen, Farben und Ornamenten.

Dem Triumph folgte wieder das Verhängnis. Seine beiden ersten Kinder, Anna und Maria, waren bald nach der Geburt gestorben, das dritte, den heißersehnten Thronerben Dimitrij, ließ die Amme bei einer Bootsfahrt ins Wasser fallen. Als die Schiffer ihn herausfischten, war er schon ertrunken.

Iwan geriet in düstere Verzweiflung. Wie sollte er sich gegen unvorhersehbare Katastrophen wappnen, wenn er sich auf seine

nächste Umgebung nicht verlassen konnte? Er brauchte eine Auslese um sich herum, Menschen, denen er bedenkenlos vertrauen konnte, Menschen, die bereit waren, alles für ihn zu tun und jederzeit für ihn zu sterben.
So schuf Iwan sich nach und nach seine Elite, die Opritschnina, die er sich als Leibwache, Kommandotruppe und Beratergremium vorstellte. Die Opritschniki mußten unbedingten Gehorsam schwören, wenn auch nicht Armut und Keuschheit, wovon er nichts hielt. Zuerst begrenzte er die Opritschnina auf dreihundert Mann, vorwiegend Bojaren-Söhne und junge Theologen. Auch einige Deutsche waren unter ihnen, meist Flüchtlinge, die in den Religionskriegen daheim alles verloren hatten und in Rußland einen neuen Anfang suchten. Einem von ihnen, Heinrich von Staden, verdanken wir eine authentische Schilderung dieser Kaderschmiede.
Iwan teilte nun sein Volk in zwei Klassen, die obere der Opritschnina und die untere der Semschtschina. In der Moskauer Vorstadt Alexandrowskaja Sloboda richtete er in Häusern von Adeligen, die er enteignet und verbannt hatte, eine Ordensburg ein. Seine Opritschniki trugen schwarze Kutten und schwarze Barette. Sie ritten schwarze Pferde, auf deren schwarze Satteldecken in Silber ein Hundekopf und ein Besen gestickt waren, Symbole für ihre Aufgabe, Verräter aufzuspüren und das Land reinzufegen.
Heinrich von Staden berichtet über den Orden unter dem Hundekopf: »... das auserwählte Volk der Opritschnina aus Russen und Fremden war ganz das seine. Wenn ein Edelmann aufgenommen wurde, mußte er schwören, mit keinem Semskij zu reden oder gar Freundschaft zu pflegen, geschweige denn eine von denen zu heiraten. Selbst mit seinen eigenen Eltern durfte er nicht sprechen, wenn sie Semskijs waren. Und der Großfürst gab den Seinen die Macht, allen anderen ihren Übermut zu beweisen...«
Neben dem Stammkader seiner Kriegerelite baute sich Iwan eine zweite Gruppe von Opritschniki auf. Das waren die Schnüffler und Provokateure, die mit sanfter Miene und gütigem Lächeln im Land umherzogen, sich auf den Märkten in Menschengruppen einschlichen, Gespräche belauschten, Diskussionen provozierten und daheim lange Listen von Unzuverlässigen anlegten. Kandidaten für diesen Fachbereich fand er unter den Wandermönchen und verstoßenen Priesterschülern.
Eine dritte Gruppe bildeten Henker, Folterknechte und Straßen-

räuber, die Iwan anwerben ließ. So wurde aus einer Elite von dreihundert Mann ein Schreckensheer von zehntausend Mann – Menschen unterschiedlichster Herkunft, unter dem Banner mit dem Hundekopf zu einer Kumpanei der Grausamkeit zusammengeschweißt.

Während Iwan die Opritschnina aufbaute, gebar Anastasia noch zwei Söhne und eine Tochter. Das Mädchen Eudoxia starb bald wieder. Iwan und Fjodor holte der Zar sogleich in die Obhut der Ordensbrüder nach Alexandrowskaja Sloboda. Dort nahm er sie mit auf den Turm, wenn er die Glocken läutete, in die Kapelle zu den endlosen Gebeten und in sein Schlafgemach, wo er sich abends vor dem Einschlafen von blinden alten Männern Märchen erzählen ließ.

Im August 1560 starb Anastasia. Außer sich vor Schmerz rannte Iwan durch die Stadt und schrie allen Menschen seine Trauer ins Gesicht. Dann zog er mit seinen Freunden durch die Hurenhäuser, und noch bevor Anastasia in der Erzengel-Michael-Kathedrale beigesetzt war, begann er um die polnische Prinzessin Katharina zu freien, König Zygmunt Augusts Schwester.

Die Polen waren ursprünglich eine dünne Herrenschicht über der breiten Masse unterworfener slawischer Stämme gewesen, die zugleich mit der Freiheit auch ihren Namen verloren hatten und nun die Klasse der Unfreien im polnischen Feudalstaat bildeten. Diener, Pferdeknechte, Troßbuben und vor allem die Leibeigenen, die den Acker bestellten, während ihr Herr in prachtvoller Kriegsgewandung immer neue Länder eroberte. Dafür durften sie sich jetzt auch Polen nennen wie die Edelleute.

In wenigen hundert Jahren war aus einem kleinen Herzogtum, das noch der Lehenshoheit der deutschen Kaiser und Könige unterstanden hatte, eine expansive Großmacht geworden, zumal nachdem es durch geschickte Heiratspolitik mit dem mächtigen Großfürstentum Litauen verschmolzen war. Zu Iwan Grosnys Zeiten reichte es schon von der Ostsee bis fast ans Schwarze Meer und von der Warthe bis an Düna und Dnjepr. König Zygmunt kontrollierte weite Strecken der russischen Wasserwege, hielt russische Städte wie Polozk, Witebsk und Gomel besetzt und paktierte mit den Tataren, um das Zarenreich in die Zange zu nehmen. Die Ehe mit der Schwester eines solchen Mannes wäre sicher eine kluge politische Tat gewesen.

Aber Iwans Gesandter kehrte betreten aus Krakau zurück: König Zygmunt hatte, verbindlich in der Form, rigoros in der Sache, erklärt, er sei durchaus bereit, über Katharina zu verhandeln, wenn Iwan zuvor die Städte Nowgorod, Pleskau und Smolensk samt allem Hinterland an Polen abträte.

Die Wut über diese Unverschämtheit reagierte Iwan auf seine Weise ab. Der englische Gesandte Fletcher, der Iwans exaltiertes Treiben in Moskau beobachtete, schilderte es verstört seiner Königin Elizabeth: Iwan ließ Leute am Wegrand, die zu ihm aufzublikken wagten, während er vorbeiritt, auf der Stelle köpfen. Etlichen Gästen befahl er, riesenhafte Humpen auf sein Wohl zu leeren, und wenn sie am Ende ihrer Kräfte zusammenbrachen, klagte er: »Ihr wollt also nicht auf die Gesundheit eures gütigen Zaren trinken! Dann müßt ihr es im Keller lernen!« Er ließ sie hinunterschleppen und zwischen den Weinfässern erwürgen. Als ein alter Bojar sich weigerte, eine Narrenkappe zu tragen, ließ Iwan sie ihm auf dem Kopf festschnallen und ihn enthaupten. Edelleute, die ihm seine Spitzel als subversive Elemente angaben, befahl er mit Hanfseilen zu zersägen oder am Spieß zu braten.

Dann machte er auch wieder mit seinen Opritschniki in Moskau Jagd auf Mädchen und junge Frauen. Einige wurden reihenweise vergewaltigt, andere durften schon bald wieder nach Hause gehen, wo dann Desinformanten ihren Männern zuraunten, ihre Frauen hätten sich mit Fremden herumgetrieben. Es gab viele Ehetragödien. Als einmal so ein Mann seine Frau nicht blindwütig verprügelte, sondern liebevoll aufnahm, ließ Iwan sie am Türbalken aufhängen.

Wenn er dann nach solchen Exzessen erschöpft nach Alexandrowskaja Sloboda heimkehrte, eilte er sofort in die Kirche, läutete lange die Glocken und versank danach mit seinen Opritschniki in endlose inbrünstige Gebete. Oder er ließ sich Skomorotschis kommen, jene wandernden russischen Volkssänger, die das uralte Liedgut pflegten und von Ort zu Ort weitertrugen. Iwan Grosny war durch diese Lieder in tiefe Rührung zu versetzen. Er komponierte auch selber und gab, wenn er guter Laune war, gelegentlich eines seiner Werke mit mächtiger Stimme zum besten.

Im August 1561 heiratete er die Tscherkessin Maria, die Schwester des Michailo Temrjukowitsch, eines der schlimmsten Quälgeister aus der Opritschnina. Sie gebar ihm einen Sohn, Wassilij, der sechs Wochen alt wurde. Dann vergaß Iwan sie wieder und ließ sie im Terem vertrocknen. In diese Zeit scheinbarer Planlosigkeit fällt die planmäßige Erschließung des Urals. Iwan, der totale Despot und totale Exzentriker, war zugleich – und das macht es so schwer, seine diffuse Persönlichkeit als Einheit zu sehen – ein Staatsmann und Wirtschaftspolitiker von beachtlichem Horizont, der auch sehr erfolgreiche private Geldgeschäfte machte.

Die Landnahme im Ural und in den unerforschten Gebieten jenseits der Gebirgskette überließ er den Brüdern Jakow und Grigorij Stroganow, den ersten russischen Unternehmern großen Stils. In der Rangliste des Zarenreichs standen sie ziemlich weit unten, aber ihnen gehörte ein so ausgedehnter Landbesitz, daß mancher europäische König sie beneiden konnte. Ihr Vater hatte mit Edelpelzen ein Vermögen gemacht und das Land, das er bereiste, nach und nach aufgekauft. Als dann die Söhne herausfanden, was im Ural, diesem 3168 Kilometer langen Gebirgszug, an Schätzen lagerte, verlegten sie sich auf die Salzgewinnung, die Verhüttung von Eisen, Kupfer und Blei, von Silber und Gold und den Abbau zahlloser Arten von Halbedelsteinen.

Zur Erkundung des Geländes und zur Sicherung der Baustellen gegen streunende Tatarenstämme hielten sich die Stroganows ein eigenes Kosakenheer. Zum Aufspüren der Erzadern, zum Bau der Förderanlagen und Hüttenbetriebe, der Straßen, Lagerplätze und Arbeitersiedlungen holten sie sich die bewährten deutschen Steiger und Hauer, die Maurer, Zimmerer und Hüttenarbeiter.

Diese hochqualifizierten Fachleute, die ihr Handwerk seit vielen Generationen betrieben, waren derzeit billig zu haben. In Deutschland wurden Glaubensfragen nach der barbarischen Formel geregelt: »Cuius regio, eius religio«, das hieß, daß der Landesherr den Glauben der Einwohner bestimmte. Wessen Gewissen das nicht mitmachen wollte, der mußte sich eine andere Heimat suchen. Nach Westen konnten deutsche Protestanten nicht fliehen, da Frankreich, Spanien und Italien katholisch waren. Es blieb ihnen nur der Osten. In Goslar betrieb der Stellenvermittler Hans Schlitte eine Agentur für Fachkräfte, die er über Lübeck und Riga nach Rußland verschiffte. Wer nicht in Moskau und benachbarten Städten hängenblieb, den nahmen die Stroganows gern unter Vertrag, und in kurzer Zeit verwandelten sich im Ural verstreute Arbeitersiedlungen in lebendige Städte mit Straßen und Märkten, mehr als hundert insgesamt. Und Iwan Grosny, der zu alldem nicht mehr als seine Genehmigung beigetragen hatte, zog aus dieser Entwicklung kräftige Profite.

Dem wirtschaftspolitischen Horizont Iwans IV. entsprach sein geopolitisches Konzept. Nach den Tatarenkriegen war die Wolga, die mit ihren Nebenflüssen fast das ganze europäische Rußland erfaßt, wieder ein rein russischer Wasserweg geworden, über den sich der Schwergutverkehr vom Orient bis in den Norden abwickeln ließ. Aber Rußland blieb ein Binnenstaat, wenn dem Zug in den Süden nicht der Stoß an die Ostsee folgte.

Zäh und geduldig hatten die Moskauer Großfürsten ihr Reich erweitert. Mit der gleichen Hartnäckigkeit schoben die russischen Zaren ihre Grenzen Schritt für Schritt bis an die Meeresküsten vor und über den Ural hinaus bis tief nach Asien hinein. In derselben Zeit gründeten Spanier und Holländer, Portugiesen und Engländer ihre Kolonien jenseits der Meere. Die Russen hatten es leichter. Ihre Kolonien lagen vor der Haustür. Sie brauchten immer nur bei kleinen Konflikten ihre Truppen etwas zu bewegen und die neugewonnenen Standorte als gottgegebenen Besitz zu betrachten, da ihr Zar nun einmal durch Gottes Willen zum Herrscher der Welt bestimmt war.

Nachdem Iwan die Macht der neuen Tatarenkhane zerschlagen hatte und durch Stroganows Kosaken den Ural russifizieren ließ, mußte er folgerichtig im Westen an den Finnischen Meerbusen und die Rigaer Bucht vorstoßen. An der südlichen Ostseeküste entlang spannte sich eine Kette deutscher Städte: Kiel, Lübeck, Wismar, Rostock, Stralsund, Greifswald, Stettin, Danzig, Königsberg, Memel, Windau, Riga, Pernau, Reval, Narwa, alle eng miteinander verbunden und durchweg Mitglieder der Hanse, deren Macht und Glanz allerdings längst den Höhepunkt überschritten hatte. Von der Kieler Förde bis zum Finnischen Meerbusen lag ein deutsches Fürstentum neben dem anderen. Drei weltliche: Holstein, Mecklenburg und Pommern, vier geistliche: Preußen und Kurland, Livland und Estland.

Preußen war mit dem Reich eng verbunden, wenn es auch politisch nicht dazugehörte. In Preußen hatten außer Stadtbewohnern auch Bauern aus dem ganzen Reich gesiedelt und sich längst mit den Ureinwohnern vermischt. Kurland, Livland und Estland dagegen hingen in der Luft, dauernd bedrängt von fremden Mächten. Deutsche waren die Bürger in den von ihnen angelegten und aufgebauten Städten und die Landadeligen, einstige Ordensritter, die evangelisch geworden waren und Familien gegründet hatten. Die Bauern waren überwiegend Letten und Esten. In diesen Ländern wohnte eine zweisprachige Bevölkerung, die einer Konfession angehörte. Nirgendwo hatte sich die Reformation so rasch durchgesetzt wie hier im Norden. Schon 1522, fünf Jahre nach Luthers Thesenanschlag, war Riga eine evangelische Stadt, die mit dem Reformator in engem Briefverkehr stand. Zwei Jahre später war ganz Livland protestantisch. Die Choräle wurden niederdeutsch gesungen. Für Letten und Esten entwickelten deutsche Geistliche die lettische und estnische Schriftsprache, die es vorher noch gar nicht gegeben hatte, und ließen den Katechismus bei Hans Lufft in Wittenberg zweisprachig drucken.

Aus katholischen deutschen Ordensländern wurden ab 1525 weltliche protestantische Fürstentümer. Hochmeister Albrecht von Brandenburg wurde Herzog in Preußen, Heermeister Gotthard Kettler wurde Herzog von Kurland. Der eine heiratete eine dänische, der andere eine mecklenburgische Prinzessin. Beide bekamen Söhne, denen sie ihr Land vererben konnten. Aber weder Preußen noch Kurland gehörten zum Deutschen Reich. Wenn sie in Not gerieten, tat der Kaiser gar nichts. Sie mußten versuchen, aus eigener Kraft oder durch geschickte Politik so lange wie möglich ihre Unabhängigkeit zu bewahren, ihre Religionsfreiheit, ihre kulturelle Eigenart. Sie

Albrecht I., Markgraf zu Brandenburg (geb. 1490), war der letzte Hochmeister des Deutschen Ritterordens; durch ihn kam das preußische Erbe ans Kurfürstentum Brandenburg. Er starb 1568 an der Pest.

mußten Konzessionen machen, wenn sie überleben wollten. Die Herzöge von Preußen und Kurland nahmen ihr Land vom polnischen König zu Lehen. Estland band sich an das näher liegende Schweden, das einstige Bistum Ösel-Wiek, wo ein dänischer Prinz letzter Bischof war, an Dänemark. Das war die einzige Chance, dem Druck Rußlands zu widerstehen.

Anfang 1563 holte Iwan zu einem großen Stoß gegen die Ostseehäfen aus. Auf seinem Weg dahin belagerte er das altrussische Polozk, das jetzt von Polen besetzt war. Er war entschlossen, die Po-

len zu demütigen, wie König Zygmunt ihn gedemütigt hatte. Aber als die polnischen Edelleute sich ergaben und in ihrer martialischen Gewandung mit großem Gehabe aus dem Tor zogen, war er so beeindruckt, daß er jedem ein Zobelfell schenkte. Als er sich dann wieder seiner Wut besann, ließ er sie an den Juden aus, befahl, ihre Synagoge zu verwüsten und die Menschen samt Greisen und Kindern im eiskalten Wasser der Düna zu ertränken.
Dann aber, als alle damit rechneten, daß er nun dünaabwärts weitermarschieren und zum Stoß auf Riga ansetzen würde, drehte er plötzlich ab und tauchte ganz überraschend wieder in Moskau auf, um dort in einer großen Säuberungsaktion unter den alten Bojarenfamilien aufzuräumen. Eine Spezialabteilung seiner Opritschnina hatte inzwischen Beweismaterial erstellt, mit dem zu belegen war, daß viele dieser Leute die Flucht nach Westen planten.

Ende 1564 erschreckte er dann die Moskowiter wieder auf völlig andere Art: Er ließ alle Heiligenbilder aus den Kirchen holen und in Schlitten verfrachten, setzte seine Familie und sein Hofgefolge dazu und verließ an der Spitze eines endlosen Schlittenzuges am 3. Dezember seine Hauptstadt. In einem großen Aufruf ließ er seinem Volk mitteilen, es werde von den Priestern und Beamten ausgebeutet, aber er könne es nicht schützen; da es ihn nicht mehr

Detail vom Thron Iwans des Schrecklichen (Uspenskij-Kathedrale, Moskau).

liebe, müsse er es sich selber überlassen.

Die Fahrt in eine imaginäre Unendlichkeit endete in Alexandrowskaja Sloboda, wo er sich sogleich auf den Turm zurückzog und sehr lange tief bewegt die Glocken läutete. In den nächsten Wochen wirkten seine Agitatoren emsig unter den Moskowitern, übten Volksaufläufe und schworen sie auf den Tenor ein: »Unser lieber Zar soll uns nicht den Wölfen überlassen! Er soll zurückkehren und uns die Namen der Verbrecher nennen! Wir machen es schon!«

Am 2. Februar fuhr Iwan mit allen Schlitten, Gefolgsleuten und Heiligenbildern wieder in seine Hauptstadt ein. Den Menschen, die ihn weinend vor Glück umdrängten, rief er zu: »Ich konnte euren Bitten nicht widerstehen! Hier bin ich wieder! Wir wollen gemeinsam die Verräter vertilgen und ihren Besitz einziehen!«

Nun begann eine Säuberungswelle gegen Verwaltungsbeamte und Geistliche. Unter den Opfern war auch eine der großen Lichtgestalten jener finsteren Zeit: der Metropolit Philipp Kolytschew.

Er hatte als Abt in mehreren abgelegenen Klöstern dafür gesorgt, daß die Menschen nicht nur beteten, sondern auch gute Lebensbedingungen bekamen. Er hatte Ödland bewässert, Sümpfe trockengelegt, Äcker und Weiden geschaffen, hatte Obdachlosenasyle eingerichtet, Krankenhäuser, Pflegeheime für alte Leute, er hatte den Bauern die planmäßige Düngung des Bodens beigebracht, Zuchtanstalten für Rindvieh geschaffen, Gerbereien für die Felle, die durch die Viehwirtschaft anfielen, und hatte vor allem, was ihn besonders verdächtig machte, so etwas wie eine bäuerliche Selbstverwaltung eingeführt. Kein Geistlicher im Land wurde so geliebt wie Philipp.

Um diesen gefährlichen Menschen im Auge behalten zu können, holte Iwan ihn nach Moskau und machte ihn zum Metropoliten. Aber auch da wollte Philipp Sümpfe trockenlegen. Er wetterte gegen Unrecht und Bestechlichkeit, brachte sogar den Mut auf, dem Zaren seine Willkür und Grausamkeit, seine Tücke und Geldgier vorzuwerfen, und forderte, die Opritschnina aufzulösen, weil sie jegliches Vertrauen des Volkes in den Staat zerstöre.

Anderthalb Jahre lang ertrug Iwan Philipps Ermahnungen mit steigendem Widerwillen. Dann begann er den kühnen Kirchenfürsten auf seine subtile Weise zu warnen: Er schickte ihm eines Tages einen Ledersack, in dem Philipp den Kopf seines Lieblingsneffen Iwan Borossowitsch fand.

Am Sonntag, den 31. März 1568 rückte eine Schar Opritschniki in die Uspenskij-Kathedrale ein; die

Männer schlugen Philipp die Bischofsmütze vom Kopf, rissen ihm den Ornat vom Leib, schleiften ihn aus der Kirche und warfen ihn draußen auf einen Bauernwagen. Während er in häufig wechselnden Klöstern als Gefangener lebte, mobilisierte Iwan mit allen Mitteln immer mehr Geistliche gegen Philipp, bis ihn eine Synode wegen Zauberei zu lebenslanger Verbannung in einem Kloster in Twer verurteilte. Da wurde er schon nach wenigen Monaten von einem Mann erwürgt, der angeblich geistlichen Beistand bei dem einstigen Metropoliten suchte.

Im September 1569 starb Iwans zweite Frau, die Tscherkessin Maria. Obwohl sie ihm seit Jahren gleichgültig war, wurde er wieder von panischem Grauen vor dunklen Mächten befallen und schrieb einen flehentlichen Brief an Königin Elizabeth von England, sie möge ihm Asyl gewähren, er könne seinem Volk nicht mehr trauen.

Die sparsame Engländerin schrieb zurück, er sei ihr von Herzen willkommen, müsse seinen Lebensunterhalt allerdings selber bestreiten. Damit war für ihn die Sache erledigt. Er hatte auch schon eine andere Möglichkeit gefunden, sein Gleichgewicht wiederzugewinnen: Eine Strafexpedition gegen Nowgorod, den einstigen Stadtstaat, dessen uralte demokratische Tendenzen er als Bedrohung seiner Würde empfand, hielt er für dringend erforderlich.

Es war ein abwegiger Kriegsgrund. Nowgorods Stolz war längst gebrochen, sein Freiheitsdrang mit den Wurzeln ausgerottet, die Wetscheglocke – das Symbol der Selbstbestimmung – nach Moskau verschleppt, die Bürger erschlagen oder in die Einöde verbannt. In der Stadt wohnten jetzt die Nachkommen ergebener Untertanen, die zur Belohnung für ihren Eifer in die enteigneten Bürgerhäuser eingewiesen worden waren und gar nicht begreifen konnten, warum ihr verehrter Großfürst so böse auf sie war.

Was ihn ärgerte, war die merkwürdig frische Luft in der Stadt, die sich offenbar nicht austreiben ließ, der Hang zum offenen Wort, zum Blick hinter den Horizont. Nowgorod war das Fenster nach Westen, und dieses Fenster stand schon wieder weit offen. Die Menschen konnten hören und sehen, sie konnten mit Gästen aus aller Welt sprechen und Vergleiche ziehen. Das Rußland Iwans des Schrecklichen war das Rußland hinter hohen Mauern und verschlossenen Türen, außer Rufweite von der übrigen Welt, von der es nur die technischen Kenntnisse übernehmen wollte und sonst gar nichts.

Er begann seine Strafexpedition

Iwan der Schreckliche zu Pferde; er trägt den Kopf eines Enthaupteten auf seiner Lanze. Um ihn herum werden Menschen zu Tode gequält (Holzschnitt von 1586).

in Twer. Da ließ er erst einmal alle Menschen, die er für verdächtig hielt, vor allem die Deutschen, die da als Kaufleute, Ärzte, Handwerker wirkten, ans Wolga-Ufer treiben und durch ein Loch, das die Opritschniki ins Eis schlagen mußten, in den Fluß werfen und mit Stangen unter die Eisdecke schieben. In seinem Tagebuch vermerkte er, daß es 1490 waren. Dann zog er weiter nach Nowgorod. Da ließ er alles Vieh abstechen, alle Speicher anzünden, alle Menschen zusammentreiben, aneinanderfesseln, mit einer von ihm erfundenen leicht entzündlichen Klebemasse übergießen, dann anbrennen und von Pferden in panischer Flucht über das Eis des Ilmensees schleifen. Die Zahlen der Toten werden in den russischen Quellen unterschiedlich angegeben. Der Historiker Fürst Kurbskij nennt 15 000 an einem einzigen Tag, die Pleskauer Chronik 60 000 insgesamt. In der Liste der Seelenmessen, die Überlebende für ihre Angehörigen lesen ließen, sind 1505 aufgezählt. Aber es gab ja kaum Überlebende. Die Pleskauer Chronik berichtet, ein Damm von Leichen habe den Wolchow gestaut, und ein Eremit habe sein ganzes Leben damit verbracht, die Toten unter die Erde zu bringen. Der Historiker Kostomarow schreibt Ende des 19. Jahrhunderts: »Noch heute kann man den Begräbnisplatz erkennen. Man braucht nur die Erde mit dem

Stock etwas aufzulockern, schon stößt man auf das menschliche Gebein darunter...«

Als das alles geschehen war, ließ Iwan am 13. Februar 1570, dem Montag der zweiten Fastenwoche, die überlebenden Nowgoroder zusammentreiben, und da sie in Todesangst vor ihm knieten, bat er sie: »Nun betet mit mir, liebe Nowgoroder! Betet für euren frommen Zaren! Betet, daß Gott die Verräter straft, und danket ihm für seine Gnade!« Dann ließ er ihren Erzbischof auf einen Schimmel binden und, umringt von musizierenden Gauklern, nach Moskau treiben.

Über Iwan Grosnys Einzug in seine Hauptstadt liegt eine genaue Schilderung vor, da ihn dort eine polnische Gesandtschaft erwartete, die einen langfristigen Frieden mit ihm aushandeln wollte: Er ritt langsam, trug einen Bogen auf dem Rücken und einen Köcher an der Seite. Am Hals seines Pferdes hing ein blutiger Hundekopf. Auf einem Ochsen neben ihm ritt sein Hofnarr. Als er die polnische Gesandtschaft erblickte, schrie er: »Polacken, Polacken, ich lasse euch in Stücke hacken!« Um ihn zu besänftigen, führten sie ihm edle Pferde vor, die ihr König als Geschenke mitschickte. Iwan ließ die Tiere auf der Stelle von seinem Scharfrichter köpfen.

Seine Macht war unbestreitbar. Aber dann brach auf einmal wieder die unvorhersehbare Katastrophe über ihn herein: Der Khan der Krim-Tataren, Dewlet Girej, hatte mit Hilfe der Türken und heimlicher Unterstützung der Polen ein Heer von 120 000 Mann gesammelt und stieß auf Moskau vor. Iwan ließ alle Schätze, die er an verborgenen Verstecken im Umfeld ausgelagert hatte, in den Kreml schaffen und in abgelegenen Gewölben einmauern. Dann floh er.

Dewlet Girej stürmte die Vorstädte und die Stadt. Die Bürger flüchteten aus ihren brennenden Häusern und suchten im Kreml Schutz. Aber die Tore öffneten sich nicht. Aus Angst, die Lebensmittel würden sonst zu rasch aufgezehrt, ließen die Wachen keinen Bürger ein, und auch der neue Metropolit Kitrill rührte keine Hand für seine bedrohten Schäflein. So kamen 80 000 Moskauer ums Leben, verbrannten in den Flammen, erstickten im Rauch, wurden von den Tataren erschlagen.

Dewlet Girej ließ einen Brief an Iwan über die Zinnen werfen: »... denke an mich! Gottes Gnade wird immer mit dem Islam sein! Hättest Du Mut und Ehre, dann wärest Du mir entgegengetreten. Du aber bist geflohen und rühmst Dich, der Zar zu sein!« Dann zog er weiter. Nach und nach drängten Iwans Feldherren die Tataren zurück, und später, nach Dewlet Girejs Tod, gelang es ihnen nie mehr, die alte Macht wiederzuerlangen. Die Tataren fügten sich resignierend in den Völkerverband des Russischen Reiches ein, dem sie so bedeutende Männer schenkten wie Boris Godunow.

Im Oktober 1571 heiratete Iwan zum drittenmal, aber seine Frau Marfa starb schon zwei Wochen nach der Hochzeit. Er nahm ihren Tod zum Anlaß, den Bruder seiner zweiten Frau, den talentierten Planer großer Säuberungen, Michailo Temrjukowitsch, des Giftmordes zu beschuldigen und vom Unterleib bis zum Schlund auf einen spitzen Pfahl zu ziehen. Viele andere Opritschniki folgten, nachdem sie sich gegenseitig beschuldigt hatten.

Seine vierte Frau Anna befahl Iwan schon nach einem halben Jahr kahlzuscheren und ins Kloster zu stecken. Die fünfte, Marja Dolgorukaja, verdächtigte er, nicht als Jungfrau ins Brautbett gekommen zu sein. Sie wurde von wildgemachten Pferden in einen Fischteich geschleift, wo sie mit den Pferden ertrank. Der englische Diplomat Hersey, der gerade in Moskau weilte, berichtete seiner Königin: ». . . viele Opfer sterben in diesen Teichen. Die Fische aus ihnen gelten als Leckerbissen an der Tafel des Zaren . . .« Vor Trauer über den Tod seiner sechsten Frau – auch sie hieß Anna – befahl Iwan, die goldenen Kirchenkuppeln Moskaus mit Trauerfloren zu verhängen. Die siebte, Wassilissa, heiratete er ohne größere Hochzeitsfeierlichkeiten, nur von einem Opritschnik getraut, und ließ sie ebenso formlos wieder verschwinden.

So sprunghaft Iwan auch sonst war, um den Zugang zur Ostsee kämpfte er zäh und konsequent 25 Jahre lang. Anfangs überließ er die Kriegführung seinen Feldherren und verfolgte aufmerksam, wie der Deutsche Orden verfiel, wie seine militärische Stärke und seine politische Durchschlagskraft nachließen, wie rivalisierende deutsche Interessengruppen einander bekämpften: der Herzog von Kurland, die Ritterschaften, die Kaufmannsgilden, die Handwerkerzünfte in den Städten.

Neid und Wut auf diese ganze fremde Welt, die auch das von ihm so gehaßte Nowgorod immer wieder mit ihrem Gedankengut infiziert hatte, mischte sich mit der Gier des Eroberers, diese reichen, blühenden Musterstädte zu besitzen, die vom Deutschen Reich keinerlei Schutz und Hilfe zu erwarten hatten.

Dorpat, Narwa und Fellin hatte er schon 1558 besetzen und verwüsten, die überlebenden Bürger ins Innere Rußlands deportieren, die gefangenen Ordensritter auf dem Roten Platz enthaupten lassen, darunter Landmarschall Philipp Schall von Bell. Ordensmeister Wilhelm von Fürstenberg starb im Kerker mit den Worten: »De Ehre is dat grötste, wat wi hebbt.« So endeten die letzten einer ritterlichen Tradition, von den Zeiten überholt, von Kaiser und Papst im Stich gelassen.

Iwan unterstützte seine Eroberungen mit einem diplomatischen Schachzug: Er lud Bischof Magnus von Ösel nach Moskau ein, überhäufte ihn mit Geschenken und gab ihm Marja Wladimirowna zur Frau, die Tochter seines Vetters Wladimir, den er irgendwann in einer gereizten Stimmung erschlagen hatte. Sie war erst dreizehn Jahre alt, aber das störte niemanden. Dann bot Iwan seinem Gast die Königskrone von Livland an, vorausgesetzt, daß er die russische Oberhoheit anerkenne. Das wollte Magnus gern. Als Bruder des dänischen Königs Friedrich II. empfand er eine Krone nicht als Fremdkörper. So reiste er frohgemut mit einer zu kleinen Frau und einer zu großen Krone in sein Reich, das ihm die Russen erobern wollten, das aber nicht leicht zu erobern war.

Zweimal belagerte Iwan Reval. Auch Riga berannte er erfolglos. Mehrere kleinere Städte aber konnte er nehmen, darunter Wolmar und Wenden. Dort gab er, wie versprochen, seinen Kriegsknechten die deutschen Frauen und Mädchen zur Vergewaltigung frei. Die Männer wurde deportiert. Iwan selber begnügte sich mit Schmuck und Silbergeschirr aus den Häusern.

Alarmiert durch den russischen Drang zur Ostsee rüsteten nun auch Schweden und Polen, um ihre Interessen in diesem Raum zu wahren. Jetzt wurde es Magnus doch etwas unheimlich, Marionettenkönig von Iwan Grosnys Gnaden zu sein. Er verzichtete auf seine Würde und kehrte auf seine Inseln zurück.

Die Polen hatten inzwischen Stephan Bathory zu ihrem König erwählt. Dieser erfahrene Feldherr warf Iwans Truppen aus den von ihnen besetzten Städten wieder hinaus und bedrängte den Zaren so, daß der alle livländischen Pläne aufgab, sich nach Moskau zurückzog und in einem Brief um Waffenruhe bat. König Stephan teilte in seinem Antwortschreiben Iwan mit, was er persönlich von ihm hielt: »... wer bist Du denn! Deine Ahnen waren doch die Fußschemel der Khane. Sie konnten dankbar sein, wenn sie die Stutenmilch aus den Mähnen der Tatarenpferde lecken durften. Wo ist Dein Vetter Wladimir? Wo sind Deine Bojaren, Deine Getreuen? Wo sind die Bürger Deiner Städte? Du hast sie erschlagen! Du bist der Henker Deines Volkes! Jedes Huhn verteidigt

Stephan Bathory, Fürst von Siebenbürgen, später König von Polen.

seine Küken, Du aber, Du byzantinischer Doppeladler, verkriechst Dich, sobald Feinde auftauchen! Zeige einmal Mut und stelle Dich mir zum Zweikampf!« Aber gerade dazu hatte Iwan keine Neigung. Er schrieb an Königin Elizabeth von England, sie möge ihm ihre Flotte schicken, um die Polen aus Livland zu vertreiben. Aber gerade dazu hatte Elizabeth keine Neigung. So fühlte er sich wieder einmal von aller Welt verlassen und befahl, 2300 seiner Soldaten, die in Livland glücklos gekämpft hatten, hinzurichten. Dadurch gewann er einiges von seinem Selbstvertrauen zurück. Dann heiratete er in achter Ehe die Bojarentochter Marja Feodorowna Nagaja, und als sie schwanger wurde, sah er sich nach der neunten Frau um.

Im Hinblick auf seine Westpolitik schwebte ihm eine Bindung an das englische Königshaus vor. So schickte er seinen Vertrauten Fjodor Pissemskij mit Bergen von Zobelfellen zu Queen Elizabeth. Der sollte um die Hand ihrer Nichte Mary Hastings bitten und eventuelle Hinweise darauf, daß der Zar doch verheiratet sei, mit der Bemerkung abtun, so etwas ändere sich oft ganz rasch.

Mary Hastings war blatternarbig, dreißig Jahre alt und nicht gerade eine der meistumworbenen Frauen Englands. Wenn Iwan aber angenommen hatte, sie sei froh und dankbar, seine Gemahlin werden zu dürfen, dann irrte er sich. Mary kannte die Berichte der englischen Gesandten aus Moskau. Iwan bot wunderbaren Gesprächsstoff für lange Herbstabende an englischen Kaminen, aber damit erschöpfte sich auch ihr Interesse an ihm. Zumal als in London bekannt wurde, wie der Zar seinen Sohn, der ebenfalls Iwan hieß, behandelt hatte, erlosch jegliche Neigung zu familiären Bindungen.

Es war so: An einem Tag in der zweiten Novemberwoche des Jahres 1581 wollte der Zar seine Schwiegertochter Helena zum Gottesdienst abholen. Sie war hochschwanger und lag auf einer Ruhebank. Entgegen der höfischen Kleiderordnung trug sie nicht drei Röcke übereinander, sondern nur einen, der sie nicht beengte. Beim Anblick dieser Protokollwidrigkeit bekam der Zar einen Wutanfall und schlug mit seinem Stock auf Helena ein. In der Nacht darauf erlitt sie eine Fehlgeburt.

Helena Iwanowna Scheremetjewa war bereits die dritte Frau des Thronfolgers. Die beiden vorherigen hatte der Zar schon nach kurzer Zeit kahlscheren und ins Kloster bringen lassen. Als nun der Zarewitsch in heftiger Erregung seinem Vater Vorhaltungen machte, nahm der eine Eisenstange und schlug ihn tot. Dann brach er vor Verzweiflung zusammen. Nun hatte er nur noch einen Sohn, den schwachsinnigen Fjodor. Er pilgerte von Kloster zu Kloster, verteilte Gaben an Bettler und Blinde, schenkte allen Menschen Geld, damit sie für ihn beteten und für seine Opfer, deren Zahl niemand kannte.

Am 19. Oktober 1583 gebar ihm seine achte Frau Marja seinen letzten Sohn Dimitrij. Sie wußte, daß er immer noch eine Ehe mit einer königlichen Prinzessin anstrebte, und lebte in ständiger To-

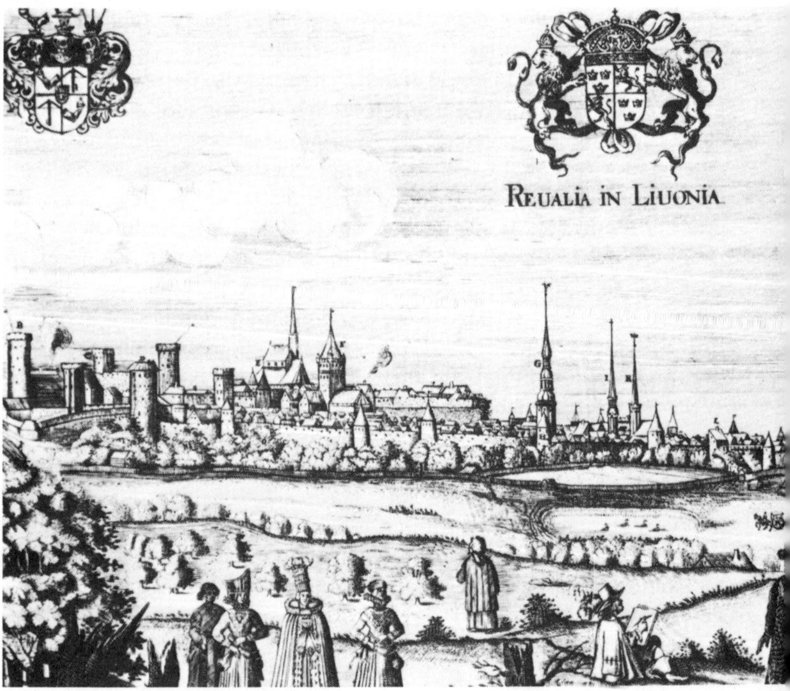

desangst. Dimitrij stand nun an zweiter Stelle in der Erbfolge. Er wurde aber nur acht Jahre alt. An sein kurzes Leben schloß sich später noch eine lange Tragödie, die in zahllosen Dramen behandelt wurde, unter anderem von Friedrich Schiller.

In den letzten Wochen dieses Jahres machte sich bei Iwan Grosny ein unangenehmer Geruch bemerkbar, der von Tag zu Tag schlimmer wurde. Sein Gefolge meinte, daß er von innen heraus verfaule. Bald ließen auch seine Kräfte nach. Er mußte in einer Sänfte getragen werden.

Fast drei Monate dauerte seine Auflösung. Am 18. März 1584 starb er während einer Schachpartie, die er gegen sich selber führte, da für ihn der Gedanke undenkbar war, jemand könne gegen ihn gewinnen.

Tagelang läuteten die Glocken. Von weit her strömten die Menschen nach Moskau, um den Zaren zu beweinen, den Gott ihnen gegeben hatte. In Demut trugen sie alle Wunden, die er ihnen geschlagen hatte und die noch nach Generationen nicht heilen konnten. Der absolute Despot hatte seine absoluten Untertanen verlassen. Was zurückblieb, war ein mächtiges Reich, dessen Ausdehnung Iwan Grosny nahezu verdoppelt hatte, ein lebhafter Handel, eine kräftig expandierende Rohstofförderung und eine Veredelungsindustrie, an deren Aufbau deutsche Fachleute entscheidend mitgewirkt hatten. Seinen Nachfolgern ließ Iwan das Grundkonzept zurück, an alle Küsten des eurasischen Festlandsblocks vorzudringen, um einer künftigen Weltmacht Rußland feste Grenzen zu verschaffen und den freien Zugang zu allen Meeren.

Reval, das heutige Tallinn, im Jahre 1656; die Silhouette verrät die Verwandtschaft mit anderen deutschen Hansestädten.

KAPITEL VII

Die abenteuerlichen Fahrten des Adam Olearius

In den letzten hundertfünfzig Jahren der russischen Monarchie saßen Holsteiner auf dem Zarenthron. Nikolaus II., den die Bolschewiki 1918 erschossen, trug neben anderen Titeln immer noch den eines Herzogs von Schleswig-Holstein, Stormarn, Dithmarschen und Oldenburg. Die Verbindung vom Schloß Gottorp zum Kreml war alt. Sie wurde erstmals durch eine Expedition geknüpft, die sich im Herbst 1633 auf den mühsamen Weg von der Schlei an die Moskwa machte. Die Reisegesellschaft bestand aus vierunddreißig Mitgliedern: Diplomaten, Musikanten und Pastoren, Silberdienern, Köchen und Uhrmachern, Schiffern, Ärzten und Kupferstechern, die für die Bildberichterstattung zuständig waren. Der berühmte Dichter Paul Fleming sollte die Höhepunkte der ungewöhnlichen Reise in Sonetten verherrlichen; der eigentliche Chronist des Unternehmens aber war der Philosoph und Mathematiker Adam Olearius. Er ging als Gesandtschaftssekretär mit und lieferte in seiner Lust am Detail und seiner Gewissenhaftigkeit ein reich illustriertes Werk von 800 Seiten, das als Quelle für die Geschichtsschreibung von unschätzbarem Wert ist, weil vergleichbare russische Chroniken aus jener Zeit nicht existieren.

Er war der Sohn eines Schneiders aus Aschersleben und hieß eigentlich Ölschläger, hatte als Student aber seinen Namen, der Mode folgend, latinisiert. Zu Beginn der Reise war er vierunddreißig Jahre alt. Mehrere seiner Gefährten stammten aus Mitteldeutschland und waren vor den Schrekken des Dreißigjährigen Krieges in den Norden geflüchtet, der nicht so häufig von fremden Kriegsvölkern heimgesucht wurde. Viele Deutsche irrten – wie so oft im Lauf ihrer Geschichte – obdachlos auf den Landstraßen umher.

Der Mann, der die Expedition ausrüstete und das ganze Unternehmen finanzierte, war Herzog Friedrich III. von Holstein-Gottorp, eine der Lichtgestalten der deutschen Geschichte. Mit neunzehn erbte er sein von Dänemark anfangs noch abhängiges Herzogtum, dessen völlige Souveränität er später durchsetzte. Es bestand aus der Insel Fehmarn und fünf voneinander getrennten Landesteilen zwischen Elbe und Apenrader Bucht und war deshalb schwer zu regieren. Friedrich war ein musischer Mensch, intelligent, gebildet und in einer Zeit hemmungsloser Intoleranz voll humanistischer Ideale. Mit dreiundzwanzig baute er eine Stadt als Asyl für alle Verfolgten und Gedemütigten: Friedrichstadt an Eider und Treene. Der kleine Ort bekam eine lutherische, eine reformierte, eine katholische Kirche und eine jüdische Synagoge. Holländische Remonstranten, in ihrer Heimat blutig verfolgt, konnten hier ungehindert ihrem Glauben leben.

Trotz aller Schwierigkeiten, unter denen das sechsfach aufgesplitterte Land litt, dachte Herzog Friedrich in weitgespannten Dimensionen. Ihm schwebte ein ungehinderter Handel auf den alten russischen Wasserwegen vom Orient bis zur Ostsee vor. Friedrichstadt, das so günstig zwischen Nord- und Ostsee lag, wollte er zur Handelsmetropole aufbauen. Er ließ sogar schon Pläne für einen Nord-Ostsee-Kanal ausarbeiten. Die holländischen Flüchtlinge, denen er Asyl bot, hatten Erfahrungen im Handel

Der Dichter Paul Fleming (1609 bis 1640).

mit russischen und orientalischen Exportartikeln bis nach Spanien, England und Frankreich oder im Transport von Waren aus den spanischen und portugiesischen Kolonien nach Rußland.
Die Gesandtschaft sollte Möglichkeiten prüfen: Verkehrswege und Klima, vertraglichen Schutz der Handelsverbindungen, pauschale Abgeltung von Zollgebühren, Umschlag und Lagerungsmöglichkeiten und was sonst ein solches Zukunftsprojekt noch verlangte. Außerdem ging es darum, russisches Getreide für die vom Krieg verwüsteten und vom Hungertod bedrohten deutschen Län-

der einzukaufen, in denen sich Heere aus ganz Europa tummelten.
Gesandte des Herzogs waren der Lizentiat des weltlichen und kirchlichen Rechts Philipp Kruse aus Eisleben, der sich Crusius nannte, und der Hamburger Kaufmann Otto Brughmann, ein Jurist und ein Wirtschaftsexperte also. Das Schiff hieß »Fortuna«, der Kapitän Hans Müller. Unter den Ärzten war auch Dr. Wendelin Sybelist, Herzog Friedrichs Hofarzt, dessen guter Ruf bis Moskau gedrungen war und den der Herzog dem Zaren zur Behandlung diverser Gebrechen und als Botschafter des guten Willens mitschickte.
Olearius berichtet: »... wir kamen in Travemünde an und legten uns am 9. November mit den guten Wünschen vieler Freunde auf Reede vor Anker. Den Abend um neun Uhr, als der Wind wie gewünscht aus Südwest kam, gingen wir im Namen Gottes zu Segel und kamen selbige Nacht 20 Meilen fort. Den 10. gegen Abend segelten wir an der Insel Bornholm vorbei. Sie hat früher zu Lübeck gehört, ist jetzt aber dem König von Dänemark untertan. Den 11. begann der Wind hart hinter uns her zu kühlen und wehte die ganze Nacht durch. Die meisten von uns bekamen die gemeine See-Krankheit, übergaben sich heftig und lagen so schwach darnieder, daß etliche vermeinten, sie würden sterben. Solche Krankheit rührt von der Bewegung des Schiffes her, warum kleine Kinder, die noch das Wiegen gewohnt sind, gar selten davon etwas empfinden. Den Tag hernach folgte eine große Stille, daß sich nicht ein Lüftlein rührte. Wir ließen unsere musikalischen Instrumente heraufbringen und dankten Gott mit Singen und Saitenspiel. Zu Mittag bekamen wir wieder guten Wind, und so gelangten wir den 14. vor Dünamünde, zwei Meilen von Riga gelegen, und weil dicker Nebel einfiel, ließen wir uns durch die Trompete anmelden. Da haben sie uns einen Piloten zugesandt, und abends spät sind wir gottlob glücklich vor Riga angelangt ...«
Riga gehörte seit 1621 zu Schweden, war aber immer noch eine deutsche Stadt mit deutschen Bürgern, die sogar die Drangsale der polnischen Besatzungszeit überstanden hatten. Anfangs hatten die Polen den Rigensern volle Religionsfreiheit zugesichert, bald aber schon mit den brutalsten Mitteln versucht, ihren lutherischen Glauben und ihre deutsche Kultur auszurotten. So hatten die Bürger den Einmarsch

---

Adam Olearius (1599–1671), der Chronist der holsteinischen Reisegesellschaft, die Rußland bis zum Kaspischen Meer erforschte.

Riga, die Hauptstadt Livlands an der Düna, Anfang des 13. Jahrhunderts von Deutschen gegründet.

der Schweden als Befreiung empfunden. Nun konnten sie wieder ohne Gefahr für Leib und Leben deutsch sprechen und lutherischen Gottesdienst halten. Die holsteinische Gesandtschaft wurde in Riga vom schwedischen Gouverneur und von den deutschen Bürgern nobel bewirtet und genoß fünf Wochen lang die baltische Gastfreundschaft. Als dann Seen und Moraste zugefroren waren, so daß man weiterreisen konnte, ohne einzubrechen, zog sie mit einunddreißig Schlitten weiter nach Wolmar. Dort trafen sie viele Landsleute, die ihre von Polen und Russen mehrfach niedergebrannte Stadt unbeirrt wieder aufbauten. Und zwar setzten sie jetzt einfach nur noch auf die alten Ziegelfundamente hölzerne Blockhäuser, die den Vorteil hatten, daß sie sich nach jeder Verwüstung rasch neu aufrichten ließen. Olearius sprach hier mit vielen Deutschen und bewunderte ihr Gottvertrauen. Obwohl sie von immer neuen Kriegsscharen ausgeplündert und von häufig wechselnden Landesherren ausgebeutet wurden, gaben sie doch nicht auf.

»... den 21. Dezember wurde uns ein junger zahmer Elch in die Stube vor die Tafel geführt. Solche Tiere gibt es hier viele...«

Am 22. Dezember kamen sie auf ihren Schlitten nach Dorpat, in die alte Bischofsstadt, wo nun eine schwedische Universität war, in der vorwiegend deutsche Professoren aus Mecklenburg und Pommern lehrten, Theologen, Philosophen, Mediziner. Da feierten sie auch in den Familien der Landsleute das Weihnachtsfest. Es war ein merkwürdiges Erlebnis, daß hier oben, ganz nahe am Peipus-See, ebenso Plattdeutsch gesprochen wurde wie daheim an der Schlei und der Kieler Förde.

Am 3. Januar im neuen Jahr 1634 gelangten sie nach Narwa und wurden dort mit ebenso offenen Armen aufgenommen wie in all

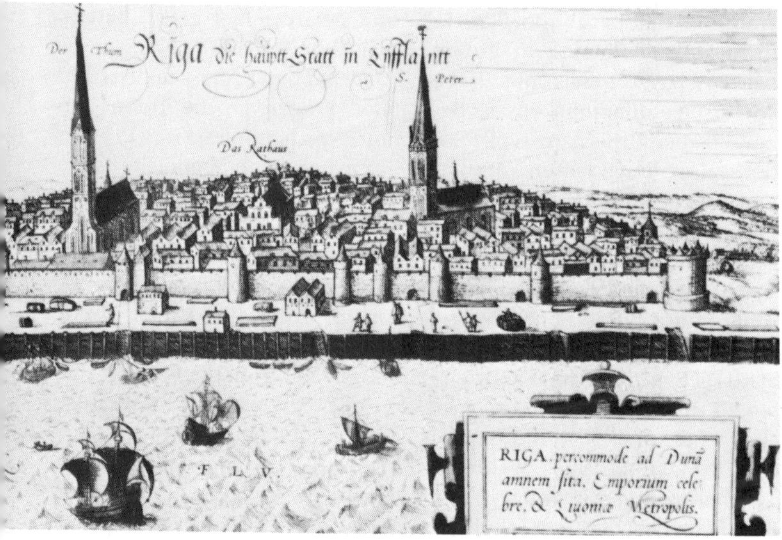

den anderen Städten vorher. Sie wohnten im Haus des Kaufmanns Jakob von Kölln, und die ganze Zeit, während sie festlagen, waren sie seine Gäste. Hier in Narwa, nahe der schwedisch-russischen Grenze, mußten sie warten, bis ihre Geleitmannschaften aus Moskau kamen, die sie wohlabgeschirmt bis zum Kreml bringen sollten, ohne daß sie unterwegs unerwünschte Kontakte knüpfen konnten. Weil viele Wochen darüber hingingen, nahmen sie die Gelegenheit wahr, einen Abstecher nach Reval zu machen, wo sie dann am 28. März anlangten und wieder vom schwedischen Ortskommandanten ebenso herzlich empfangen wurden wir von den deutschen Familien, von denen viele schon seit vierhundert Jahren dort lebten, den Brockmanns und Brüggemanns, den Möllers und Niehusens.

Möllers waren einst aus Lüneburg gekommen und hatten der Stadt schon mehrere Ratsherren gestellt. Außer ihrem schönen großen Patrizierhaus nahe dem Hafen besaßen sie noch das Gut Kunda draußen vor den Toren. Sie hatten sieben hübsche Töchter, Niehusens drei. Es war unvermeidlich, daß viele Herren sich gleichzeitig verliebten. Schließlich wurden sogar zwei Verlobungen gefeiert: Der Jurist Kruse gewann das Herz der Maria Möller, der Chronist Olearius das ihrer Schwester Katharina, während der berühmte Barockdichter Paul Fleming in großer Leidenschaft für die kühle Elsabe Niehusen entflammte, all sein Begehren aber nur in kunstvolle Sonette einströmen lassen konnte. Im Mai reiste die Gesandtschaft nach Narwa zurück, wartete dort weiterhin geduldig auf ihre Eskorte, die aus Moskau kommen sollte, und nutzte unterdessen die Zeit, um sich in der deutschen Stadt nicht nur mit den Landsleuten zu unterhalten, sondern sich auch unter den Russen umzusehen, von denen viele während der Besatzungszeit unter Iwan dem Schrecklichen hier Wurzeln geschlagen hatten und die Vorstadt Iwangorod bewohnten, in der auch eine orthodoxe Kirche stand. Sie waren jetzt Untertanen des schwedischen Königs wie die Deutschen, die in der Hauptstadt Narwa wohnten und dort in zwei lutherischen Kirchen ihren Gottesdienst abhielten, zu dem auch die schwedischen Beamten und Soldaten kamen, die rasch gelernt hatten, plattdeutsch zu sprechen. »... den 24. Mai, den Sonnabend vor Pfingsten, ging ich zu sehen, wie die Russen das Gedächtnis ihrer Verstorbenen begingen. Der Gottesacker war voll russischer Weiber. Die hatten auf Gräbern und Leichensteinen schön bunte Nasentücher ausgebreitet, auf welche sie in Schüsseln etliche Pfannkuchen, gedörrte Fische und gefärbte Eier gelegt hatten. Teils standen sie, teils lagen sie dabei auf den Knien, heulten und taten Fragen an die Toten. Ein Pope – so nennen sie ihre Priester – ging herum und beräucherte die Toten. Die Weiber zerrten ihn von einem Grab zum anderen, und jegliche wollte mit ihrem Toten den Vorzug haben ...«

Am 26. Mai endlich kamen Nachrichten, daß sie aufbrechen konnten. Sie zogen in die Festung Kapurga ein, wo sie mit Salutschüssen empfangen und am anderen Morgen wieder verabschiedet wurden. »... von da ging die Reise auf den Hof eines russischen Bojaren namens N. Basilowitsch. Wir mußten die ganze Nacht durchreiten und wurden früh um drei von ihm wohl empfangen und mit Essen und Trinken aus silbernem Geschirr herzlich trak-

Mittelalterliches Stadtsiegel von Dorpat.

tiert. Er hatte zwei Trompeter, die er an der Tafel lustig aufblasen ließ, und zeigte uns an den unterschiedlichsten Orten seines Leibes etliche Wunden, die er in der Schlacht empfangen hatte. Vor unserem Aufbruch ließ er sein Weib mit einer Verwandten hervorkommen, die beide gar jung und schön von Gesicht und gar köstlich angetan waren. Sie mußten jegliche eine Schale Branntwein den Herren Gesandten in die Hände geben. Ist die Freundschaft groß, wird dem Gast vergönnt, auch ihren Mund zu küssen...

... den 31. Mai um ein Uhr nachmittags brachen wir auf und ritten bis gegen Abend nach Johannesthal, wo Freiherr Johannes Skytte eine Stadt bauen will. Da gab es ein dreifach Echo, womit wir uns durch unseren Trompeter in der Nacht belustigten, weil wir vor all den Mücken nicht schlafen konnten. Es gibt hier viel Morast, und wir hatten großes Beschwer, tags von den Fliegen und Bremsen, nachts von Mücken, deren man sich nur durch Rauch erwehren kann...«

Am 7. Juni 1634 kamen sie zur Festung Nöteborg, die später Schlüsselburg hieß, an der Stelle, wo die Newa aus dem Ladogasee fließt. Nun waren sie sieben Monate unterwegs und hatten etwa die Hälfte des Wegs nach Moskau zurückgelegt. Drei Wochen später konnten sie endlich bis zu dem Grenzbach vorreiten, der das schwedische vom russischen Hoheitsgebiet trennte und wo die Eskorte sie erwartete, die sie von nun an führen sollte.

Bei der Begrüßung mit dem Pristaw, dem Reisemarschall, gab es wieder das unendlich zeitraubende Zeremoniell, das schon den Gesandten Herberstain hundert Jahre vorher an die Grenzen seiner vorbildlichen Selbstbeherrschung gebracht hatte. Mit solchen Grundsatzfragen wie der, wessen Boot schneller dem anderen entgegenrudern, welches mehr Schläge zu machen, wer die Riemen zuerst aus dem Wasser zu ziehen und wer den Hut als erster zu lüpfen habe, sowie mit dem Aufzählen der Titel aller anwesenden Personen und ihrer fernen Landesherren vergingen Stunden. Dann endlich war es soweit: Die Strelitzen, die Schützen, die den Pristaw begleiteten, begrüßten die Gäste mit mehreren Salven aus ihren Flinten, mit sehr starkem Branntwein und Pfefferkuchen. Dann kam der Pristaw zur Sache und teilte den Gesandten mit, es werde etwa noch drei Wochen dauern, bis alle Formalitäten abgewickelt seien.

Olearius hatte Muße, die Gegend zu durchwandern, mit einem kleinen Boot zu verschiedenen Inseln im Ladogasee hinüberzurudern, Beeren zu pflücken und den zahlreichen Wasservögeln zuzusehen. Am 16. Juli endlich kam ein wichtiger Bescheid. Ein neuer Pristaw sei unterwegs. Vier Tage später trafen sie ihn tatsächlich, er hatte auch den offiziellen russischen Dolmetscher dabei, der von nun an alle Gespräche führen sollte.

»... der Tolk Anton war der deutschen Sprache nicht wohl kundig und dolmetschte gar elend, daß man es kaum verstehen konnte. Als die Strelitzen mit ihren Flinten Salve schossen, waren sie so unvorsichtig, daß sie dem schwedischen Sekretarius, der bei uns war, ein großes Loch in den Koller feuerten. Dann traktierte uns der Pristaw mit Pfefferkuchen, Branntwein und eingemachten Kirschen. Nach einer halben Stunde fuhren wir mit Salveschießenden Strelitzen auf sieben Booten über den Ladogasee. Als wir in der Frühe des 22. Juli bei einem Kloster an Land stiegen, brachte uns ein russischer Mönch zum Willkommen ein Brot und einen drögen Lachs ...«

Die nächste größere Rast war in dem Städtchen Ladoga. »... hier hörten wir die erste russische Musik. Zu Mittag, als wir an der Tafel

saßen, spielten zwei Russen mit einer Laute und einer Geige und sangen, und als sie merkten, daß sie wohlgelitten waren, trieben sie dabei allerlei Kurzweil mit Tanzen. Nach der Mahlzeit machten wir uns wieder in unseren Booten auf dem Wolchow davon. Über hundert Kinder und alte Leute standen auf den Mauern und sahen uns nach. Am Strande stand ein alter Mönch und segnete uns. Wir zogen die Segel auf, aber da riß ein Tau, und das Segel fiel auf einen Strelitzen, daß er wie tot dalag; als er aber eine Schale Branntwein bekam, war alles wieder gut. Der Wolchow kommt aus dem Ilmensee und ergießt sich in den Ladogasee. Er ist fast so breit wie die Elbe, fließt aber nicht so streng. Sieben Werst hinter Ladoga hat er einen Wasserfall, und abermals über sieben Werst noch einen, über die mit Booten zu fahren eine große Gefahr ist. Deswegen sind wir ausgestiegen und am Ufer gegangen, bis unsere Boote durch hundert Personen mit Seilen hinaufgezogen worden waren. Alle kamen gut hindurch, nur das letzte nicht, in welchem der Hamburger Kaufmannssohn Simon Friese wegen einer großen Krankheit, mit welcher er behaftet war, liegen mußte. Dem zerriß das Seil

Stromschnellen im Wolchow nahe dem Ladogasee (aus Olearius).

und schoß wie ein Pfeil wieder zurück und wäre fast an den Klippen zerschellt. Über den anderen Fall gingen wir auch gegen Abend und hielten bei einem Kloster Nachtlager. Ein alter Mönch brachte uns als Willkommen einen Rettich, Gurken, grüne Erbsen und zwei Wachslichte. Wir schenkten ihm einen Taler, und er zeigte uns die Kapelle. Da war über der Tür das Jüngste Gericht zu sehen und unter anderen auch einer in deutschen Kleidern, und er sagte, daß auch Deutsche selig würden, wenn sie nur russische Seelen hätten. Da schenkten wir ihm noch einen Taler, und er brachte uns wieder einen Rettich und eine Schale voller Gurken und sagte, wegen der ihm gewährten Wohltat habe Sankt Nikolaus uns guten Wind geschickt. Mit diesem segelten wir bis zum Dorfe Gorodischtsche. Da brachte der Pristaw einen jungen Bären, um uns mit ihm die Zeit zu vertreiben. Am anderen Morgen brachte er uns einen russischen Fürsten mit, der ihn so wohl bewirtet hatte, daß beide voll waren. Dieser Fürst Roman Iwanowitsch wollte die Gesandten sehen. Weil er aber Lust hatte, mehr zu trinken, wurde ihm, was ihm an einem guten Rausch noch fehlte, mit spanischem Wein, den wir allzeit mit uns führten, vollends geholfen, daß er zu Erden fiel und liegenblieb. Weil niemand unter uns zum Schlaf geneigt war, brachten wir die Nacht mit Erzählungen und allerlei lustigen Historien zu. Die Gegend war so voller Kraniche, daß wir über 300 Stück am Teich beieinandersitzen sahen. Gegen Morgen machten wir uns wieder auf. Als am Mittag der Pristaw mit uns zu Tische saß, ließ er sich unser Tischgebet ins Russische übersetzen, was ihm so wohl gefiel, daß er sagte, er hätte nicht vermutet, daß die Deutschen so gottesfürchtige Menschen seien...«

Am 27. Juli fuhren sie den ganzen Tag und die Nacht hindurch, und am Morgen des 28. kamen sie in Nowgorod an. Da schickte ihnen der Woiwode, der Statthalter des Zaren, ein Faß Branntwein, und sie schickten ihm ein silbernes Trinkgeschirr. Vier Tage blieben sie da und verluden ihre ganze Bagage aus den Schiffen auf fünfzig Wagen. Mit denen ging es am 2. August wieder weiter nach Süden. Unterwegs begegneten ihnen mehrfach deutsche Landsknechte, die den Russen geholfen hatten, die polnischen Invasoren zurückzuschlagen, und die nun, da das gelungen war, nach Hause zogen. Auch Offiziere waren dabei, darunter die Obristen von Fuchs und von Wolzogen. Es wurde viel erzählt und auch einiges getrunken. Dabei geschah es dann, daß der Trompeter Caspar Hertzberg aus Perleberg einem Strelitzen, dem sein kraftvolles Crescendo offenbar mißfiel, den Degen in den Bauch rannte. Dieser kleine Zwischenfall konnte aber die Harmonie des Festes nicht beeinträchtigen, und drei Wochen später gefiel das Crescendo des niederdeutschen Tonkünstlers dem Zaren in Moskau so über die Maßen, daß er ihn augenblicklich engagierte.

Das Fest endete damit, daß plötzlich alle Pferde wie von Sinnen auskeilten und alle frohen Zecher, deutsche wie russische, mit den Armen schlagend nach allen Seiten auseinanderliefen. Die Bauern hatten, um endlich Ruhe zu haben, ihre Bienenvölker losgelassen.

Am 8. August kam die Kavalkade durch Torschok, wo einst das Tauwetter den Vormarsch der Tataren nach Norden gestoppt hatte, am 10. durch Twer an der Wolga, am 13. erreichte sie ihr letztes Lager, ein Dorf nahe Moskau. Da schenkten sie dem Pristaw zum Dank für seine Fürsorge einen Silberpokal und dem Dolmetscher goldene Münzen. Dann nächtigten sie dort, und am anderen Morgen formierten sie sich zum feierlichen Einzug in Moskau. Vorweg ritten die Strelitzen; ihnen folgten nach strenger Ordnung die Pagen und Hofjunker, die Trompeter und Truchsessen, Marschall und Hofmeister, Ärzte und Pastoren, dann

die Gesandten mit ihren Trabanten, danach fünf Sänften mit den Geschenken für den Zaren und dann eine Kalesche, in der Simon Friese aus Hamburg lag, der immer noch krank war. Am Ende rollten die sechsundvierzig Wagen mit Gepäck, Vorräten und Reiseausrüstung.
»... als wir nun in solcher Ordnung etwa eine halbe Meile von der Stadt waren, kamen zehn reitende Boten in vollem Sporenstrich einer nach dem anderen uns entgegen, deuteten an, wo jetzt die Russen wären, die uns empfangen sollten, und brachten Befehl, bald geschwinde, bald langsam, bald wieder geschwinde zu reiten. Es kamen uns auch Rotten wohl ausgeputzter Russen entgegen, sie wurden aber nicht zugelassen, uns die Hand zu bieten, mußten nur von ferne uns zurufen. Als wir auf eine viertel Meile zur Stadt kamen, hielten über 4000 mit köstlichen Kleidern und Pferden ausgerüstete Russen, durch welche wir reiten mußten, und zwei Pristawen kamen uns in goldenen Stücken mit hohen Zobelmützen entgegengeritten. Denen folgte der großfürstliche Stallmeister mit zwanzig weißen Handpferden und eine große Menge zu Roß und zu Fuß. Als sie vor die Gesandten kamen, stiegen sie ab. Der ältere Pristaw entblößte sein Haupt und fing an: ›Der große Herr und Zar und Großfürst Michael Fjodorowitsch ...‹«
Danach folgte eine stundenlange Aufzählung aller Titel, Ränge und Grade, zuerst des Zaren, dann des Herzogs von Holstein-Gottorp, der wegen der vielen Landesteile seines Herrschaftsbereichs auch einiges zu bieten hatte, danach der Russen der Begrüßungsdelegation und der Deutschen, streng nach Rangordnung und Protokoll, von Olearius auf vielen Seiten beschrieben, nicht anders, als es Herberstain rund hundert Jahre vorher in seinem Reisebericht geschildert hatte.
In einem wesentlichen Punkt unterschied sich aber die Gesandtschaft des kleinen holsteinischen Herzogtums von jener, die Kaiser Karl V. im Jahre 1526 nach Rußland geschickt hatte. Der deutsche Kaiser, der mit Vorliebe französisch sprach und stolz darauf war, daß in seinem Reich die Sonne nie unterging, hatte die Ausgaben gescheut, seinen Herren Geschenke mitzugeben. Die Gesandten von der Schlei aber, die sich plattdeutsch unterhielten und deren Sonne daheim oft im Nebel verschwamm, brachten viele sorgsam ausgewählte Gaben mit, die dem Zaren Freude machen mußten: eine Reiseapotheke aus Ebenholz mit goldenen Büchsen für Salben, Pillen und Pulver, ein geschliffenes Kristallkännchen, einen großen, sil-

KREMELIN

bergefaßten Spiegel, in einer Zeit, in der schon kleine Spiegel Kostbarkeiten waren, eine Standuhr aus Ebenholz, eine Spieluhr in Form eines Bergwerks mit beweglichen Figuren, welche die Legende vom verlorenen Sohn darstellten, und schließlich noch herrliche Pferde aus holsteinischer Zucht, große und kraftvolle Tiere, die das Gefolge des Zaren, durchweg geborene Reiter, in helles Entzücken versetzten.

Michael Fjodorowitsch, den die Reisebegleiter ständig über diese Menschen aus dem Land zwischen Ostsee und Nordsee ebenso genau informiert hatten wie über die Geschenke, die sie für ihn mitbrachten, zeigte ihnen, was russische Gastfreundschaft ist. Er ließ sie in ihren Quartieren aufs nobelste bewirten und gar nicht lange auf die Audienz warten. Seine Neugier war auch politischer Natur. Er wollte wissen, was das für ein merkwürdiges deutsches Staatsgebilde war, das sich nördlich der Unterelbe aus der dänischen Machtsphäre löste und auf eigene Faust anfing, eine weiträumige Außenpolitik zu treiben. Möglicherweise wuchs

Die holsteinische Gesandtschaft beobachtet die Palmsonntagsprozession auf dem Roten Platz vor dem Kreml. Bildmitte: der Patriarch von Moskau (Kupferstich von Chr. Rothgießer, Husum, aus Olearius).

da nach dem Verfall der Hanse und des Deutschen Ritterordens neben den drei Ostseemächten Polen, Schweden und Dänemark noch eine vierte heran – und vielleicht gar ein potentieller Verbündeter für Rußland.

Am dritten Tag, als die Gesandtschaft sich von ihrer neunmonatigen Reise ausreichend erholt hatte, ließ Zar Michael sie wissen, daß er sie übermorgen erwarte. Während er zu einer Wallfahrt ausritt, gaben die Deutschen ein kleines Fest für ihre Begleiter und ließen zur Freude der russischen Gäste ihre Musiker ausdauernd aufspielen. Nach und nach gesellten sich auch allerlei Fürsten und Bojaren aus dem Hofgefolge des Zaren zwanglos zu ihnen, feierten mit und gaben ihren Gastgebern zu verstehen, daß ihr Einzug vorgestern allgemeine Bewunderung erregt habe: So stattliche Menschen in so stattlicher Gewandung auf so stattlichen Pferden!

Am 19. August 1634 dann wurden sie in prunkvollem Aufzug, wie in der vollendeten Inszenierung einer ganz großen Barockoper, in die Stadt, auf den Kreml und vor den Zaren Michael Fjodorowitsch geführt, den ersten russischen Herrscher aus dem Haus Romanow.

Seit dem Tode Iwans des Schrecklichen waren fünfzig Jahre vergangen. Danach hatte dessen Sohn Fjodor noch vierzehn Jahre regiert, und mit ihm war das Haus der Rurikiden 1598 ausgestorben. Die genaue Kenntnis dieses letzten halben Jahrhunderts der russischen Vergangenheit war eine wichtige Voraussetzung für die Arbeit der holsteinischen Gesandtschaft.

Fjodor Iwanowitsch war im Gegensatz zu seinem Vater ein argloser und stets heiterer Mensch gewesen. Als ihm nach Iwan Grosnys Tod die Bojaren mitteilen wollten, daß er nun der neue Zar sei, mußten sie ihn lange suchen. Sie stöberten ihn endlich im Turm der Uspenskij-Kathedrale auf, wo er auf dem Tragebalken der großen Glocke schlief, um ja nicht zu versäumen, wenn sie geläutet werden mußte. Darin sah er seine Lebensaufgabe. Er war geprägt durch die Kindheit, die er mit seinem Vater unter den Opritschniki in Alexandrowskaja Sloboda verbracht hatte, in der Ordensburg der schwarzen Garde mit dem Hundekopf. Er war weitgehend auf Glockentürmen aufgewachsen, was auf sein akustisches Empfinden wie auf sein Weltbild nicht ohne Einfluß geblieben war. Seine liebsten Gesprächspartner waren Tauben und Dohlen. Sie verstanden ihn am besten. Mit Menschen hatte er Schwierigkeiten.

Bei der großen Brautschau, in der

ihm die edelsten Töchter des Landes vorgeführt wurden, stand er mit rotem Kopf halb abgewandt da und sah an den schönsten Mädchen vorbei. Am Ende erklärten der Bojar Boris Godunow und der Metropolit Hiob einstimmig, Fjodor habe sich für Irina entschieden, ein schwarzes, rassiges Mädchen aus alter Tatarenfamilie und – welcher Zufall – Boris Godunows Schwester. Nun war Boris der Schwager des Zaren. Mit seinem sicheren Instinkt für den Nutzen politischer Ehen hatte er selber Marja Skuratowa geheiratet, obwohl es sicher liebenswürdigere Mädchen in Rußland gab. Aber sie war die Tochter von Maljuta Skuratow, der die Geheimpolizei Iwans des Schrecklichen aufgebaut hatte und deren Chef war. Er kannte alle Dossiers und wußte von jedem wichtigen Mann, was man ihm an Unterschlagungen oder Morden, an Veruntreuungen oder geheimen Lastern ankreiden konnte, falls er nicht angemessene Gegenleistungen zu bieten hatte.

Mit dem Zaren als Schwager und Skuratow als Schwiegervater ließ sich Rußland gut regieren. Boris Godunow war die Schlüsselfigur, der eigentliche Herrscher: ein Mann von einer starken Wirkung auf Menschen, zweiunddreißig Jahre alt, wach, intelligent, ein überzeugender Redner, gutaussehend; mit einem subtilen Verhältnis zur Macht, diesem nicht nur intellektuellen, sondern durchaus lustvollen Bewußtsein, sie zu besitzen.

Boris Godunow war eines der großen politischen Naturtalente in der europäischen Geschichte. Er betrieb entschlossen die Eingliederung der asiatischen Unendlichkeit ins Russische Reich, gründete Städte an Verkehrsknotenpunkten und baute Handelsstraßen aus. Er konnte weder lesen noch schreiben und besaß keinerlei Bildung, aber er wollte eine Universität in Moskau gründen, was dann die Geistlichkeit verhinderte, in der Sorge, das Wissen sei des Glaubens Feind. Er richtete Schulen ein, in denen Menschen jeden Alters lesen, schreiben und rechnen lernen konnten, schuf Stipendien, um begabten Russen das Studium im Ausland zu ermöglichen, und schickte viele von ihnen auf deutsche Universitäten, immerhin hundert Jahre bevor Peter der Große eine ähnliche Bildungspolitik betrieb. Er setzte es auch durch, daß der Moskauer Metropolit Hiob den Rang eines Patriarchen bekam. Nominell unterstanden alle orthodoxen Kirchen dem Patriarchen von Konstantinopel, aber das war zur hohlen Formsache geworden, seit diese Stadt nach der Besetzung durch die Türken Istanbul hieß und seit von den Minaretten, die an die einst christlichen Gotteshäuser angebaut waren, moslemische Muezzins zum Gebet riefen. Boris machte die russisch-orthodoxe Kirche unabhängig und seinen Freund Hiob zu deren Oberhaupt.

Zar Fjodor sah freundlich von den Glockentürmen herab dem geschäftigen Treiben zu, mit dem Boris Godunow wieder Leben in das unter Iwan Grosnys Zeiten in Angst und Schrecken erstarrte, völlig verödete Moskau zu bringen versuchte. Ein Tatar verhalf der Hauptstadt des Russischen Reichs zu neuem Glanz, während sich der junge Zar, wenn er einmal vom Turm stieg, damit vergnügte, die kunstvollen Türschlösser auszubauen, mit denen Nürnberger und Augsburger Meister die Kremlpaläste ausgestattet hatten, oder er kratzte die Marienglas-Scheiben in den Fenstern frei und verkittete sie neu. Er ging auch mal zu Irina in den Terem, meistens aber nur, um mit ihr zu beten. Wenn sie versuchte, ihn mit ihren schrägen, glänzenden Tatarenaugen zu locken, floh er auf den Heuboden über dem Pferdestall. Auch da, wo es im Sommer wunderbar warm war, wo Fliegen summten und Zikaden zirpten, fühlte er sich heimisch. Dort versteckte er auch gern seine Zarenkrone im Heu, aber die Bojaren fanden sie immer recht bald.
Manchmal gelang es Irina aber doch, Fjodors Aufmerksamkeit zu erringen, und sie hatten sogar ein Kind miteinander, ein kleines Mädchen, das nach einem Jahr starb. Einen Thronfolger hatte das Russische Reich nicht. Fjodors Halbbruder Dimitrij, noch kurz vor Iwan Grosnys Tod geboren, war mit acht Jahren an einem Messerstich gestorben, den er sich angeblich bei einem epileptischen Anfall selber beigebracht hatte. Im Volk aber wurde gemunkelt, das sei die Arbeit von Maljuta Skuratows Leuten gewesen, und Boris Godunow habe sie in Auftrag gegeben. Fjodor war mit Sicherheit daran unbeteiligt. Er tat keinem Menschen etwas zuleide. Die einzige Ausnahme in seinem ganzen Leben war der Mensch mit den Schwingen.
In Pleskau, in dieser schon durch ihre Ostseenähe verdächtigen Stadt, gab es einen Schmied namens Gawrila. Dieser baute sich in seiner Werkstatt aus dünnem Eisendraht Vogelschwingen, die er mit gewachstem Stoff bespannte. Mit diesen künstlichen Flügeln sprang Gawrila vom Turm der Pleskauer Kathedrale und glitt bis auf den Markt hinunter, gelegentlich auch weiter, bis über die Mauern der Stadt hinaus. Daß ein gläubiger Russe etwas tat, was unzweifelhaft Tauben und

Dohlen vorbehalten war, widersprach so sehr allem Anstand, daß Fjodor den Mann mitsamt seinen Schwingen öffentlich verbrennen ließ.
Vierzehn Jahre nach seiner Krönung, am 6. Januar 1598, starb Zar Fjodor in seinem einundvierzigsten Lebensjahr. Das Volk betrauerte seinen Tod, brüllend vor Schmerz, in Moskaus Straßen. Dafür, daß die Schreie echt waren, sorgten die Leute des Geheimdienstes, die mit Knuten auf die Menschen einschlugen. Ein Chronist schrieb: »Sie heulten wie die Wölfe, ob sie wollten oder nicht.« So wurden die Menschen zu Fjodors Witwe getrieben. Vor Irina fielen sie auf die Knie, und der Patriarch Hiob rief: »Sieh dein Volk, o Herrin! Es wünscht, daß Boris Godunow sein neuer Herr wird!« Das wünschte auch Irina. Der Sobor, die Versammlung der Würdenträger, folgte ihrem Hinweis und wählte Boris, Rußlands ersten Zaren aus tatarischem Geblüt.
An den Machtverhältnissen änderte sich nichts, aber es bildete sich rasch Widerstand gegen ihn. Bisher hatte er nur als Reichsverweser gewirkt, aber nun, als Zar, bekam er Schwierigkeiten mit den alten Fürstenhäusern, die sich übergangen fühlten und in ihm nur den tatarischen Emporkömmling sahen. Seine Erfolge ignorierten sie: den Wiederaufbau Moskaus, seine geschickte Außenpolitik – er gewann Dänemark als Verbündeten gegen Polen und Schweden im Kampf um die Ostseeherrschaft –, seinen Versuch, ein beratendes Parlament zu schaffen, indem er außer Geistlichen, Fürsten und Bojaren auch Kaufleute und Handwerker in den Kreml berief. Das alles zählte nicht. Das Verhängnis nahm einen ungewöhnlichen Verlauf: Eines Tages traf ein Bote des deutschen Kaisers Rudolf II. mit einer vertraulichen Information für Zar Boris in Moskau ein. Der Kaiser hatte in Erfahrung gebracht, daß die Polen mit großem Aufwand eine Armee aufstellten, die offensichtlich den Auftrag hatte, Rußland zu überfallen. Wegen der langjährigen guten Beziehungen zu Rußland fühle Rudolf sich verpflichtet, den Zaren zu warnen, zumal die Polen an die Spitze des Heeres einen Mann gestellt hätten, der sich als Iwan Grosnys jüngster Sohn Dimitrij ausgebe, der doch angeblich tödlich verunglückt sei.
Boris dankte für den wertvollen Hinweis und erklärte, Dimitrij sei wahrhaftig tot; es könne sich bei diesem Menschen nur um einen Schwindler handeln.
Am 16. Oktober 1604 drang dann tatsächlich ein polnisches Heer über den Dnjepr hinweg nach Rußland ein, und an seiner Spitze ritt in prachtvoller Gewandung

Der falsche Dimitrij.

jener Dimitrij Iwanowitsch. Er sprach Russisch wie eine perfekt beherrschte Fremdsprache, benahm sich fürstlich wie ein talentierter Schauspieler, der jahrelang die Rolle des Zarewitsch studiert hatte, und erklärte, er sei Iwan Grosnys jüngster Sohn, der gar nicht ermordet, sondern rechtzeitig in Sicherheit gebracht worden sei. Nun komme er und verlange sein Recht und sein Reich.

Wo dieser Dimitrij auftauchte, gewann er Anhänger. Manche folgten ihm, weil sie gern an Wunder glaubten, andere, weil sie sich von einer Umwälzung Vorteile versprachen. Der Augenblick war günstig für ihn. Er kam in einer schlimmen Zeit. Rußland hatte drei Jahre nacheinander Dürreperioden und Mißernten erlebt. In ihrer Not aßen die Menschen Hunde, Katzen, Ratten und als Gemüse gekochtes Stroh aus den Ställen. Auf Moskaus Märkten wurde Menschenfleisch gehandelt, und es war keineswegs ratsam, als Einzelreisender in einer Herberge abzusteigen, weil die Wirte ihren Gästen nun einmal gern Fleischgerichte vorsetzen wollten; da es sonst nichts gab, waren Hausgäste ohne Anhang gern gesehene Objekte für rasche Schwarzschlachtungen, vor allem beleibte Handelsmänner.

Verzweifelt versuchte Boris Godunow durch Getreideimporte die schlimmsten Lücken aufzufüllen und die Menschen dazu zu bringen, den Reichtum des Landes sinnvoll einzusetzen, Vorratswirtschaft zu treiben und die Ernten wie auch die Lasten der Mißernten vernünftig zu verteilen. Um den Außenhandel zu beleben, setzte er die Einfuhrzölle für Mitglieder der Hanse um die Hälfte herab. Es war ein hoffnungsloser Kampf gegen die lähmende Lethargie, die den Russen in den Jahrhunderten der Unterdrückung und absoluten Chancenlosigkeit anerzogen worden war. Auch gelang es ihm nicht, den ständigen Zustrom von Heimatlosen und Besitzlosen nach Moskau aufzuhalten. Diese Menschen, die in der Stadt mit den tausend goldenen Türmen Wunder erwarteten, eine warme Suppe zumindest, verendeten scharenweise in den Straßen. 127000 waren es insgesamt in diesen schrecklichen Jahren, und nachts kamen die Wölfe aus den Wäldern in die Hauptstadt und machten sich über die Leichen her.

Die Menschen wurden auch von einer Reihe bedrohlicher Zeichen beunruhigt. Des Nachts wurden mehrfach zwei Monde nebeneinander am Himmel gesehen, und noch nie hatten die Frauen in den Häusern und die Schafe auf den Weiden so viele Mißgeburten zur Welt gebracht. Stürme zogen über das Land und wirbelten schwere alte Eichen samt allen Wurzeln durch die Luft, wochenlang war kein einziger Vogel am Himmel zu sehen und kein einziger Fisch im Wasser, während ringsum über den Wolken Feuerbrände schwelten.

Und in dieser Zeit des Hungers und der tödlichen Angst schickte Gott der Herr an der Spitze eines gewaltigen Heeres den von ihm erwählten Retter, den richtigen, den wahren, den echten Zaren Dimitrij Iwanowitsch, der dazu ausersehen war, aller Not ein Ende zu machen und den Russen das Glück auf Erden zu bringen. Was tat es da schon, daß dieses Heer aus lauter Polen bestand!

Wer dieser Mann wirklich war, ist nie exakt geklärt worden, ein Retortenprodukt jedenfalls, der Zögling einer vorzüglichen Jesuitenschule, ein Katholik, der auch perfekt alle Einzelheiten der orthodoxen Lehre beherrschte und korrekt auf russische Art das Kreuz zu schlagen verstand, zu korrekt, wie einige meinten. Er spielte seine Rolle gut: ein Musterschüler, der nie seine hervorragenden Lehrer verleugnen konnte, die ideale Strohpuppe für ein polnisches Spiel um die Macht in Osteuropa. Seine militärischen und politischen Berater, die Regisseure aller Auftritte, in denen er wie ein Bilderbuchzar sorgsam einstudierte Texte deklamierte, alle waren Polen. Russische Historiker ermittelten später, daß Papst Klemens VIII. den jungen Mann persönlich in Rom geprüft hatte und daß die polnischen Jesuiten in seinem Auftrag die Komödie mit dem falschen Dimitrij inszeniert hatten, die dann zur blutigen Tragödie entartete, um mit diesem Trick die vielen Millionen Gläubigen der russisch-orthodoxen Kirche unter die Gewalt der römisch-katholischen zu bringen.

Das erste Ziel dieser Unternehmung war die Entmachtung des Zaren Boris Godunow und des

Patriarchen Hiob. Um deren Position schon im voraus zu paralysieren, eilten den polnischen Heeren geschulte Desinformanten voraus, sickerten in die russischen Ortschaften ein und streuten Nachrichten aus, Boris Godunow sei ein Mörder, er habe keine Untat gescheut, um sich die Zarenkrone anzueignen, und würde das russische Volk ins sichere Verderben führen, wenn nicht der wahrhaftige, durch Gottes Gnade der Mörderhand entrissene Zar Dimitrij Iwanowitsch im Anmarsch wäre, um das heilige Rußland zu erretten.

Boris versuchte dem entgegenzuwirken und ließ erklären, dieser Dimitrij sei nichts anderes als ein erbärmlicher Schwindler, den die Polen als Marionette benutzten, um endlich nach so vielen vergeblichen Versuchen das Russische Reich in ihre Gewalt zu bringen. Ohne Frage waren seine Argumente überzeugend, aber diesen Propagandakrieg gewannen doch die psychologisch weit geschickter operierenden polnischen Jesuiten, deren schönes Märchen von dem aus dem Totenreich auferstandenen Zarewitsch die russische Volksseele weit mehr beeindruckte als dessen logische Entzauberung. Von allen Seiten eilten die Menschen herbei, um den für tot erklärten Dimitrij Iwanowitsch zu sehen. Nicht nur das Volk auf den Landstraßen, nicht nur leibeigene Bauern, Arbeitssklaven und Lastenträger liefen Dimitrij zu, auch Bürger aus den Städten, Bojaren und Fürsten. Ganze Truppenverbände liefen zu den Polen über, statt gegen sie zu kämpfen. Da Dimitrij sie anführte, waren sie auf einmal nicht mehr die verhaßten Todfeinde, sondern die Gefolgsleute des gottgewollten Zaren. Das Heer löste sich auf. Der Beamtenapparat zersetzte sich. Alle waren bemüht, keinesfalls den Anschluß an den neuen Herrn zu verpassen.

Die starke Persönlichkeit des Boris Godunow verlor rasch ihren Glanz und ihre Anziehungskraft. Er verfiel zusehends. Seine deutschen Ärzte waren tief besorgt. Ihnen vertraute er noch, sonst kaum jemandem mehr. Er zog sich zurück und schloß sich ein. Was er geleistet hatte, war vergessen; was dieser falsche Dimitrij versprach, versetzte die Russen in einen Rausch des Glücks. Während Zar Boris sich in die Welt seiner Gedanken flüchtete, rückte Dimitrij mit seinem polnischen Heer immer dichter an Moskau heran. Scharen schwärmerischer Russen folgten dieser merkwürdig faszinierenden Kunstfigur, die eigens dazu gezüchtet worden war, das russische Volk zu narkotisieren.

Am 13. April 1605, eine Woche nach dem Osterfest, stieg Zar Bo-

Das Gästehaus, in dem die holsteinische Gesandtschaft in Moskau untergebracht wurde (aus Adam Olearius).

ris auf den Söller seines Palasts und sah auf den Kreml hinunter, auf die Stadt Moskau, auf das ganze weite Land, dessen Konturen in der Unendlichkeit verschwammen. Dann brach er plötzlich in sich zusammen. Am Nachmittag gegen drei Uhr starb er. Die Möglichkeit, daß ihm beim Mittagsmahl einer der Truchsessen eine vergiftete Speise gereicht hatte, war nicht auszuschließen, aber das ließ sich mit den Mitteln jener Zeit nicht nachweisen.

Kaum jemand beklagte Boris Godunows Tod. Kaum jemand nahm zur Kenntnis, daß sein Sohn Fjodor nun Zar wurde; jeder wußte, daß er es nicht lange bleiben würde. Alle blickten wie hypnotisiert nach Westen und warteten auf Dimitrij, den Wiederauferstandenen. Und der zog dann auch am 22. Juni 1605 inmitten einer Garde von herrlich aufgeputzten polnischen Edelleuten in Moskau ein, unter dem Jubel einer Menschenmenge, die von weit her herbeigeeilt war. Zu seinem Empfang stellten die Bojaren die Leichen von Boris Godunows

Witwe und von seinem Sohn Fjodor öffentlich aus. Die Frau hatten sie erdrosselt, den Zaren, der nur sieben Wochen regiert hatte, mit Knüppeln erschlagen. Die Hauptstadt beugte sich vor ihrem neuen Herrn.

Noch eine Prüfung mußte Dimitrij bestehen: Iwan Grosnys Witwe Marfa lebte als Nonne in einem Kloster, die Mutter des echten Dimitrij, der vor vierzehn Jahren als Achtjähriger an einem Messerstich gestorben war. Sie mußte vor aller Welt bekunden: »Das ist mein Sohn! Iwan Grosnys Erbe!«

Offenbar brauchte Marfa längere Zeit, um einzusehen, daß alles nur dem Wohl Rußlands diene, und um ihre Rolle zu lernen. Vier Wochen nach Dimitrijs Einzug kam sie in einer Kutsche nach Moskau. In den Straßen drängten sich die Menschen, um das Wiedersehen mitzuerleben. Marfa beugte sich aus der Kutsche. Dimitrij ritt ihr entgegen, sprang vom Pferd und sank der Frau im schwarzen Nonnengewand aufschluchzend in die Arme. »Mutter!« rief er. »Mein Sohn!« rief sie und drückte ihn an sich. Das Volk war tiefbewegt, und die Szene wurde an mehreren Stellen wiederholt. Danach zweifelte niemand mehr.

Marfa wurde ins Himmelfahrt-Kloster gebracht, wo sie gegen äußere Einflüsse und lästige Fragen gut abzuschirmen war. Dimitrij wurde am 30. Juli 1605 zum Zaren gekrönt.

Die zweite weibliche Hauptperson des Melodrams war noch nicht in Erscheinung getreten: Dimitrijs Verlobte Marina Mnischek. Sie wartete in Krakau auf ihren großen Auftritt.

So dunkel seine Herkunft war, so glanzvoll war ihre. Marina stammte aus einer der erlesensten polnischen Adelsfamilien. Ihr Vater Jurij Mnischek war ein enger Vertrauter König Zygmunts III., jenes katholischen Monarchen, der seinen protestantischen Landeskindern die Staatsbürgerrechte absprach. Mnischek hatte eine Schlüsselposition bei ihm inne, weil er Zygmunt, der trotz seiner Glaubensstrenge bisweilen von Fleischeslust heimgesucht wurde, ganz unauffällig Huren in den Palast zu schaffen wußte und auch mal weise Frauen, die üble Krankheiten heilen und wichtige Einblicke in die Zukunft gewähren konnten.

Um dieser Verdienste für König und Vaterland willen hatte Zygmunt seinen Intimus zum Starosten von Lemberg, zum Woiwoden von Sandomir und zum Verwalter aller königlichen Güter und Schatzkammern erhoben. Mnischek nutzte die günstige Gelegenheit, sich in Zygmunts Namen immer selber noble Geschenke zu machen. So war er reich geworden, führte ein großes Haus und genoß die Bewunderung seiner Standesgenossen in diesem Staat, in dem die Adeligen alle, Bauern und Bürger keine Rechte hatten.

Mit seinem sicheren Instinkt für langfristige Spekulationen hatte Mnischek vom ersten Tag an auf Dimitrij gesetzt. Wie der König von Polen an die Macht in Rußland dachte und der Papst an die orthodoxen Seelen, so dachte Mnischek an die Schatzkammern des Kreml und die Einkünfte des Zaren. Dimitrij konnte sie ihm zuspielen, wie er Dimitrij das Herz seiner Tochter Marina zuspielen konnte.

Mnischek hatte mehrere Töchter. Marina war die hübscheste, die intelligenteste und die kälteste, für Spekulationen also am besten geeignet. Als er sie zum erstenmal wie zufällig Dimitrij vorführte, reagierte der junge Herr auf sie durchaus nicht wie ein Retortenprodukt. Sie aber reagierte auf ihn überhaupt nicht. Er hatte wäßrige Augen, falbe Haare, zwei Warzen im Gesicht und einen zu kurzen linken Arm. Daß er intelligent und gebildet war, schlagfertig und geistvoll, ein eleganter Tänzer und Reiter, mehrere Sprachen fließend sprach, das alles ließ sie kalt. Sie richtete sich aber genau nach den Weisungen ihres Vaters und hielt Dimitrij in einem Zustand schwelender Begehrlichkeit.

Währenddessen arbeitete Mnischek einen Vertrag aus, in dem Dimitrij sich verpflichten sollte, nach seiner Krönung in Moskau Marina zur Zarin zu krönen, zu heiraten und ihr als Morgengabe die Städte Nowgorod und Pleskau zu überschreiben sowie das Recht, überall in Rußland katholische Kirchen einzurichten. Mnischek selber sollte Dimitrij zum Fürsten von Smolensk erheben und all seine Schulden bezahlen. Der polnische Edelmann war zwar reich, gab aber sein Geld nicht gern aus, sondern nahm lieber Darlehen auf, im Vertrauen darauf, einen zu finden, der die Rückzahlung übernehmen würde.

So verliebt war Dimitrij in Marina, daß er sich nicht scheute, diesen schlimmen Vertrag zu akzeptieren. Bevor er auszog, Rußland für Polen zu erobern, überschrieb er weite Teile des Landes den Mnischeks.

Seit dem 30. Juli 1605 war er nun Zar von Rußland, und seitdem wartete er sehnsüchtig auf seine Braut. Er schickte Briefe und Boten. Der alte Mnischek witterte neue Möglichkeiten, aus der Sehnsucht Geld zu machen, und schickte neue Forderungen, angeblich für Marinas standesgemäße Ausstattung: erst 300000 Zloty, dann noch einmal 50000 Zloty

und 19000 Rubel hinterher. Darüber gingen der Herbst dahin, der Winter, das halbe Frühjahr.
Acht Monate wartete der Zar auf seine Braut. In dieser Zeit machte er eine unerwartete Wandlung durch: Behutsam löste er sich aus der Form, in die er seit frühester Jugend hineingepreßt worden war, streifte die Fäden ab, mit denen er immer gelenkt worden war. Unauffällig schuf er seine eigenen Verbindungen, machte eigene Beobachtungen, zog seine eigenen Schlüsse. Immer mehr begann er sich als Russe zu fühlen, immer weniger als Pole. Immer stärker fühlte er sich als Zar, der für sein Volk verantwortlich war.
Mit Mißfallen sah er, wie seine polnischen Begleiter sich in Moskau wie in Feindesland benahmen, lärmend und arrogant, ohne Rücksicht auf russische Empfindlichkeiten. Er sah aber auch, wie seine russischen Begleiter ihre Diener und Reitburschen nicht anders als Tiere behandelten. Er sah, er hörte, er dachte.
Das Produkt löste sich aus seiner Retorte und wurde zum Individuum. Dimitrij befreite sich aus den Abhängigkeiten, die ihn an seine polnischen Ratgeber ebenso banden wie an die russischen Hofchargen, die das komplizierte Zeremoniell beherrschten und damit auch den Zaren. Um deren Bewachung zu entgehen, warb er als persönliche Trabanten zweihundert deutsche Landsknechte an. Sie wurden, um die russischen Strelitzen, die Schützen, nicht zu kränken, nicht mit Flinten, sondern mit Hellebarden bewaffnet, die zu jener Zeit schon etwas aus der Mode waren. Und dann stellte Dimitrij als persönlichen Kammerjunker den jungen Freiherrn Wilhelm von Fürstenberg aus Kurland ein; das war ein schockierendes Beispiel von Toleranz, denn die kurländischen Fürstenbergs waren Lutheraner.
Mit seinem deutschen Kammerjunker und seinen deutschen Hellebardieren ging Dimitrij nun häufig protokollwidrig zu Fuß in die Stadt, zwischen Marktständen hindurch, an Bauernwägelchen vorbei, sprach mit den Menschen, hörte ihre Klagen, gewann ihre Herzen. Das war vollkommen neu für sie, daß ihr Zar zu ihnen kam und fragte, was sie bedrückte.
Am 2. Mai 1606 endlich kam Jurij Mnischek mit seiner Tochter und einem prächtigen Gefolge polnischer Edelleute in Moskau an, jeder noch mit reichlich Dienerschaft, insgesamt gut zweitausend Menschen. Marina, der dekorative Mittelpunkt dieser Schaustellung, verschwand sogleich in dem Palast, der ihr zur Verfügung gestellt worden war. Bevor Dimitrij sie umarmen konnte, machte sich Mnischek an

ihn heran und klagte, er habe so ungeheure Auslagen gehabt und brauche sofort noch einmal 100000 Dukaten, sonst könne aus der Feier fürs erste leider nichts werden.

Dimitrij zahlte, und aus der Hochzeit wurde das größte und aufwendigste Fest, das es in dem armen, vielfach ausgebrannten, ausgeplünderten, von Hungersnöten heimgesuchten Moskau je gegeben hatte. Am 8. Mai wurde Marina vertragsgemäß erst zur Zarin gekrönt, dann mit Dimitrij getraut. Danach wurde neun Tage lang gefeiert. Tausende von Kerzen brannten in den Sälen. Es wurde getafelt, gesungen, getanzt und getrunken bis tief in die Nächte hinein. Im Kreml folgte ein Fest dem anderen. In der Stadt unten schwelte der Haß.

Nicht alle Polen waren in den Kreml-Palästen untergekommen. Viele hatten in Bürgerhäusern einquartiert werden müssen. Die Moskauer kannten die Tataren, jetzt lernten sie die Polen kennen. Rücksichtslos galoppierten diese durch die Straßen, schossen mit ihren Pistolen und Flinten in die Luft, ritten Fußgänger über den Haufen, jagten Frauen und Mädchen, schleppten sie in ihre Quartiere. Manche von denen, die sie vergewaltigt hatten, ertränkten sich oder erhängten sich. In den orthodoxen Kirchen, in denen die menschliche Stimme als einziges Instrument geduldet wurde, veranstalteten sie große Konzerte mit Blechmusik, zerschlugen die Ikonen, zerrissen die Ornate der Priester und schnitten sich Bordüren für ihre Trachten daraus. Sie fütterten ihre Hunde vor den Altären und zwangen Mönche und Nonnen mit vorgehaltenen Flinten, ihren Kirchengesängen zotige Texte zu unterlegen. Ein Chronist schrieb verzweifelt den Satz auf sein Papier: »Schreie und Stöhnen, wohin man hört! Oh, wenn doch Feuer vom Himmel fiele, diese verfluchte Rotte zu verbrennen!«

Neun Tage dauerten die Hochzeitsfeierlichkeiten im Kreml, neun Tage dauerten die Exzesse in der Stadt, neun Tage brodelte der Haß, bis er sich in einem Massaker entlud. Das geschah in zwei Ebenen und hatte zwei verschiedene Angriffsziele. Unten war es eine Eruption, oben eine Revolte. Unten in der Stadt konnten es die Menschen nicht mehr ertragen, wie sie von den Polen gedemütigt wurden, und wollten sich befreien. Oben im Kreml machten die Bojaren unter Führung des Fürsten Schuiskij und unter Ausnutzung der Volkswut einen Aufstand, um sich alte Rechte zurückzuerobern. Viele alte Adelsfamilien hatten anfangs Dimitrij bereitwillig unterstützt, in der Hoffnung, durch ihn wieder zu der Macht zu gelangen, die sie unter den letzten Zaren verloren hatten. Jetzt aber, da er offensichtlich einen eigenen Regierungsstil zu entwickeln begann, erkannten sie, daß sie ihn unterschätzt hatten. Nun wollten sie ihn wieder beseitigen.

Am frühen Morgen des 17. Mai 1606 läuteten mit einem Schlag alle tausend Glocken der Stadt. Ein Chronist schrieb: »Mit wildem Geheul stürzten sich die Moskowiter auf die Polen, voller Wut wegen deren Zügellosigkeit und Raubgier. In den Händen hatten sie nur Äxte und Spieße, im Herzen aber grenzenlose Wut.«

Fürst Schuiskij überließ die Polen dem Volkszorn und drang mit einigen hundert Bojaren in die Kreml-Paläste ein, um den Zaren Dimitrij zu fangen. Der Kommandeur der Palastwachen, ihr Mitverschworener, hatte beizeiten hundertsiebzig der deutschen Hellebardiere zu anderer Verwendung abkommandiert. Die restlichen dreißig waren den mit Flinten bewaffneten Angreifern hoffnungslos unterlegen. Einige konnten sie noch mit ihren altmodischen Waffen abstechen, andere eine Weile aufhalten, aber bald wurden sie alle niedergemacht. Unter den russischen Strelitzen gab es welche, die Dimitrij verteidigen wollten, andere folgten Schuiskij. Russen kämpften gegen Russen.

Auf der Flucht versuchte Dimitrij, zu Marina zu gelangen. Sie hatte aber alle Türen verriegelt und ließ ihn nicht ein. Er rannte weiter durch die Gänge, und als er in die Enge getrieben war, sprang er aus einem Fenster in den Hof. Da schlug er hart auf und blieb bewußtlos liegen. Wilhelm von Fürstenberg sprang ihm nach, kam gut unten an, beugte sich zu ihm nieder, versuchte den Zaren abzuschirmen und ihm aus einem Taschenfläschchen etwas Branntwein einzuflößen, um ihn wieder auf die Beine zu bringen. Von allen Seiten stürzten die Aufrührer herbei und schlugen und stachen auf den Kammerjunker ein. Als er tot war, warfen sie seine Leiche beiseite und fingen an, mit dem Zaren allerlei Spiele zu treiben. Einer bohrte ihm die Finger in die Augen, einer riß ihm die Ohren auseinander, einer drückte ihm die Nase ein. Während sie ihn so zu Tode quälten, zerrten sie ihm seine Gewänder vom Leib und zogen ihm die Lumpen eines armen Pastetenbäckers über. Dann umtanzten sie ihn und riefen: »Da liegt er nun, der Zar des Russischen Reiches!«

Er kam noch einmal kurz zu sich und flüsterte: »Ich bin Iwans Sohn, euer rechtmäßiger Zar!« Dann starb er. Sie preßten ihm eine Schalmei in den aufgeschlagenen Mund und stellten ihn aus, daß jeder ihn sehen konnte. Spä-

Zygmunt II., König von Polen.

ter verbrannten sie ihn, stopften die Asche in eine Kanone und feuerten sie in Richtung auf Polen ab, woher er gekommen war.

Fürst Wassilij Schuiskij wurde der neue Zar, ein machthungriger Intrigant, dessen einzig echtes Gefühl eine panische Angst vor schwarzen Katzen war. Obwohl er ein weitverzweigtes Spitzelsystem aufbaute, konnte er sich nur vier Jahre an der Macht halten, dann wurde er durch eine neue polnische Invasion vom Thron verjagt und nach Polen verschleppt, wo er zwei Jahre später an Verdauungsstörungen starb.

Nachdem der erste falsche Dimitrij in die Luft geschossen worden war, versuchten die Polen, einen zweiten, den sie noch in Reserve hielten, mit dem gleichen erfolgreichen Wiederauferstehungs-Theater nach Rußland einzuschleusen. Der sah zwar anders aus, schwor aber, derselbe zu sein. Bei seinem Sprung aus dem Kreml-Fenster sei er durch ein himmlisches Wunder gerettet worden und ein Doppelgänger statt seiner gestorben. Nun brauchte nur noch Marina seine Identität zu bezeugen.

Von ihren polnischen Beratern ermuntert, vollbrachte sie die patriotische Tat, zumal der alte Mnischek vom neuen Dimitrij ein Vermittlungs-Honorar von 300 000 Rubeln herausgehandelt hatte. Obwohl ihr dieser Mensch bei der ersten Begegnung von Herzen zuwider war, eilte sie ihm bei der offiziellen Gegenüberstellung mit ausgebreiteten Armen entgegen, sank ihm weinend ans Herz und dankte Gott für das glückliche Wiedersehen.

Um von Anfang an klare Verhältnisse zu schaffen, drangen die Polen diesmal gleich mit starken Heeresverbänden in Rußland ein. Wieder fanden sie unter den Bojaren willige Sympathisanten, die von einem erneuten Machtwechsel profitieren wollten, und wieder fand der Dimitrij-Darsteller unter den Bauern und Bürgern gläubige Anhänger. Als dann aber Moskau fest in ihrer Hand war, verloren die Polen jegliches Interesse an dieser Kunstfigur.

Jetzt hatten sie eindeutig die Macht und brauchten dem russischen Patriotismus keine Konzessionen mehr zu machen. Sie erklärten ganz offen, Rußland sei ein Teil des polnischen Reichs und Polens König sei Rußlands gottgegebener Zar. Diesen Ersatz-Dimitrij, der nun völlig überflüssig war, luden sie nach Polen ein, wo er ebenfalls an einer Verdauungsstörung verschied.

Die russischen Historiker nennen die unglückliche Zeit vom Tode Iwan Grosnys bis zur Krönung Michael Romanows zum Zaren die »Zeit der Wirren«. Sie blieb jahrhundertelang im Gedächtnis der Russen haften und fand ihren Niederschlag in den Werken der größten Dichter und Komponisten wie Puschkin und Ostrowskij, wie Mussorgskij und Rimskij-Korsakow. Auch in Deutschland wurde der Stoff von Epikern und Dramatikern mit großem Engagement aufgenommen, von Schiller und Hebbel, von Walter Flex, Lernet-Holenia und sehr vielen anderen.

Jetzt begann die schlimmste Phase der »Zeit der Wirren«, die sogenannte »Polenzeit«. Die Polen fühlten sich von Gott auserwählt und den Russen in allem haushoch überlegen. Das zeigten sie ihnen, wo sie konnten, in einer besonderen Mischung aus Arroganz und Grausamkeit, ständig bedacht, die Menschen zu demütigen, in deren Land sie lebten und deren Adelige sich ihnen als bereitwillige Helfer anboten. Drei Jahre erduldeten die Russen die Schreckensherrschaft, die noch nach vielen Generationen in Liedern und Erzählungen weiterlebte.

Die Befreiung begann mit den Taten einzelner. Bisweilen verschwanden polnische Edelleute nachts auf dem Heimweg aus den Schenken in die Häuser, die sie besetzt hielten. Dann kam es vor, daß Frauen, die aus den umliegenden Dörfern, in denen die Polen Beute machten, in die Bordelle verschleppt worden waren, polnische Gäste im Bett erstachen und in die Moskwa warfen. Der Bauer Sussanin führte Polen, die ihn als Pfadfinder vor sich her trieben, in einen Sumpf. Aus diesem Stoff machte Michael Glinka seine Oper »Das Leben für den Zaren«.

Den entscheidenden Anstoß zum allgemeinen Aufstand gaben die Moskauer Frauen. Für sie, die es gewohnt waren, in Unfreiheit zu leben, war ihr spontaner Überfall auf streunende Polen ein doppelter Akt der Befreiung. Sie hatten nur Waschhölzer, Holzbeile und Fleischmesser. Niemand war da, der sie organisierte. Sie fanden zusammen, bekamen von allen Seiten Zulauf, umringten ihre Peiniger und machten ihrer Wut Luft. Mehr war es nicht.

Dieser jähe Ausbruch des Hasses traf die Polen vollkommen überraschend. Mehr als hundert kamen ums Leben. Der Rest hatte Mühe, sich in den Kreml zu flüchten. Der »Babij Bunt«, der Aufstand der Frauen, wurde zum Fanal. Er zeigte den Männern, daß sie dem Terror nicht wehrlos ausgeliefert waren. Sie rotteten sich zusammen und schlossen den Kreml ein. Zuerst fühlten sich die Polen da noch stark und ließen ihren Zorn an den Heiligen aus. Sie rissen die Ikonen aus den Ikonostasen und warfen sie auf die Erde. Sie verwüsteten und plünderten den Zarenpalast, die Uspenskij-Kathedrale, schossen mit ihren Kanonen von den Kreml-Bastionen aus die Holzhäuser ringsum in Brand, so daß viele Menschen starben und ganze Straßenzüge in Asche fielen. Als aber mehrere Ausbruchsversuche scheiterten und die Verpflegung zu Ende ging, wurden die Polen etwas ruhiger. Sie fingen an, ihre Pferde zu schlachten, und als sie keine mehr hatten, aßen sie ihre eigenen Toten. Ihr König schickte ihnen ein Heer, um sie zu befreien, aber der Entsetzungsversuch scheiterte. Bei Moshaisk, auf demselben Schlachtfeld, auf dem im Herbst 1941 der Angriff der deutschen Wehrmacht zusammenbrach, schlugen die Russen 1612 die Polen zurück. Danach kapitulierten die Reste der polnischen Garnison im Kreml.

Der Spuk war vorbei, der Versuch, Rußland dem Königreich Polen einzugliedern, gescheitert. Nach und nach wurden die Eindringlinge zurückgetrieben. Auf der Suche nach einer neuen und stabilen Ordnung wählten die russischen Würdenträger den jungen Michael Romanow, den Sohn des Patriarchen Philaret, zu ihrem Zaren. Er war erst sechzehn Jahre alt und kein Sproß eines der alten Fürstenhäuser. Seine Familie war um 1280 aus Preußen nach Rußland eingewandert und hatte viele beachtliche Menschen hervorgebracht. Und: Michaels Vater war die höchste geistliche Instanz im Russischen Reich.

Es war gut, einen so jungen Zaren zu haben, der, unbelastet durch die schlimmen »Zeiten der Wirren«, unbefangen in seine Aufgaben hineinwachsen konnte, beraten von einem klugen Vater. Am 21. Februar 1613 wurde der erste Zar aus dem Haus Romanow feierlich proklamiert. Er war es, der die holsteinische Gesandtschaft, deren abenteuerliche Reise Adam Olearius so farbig beschrieb, erst als großzügiger Gastgeber und dann auch bald als interessierter Verhandlungspartner zur Audienz im Kreml empfing.

»... auf dem Stuhle saß des Zaren Majestät in einem mit Edelsteinen besetzten und mit Perlen bestickten Rock. Die Krone, die er über einer schwarzen Zobel-Mütze aufhatte, war mit großen Diamanten besetzt, wie auch das goldene Zepter, das er, weil es wohl schwer war, bisweilen aus einer Hand in die andere tat. Vor des Zaren Stuhl standen vier junge starke Fürsten, zwei auf jeder Seite, mit weißen Damast-Röcken und Mützen aus Luchsfell und mit weißen Stiefeln, über der Brust mit goldenen Ketten kreuzweise behängt. Jeder hielt ein silbernes Beil auf der Schulter, wie bereit zum Hieb. An den Wänden saßen die vornehmsten Fürsten, Bojaren und Reichsräte, 50 Personen, in sehr köstlichen Kleidern mit hohen schwarzen Fuchs-Mützen, welche sie immer auf dem Kopf behalten. Neben des Zaren Stuhl zur Rechten stand der Reichsapfel in Größe einer Kegel-Kugel aus Gold auf einer silbern durchbrochenen Pyramide, zwei Ellen hoch ...«

Bei dieser Audienz begegneten die deutschen Gesandten einem Landsmann, der ein hohes Amt am Zarenhof innehatte: dem vielsprachigen Hans Helms, einem Mann von sechzig Jahren, der als Leiter der Dolmetscherabteilung im Kreml großes Ansehen genoß und noch zwanzig Jahre später dort im Dienst war.

Die Männer, die bisher nur die schlichte und volksnahe Hofhaltung in Kiel und in Schleswig kannten, wurden durch das gewaltige Zeremoniell der Audienzen, die einander in ungleichen Abständen folgten, tief beeindruckt. Olearius schrieb alles, was er sah und hörte, gewissenhaft auf, und als sorgfältiger Rechercheur brachte er die absonderlichsten Einzelheiten in Erfahrung, so etwa über den von goldenen Adlern getragenen Thron des Zaren: 800 Pfund Silber waren dafür verarbeitet worden und 1100 Dukaten zum Vergolden; die gesamten Unkosten wurden auf 25000 Taler geschätzt, und das zu einer Zeit, in der man ein Hamburger Bürgerhaus für hundert Taler haben konnte. Der Schöpfer dieses Meisterwerks war der Goldschmied Esaias Zinckgräff aus Nürnberg, einer der kunstfertigen deutschen Handwerker in Moskau.

Ein Ereignis ohne politisches Gewicht, das aber allen Mitgliedern der Gesandtschaft sehr naheging, zeigte wenig später, welch menschlicher Regungen der Zar fähig war: Während einer der Audienzen starb ein Lakai der Gesandtschaft, der Pfälzer Franz Wilhelm, an einer Verletzung, die er sich beim Transport eines Gepäckstücks zugezogen hatte. »... wir haben die Leiche den dritten Tag auf dem deutschen Kirchhof zur Erde bestattet. Zu diesem Leichenbegängnis sandte

Audienz der holsteinischen Gesandtschaft bei Zar Michail Feodorowitsch im Moskauer Kreml.

uns der Zar fünfzehn seiner weißen Pferde ...«
Sieben Jahre dauerte die Reise. Manche Mitglieder der Gesandtschaft reisten vorzeitig heim, neue kamen hinzu. Olearius blieb immer dabei. Er lernte alle wichtigen russischen Städte und Landschaften kennen und all jene unermeßlichen Flüsse, kilometerbreit und Tausende von Kilometern lang. In Nischnij-Nowgorod, dem heutigen Gorki, erlebte er auch mit, wie die holsteinischen Schiffszimmerer mit einigen russischen Bootsbauern nach den Plänen ihres Kapitäns Michel Cordes für die besonderen Gegebenheiten der Wolga einen flachen, breiten Dreimaster bauten, der auch mit 24 Riemen zu rudern war. Sie tauften ihn auf den Namen ihres holsteinischen Landesherrn »Friedrich« und erregten mit diesem Schiff große Bewunderung ringsum. »... es waren in den Kajüten auf dem Schiff und

unten Kammern eingerichtet, in welchen die Gesandten und alle Leute bequem unterkommen, Küche und Proviantlager dazu haben konnten. Wir hatten es auch mit Granaten und anderen Waffen gegen den Anfall der Räuber versehen ...«

Ein Jahr insgesamt dauerte der Schiffsbau, und die Leute in Nischnij-Nowgorod staunten, wie rausch die Arbeiten vorangingen.

»... die Stadt wird von Russen, Tataren und Deutschen bewohnt, ist dem Zaren untertan und wird von einem Woiwoden regiert, der zu unserer Zeit Wassilij Petrowitsch hieß. Hier haben wir, zum Orient hin, die letzten Lutheraner gefunden, die in einer öffentlichen Kirche ihrer Religion dienten, die Gemeinde war damals bei 100 Personen stark. Der Woiwode war ein höflicher und kluger Mann. Er empfing uns freundlich, von vielen wohl aufgeputzten Männern umgeben, dankte für die Geschenke, nötigte uns, an einer Tafel zu sitzen, und traktierte uns mit Pfefferkuchen und starkem Branntwein. Er fragte uns, ob wir uns vor den Kosaken nicht fürchteten, die als Räuber an der Wolga lägen. Aber die Deutschen seien ja wegen ihrer Tapferkeit in Rußland bekannt, weswegen der Zar auch so viele von ihnen in seinen Diensten habe ...«

Unbehelligt von Kosaken und tatarischen Flußpiraten, die sich alle an dieses ungewöhnliche Schiff nicht recht heranwagten,

Nischnij-Nowgorod (aus Olearius); im Vordergrund das an Ort und Stelle von holsteinischen Schiffszimmerleuten erbaute Schiff »Friedrich«.

segelte die Gesandtschaft mit dem Dreimaster »Friedrich« wochenlang die Wolga abwärts, überall bestaunt, denn Michel Cordes hatte den Schiffbau in den norddeutschen Häfen am offenen Meer gelernt, und die »Friedrich« war ein nur etwas flacher und breiter geratenes Seeschiff, von Größe und Art, wie die Menschen hier etwas Ähnliches noch nie gesehen hatten. Immer wieder drängten sich Fischerboote und Flußkähne heran, und in den Städten, in denen sie festmachten – Kasan, Simbirsk (heute Uljanowsk), Samara (heute Kuibyschew) und Zarizyn (Stalingrad/

Wolgograd) –, strömten die Leute an die Pier, um dieses hochgetakelte Wunderwerk zu bestaunen.
Während der technisch und geographisch interessierte Chronist Olearius alle Stationen und Phänomene dieser Reise exakt beschrieb, schwärmte der große Barockdichter Paul Fleming euphorisch:

Kommt! Schaut dies' Schiff, von dem ganz Rußland spricht!
Auch dies ist eine Zierde, der Erstling meines Landes,
des treuen Holsteins Pfand, der Knoten eines Bandes,
das zwischen mir und ihm in Ewigkeit nicht bricht.

Sie segelten bis Astrachan und dann hinaus ins Kaspische Meer bis nach Persien, wo sie das gleiche Aufsehen erregten. Auch da liefen sie mehrere Häfen an, machten wochenlange Expeditionen ins Land, bis nach Isfahan, besuchten den Schah, verhandelten über ein persisch-holsteinisches Handelsabkommen und kehrten am 21. Dezember 1637 zurück, erfüllt von den Eindrükken ihrer abenteuerlichen Reise, aber ohne die angestrebten Handelsverträge. Sie waren nicht zustande gekommen.
Mehrfach war Olearius noch im Kreml. Immer wieder beeindruckte er den Zaren mit seinen vielseitigen Kenntnissen und Fähigkeiten so sehr, daß der russische Herrscher ihm schließlich ein nobel dotiertes Angebot machte, als Hof-Astronom und Hof-Kartograph in Moskau seßhaft zu werden, eine Sternwarte aufzubauen, das Land zu vermessen und ein Kartenwerk des Russischen Reiches anzulegen.
Schweren Herzens lehnte Olearius ab. Er hatte den Zaren als einen fortschrittlichen Menschen kennengelernt, das Land und die Leute liebgewonnen, aber er fürchtete sich vor der bornierten Rückständigkeit des Hofadels, von dessen Launen er sich nicht abhängig machen wollte. In den Augen der Bojaren, von denen viele nicht lesen und schreiben konnten, waren alle Naturwissenschaften Teufelswerk und Zauberei. Die Geistlichkeit, die eifersüchtig ihr Bildungsmonopol verteidigte, ließ nur die Theologie als einziges Wissensgebiet gelten und war eisern entschlossen, zu verhindern, daß irgendein Mensch sich eine umfassende Bildung verschaffte. Der Gedanke, zum Lohn für seine Forschungsarbeiten am Ende als Zauberer verbrannt, gevierteilt oder unter das Eis geschoben zu werden, irritierte ihn doch zu sehr.

Epitaph des Adam Olearius im Dom zu Schleswig, wo er die letzten drei Jahrzehnte seines Lebens als Forscher, Erfinder und herzoglicher Rat verbrachte.

ADAMO
H. M. F. C.
BURCHARD. NIEDERSTET

Außerdem zog es Adam Olearius zur Ostsee, zunächst nach Reval, wo seine Braut Katharina Möller immer noch geduldig auf ihren unruhigen Verlobten wartete, dann aber auch nach Schleswig an der Schlei. Dahin holte er Katharina, und am 15. Oktober 1640 heirateten sie. Sein Herzog schenkte ihm zur Hochzeit ganz in der Nähe des Schlosses Gottorp ein Grundstück und ein Haus. Aus ganz Deutschland kamen Gratulationsgedichte von Freunden und Bewunderern, eines schrieb auch der Leipziger Rechtsgelehrte Leibniz, der Vater des großen Philosophen. Das Gedicht aber, das Olearius am meisten erfreut hätte, kam nicht. Sein Freund Paul Fleming war kurz vorher in Hamburg gestorben.
Olearius blieb mit seiner Frau und den vier Kindern, die rasch nacheinander geboren wurden, in Schleswig, wo er zum Herzoglichen Rat ernannt wurde und immer mehr Aufgaben übernahm. Er baute Mikroskope und Periskope, entwickelte ein Verfahren, Linsen parabolisch und hyperbolisch zu schleifen, baute dem Herzog die später so berühmte Kunstsammlung auf, ordnete und katalogisierte die Bibliothek und gab seine mit Kupferstichen reich illustrierte Reisebeschreibung heraus, mit der er, obwohl die Zeit des Dreißigjährigen Krieges nicht gerade eine Zeit für Bücherfreunde war, weit über Deutschland hinaus großen Erfolg hatte. Mehrfach mußte sie neu aufgelegt werden.
Durch seine Art zu schreiben gab er den Lesern nicht nur eine Fülle sachlicher Informationen über die Länder, die er bereist hatte, ihre Geschichte und Geographie; er brachte ihnen auch die Menschen nahe, das Klima, die Kultur und die Lebensweise. Durch ihn wurde Rußland aus einer endlosen Ferne ganz in die Nähe gerückt. Ein Gedanke allerdings blieb selbst für den phantasievollsten Leser undenkbar: daß der Enkel des Zaren Michael seine Tochter Anna dereinst als Braut eines holsteinischen Prinzen mit großem Gefolge nach Schloß Gottorp schicken würde und daß ein Kind aus dieser Ehe einst als russischer Zar den prachtvollen Thronsessel im Kreml besteigen würde.
Als Adam Olearius 1671 mit 72 Jahren starb und im Dom von Schleswig beigesetzt wurde, verlor ein großer Freundeskreis den Mittelpunkt. Die vielen Sammlungen und kostbaren Bücher des genialen Mannes wurden von den Erben verschleudert, die rasch zu Geld kommen wollten.

KAPITEL VIII

Der Reformer mit dem Blick nach Westen

Kaiserin Katharina I. begann ihre Karriere als Hausmädchen bei Pastor Ernst Glück in Marienburg. Zu jener Zeit hieß sie noch Martha. Am 16. April 1684 war sie als Tochter eines armen litauischen Bauern namens Samuel geboren worden, der nicht einmal einen Familiennamen besaß und nur zum lebenden Inventar eines Landguts gehörte. Nach Samuels Tod floh seine Familie vor dem Hunger ins nahe gelegene Livland, das einstige Lettgallen und Semgallen. In Marienburg, hunder Kilometer südlich Dorpat – nicht zu verwechseln mit Marienburg in Westpreußen –, fand Martha eine Bleibe im evangelisch-lutherischen Pastorat. Dort störte es niemanden, daß sie katholisch war.

Sie kam aus einem Dörfchen in eine schöne helle Backsteinstadt, die an einem See lag, unterhalb eines alten Ordensschlosses. Sie kam aus einer strohgedeckten Lehmhütte in ein geräumiges Wohnhaus und aus dem jämmerlichen Dasein eines rechtlosen Arbeitstiers in eine große, fröhliche Familie, in der sie nicht als Magd behandelt wurde, sondern wie eines von vielen Kindern, mit denen sie zusammen aufwuchs. Sie war fleißig und geschickt und konnte sich in dem Haushalt, zu dem auch allerlei Tiere und eine kleine Landwirtschaft gehörten, nützlich machen. Bald sprach sie Deutsch wie alle Leute in Marienburg, das von Deutschen gegründet worden war und nach Lübekker Stadtrecht verwaltet wurde.

Da sie mit der Familie, zu der sie jetzt gehörte, auch sonntags gern gemeinsam in die Kirche gehen und deren Vater predigen hören wollte, wurde sie evangelisch, und er nahm sie mit Freuden in seine Gemeinde auf.

Ernst Glück war ein Mann ohne Vorurteile. Um der lettischen Landbevölkerung zu helfen, eine nationale Identität zu finden, entwarf er eine Grammatik der lettischen Sprache und richtete eine Schule ein, in der er Lehrer und künftige Pastoren für diese Bevölkerungsgruppe heranbildete. Er ging also einen Weg, den schon die frühen deutschen Reformatoren im Baltikum gegangen waren und den später Johann Gottfried Herder fortsetzte. Außerdem erforschte Glück in den wenigen ihm zugänglichen Quellen das Slawonische, die alte slawische Kirchensprache, deren Kenntnis in Rußland dem orthodoxen Klerus vorbehalten war, der sich aber vorwiegend mit geistlichen Texten befaßte und die weltlichen russischen Chroniken übersah.

In dem anregenden Klima dieser lebhaften Familie, in der vorgele-

Russisches Alltagsleben als Idylle gesehen (Kupferstich, frühes 18. Jahrhundert).

sen, diskutiert und musiziert wurde, wuchs Martha heran. Sie lernte denken und sich auszudrücken. Sie lernte auch leidlich lesen und schreiben, obwohl das nicht ihre Stärke war. Einen analytischen Verstand hatte sie nicht, wohl aber eine angeborene naive Klugheit. Was sie hörte, sah und fühlte, ging ihr sofort ein. Sie hatte das Talent, aus gegebenen Situationen das Beste zu machen. Vor allem aber hatte sie eine sehr seltene Gabe: Sie konnte dankbar sein. Niemals vergaß sie, wenn ein Mensch einmal gut zu ihr gewesen war. Das bekamen später auch in den Zeiten schlimmster Not die Mitglieder der Familie Glück zu spüren, die den Untergang Marienburgs überlebten.
Besonders fielen Marthas körperliche Vorzüge ins Auge. Sie war anmutig und zugleich kraftvoll gewachsen, hatte ein weiches Gesicht, einen zärtlichen Mund, einen Busen, der ihre Zeitgenossen euphorisch machte. Und sie war von einer starken sinnlichen Ausstrahlung, von einer tierhaften Wärme, die in allen Menschen den Wunsch weckte, ihr möglichst nahe zu kommen.
Dieser Ausstrahlung konnten sich auf die Dauer auch die Männer nicht entziehen, die ins Marienburger Pastorat kamen: Gemeindevertreter, Konfirmanden und Nachhilfeschüler. Vor allem machten Pastor Glück seine heranwachsenden Söhne Sorge, die unübersehbar nach Marthas tierhafter Wärme drängten. So fügte es sich gut, daß sie sich mit siebzehn in einen schwedischen Dragoner verliebte.
Das alte deutsche Ordensland Livland war nach schlimmen Kriegsjahren, nach polnischer und russischer Besatzungszeit von schwedischen Truppen erobert worden und eine schwedische Provinz geworden. Aber die Schweden ließen den deutschen Bürgern, die immer fleißig ihre Städte wieder aufgebaut hatten, weitgehend ihr kulturelles und religiöses Eigenleben. Da sie ebenfalls Lutheraner waren, gingen sie auch in die deutschen Kirchen. So traute Pastor Glück Martha also mit einem schwedischen Gemeindekind.

Der Dragoner hieß Johannes, hatte ebenfalls keinen Familiennamen und genoß dankbar den Vorzug, dieses Mädchen zur Frau zu haben, der die anderen Männer Marienburgs nur nachsehen durften.
Lange konnte er diesen Vorzug aber nicht genießen. Um endlich einen uralten Traum russischer Herrscher zu verwirklichen und für den Binnenstaat Rußland auf breiter Front einen Zugang zur Ostsee aufzubrechen, rückte Peter der Große in Estland und Livland mit dem Ziel ein, die Schwe-

den über die Ostsee zurückzutreiben.
21 Jahre dauerte der Krieg. Die Schweden griffen in dieser Zeit kräftig auf das Menschenpotential der Deutsch-Balten zurück und riefen sie scharenweise zum Waffendienst. Zwei Drittel aller schwedischen Offiziere waren Deutsche, über die Mannschaftsgrade liegt kein statistisches Material vor. Von den alten Familien, die noch von den Ordensrittern abstammten oder später durch Heirat oder Zuzug ins Land gekommen waren, stellten allein die Wrangels 79, die Taubes 54, die Stackelbergs 40 Offiziere, die Pahlens, die Uexkülls, die Vietinghoffs und all die anderen kaum weniger. Jeder dritte von ihnen ist gefallen.
Was aus Johannes wurde, ist unklar. Er zog in den Krieg und hatte damit seine Chargenrolle in Marthas Leben ausgespielt. Im August 1702 stürmten die Russen Marienburg und holten reiche Beute aus den Häusern, bevor sie sie niederbrannten: Weinfässer, Vorräte und Uhren, Kleidung und Menschen. Stolz schrieb der General Scheremetjew an Peter den Großen: »Alles von Reval bis Riga ist mit Stumpf und Stiel ausgerottet. Städte sind nur noch auf der Karte zu finden. Was soll ich nur mit all der Beute anfangen? Schafe und Kinder kann man schon für zwei Dengen [geringste Kupfermünze = ½ Kopeke] kaufen . . .«
Pastor Glück wurde mit seiner Familie in einer Herde von Flüchtlingen nach Osten getrieben, in den Raum von Moskau. Martha blieb zurück. General Scheremetjew hatte sie gesehen und spontan in sein goldbesticktes Feldherrn-Zelt gezogen. Als Heerführer stand ihm das Recht der ersten Auswahl unter den Beutestücken zu.
Scheremetjew gehörte einer der reichsten russischen Familien an. Sie besaß 90000 leibeigene Bauern und unübersehbare Landgüter – auch das Areal des heutigen Moskauer Flughafens Scheremetjewo gehörte dazu. Aber der mächtige Mann hatte nicht viel länger Freude an Martha als der schwedische Dragoner. Eines Tages kam Fürst Menschikow ins goldbestickte Zelt und sah Martha so eindringlich an, daß Scheremetjew es für einen unvermeidlichen Akt der Courtoisie halten mußte, sie dem noch Mächtigeren als Gastgeschenk zu überreichen.
Fürst Menschikow hatte seine Karriere als Laufbursche eines Piroggenbäckers begonnen. Gewiß verdankte er sie seinen vielseitigen Talenten, aber auch seiner enormen Trinkfestigkeit, mit der er den Zaren immer wieder entzückte. Peter sah in dem Mann, den er auf dem Markt aufgegriffen und nach Kräften gefördert

Stepan Rasin, zärtlich Stenka genannt, auf dem Weg zur Hinrichtung. Sein Bruder folgt, am Hals gefesselt, dem Henkerkarren (Gravüre 17. Jahrhundert).

hatte, eine Symbolfigur des vielfach begabten russischen Menschen und seinen vitalen Freund, dem er bedingungslos vertraute. Unmöglich konnte Alexander Menschikow seinem Herrn und Gönner die herrliche Beute auf die Dauer vorenthalten. Und so geschah dann eines Tages, was unausweichlich geschehen mußte: Peter begegnete Martha bei ihm und sah sie so eindringlich an, daß es für Menschikow nur ein unumgänglicher Akt der Courtoisie sein konnte, sie dem Allermächtigsten als Kavaliersgeschenk zu überreichen.

Peter der Große war drei Jahre jünger als die Postverbindung Moskau–Nowgorod, zwei Jahre jünger als das erste russische Theater und ein Jahr jünger als das alte Wolgalied.

Am 6. Juni 1671 wurde auf dem Roten Platz in Moskau Stenka Rasin, der den Kosakenaufstand an der Wolga angeführt hatte, stundenlang zu Tode gefoltert, ohne daß er einen Klagelaut von sich gab. Tausende von Menschen umdrängten den Richtplatz. Da begann einer zu singen, andere fielen ein, bis schließlich alle das Lied von der Wolga sangen, von Stenka Rasin, seinen Taten und seiner Liebe zu der persischen Prinzessin, die er dem Strom opferte, von seinem Freiheitskampf und seinem Untergang, ein vielstimmiger Chor des Protests.

Wenige hundert Schritte von diesem Richtplatz entfernt kam ein Jahr und drei Tage danach Rußlands bedeutendster Herrscher zur Welt. Peter, der erste Russe, der sich als Europäer fühlte, wurde am 9. Juni 1672 im Moskauer Kreml geboren. Ein Enkel des Zaren Michael, der Olearius empfangen hatte. Er kam zur Welt nur neunzehn Jahre nachdem der Patriarch Nikon dort alle westlichen Kleidungsstücke zu Teufelszeug erklärt und auf einem Scheiterhaufen hatte verbrennen lassen.
Peter war das zwölfte von vierzehn Kindern des Zaren Alexej und also ohne große Chance, jemals auf den Thron zu gelangen.
Seine Mutter – des Zaren zweite Frau – war jung und sehr schön, ihre Herkunft aber wurde von den traditionsbewußten Fürstenfamilien in Moskau sehr negativ beurteilt.
Natalja Naryschkina stammte aus einer Familie des niederen Adels tatarischen Ursprungs und war das Pflegekind eines Bojaren, der bedenkliche westliche Neigungen zeigte und sogar mit einer Schottin verheiratet war, die aus der deutschen Vorstadt stammte, in der ja auch andere Nationalitäten lebten. So war es wohl zu erklären, daß Natalja allerlei schlimme Angewohnheiten aus ihrem lebhaften Elternhaus in die stehende Luft des Kreml eingebracht hatte: Sie las Bücher, spielte Laute und scheute sich nicht, mit Pastor Johann Gottfried Gregori, dem Geistlichen der deutschen lutherischen Gemeinde in Moskau, Theaterstücke in deutscher Sprache einzuüben, an denen auch russische Laiendarsteller begeistert mitwirkten. Ja, sie trieb es sogar so weit, daß sie mit ihren Hofdamen diesen Aufführungen – wenn auch hinter Gittern – unverhohlen beiwohnte. Zwar handelte es sich um Stücke biblischen Inhalts, »Esther« und »Judith und Holofernes«, aber sie wurden von Instrumentalmusik begleitet, und die Musikanten hatte der Zar seiner jungen Frau zuliebe durch seinen Vertrauten Nikolaus von Staden eigens aus den sehr westlichen und sehr weltlichen deutschen Städten des Herzogtums Kurland holen lassen.
Der Haß der orthodoxen Russen und besonders jener Sippen, die mit der Familie Naryschkin verfeindet waren, auf seine schöne Mutter belastete Peters ganze Jugend. Die schwere Faust dieser Hofcliquen waren die Strelitzen, die Moskauer Schützenregimenter, die im Bewußtsein ihrer Macht einen Staat im Staate bildeten und stets bereit waren, ihren Willen mit Gewalt durchzusetzen.
Als Peter vier Jahre alt war, starb sein Vater Alexej. Nun wurde sein elf Jahre älterer Stiefbruder

Fjodor III. Zar, ein Schwächling, der ständig über geschwollene Füße klagte und ein Spielball der mächtigen Fürstencliquen im Kreml war.
Mit zehn Jahren mußte Peter eine Szene miterleben, deren Grauen er sein Leben lang nicht aus dem Gedächtnis verdrängen konnte: Die Strelitzen stürmten den Kreml und trieben alle Naryschkins zusammen, auch deren Freunde und Vertraute, und zwangen Peter, seine Mutter und seine kleine Schwester Natalja, dem zuzusehen, was dann geschah. Die Strelitzen warfen ihre Gefangenen nacheinander in die aufgestellten Spieße ihrer Kumpane und zerhackten dann die Leichname mit ihren Säbeln. Der Rittmeister Ibrahimow spießte einen Kopf auf eine Lanze, hielt ihn Peter vors Gesicht und fragte: »Na, erkennst du deinen Onkel Naryschkin wieder?« Dann packte er den Jungen, preßte ihn auf den Leichnam seines Onkels und schrie: »Dir hätten wir auch die Kehle durchschneiden sollen, du Hurensohn!«
Das war am 17. Mai des Jahres 1682, und noch Jahrzehnte später erlebte Peter diese Szene im Schlaf bis in alle Einzelheiten. Er wachte von seinen eigenen Schreien auf und war kaum zu beruhigen. Seitdem überlief ihn auch gelegentlich ein unkontrollierbares Zucken, das sein sehr hübsches Gesicht in eine schaurige Grimasse verwandelte.
In demselben Jahr starb Peters Halbbruder Zar Fjodor III. nach dem Genuß einer Brombeertorte an Verdauungsstörungen. Offensichtlich bereitete eine der Cliquen einen Machtwechsel vor. Nun lebten von den vierzehn Kindern des alten Zaren Alexej noch sechs Prinzessinnen und zwei Prinzen: Peter und sein sechs Jahre älterer Halbbruder Iwan, der legitime Thronerbe. Da dieser aber keines Gedankens fähig war, wurde Peter mit ihm zusammen gekrönt. Rußland hatte jetzt zwei Zaren, einen schwachsinnigen Halbwüchsigen und ein psychisch schwer geschädigtes Kind. Die Regentschaft für beide führte ihre Schwester Sophia, eine intelligente und energische Frau, fünfundzwanzig Jahre alt und zweihundert Pfund schwer, unterstützt von ihrem Geliebten Fürst Golizyn und einem starken Anhang unter den Strelitzen.
Sophia hatte eine richtige Erziehung genossen, eine große Ausnahme unter den russischen Prinzessinnen, über deren Leben der russische Historiker Kotoschichin folgendes schreibt: ». . . die Töchter des Zaren leben in besonderen Gemächern wie Einsiedlerinnen und sehen nur wenige Menschen. Sie verbringen ihr Leben mit Gebet und Fasten unter Tränen. Das Glück einer Ehe bleibt

ihnen versagt, denn selbst die vornehmsten Russen sind Sklaven des Zaren und also unwürdig, eine Zarewna zu heiraten. Auch die Ehe mit einem ausländischen Prinzen verstößt gegen die guten Sitten, einmal wegen des unterschiedlichen Glaubens, dann aber auch, weil es eine Schande für eine russische Prinzessin wäre, sich mit der Sprache und den Sitten eines fremden Landes vertraut zu machen...«
Sophia wollte ungern ein Leben lang unter Tränen fasten und beten. So hatte sie rechtzeitig bei ihrem milden Vater Alexej allerlei Vergünstigungen durchgesetzt: Sie hatte mit Nürnberger Puppenhäusern spielen dürfen, lesen und schreiben gelernt und sogar noch davon Gebrauch gemacht, indem sie sich Bücher kommen ließ. Jetzt fuhr sie ganz westlich in einer Kutsche mit Glasfenstern durch Moskau und ließ allen Warnungen des Patriarchen zum Trotz ihre Mahlzeiten von Tafelmusik begleiten, wie es in Dresden oder Berlin üblich war. Sophia war die erste Russin, von der man sagen kann, sie hatte sich emanzipiert, allerdings noch nicht so weitgehend, daß sie es gewagt hätte, ihren Geliebten zu heiraten. Fürst Golizyn war immerhin ihr Sklave, wenn auch einer, der sie beherrschte und mit ihr zugleich auch das Russische Reich samt den beiden Zaren Iwan und Peter.

◁ Die Zaren Fjodor, Iwan und Peter I. mit dem Patriarchen von Moskau.

Eine Schilderung dieses ungleichen Brüderpaars verdanken wir Engelbert Kämpfer aus Lemgo im Lippischen Land, einem vielsprachigen und vielseitig verwendbaren jungen Herrn, der als Begleiter einer schwedischen Gesandtschaft ein Jahr nach der Doppelkrönung der beiden Zaren eine Audienz im Kreml miterlebte. Er schilderte seine Eindrücke an diesem 10. Juli 1683 so: »Sie saßen jeder auf einem mit rotem Tuch belegten silbernen Thron, trugen Mäntel von geblümtem gelbem und weißem Silberbrokat und in den Händen lange goldene Stäbe, mit Edelsteinen besetzt. Der ältere saß unbewegt mit niedergeschlagenen Augen, der jüngere mit aufgerichtetem freiem Gesicht. Er ließ seine wunderbare Schönheit dermaßen leuchten, daß alle Umstehenden sich in ihn verliebt hätten, wenn er ein Mädchen gewesen wäre und nicht ein Kaiser. Beiderseits standen Pagen mit versilberten Schlachtschwertern, die sie bei jedem Handkuß, zum Schlag bereit, über dem Küssenden schwangen. Rechts stand der Kanzler Wassilij Golizyn, der die Audienz für den Zaren leitete. Beide erhoben sich, wobei dem älteren von einem Hofmeister die Hand zur Mütze gehoben wurde, dabei kam ein lallender Laut über seine Lippen.«

Peter, der jüngere, war damals elf Jahre alt. Er wuchs rasch, und aus dem hübschen Kind wurde ein kräftiger junger Mann. Sophia ließ ihn wachsen, ohne auf den Gedanken zu kommen, er könne eines Tages den Wunsch verspüren, selber und allein zu herrschen.

Zunächst entdeckte Peter die Welt um sich herum und erfaßte, daß sie wie eine Zwiebel aus vielen Schichten bestand. Ihr Mittelpunkt war der Kreml, eingeschlossen von der Hauptstadt Moskau, und ringsum lagen die Vorstädte, umfaßt von dem weiten, leicht gewellten Land, und ganz außen gab es dann die große, weite Welt, die für jeden Russen unerreichbar war, die aber ihr verkleinertes Abbild in der Nemeckaja Sloboda, der Deutschen Vorstadt, hatte, in der Menschen aus ganz Europa lebten: Handwerker und Händler, Künstler und Gelehrte, Apotheker und Ärzte.

Dort praktizierte Dr. Laurentius Blumentrost aus Mühlhausen in Thüringen, dessen Söhne auch wieder in Deutschland Medizin studiert hatten, weil es in Rußland keine Universität gab, und die dann nach Moskau, das oft von Epidemien heimgesucht wurde, zurückgekehrt waren, um da ihr Leben lang zu wirken. Bei ihnen entwickelte Peter sein reges Interesse an der Medizin,

Die »Nemeckaja Sloboda«, die »Deutsche Vorstadt« von Moskau, war mit ihren schönen Gärten und Häusern ein vielbewundertes Vorbild für russische Stadtplaner und Architekten.

das er nie verlor. Einen der Söhne, Laurentius Blumentrost den Jüngeren, machte er später zu seinem Leibarzt.

In der Nemeckaja Sloboda befriedigte Peter zunächst einmal seinen unersättlichen Drang, die ganze Welt kennenzulernen und alles zu wissen. Die Menschen hier hatten viel gesehen, bevor es sie nach Rußland verschlagen hatte. Sie waren die Vermittler des eng verflochtenen europäischen Kulturraumes, dem Peter sich schon früh verbunden fühlte, dem sich sein Heimatland aber

hartnäckig verschloß, was viele Chronisten und Historiker bitter vermerkten:
Der Niederländer Miege: »... die Zaren halten ihre Untertanen grundsätzlich in Unwissenheit, sonst würden sie nicht Sklaven bleiben wollen. Es ist den Russen verboten, außer Landes zu gehen, weil sie sonst die Anschauungen anderer Völker kennenlernen und auf den Gedanken kommen könnten, ihre Ketten zu sprengen...«
Der Russe Kotoschichin: »... den Moskowitern ist es unter keinen Umständen erlaubt, sich ins Ausland zu begeben, es sei denn auf Befehl des Zaren. Und wenn jemand mutwillig verreisen sollte, so würde man seine Verwandten foltern, um zu erfahren, ob sie von seiner Absicht Kenntnis gehabt hatten...«
Der deutsche Pastor Gregori: »... aus Moskau kann man nichts, was die Regierung oder die Sitten des Landes betrifft, nach draußen schreiben, ohne schwere Strafen zu riskieren. Heute noch verfluchen sie den Olearius, weil er in seiner Reisebeschreibung allzuviel der Moskowiter gedacht hat...«
Der Russe Possoschkow dagegen fand die rigorosen Absperrungen der Russen noch zu milde und erregte sich wild über die neugegründete Post: »... die Ausländer haben ein Loch in unser Land geschlagen: Das ist die Post! Was auch bei uns geschieht, von allem wissen die Ausländer sogleich. Man müßte dieses Loch rasch fanz fest verschließen und auch alle Reisenden aufs schärfste überwachen, damit kein Mensch Nachrichten ins Ausland schaffen kann...«
Unter solchen Bedingungen gab es zu jener Zeit für einen jungen Russen von hoher Intelligenz und lebhaftem Interesse nur eine einzige Möglichkeit, sich über das politische, das wirtschaftliche und das kulturelle Leben im übrigen Europa zu informieren, das war die Nemeckaja Sloboda.
In Peters Jugend lebten in Rußland grob geschätzt etwa 18000 Deutsche, die meisten davon in Moskau, das damals eine Bevölkerung von rund 200000 Menschen hatte, darunter 27000 orthodoxe Geistliche und 28000 Ausländer, unter denen die Deutschen die weitaus größte Volksgruppe stellten.
Als Peter anfing, seine Umgebung zu erforschen, war das große Moskau die dumpfe Enge, die kleine lebhafte Nemeckaja Sloboda aber war die weite Welt. Aus ihr holte er im Lauf der nächsten Jahre alle Kenntnisse und Anregungen. Er sah und hörte, er lernte in den Werkstätten eines Zimmermanns, eines Steinmetzen, eines Buchdruckers und eines Schmiedes; ganz nebenbei lernte

Peter I. (1672–1725) plante schon als Junge seinen Weg zur Macht. Fernab von dem Moskauer Kreml stellte er in dem Dorf Preobraschenskoje ein Kinderregiment auf, mit dem er unter Anleitung deutscher Offiziere die Kriegskunst übte.

er auch noch bei Anna Mons, was ein junger Mann, der sich als vielseitiges Talent erweist und absolut alles wissen will, auch von der Liebe wissen muß.

Anna war mit ihren Eltern und Geschwistern aus Minden an der Weser, wo der Vater Mons einen Weinhandel betrieben hatte, nach Moskau gekommen. Da hatte er eine Schenke aufgemacht, die zum Treffpunkt für alle möglichen Leute von lebhaftem Geist und munterer Laune geworden war. Seine Frau und seine Kinder halfen ihm, von denen eines hübscher als das andere war und jedes hier in sein besonderes abenteuerliches Schicksal hineinwuchs. Anna war die erste, die in

der russischen Geschichte eine Rolle spielte. Ihr jüngerer Bruder Wilhelm bekam seinen Auftritt erst einige Jahre später.
In diesen Lehrjahren, solange Sophia die Regentschaft für ihn und seinen unansprechbaren Halbbruder Iwan führte, konnte Peter sich ganz seinen Neigungen widmen. Er dachte nicht daran, sich in dem undurchschaubar verfilzten Knäuel von Machtgruppen und Interessencliquen verschleißen zu lassen, um dann eines Tages an einer nach besonderen Rezepten gebackenen Brombeertorte einzugehen. Er zog sich aus dem widerwärtigen Intrigenspiel zurück und baute weit abgesetzt vom Kreml, in dem Dörfchen Preobraschenskoje, seine eigene alternative Welt auf. Es wurde eine richtige Stadt mit Häusern, Reitställen und Lagerschuppen, mit Toren und Türmen und einer Kirche in der Mitte, gar nicht soviel anders als seinerzeit Iwan Grosnys Alexandrowskaja Sloboda.
Peter bevölkerte seine Stadt nach und nach mit Freunden und Spielkameraden aus allen möglichen Klassen des russischen Volkes, sehr vielen auch aus der Nemeckaja Sloboda, uniformierte sie und stellte sie zu militärischen Einheiten zusammen, zu einem von den Bojaren und Strelitzen nachsichtig belächelten Kinderregiment.
Diese Kinder aber wuchsen heran. Sie bekamen eine vorzügliche Ausbildung von erfahrenen Spezialisten aus der Nemeckaja Sloboda, von Ingenieuren und Kartographen, von Sprengmeistern und Artilleristen, von Brückenbauern, Taktiklehrern und Fechtmeistern. In Peters Leben bedeutete es keine Kursänderung, sondern nur eine Episode ohne wesentliche Bedeutung, daß er am 6. Februar 1689 unter der üblichen Prachtentfaltung in Weihrauchwolken mit Eudoxia Lopuchina getraut wurde, einem gleichaltrigen Mädchen aus ehrbarer Familie, das seine Mutter für ihn ausgesucht hatte.
Eudoxia hatte die traditionelle Erziehung russischer Edelfräulein

Peters machtbewußte Schwester Sophia Alexejewna.

genossen, war ungebildet und ohne geistige Interessen. Ihre einzige Aufgabe bestand ja auch nur darin, Peter möglichst viele männliche Nachkommen zu gebären. Sein Mit-Zar und Halbbruder, der unglückliche Iwan, hatte ebenfalls geheiratet und fand bei aller sonstigen Lethargie an den ehelichen Zusammenkünften so großes Vergnügen, daß er sich rasant vermehrte. Da mußte aus dynastischen Gründen ein Gegengewicht geschaffen werden, und das fiel Peter nicht schwer, so gleichgültig ihm Eudoxia auch war.

Der junge Peter auf einem Gemälde des Lübecker Porträt-Malers Gottfried Kneller (1646–1723).

Lange Zeit hielt Sophia ihren Halbbruder Peter für ebenso harmlos wie ihren Bruder Iwan, wenn auch auf etwas andere Art. Sie überließ ihn gern seinem Treiben in der Spielstadt Preobraschenskoje. Eines Tages aber fiel es ihr wie Schuppen von den Augen, und sie begriff, daß Peter kein Kind und sein bunt uniformiertes Regiment keine Kinderschar mehr war, sondern eine mit modernen Waffen ausgerüstete Kaderschmiede unter der Führung kriegserfahrener Routiniers aus verschiedenen europäischen Armeen.

Sie setzte eine Spezialabteilung ihrer Strelitzen auf das Städtchen Preobraschenskoje an, mit dem Auftrag, die Insassen, einschließlich Peter, zu liquidieren. Zwei Strelitzen aber rechneten sich bessere Chancen aus, wenn sie auf die ausgesetzte Erfolgsprämie verzichteten und statt dessen Peter warnten. Er entfloh im Nachthemd auf einem Pferd vor Tagesanbruch aus seinem Quartier und bereitete den Gegenschlag vor, während immer mehr Strelitzen zu ihm überliefen.

In einem Staatsstreich entmachtete er Sophia, ließ sie kahlscheren und steckte sie in ein Kloster. Im Gegensatz zu ihrer vergoldeten Prunkkarosse, die im Kreml blieb, hatten Sophias Zellenfenster keine Glasscheiben, sondern nur Gitterstäbe. Auf dem Hof davor stand ein Baum. An dessen Ästen ließ Peter die Strelitzenfüh-

rer aufhängen, die den harten Kern in Sophias Hausmacht gebildet hatten.
Iwan blieb weiterhin pro forma der zweite Zar. Seiner Frau Proskowia fiel es nicht schwer, ihn immer wieder glauben zu machen, daß alle Kinder, die sie bekam, auch tatsächlich von ihm seien. Damit diese Kinder, die sich körperlich und geistig gut entwickelten, auch eine angemessene Ausbildung bekamen, engagierte Proskowia zwei deutsche Erzieher, den Bochumer Pastorensohn Johann Christoph Dietrich Ostermann für Deutsch, Russisch und Geographie und seinen Landsmann Stephan Ramburg für Französisch, Musik und auch als Tanzlehrer für die modernen Tänze: Sarabande und Allemande, Menuett und Gavotte, Polonäse und Gigue.
Die interessierte und geistig rege Zarin Proskowia hatte aber noch ein anderes Gesicht. Während sie dafür sorgte, daß sich der Horizont ihrer Kinder auch nach Westen ausdehnte, entwickelte sie gleichzeitig ein Verfahren, träge Dienstboten beweglicher zu machen: Erst peitschte sie sie aus, dann rieb sie ihnen die blutigen Striemen mit hochprozentigem Alkohol ein und zündete sie an, ähnlich wie es ihr französischer Koch beim Flambieren machte. Und der leibeigene Mensch, die arme, geschundene Kreatur, die

einst auf den Namen irgendeines Heiligen getauft und seitdem ganz unheilig ausgebeutet worden war, rannte dann brennend und schmerzgepeinigt durch den Kreml, bis sie irgendwo zusammenbrach oder sich gerade noch ins Wasser der Neglinka stürzen konnte. Im übrigen blieb Prosko-

Massenhinrichtung von Strelitzen in Moskau im Herbst 1698 (russischer Holzschnitt).

wia farblos. Auch im vagen Schatten ihres Mannes versuchte sie nicht, sich in die Politik einzumischen.

Im ersten Regierungsjahr Peters I. tauchte in Moskau der deutsche Sozialreformer Quirinus Kuhlmann aus Breslau auf, eines der vielen großen Talente, die das Herzogtum Schlesien hervorgebracht hat, achtunddreißig Jahre alt, Jurist, Philosoph und Verfasser vieler sehr barocker Gedichte. Kuhlmann wollte eine neue Welt schaffen, ein Paradies auf Erden, frei von Haß und Feindschaft, ohne Grenzen und religiöse Gegensätze, ein großes Reich der Liebe und Toleranz, ohne Klassen und Privilegien.

Um seine schönen Theorien praktisch verwirklichen zu können, war der Dichter-Prophet zu den Mächtigen dieser Erde gepilgert, entschlossen, sie für seine Ideale zu begeistern: zum Kaiser nach Wien, zu den Königen nach Paris und London, zum Sultan nach Konstantinopel, zum Papst nach Rom. Überall war er von feixenden Hofchargen abgewiesen und von Polizisten über die Grenzen abgeschoben worden. Nun setzte er seine letzte Hoffnung auf den Zaren. In Moskau, wo die Menschen eines tiefen Glaubens fähig waren und unter einer drückenden Sozialordnung litten, wollte er seine Vorstellungen vom kommunistischen Ideal-Reich verwirklichen. Hier sollte die Kapitale des Paradieses auf Erden entstehen, zu dessen Gründung ihn Gott der Herr, wie er beteuerte, beauftragt habe.

Aber auch hier paßten seine Ideen ebensowenig ins Konzept der geistlichen wie der weltlichen Mächte. Nach Peters Vorstellungen konnte es nur ein Weltreich unter russischer Vorherrschaft geben, und Patriarch Adrian sah in der russisch-orthodoxen Kirche die einzig denkbare geistliche Instanz. Kuhlmann abermals abzuschieben wäre zu mühsam gewesen, ihn zu verbrennen war sicherer und bot zusätzlich die Möglichkeit, mit geringem Aufwand ein Volksvergnügen zu veranstalten.
So starb der Prophet am 4. Oktober 1689 auf dem Scheiterhaufen inmitten einer riesigen Menschenmenge auf dem Roten Platz. Und keinem Menschen konnte er verständlich machen, was er angestrebt hatte, weil er kein Russisch sprach. Er konnte nur Choräle singen.
In der ersten Zeit seiner Regierung stand Peter noch ganz unter dem Einfluß seiner Mutter Natalja und ihrer Verwandten. Nach ihrem Tod 1694 machte er sich frei und fing an, seine eigene Politik zu treiben, die bald drei deutlich erkennbare Ziele zeigte: durchgreifende Reformen im Innern, den Vorstoß an die Ostsee im Norden und die Eroberung eines breiten und sicheren Zugangs zum Asowschen und damit zum Schwarzen Meer im Süden. Dort führte er seinen ersten erfolgreichen Krieg und eroberte Asow an der Mündung des Don.
Zwei Jahre später starb sein Halbbruder und Mit-Zar Iwan. Nun war Peter der alleinige und unbestrittene Herrscher über das Russische Reich. Jetzt war er dreiundzwanzig Jahre alt.
Bevor er mit den Reformen begann, die sein vom westlichen Ausland abgekapseltes und noch im tiefsten Mittelalter verwurzeltes Land mit wenigen energischen Schritten in die Neuzeit führen sollten, machte Peter eine große Reise durch alle europäischen Länder, von denen er sich Impulse für sein Erneuerungswerk erhoffte.
Im März 1697 brach er mit einer vielköpfigen Gesandtschaft nach Westen auf. Um nicht von der Last protokollarischer Verpflichtungen behindert zu werden, überließ er die Führung des Unternehmens einem anderen und reiste selber unter dem Pseudonym Peter Michailow in der Eskorte mit.
Als friedlicher Transitreisender lernte er Livland und Kurland kennen und all die Ostseehäfen mit ihren Backsteinkirchen und Backsteinhäusern, mit den gepflasterten Straßen und den Schiffen an der Pier. Noch gehörten diese deutschen Städte zu Schweden, aber der Wunsch, hier beim nächsten Besuch als Landesherr einzuziehen, wurde in

ihm um so lebhafter, je mehr er von ihnen zu sehen bekam.
Die Gesandtschaft reiste über Riga, Mitau, Memel und Königsberg, das damals noch weit außerhalb allen russischen Begehrens lag, nach Berlin. Da bekam Peter reiche Anregungen von der Kurfürstin Sophie Charlotte, die ihm auch die Verbindung mit dem Philosophen Leibniz und dem Architekten Andreas Schlüter vermittelte, die er beide als Mitdenker und Mitarbeiter für sein großes Reformprojekt gewann.
Von Berlin ging es zum Rhein und weiter bis in die Niederlande. Auf einer Schiffswerft in Zaandam arbeitete Peter einige Wochen und segelte dann nach England. Als er da ein paar Worte Englisch gelernt hatte, beeilte sich die Universität Oxford, ihm den Doktortitel zu verleihen. Dann machte er sich auf den Weg nach Deutschland zurück und gelangte über Dresden schließlich nach Wien, wo er seine Reise plötzlich abbrechen mußte, weil schlechte Nachrichten aus Moskau eintrafen: Die Strelitzen hatten seine Abwesenheit ausgenutzt, um abermals zu den Waffen zu greifen und zu putschen. Am 4. September 1698 war er wieder in Moskau, wo seine Getreuen mit seinen zuverlässigen Ausländern den Aufstand seiner unzuverlässigen Landsleute schon niedergeschlagen hatten, und hielt ein grausames Blutgericht. Vor Sophias Klosterfenster ließ er achtundzwanzig Galgen errichten und nach und nach daran hundertdreißig Verschworene aufhängen. Viele Strelitzen köpfte er selber, er drückte auch seinen Freunden und den Gesandten ausländischer Fürsten das Richtbeil in die Hand und befahl ihnen, Aufrührer zu köpfen, mit denen sie befreundet gewesen waren. Aber die meisten baten, von dieser Auszeichnung keinen Gebrauch machen zu dürfen, und reichten das Beil an den nächsten weiter.
Bis tief in den Oktober hinein dauerten die Hinrichtungen. Sophia, die offenbar im Hintergrund die Fäden gezogen hatte, wurde unter verschärfte Haft gestellt, und Peter nutzte die Gelegenheit, seine Frau Eudoxia, die an der Verschwörung sicher nicht beteiligt gewesen war, kahlscheren und in ein Kloster bringen zu lassen. Die Strelitzen, die er begnadigte, verstreute er auf abgelegene Garnisonen, ihre Regimenter löste er auf und stellte statt dessen mit Hilfe seiner Berater, die aus ganz Europa stammten, eine vollkommen neue Armee von 27 Infanterie- und zwei Dragoner-Regimentern auf. Sie war nach drei Monaten ausgebildet und marschbereit. Sie wurde von mehr als 900 ausländischen

Offizieren, vorwiegend Deutschen, geführt. Damals war es allerdings in ganz Europa durchaus üblich, auch unter fremden Fahnen Kriegsdienst zu leisten, wenn es sich lohnte.

Nach der Ausschaltung der einzig nennenswerten Opposition war Rußland reif für Peters Reformen. Er fing damit an, daß er den Kalender änderte. Bisher wurde die Zeit in Rußland ausgehend von der »Erschaffung der Welt« gemessen, einem imaginären Datum, jetzt wurden die Jahre wie im übrigen Europa nach der Geburt Christi gezählt und am 1. Januar statt am 1. September Neujahr gefeiert. Das Jahr 7208 wurde in 1700 umbenannt.

Von diesem Jahr an bekam das alte Rußland ein neues Gesicht: Peter verbot die langen Bärte und führte eine Kleiderordnung ein. Bis dahin hatten die Russen eisern an der Sitte festgehalten, einen knöchellangen Kaftan zu tragen, der je nach Vermögenslage abgeschabt oder aus Goldbrokat war, und zeitlebens hatten sie sich hartnäckig geweigert, ein Rasiermesser in die Nähe ihres Gesichts kommen zu lassen. Peter aber hatte sich in der Nemeckaja Sloboda angewöhnt, Kniebundhosen, Kniestrümpfe und Schnallenschuhe zu tragen, eine Weste mit vier Taschen, darüber einen Rock mit weiten Schößen, die Haare halblang und einen kräftigen Schnurrbart; im übrigen war er glattrasiert. So bot er seinen traditionsbewußten Russen ständig Anlaß zu hämischen Randbemerkungen hinter vorgehaltener Hand und sogar zu giftigen Karikaturen.

Nun verfügte er, daß alle Männer sich wie moderne Menschen zu kleiden und das Kinn zu rasieren hätten. Einen geradezu tödlichen Schlag versetzte er dem russischen Mannesstolz, indem er verbot, die Frauen weiterhin im Terem einzusperren. Sie sollten sich in der Öffentlichkeit, auf Straßen und Plätzen frei bewegen können. Auch sollte kein Vater mehr seine Tochter mit einem Mann verheiraten, den sie nicht vorher gesehen hatte. Diese Maßnah-

Karikatur auf Peter den Großen, der seinen Untertanen, auch den Bojaren, oft persönlich die Bärte abschnitt.

men allerdings ließen sich schwer kontrollieren, Bart und Kaftan jedoch konnte man sehen.
Trotz aller Furcht vor Peters Ungnade drückten sich die Russen hartnäckig darum herum, die Verfügung zu befolgen. So erließ er eine Bartsteuer, die jeder zu entrichten hatte, der sich nicht scheren lassen wollte. Sie hatte aber kaum Erfolg. Die Männer zahlten lieber, als daß sie den Bart stutzten. Nun ging Peter dazu über, ständig eine große Schere bei sich zu tragen, wenn er sich unter das Volk begab. Jedem, der ihm mit wallendem Bart begegnete, schnitt er rasch soviel wie möglich davon ab. Ebenso stutzte er den Kaftan auf die Länge einer westlichen Herrenoberbekleidung.
Was dabei abfiel, drückte er den Männern in die Hand. Die Reste ihres Bartes bewahrten sie sorgsam auf und trugen sie in einem Beutel auf der Brust: Falls sie dereinst der Herrgott am Himmelstor mit der Frage empfing: »Wo hast du deinen Bart gelassen?«, wollten sie wenigstens dessen Reste vorweisen können mit dem Hinweis: »Den hat mir Väterchen Zar gekappt!«
Viele aber nahmen lieber die schlimmsten Ärgernisse in Kauf, als sich von ihrem Allerheiligsten zu trennen. Da verkündete Peter ein strenges Gesetz und erklärte jeden, der sich nicht scheren lassen wollte, zum Volksfeind und Landesverräter. Wer nun noch mit unvorschriftsmäßiger Barttracht angetroffen wurde, den packten die Polizisten und schoren ihn so, daß er es sein Lebtag nicht vergaß. Wer sich nach einer solchen Sonderbehandlung trotzdem den Bart wieder wachsen ließ und ein zweites Mal geschnappt wurde, mußte als uneinsichtiger Wiederholungstäter mit der Todesstrafe rechnen.
Diese Bart-Gesetze waren der Anlaß zur ersten geheimen Flugblattaktion in der Geschichte Rußlands. Ein Mann namens Talitzkoj richtete in einer abgelegenen

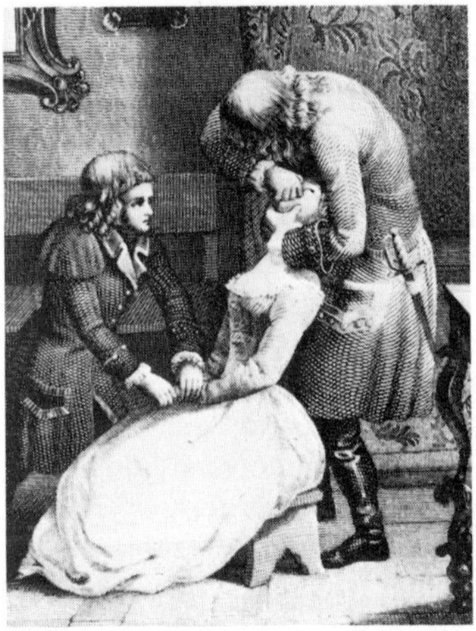

Eine von Peters vielen Leidenschaften war das Zähneziehen. Sein Besteck trug er ständig bei sich, um sogleich tätig zu werden, wenn er eine dicke Backe erblickte.

Kate außerhalb Moskaus eine konspirative Druckerei ein und gab ein Pamphlet heraus, in dem zu lesen stand, der Zar sei der Satan: Er hindere die Männer daran, als Ebenbild Gottes zu leben, denn Gott rasiere sich gewiß nicht! Außerdem beraube der Kaiser die Russen auch noch auf andere Weise der Gottähnlichkeit, indem er mutwillig menschliche Leichname verstümmele.

Die Schwarz-Druckerei wurde aufgespürt und Talitzkoj, wie es in einem zeitgenössischen Bericht hieß, ». . . zu Tode geschmaucht.«

Der Hinweis auf Peters Vorliebe für anatomische Studien löste große Erregung aus. Er hatte auf seiner Europareise in mehreren anatomischen Instituten volontiert und sich auch ein reichhaltiges Instrumentarium mitgebracht. Er liebte es aber nicht nur, an Obduktionen teilzunehmen, sondern führte auch gern selber Operationen an lebenden Patienten durch, wobei die anwesenden Chirurgen ihm assistieren durften. In dieser Zeit, in der es noch keine Narkose gab, war es für die Patienten immer eine Überraschung besonderer Art, wenn plötzlich dieser athletische Zwei-Meter-Mann, in dem sie unschwer ihren Zaren erkannten, an die Pritsche herantrat, auf der sie festgeschnallt waren, und mit der Knochensäge zirpte.

Am liebsten zog Peter Zähne, und das behielt er auch zeitlebens bei. Wenn er irgendwo in Moskaus Straßen einem Mann mit dicker Backe begegnete, rief er ihn zu sich, ließ ihn auf dem ersten besten Prellstein oder Brükkengeländer Platz nehmen, holte eine Zange aus einer seiner vielen Taschen und zog ihm den Zahn, den er für den richtigen hielt. Sorgsam bewahrte er alle seine Trophäen auf. Im Kreml hatte er einen ganzen Sack voller Zähne, und der wurde von Jahr zu Jahr dicker.

Das waren kleine Marotten am Rande. Sie symbolisierten nur Peters Wunsch, in einer weitgehend rückwärts gewandten Umwelt alles zu können, alles zu wissen, alles zu schaffen. Er gründete Schulen, setzte eine Kommission zur Untersuchung aller Fälle von Willkür und Korruption ein, erließ Bestimmungen gegen die Ausbeutung der abhängigen Bauern durch die Grundherren, schickte scharenweise untätige und unfähige Beamte nach Sibirien, damit sie erst einmal arbeiten lernten. Er ließ wissenschaftliche, philosophische und schöngeistige Werke in Deutschland, England und Frankreich einkaufen und ins Russische übersetzen, und er gründete das erste öffentliche Theater in Moskau.

Die Liebhaber-Bühne, die Pastor Johann Gottfried Gregori im Kreml unter der wohlwollenden

Förderung von Peters Mutter Natalja aufgebaut hatte, war ja nur dem kleinen Kreis des zaristischen Hofgefolges vorbehalten gewesen; sie hatte aber Peters Lust am Theater gefördert. Nun holte er sich den deutschen Theaterdirektor Johannes Kunst, der zuletzt in Danzig erfolgreich gewirkt hatte, für eine fürstliche Gage in den Kreml und gestattete ihm gleich, einen Stamm von Schauspielern und Musikanten aus der Heimat als Grundstock für das Moskauer Ensemble mitzubringen. Zuerst spielten sie deutsche Komödien und Singspiele, auch die lateinischen Stükke des Plautus in deutscher Übersetzung mit reichlich Musik und Tanz. Dabei bildete Kunst ein junges russisches Ensemble aus, das wenig später dieselben Stükke in der russischen Übersetzung spielte.

Peters Pläne reichten weit, und er erkannte rasch, daß er sie von Moskau aus nicht verwirklichen konnte. Moskau, belastet mit all den bitteren Erfahrungen der russischen Geschichte, war in Peters Augen das Symbol der Rückständigkeit, der trägen Resignation, die seinem Wesen so vollkommen widersprach. Der Kreml symbolisierte ja nicht nur geheiligte Traditionen, sondern auch die üblen eines bornierten und korrupten Hofadels, einer verfilzten Cliquenwirtschaft, eines faulen und bestechlichen Beamtenkörpers, der unfähig war, aus traurigen Erfahrungen zu lernen. So brannten immer wieder ganze Stadtteile ab, ohne daß Konsequenzen gezogen wurden. Allein in den Jahren 1698 und 1699 legten vier Großbrände mehrere hundert Moskauer Häuser in Schutt und Asche, ohne daß die Verwaltung auf den Gedanken kam, eine Bauordnung zu erlassen und die Verwendung von Ziegelsteinen statt der gewohnten Blockhaus-Bauweise vorzuschreiben.

Peter wollte eine andere Stadt, ungebunden, frei von zählebigen Überlieferungen, mit sicheren Häusern aus Stein, nicht mit Holzschindeln, sondern mit Dachziegeln gedeckt. Die Traditionen sollten auf dem Land gern weiterleben, seine Hauptstadt sollte der Welt zugewandt sein, den Nachbarn, dem offenen Meer, eine Metropole des Handels, des Gewerbes, der Kultur und zugleich politische Zentrale, Verwaltungsmittelpunkt und uneinnehmbare Festung, ein Hafen von Weltrang, ein Verkehrsknotenpunkt, durch den das weitverzweigte russische Flußsystem endlich einen freien und sicheren Zugang zum offenen Meer bekam: Sankt Petersburg.

Aber von dieser Stadt in den Wolken stand noch kein einziges Haus, nicht einmal einen Plan gab es. Der Platz, an dem sie entstehen sollte, mußte erst noch erobert werden. Rußland war ein Binnenstaat mit einem monatelang vereisten Hafen am Weißen und einem ständig bedrohten Zugang zum Schwarzen Meer. Peters Traumstadt sollte an der Ostsee liegen, aber der Weg dahin mußte erst noch mit Waffengewalt aufgebrochen werden.

Die große Ostseemacht war Schweden. Dreiviertel aller Küsten lagen fest in ihrer Hand. Bedrohliche Konkurrenten gab es nicht. Dänemark spielte kaum mehr eine Rolle. Polen hielt nur noch Kurland und einen schmalen Küstenstrich in Westpreußen besetzt. Die einst so mächtige Hanse bestand nicht mehr. Den letzten Hansetag hatten 1669 nur noch drei Städte beschickt: Hamburg, Lübeck und Bremen. Das Deutsche Reich war im Dreißigjährigen Krieg ausgeblutet, in zahllose Kleinstaaten zerfallen und ohne politische Ambitionen im Norden und Nordosten. Nur Brandenburg-Preußen, das seit 1701 Königreich war, zeigte hier einiges Interesse.

Schweden dagegen hatte aus dem schrecklichen Krieg 1618 bis 1648 nur Gewinn gezogen. Kein Quadratmeter seines Landes war verwüstet worden, kein Haus zusammengeschossen. Während in Deutschland ganze Städte in Trümmern lagen, hatten die Schweden mit ihrer Kriegsbeute aus diesen Städten daheim ihre Landsitze ausgestattet. Während Deutschland sich daran gewöhnt hatte, nur noch Kriegsschauplatz zu sein, hatte Schweden im Dreißigjährigen Krieg kräftig seinen Machtbereich ausgedehnt. Finnland und Karelien gehörten dazu, Estland und Livland und die beiden deutschen Herzogtümer Wolgast-Pommern und Bremen-Verden, das den Raum zwischen Unterelbe und Unterweser ausfüllte und beide Flußmündungen beherrschte. Schweden war die Macht, mit der Peter Alexejewitsch sich auseinandersetzen mußte, wenn er die Grenzen Rußlands an die Ostsee vorschieben wollte.

Einundzwanzig Jahre dauerte der Krieg, den er, mit Polen und Dänemark verbündet, gegen Schweden führte. Im zweiten Jahr eroberte er die Festung Nöteborg und taufte sie in Schlüsselburg um. Er besetzte beide Ufer der Newa und der Kronstädter Bucht und begann schon 1703 in dem sumpfigen Mündungsdelta seine Stadt zu bauen. Dazu holte er Hunderttausende von Arbeitskräften aus seinem ganzen Reich zusammen. Zehntausende kamen durch Unfälle und Krankheiten um. Aber die Stadt wuchs. Für die Baupläne zog Peter bedeutende Architekten, so den Hamburger Andreas Schlüter, heran, der das Berliner Schloß und das Denkmal des Großen Kurfürsten geschaffen hatte. Er ging 1713 nach Petersburg, starb da aber schon 1714 als prominentestes Opfer der Riesenbaustelle. Indessen fiel eine baltische Stadt nach der anderen in die Hände der Russen. Die Deutschen, die sie einst gegründet hatten, kämpften auf schwedischer Seite. Sie hatten miterlebt, wie ihre Bistümer und der Ordensstaat an der inneren Uneinigkeit zerbrochen waren, am sinnlosen Kampf der drei Kräftegruppen gegeneinander: Bischof, Orden, Bürgerschaft. Sie hatten sich fremder Herrschaft beugen müssen und dabei ihre Erfahrungen gemacht mit Dänen, Schweden, Polen und schließlich auch mit den Heeren Iwans des Schrecklichen. Unter den Schweden hatten sie es immer noch am besten gehabt. Das Zusammenleben hatte sich so weitgehend entwickelt, daß viele schwedische Familien in der deutschen Ritterschaft oder Bürgerschaft aufgegangen waren und die deutsche Sprache angenommen hatten.

In den ersten Jahren eroberten die Russen, in deren Reihen ebenfalls Deutsche kämpften, Narwa und Dorpat, Marienburg und Wenden. Die Art, wie General Scheremetjew mit den Häusern und den Menschen verfuhr, war wenig geeignet, das Vertrauen zu den Russen zu stärken. Alle Überlebenden wurden ins Innere Rußlands verschleppt. Riga und Reval fielen 1710 als letzte, und ihre Stadt nannten die Rigenser bis zum letzten Tag ihrer weitgehenden Unabhängigkeit: »Immer noch unseres gemeinsamen deutschen Vaterlandes Stadt Riga!«

Von nun an gehörte sie zum Russischen Reich. Peter kannte die Bedeutung der baltischen Städte

Der Hamburger Andreas Schlüter, berühmter Schloßbaumeister in Berlin, sollte für Peter den Großen in der neuen Hauptstadt Prachtbauten errichten, starb dort aber schon im Jahr nach seiner Ankunft.

für sein weitreichendes Konzept, sorgte dafür, daß viele Bürger bald wieder zurückkehren konnten, bestätigte ihre alten Privilegien, erkannte ihre städtische Selbstverwaltung und die evangelisch-lutherische Landeskirche an, gab den Gutsbesitzern ihre Güter zurück. An der Lage der Bauern änderte er nichts.
Die deutschen Balten waren ihrer Herkunft nach Adelige oder Bürger gewesen, Kaufleute und Handwerker. Nur sehr wenige Bauern hatten die risikoreiche Fahrt in diese weit abgelegene deutsche Exklave gewagt. So bestand die Landbevölkerung vorwiegend aus Esten, Letten und Litauern, von denen einige Eingang in die Städte fanden, als Gehilfen in den Lagerhäusern, als Gärtner oder Fuhrleute, als Ammen und Hausmädchen. Aus dieser sozialen Gruppe stammte auch Rußlands künftige Kaiserin Katharina I., die damals noch Martha hieß.
Nachdem Peter sie näher kennengelernt hatte, kam er nie mehr von ihr los. Am Morgen nach der ersten Nacht warf er ihr noch einen Dukaten in den Schoß, aber später beschenkte er sie sehr großzügig und gab ihr einen festen Platz in seinem Gefolge. Anfangs galt sie als die Frau des Hofkochs, aber schon bald bekannte Peter sich offen zu ihr, und da sich ja auch sein Zeitgenosse Ludwig XIV. vor aller Welt eine »maîtresse en titre« hielt, hatte der Zar bald keine Bedenken mehr, sich bei immer bedeutenderen Anlässen mit Martha, der Frau ohne Familiennamen, öffentlich zu zeigen. Zu seinem Entzücken bot sie ihm einen weit breiteren Fächer gemeinsamer Vergnügungen, als seine früheren Gespielinnen es je vermocht hatten; und was die Trinkfestigkeit betraf, so stellte Martha selbst einige seiner bewährten Zechkumpane in den Schatten.
Um Martha auch für die Geistlichkeit und für das ganze russische Volk akzeptabel zu machen, ließ Peter sie, die aus verworrenen Glaubensbereichen stammte und erst katholisch getauft, dann evangelisch konfirmiert worden war, nun russisch-orthodox neu taufen. Zur Patin gab er ihr – womit er sie gleich erheblich aufwertete – seine Halbschwester Katharina Alexejewna, die er vor einigen Jahren in ein Kloster verbannt hatte und die dankbar war, auf diese Weise ihren Bruder freundlich stimmen zu können. Die fürstliche Nonne gab Martha ihren Namen.
Jetzt war Martha eine richtige Russin und hieß Katharina Alexejewna. Auch die schwierige Sprache lernte sie rasch, wurde aber zeitlebens den deutschen Akzent nicht ganz los, worüber sich die Abkommen alter Fürstenhäuser

bei Hofe insgeheim unermüdlich mokierten.
Sobald sich eine Möglichkeit ergab, sorgte Katharina für Pastor Glück und seine Familie, die in Marienburg alles verloren hatte. Der hochgebildete Mann bekam in Moskau den Auftrag, eine Art Volksbildungswerk aufzubauen und Bücher aus verschiedenen Sprachen ins Russische zu übersetzen. Sein Sohn wurde Kammerrat im Finanzministerium, seine Tochter nahm Katharina als Hofdame zu sich und stiftete ihre Ehe mit dem sehr ansehnlichen und angesehenen Admiral Villebois.
Zehn Jahre lebte Katharina mit Peter zusammen, bis er sie heiratete, und zwanzig, bis er sie zur Kaiserin krönte. In mehreren mündlichen Willenserklärungen bestimmte er sie zur alleinigen Erbin und Nachfolgerin. Sie gebar ihm insgesamt acht Kinder, drei vor und fünf nach der Hochzeit. Sechs starben früh, zwei Töchter überlebten: Anna wurde Herzogin von Holstein, Elisabeth, die ihrer Mutter sehr ähnlich wurde, erbte eines Tages den russischen Kaiserthron.
Der Höhepunkt in Katharinas Leben war der feierliche Einzug in Moskau am 7. Mai 1724 zu ihrer Krönung in der Uspenskij-Kathedrale, in der seit dem sechzehnten Jahrhundert alle russischen Zaren gekrönt worden waren. All die vielen tausend Glocken der alten Hauptstadt läuteten. Alle Geschütze im Kreml schossen Salut. Alle Straßen und Plätze waren gedrängt voll von Menschen in Festtagskleidung, die ihren Zaren sehen wollten, der sonst jetzt meist in Petersburg war, und ihre neue Kaiserin, diese schöne, üppige Mutterfigur in Goldbrokat.
Und die Zariza Katharina Alexejewna, die einmal das Kind einer Arbeitskraft ohne Familiennamen, dann Hausmädchen bei Pastor Glück und danach eine wehrlose Kriegsbeute gewesen war, schritt an der Seite des Mannes, der alle anderen ringsum in jeder Weise überragte, unter dem dunklen Chorgesang der Mönche, in Demut eingeholt vom Metropoliten Moskaus, im Schein unzählbarer Kerzen durch die Reihen der mächtigsten Fürsten des Landes. Und dann kniete sie nieder und empfing die mit Rubinen, Saphiren und Perlen übersäte Krone.
Ein halbes Jahr später, als sie wieder in Petersburg waren, am 8. November 1724, ertappte Peter der Große die Kaiserin mit einem Hofbeamten in einer verfänglichen Situation. Er erlitt einen Wutanfall, verprügelte sie und ließ den Mann in Ketten abführen. Es war der Kammerherr Wilhelm Mons, der jüngere Bruder seiner Jugendliebe Anna Mons. Peter hatte den schönen und ge-

Katharina I. war zunächst Hausmädchen bei einem deutschen Pastor, ging als »Kriegsbeute« durch viele Hände und wurde von Peter dem Großen zur Kaiserin gekrönt.

wissenhaften jungen Herrn als dekorativen Glanzpunkt Katharinas Hofhaltung zugeteilt. Auf den Gedanken, sie könne in ihm mehr als nur eine Dekoration sehen, war er nicht gekommen.

Katharina war jetzt vierzig Jahre alt und verfügte über einen reichen Erfahrungsschatz. Natürlich reizte es sie, festzustellen, ob dieser gewissenhafte junge Mann wirklich nur optische Vorzüge hatte. Und natürlich befriedigte es sie, herauszufinden, daß er weit mehr Vorzüge hatte. Und dann passierte es, daß sie sich ernsthaft in ihn verliebte. Und da sie nun einmal vor allem und zuallererst eine Frau war, gab sie dieser Liebe unverhohlen nach. Ihre Hofdamen, die Admiralin Villebois und die Generalin Balk, geborene Mons, die Schwester des jungen Mons, versuchten sie abzuschirmen und die ganze Affäre zu vertuschen. Aber das war auf die Dauer unmöglich. Katharina war nicht der Mensch, der in der Lage gewesen wäre, echte Gefühle längere Zeit zu verbergen. Von Tag zu Tag wurde sie unvorsichtiger, bis es zwangsläufig zur Katastrophe kommen mußte. Peters Rache war furchtbar. Er schlug wild um sich und verprügelte alle, die in seine Nähe kamen, auch die Generalin Balk, seine einstige Geliebte, und schickte sie mitsamt ihrem Sohn, der schon als Page der Kaiserin Schleppe trug, in die Verbannung. Katharinas gesamtes Hofgefolge jagte er zum Teufel und ersetzte es durch geschulte Aufpasser. Dann ließ er ein Sondergericht einberufen und eine Anklage konstruieren, die Wilhelm Mons Diebstahl und Unterschlagung vorwarf.

Die Verhandlung, die am 14. November stattfand, war nichts als ein Schauspiel, das aller Welt und vor allem den Gesandten der europäischen Mächte vormachen sollte, hier gehe es um ehrenrührige Unterschleife einer korrup-

ten Hofcharge, keinesfalls aber um eine Liebesaffäre, in der Kaiserin Katharina eine tragende Rolle gespielt hatte.
In der Verhandlung waren alle Rollen genau verteilt. Ungebrochen durch die Foltern, die er in den sechs Tagen seiner Haft erlitten hatte, spielte Wilhelm Mons, der Sohn des Moskauer Schankwirts, seinen Part mit Noblesse. Kein Wort sagte er, das die Kaiserin hätte belasten können. Schweigend nahm er sein Todesurteil hin, schweigend schritt er am 16. November in der ersten Morgenfrühe durch die Menschenmenge, die ihn als einen ertappten Betrüger verhöhnte, hinaus zum Richtplatz auf der »Petersburger Seite«. Schweigend legte er den Kopf auf den Block. Er konnte Katharina sehen. Sie stand dicht neben ihm. Peter zwang sie dabeizusein, als der Kopf ins Sägemehl fiel.
Dadurch ergab es sich dann ganz zwangsläufig, daß alle Menschen sie mit dem Fall Mons in Verbindung brachten. Und nun konnte niemand mehr an Unterschleife glauben. So brachte Peter sie, deren Untreue seinem Selbstbewußtsein einen schweren Schlag versetzt hatte, in seinem Rachedurst selber in Verbindung mit der Hinrichtung des Kammerherrn, und da Mons ein schöner Mann gewesen war, war die Art dieser Verbindung gar nicht schwer zu erraten.
Als Katharina am Abend schlafen gehen wollte, stand auf einem Tisch neben ihrem Bett von Kerzen beleuchtet der Kopf des jungen Mons in einem Glasbehälter in Spiritus. Obwohl sie Peter flehentlich bat, ihr diese Qual zu ersparen, befahl er, der Kopf solle neben ihrem Bett stehenbleiben, zur Erinnerung. Erst nach Wochen ließ er ihn abholen und vermachte ihn der neugegründeten Akademie der Wissenschaften, wo er noch viele Jahrzehnte zu besichtigen war, zusammen mit dem Kopf einer jungen Frau, von der später die Rede sein wird.

KAPITEL IX

Der Zarewitsch und die Furcht vor der Macht

Wie weit die Beziehungen Peters des Großen zu Anna Cramer gingen, ist unklar. Sicher bestand ein enges Vertrauensverhältnis zwischen ihnen, sonst hätte er kaum das ungewöhnliche Ansinnen an sie gestellt, den Kopf seines Sohnes wieder anzunähen, nachdem Alexej Petrowitsch enthauptet worden war.

Nach diesem Freundschaftsdienst, der ja auch eine politische Dimension hatte, verschwand Anna Cramer nicht spurlos als lästige Mitwisserin, sondern wurde bei Hofe in Ehren gehalten und später mit einem Rittergut und einer lebenslänglichen Rente belohnt. Auch die Perlenkette, die er ihr schenkte, spricht für Peters Gunst und Dankbarkeit. Sie bestand aus fünf Reihen mit einem großen Smaragd zwischen Brillanten auf dem Schloß. Außer zwei Reihen, die wohl in Notzeiten geopfert wurden, überlebte das Schmuckstück sogar noch die beiden Weltkriege.

Über den Tod des Zarewitsch am 26. Juni 1718 liegen unterschiedliche Nachrichten vor. Die offiziellen Verlautbarungen beschränken sich darauf, sein Ableben bekanntzugeben, ohne mehr als nötig auf Einzelheiten oder Hintergründe einzugehen. Die Zeitung, die Peter selber gegründet hatte – die erste in Rußland –, war ein offizielles Organ, das vorwiegend Erfolgsmeldungen aus Wirtschaft und Rüstungsindustrie oder von den Kriegsschauplätzen zu verbreiten hatte. Die Presseberichterstattung im Russischen Reich war nie sonderlich transparent. Eingeweihte aus der Umgebung des Zaren vermieden es, sich über die Sache schriftlich zu äußern, und die Ausländer hüteten sich, durch die Weitergabe von Indiskretionen unangenehm aufzufallen. Anna Cramers Rolle bei diesen Vorgängen wurde erst Jahrzehnte später in den Memoiren ausländischer Diplomaten erwähnt.

Anna stammte aus Narwa. Bevor sie als Neunzehnjährige am Zarenhof auftauchte, hatte sie schon ein abenteuerliches und sehr unglückliches Leben hinter sich. Ihr Vater Benedikt Cramer hatte in Stendal als brandenburgischer Fiskal (Vertreter der Staatsgewalt in Steuersachen) dem Großen Kurfürsten gedient und war dann einem Ruf ans estländische Oberhofgericht in Narwa gefolgt. Dort hatte er geheiratet und drei Kinder bekommen, Anna (1694), Lorenz (1695) und Friedrich (1697). Das einstige Ordensland Estland gehörte nun zum Königreich Schweden. Die Menschen in den wohlhabenden Städten, die mit ihrem Handel und Handwerk das Land ernährten, waren immer noch vorwiegend Deutsche. So holte man auch gern deutsche Beamte dahin, die im Reich studiert und in deutschen Länder- und Stadtverwaltungen Erfahrungen gesammelt hatten. Zumal brandenburgische Beamte galten als unbestechlich und besonders gewissenhaft.

Es war ein gutes Leben in der hellen, schönen Stadt an der Narowa nahe der Ostsee. Deutsche, Schweden und Esten wohnten da, und dann noch in der Vorstadt Iwangorod als jüngste Volksgruppe die Russen, die Iwan Grosny während der Besatzungszeit vor 150 Jahren da angesiedelt hatte, mit ihren Kirchen, ihren festlichen Bräuchen, ihrer Musik und ihren Tänzen. In dieser Welt wuchsen die Cramer-Kinder von Anfang an mehrsprachig auf. Sie wurden später in guten Schulen unterrichtet.

Im August 1704 kam General Scheremetjew mit seiner Armee, um Estland und Livland für Rußland zu erobern. Er belagerte die Stadt, beschoß sie, stürmte sie, gab die Häuser zur Plünderung und Verwüstung frei. Die überlebenden Bürger ließ er nach Osten treiben, wo sie dann irgendwo als nicht einmal zahlenmäßig erfaßtes Menschenmaterial eingesetzt wurden.

Die Cramers kamen nach Wologda, einem Städtchen nördlich von Moskau auf dem Weg nach Archangelsk. Da verloren sich ihre Spuren für mehrere Jahre und die der Eltern für immer. Die beiden Söhne tauchten fünfzehn Jahre später als Angestellte eines Petersburger Handelskontors wieder auf, wo sie mit ihren Sprach-

kenntnissen und ihrem Fleiß rasch vorwärtskamen und bald ihr eigenes Holz-Export-Geschäft aufmachen konnten.
Anna, die bei ihrer Vertreibung aus Narwa zehn Jahre alt gewesen war, hatte ihren eigenen Lebensweg. In Wologda war sie anfangs noch bei ihrer Familie, bis sie eines Tages die Aufmerksamkeit des Generaladmirals Apraxin erregte, der sie dann in seinen Besitz und mit nach Kasan nahm, in die alte Tataren-Metropole. Wir wissen aus dem Bericht des Generals Scheremetjew, daß Kinder derzeit schon für eine Kopeke zu haben waren, wenn auch eine Heranwachsende vermutlich nicht ganz so billig zu haben war. Für einige Zeit ähnelte nun Anna Cramers Lebenslauf dem der Kaiserin Katharina, die allerdings zehn Jahre älter und auch von erheblich stabilerer Struktur war.
Fjodor Apraxin, der Sohn einer tatarischen Adelsfamilie, war seit seiner Jugend mit Zar Peter eng befreundet und teilte dessen Lust an Schiffbau, Schiffahrt und Seekrieg. Er teilte auch den Traum seines Zaren von einer alle Weltmeere beherrschenden russischen Seemacht und war der eigentliche Schöpfer der ersten Kriegsflotte. Obwohl er im übrigen, was das Staatsgefüge und die Gesellschaftsordnung betraf, nicht gerade zu den fortschrittlichsten Kräften unter Peters Beratern gehörte und sich auch gelegentlich wegen ausgedehnter Unterschlagungen vor dem Zaren zu verantworten hatte, schätzte der ihn doch als einen tatkräftigen Gefolgsmann.

Fjodor Apraxin (1661–1728), Feldherr Peters des Großen.

Der reife Seeheld – er war elf Jahre älter als Peter und 33 Jahre älter als Anna Cramer – nahm sie von Kasan aus mit zu seinen Kriegszügen auf der Wolga, auf dem Dnjepr, auf dem Don bis hinunter zum Schwarzen Meer und dann wieder hinauf bis zur Ostsee. So kam sie auch ins neugegründete Petersburg.
Dort ergab es sich eines Tages, daß Graf Apraxin sich aus irgend-

einem Grund dem Gerneral Balk verpflichtet fühlte; und da ein großer Seekriegsheld einem großen Landkriegshelden schwerlich Blumen mitbringen konnte, brachte er ihm bei passender Gelegenheit Anna Cramer mit.

General Balk entstammte einer jener deutschen Familien, die seit Generationen in Moskau lebten und dort die »Altdeutschen« genannt wurden. Auch er gehörte zu Peters Jugendfreunden und war mit Peters Jugendfreundin Anna Mons verheiratet. Auf seinen Kriegszügen konnte er Apraxins schönes Geschenk durchaus mitnehmen, zu Hause aber gab es Schwierigkeiten, weil er da besonders auf seine Reputation bedacht sein mußte: Seine Frau war mit dem Zaren befreundet, deren Schwester mit dem sittenstrengen preußischen Gesandten Freiherrn von Keyserlingk verheiratet, ihr Bruder Wilhelm Mons diente der Zarin Katharina als Kammerherr; Balks Sohn war deren Page, und seine Tochter Natalja, die schon mit sechzehn Jahren als die schönste Frau Rußlands bezeichnet wurde, hatte er gerade mit dem jungen Fürsten Lopuchin verheiratet, der einer der vornehmsten russischen Familien entstammte und seine Herkunft noch auf den Urvater Rurik zurückführte. Zumindest bei den Damen konnte Balk kein Verständnis dafür erwarten, wenn er ein Beutemädchen mitbrachte.

In diesem Dilemma fand er eine geschickte Lösung: Er reichte Anna Cramer an Marie Hamilton weiter, eine Hofdame, die gerade eine Kammerzofe suchte und deren Wohlwollen er sich damit erwerben konnte. Anna war zwar keine gelernte Zofe, war aber aufgeweckt und guten Willens.

Das alles spielte sich übrigens nicht in grauer Vorzeit ab oder unter der Herrschaft eines Tatarenkhans, sondern im Jahre 1715, zu einer Zeit, als Peter der Große sich schon mehrfach mit dem Philosophen Gottfried Wilhelm Leibniz in Deutschland getroffen hatte, um von ihm Anregungen für die Schaffung eines modernen Staatswesens zu empfangen. Aber solche Ideale waren auch im übrigen Europa noch keineswegs verwirklicht. In fast allen Ländern gab es noch Begriffe wie Leibeigenschaft und Erbuntertänigkeit.

Marie Hamilton kam auch aus der Nemeckaja Sloboda, war das Kind einer ursprünglich schottischen Familie und galt derzeit als die von Zar Peter besonders bevorzugte Geliebte. Sie war ein lebenslustiges, stabiles Geschöpf, das allen Bedürfnissen des Zwei-Meter-Mannes voll genügen konnte, während sie dabei möglicherweise etwas zu kurz kam. Deswegen hielt sie sich als Rand-

Vor Hangö im Finnischen Meerbusen gelang es Peter dem Großen 1714 die schwedische Kriegsflotte einzukreisen und zu vernichten.

figur in ihrem bewegten Leben noch den einstigen Strelitzen Grigorij Orlow, der seinerzeit dem Massaker in Moskau entronnen war und sich nun am Hof in Petersburg beliebt machte, vor allem bei den Damen. Das tat er so konzentriert, daß er erst sehr viel später, mit 53, zum Heiraten kam. Seine erheblich jüngere Frau gebar ihm dann jedes Jahr ein Kind, allein neun Söhne waren darunter – die Töchter wurden nicht mitgezählt –, die allesamt, als die Zeit für sie reif war, auf hoher und höchster Ebene von sich reden machten.
Und dann kam die Katastrophe: Marie Hamilton erwartete ein Kind, und sie wollte es nicht haben. Sie ging zu einer der Frauen, die sich weise nennen, und ließ sich das Kind nehmen. Die Frau wußte natürlich, in welcher Lage Marie war, und verlangte viel Geld, dann noch einmal Geld und noch mal sehr viel mehr Geld. Aber Marie Hamilton hatte schon lange kein Geld mehr und fing an, bei der Zarin Katharina, deren Gefolge sie zugeteilt war, Schmuck zu stehlen. Die Sache kam heraus, und auf der Folter bekannte Marie alles, was sie getan hatte.

Den Diebstahl verzieh ihr Katharina sofort, und die Affäre mit Orlow verzieh ihr der Zar, aber die Abtreibung verzieh ihr die Kirche nicht und der Zar schon gar nicht, denn möglicherweise war das Kind von ihm gewesen, und daß sie mit dem erlauchten Samen so liederlich verfahren war, konnte nur mit dem Tod gebüßt werden.

Bei ihrer Hinrichtung war Peter an ihrer Seite. Er bot ihr den Arm und führte sie zum Schafott. Als sie enthauptet war, nahm er ihren Kopf auf, hob ihn hoch, daß alle Zuschauer auf dem Platz ihn auch sehen konnten, küßte die Wangen und den Mund und überreichte ihn einem Beamten mit dem Auftrag, ihn in Spiritus zu setzen und als Grundstock der anatomischen Sammlung der geplanten Akademie der Wissenschaften einzuverleiben.

Anna Cramer hatte das Glück, in diese Affäre nicht hineingezogen zu werden, aber mit ihrer Herrin war sie nun auch ihre Stellung los, die zwar nicht gerade den Traumvorstellungen ihrer Kindheit entsprochen hatte, aber doch recht angenehm gewesen war. Allerdings bekam sie sogleich eine viel bessere: Die Zarin Katharina, die als junges Mädchen in Marienburg ja in einem ähnlichen Milieu aufgewachsen war wie Anna als Kind in Narwa und das gleiche Schicksal gehabt hatte, erbeutet und immer wieder weiterverschenkt zu werden, war voller Verständnis für ihre Not, gab ihr den Posten, den vorher Marie Hamilton gehabt hatte, und machte Anna Cramer zu ihrer Hofdame. So kam Anna, die mehrere Sprachen sprach und auch sonst einige gute Voraussetzungen für dieses Amt mitbrachte, in Katharinas Gefolge und nahm an der großen zweijährigen Reise nach Westeuropa teil, zu der Peter Ende Januar 1716 mit einem endlosen Zug von Schlitten aus seiner Residenz im tiefverschneiten Petersburg aufbrach.

Peters erste Reise vor rund zwanzig Jahren war die Bildungsreise eines jungen Mannes von unersättlichem Wissensdurst gewesen, der aus einem hermetisch abgeschlossenen Raum lähmender Rückständigkeit ausgebrochen war, um Kontakt zur lebendigen Gegenwart zu finden.

Die zweite große Reise war die eines Staatsmannes, der sich im Inneren durchgesetzt und nach außen hin Erfolge errungen hatte und sich nun einmal umschauen wollte, wo die Grenzen des Wünschenswerten und wo die Grenzen des Möglichen lagen.

Der Krieg gegen Schweden näherte sich seinem Höhepunkt.

Friedrich Wilhelm I. von Preußen bei der Inspektion seiner »Langen Kerls«. Sein Freund Peter der Große schickte ihm gelegentlich russische Prachtexemplare als Geschenk.

Diese europäische Großmacht, die fast ein Jahrhundert den Ostseeraum und halb Deutschland beherrscht hatte, war nicht mehr in der Lage, ihre vorgeschobenen Positionen zu halten, und zog sich kämpfend auf die Ausgangsbasis zurück. Ihr junger König Karl XII. hatte sich übernommen. Mehr Krieger als Diplomat, hatte er seine Feindschaften weit sorgfältiger gepflegt als seine Bündnisse.

Jetzt kam es für alle Nachbarn darauf an, aus den Beuteländern, die Schweden seinem Machtbereich einverleibt hatte, die besten Stücke für sich zu gewinnen. Darin war sich Peter sogar mit seinen polnischen Erbfeinden einig, mit dem König von Dänemark, dem Herzog von Mecklenburg-Schwerin und auch mit dem König von Preußen, Friedrich Wilhelm I.

Man nannte ihn den Soldatenkönig. Er war noch jung und saß erst seit 1713 auf dem Thron. Peter kannte ihn schon lange und wußte natürlich, daß Friedrich Wilhelm übergroße Soldaten sammelte, als Grenadiere, Handgranatenwerfer also. Deswegen brachte er ihm bei jeder ihrer Begegnungen – sie trafen sich siebenmal – einige Prachtexemplare aus heimatlicher Zucht mit. Manchmal schickte er diesem zuverlässigen Bundesgenossen auch einige lange Kerls als freundlichen Gruß zwischendurch. Sobald ihm daheim ir-

gendwo ein Mann von mehr als zwei Metern Länge über den Weg lief, ließ er ihn greifen und nach Berlin schicken. Das ergab während der Jahre ihrer freundschaftlichen Beziehungen insgesamt 248 Riesen, von denen 96 später wieder nach Rußland zurückgingen; die anderen blieben in Preußen, wurden fleißige Landeskinder und wirkten emsig an der Aufzucht neuer Generationen von übergroßen Handgranatenwerfern mit.

Peter unterstützte auch Preußens Wunsch, das von den Schweden beherrschte Vorpommern zu bekommen, das Kernstück des alten deutschen Herzogtums Pommern, das mit Greifswald eine der ältesten deutschen Universitäten und mit Stettin einen leistungsfähigen Hafen besaß, den die Polen ohne Rücksicht auf irgendwelche rechtliche Ansprüche gar zu gern vereinnahmt hätten.

Für Peter ging es bei der Liquidierung der schwedischen Besitzungen in Deutschland vor allem um den Ausbau russischer Machtpositionen an der Ostsee. Livland und Estland waren bereits fest in seiner Hand, und er dachte nicht daran, mit irgendeinem Menschen auf der Welt noch über Rechtmäßigkeit oder Unrechtmäßigkeit seiner Erwerbungen zu reden. Jetzt mußte er noch zu deren Stabilisierung weiter im Westen feste Positionen gewinnen und sie ebenso selbstverständlich mit seiner Heeresmacht halten.

Neben seiner Eroberungspolitik betrieb er eine weitschauende Heiratspolitik, die genau den gleichen Zielen diente. Seinen ältesten Sohn und Nachfolger Alexej hatte er mit einer Prinzessin von Braunschweig verheiratet, einer Schwägerin des deutschen Kaisers. Die beiden Töchter seines schwachsinnigen Bruders Iwan hatte er in zwei Anrainerländern der Ostsee gut untergebracht: Anna war mit dem Herzog von Kurland vermählt und Katharina Iwanowna mit dem Herzog von Mecklenburg-Schwerin. Für seine eigene Tochter faßte er eine Ehe mit dem holsteinischen Prinzen Karl-Friedrich ins Auge, die ihm den Kieler Hafen öffnen mußte. Beide waren zwar noch Kinder, aber derlei mußte auf lange Sicht vorbereitet werden.

Derzeit stellte das Herzogtum Holstein-Gottorp überhaupt keinen Machtfaktor dar, weil die Dänen unter Ausnutzung der allgemeinen Lage das ganze junge und nach so modernen Gesichtspunkten gestaltete Land rigoros in ihre Gewalt gebracht hatten; und mit den Dänen wollte Peter sich momentan nicht anlegen, weil er sie als Verbündete gegen die Schweden brauchte. Für die Zukunft interessierte ihn Holstein brennend. Seine geographische Lage zwischen Ostsee und Nordsee machte das kleine Herzogtum zu einer Drehscheibe von strategischer und wirtschaftlicher Bedeutung. Ein Kanal für seegängige Schiffe, von den Holsteinern seit langem geplant, würde den umständlichen und gefährlichen Umweg durch den Sund, durch Kattegat und Skagerrak und an der unruhigen Westküste Jütlands entlang ersparen. (Er wurde erst mehr als eineinhalb Jahrhunderte später gebaut, nämlich 1887–95.) Holstein hatte in Peters

Alexej Petrowitsch, Sohn Peters des Großen, mit seiner Frau Charlotte Christine von Braunschweig.

Plänen für die Zukunft einen hohen Stellenwert, und die Ehe der kleinen Anna mit Karl-Friedrich war bei Peter schon eine beschlossene Sache, als sie sieben und er fünfzehn Jahre alt war.

Zur Unterstützung seiner Heiratspolitik hielt Peter auch handfeste Mittel bereit. Seit 1711 streifte ein russisches Heer durch Norddeutschland, mit dem erklärten Ziel, die Schweden überall dort zu vertreiben, wo sie sich festgesetzt hatten. Der Feldmarschall Fürst Menschikow führte diese 30 000 Soldaten, jener ungewöhnliche Mann, der als Laufbursche bei einem Piroggenbäkker angefangen hatte und inzwischen sogar zum deutschen Reichsfürsten avanciert war.

Obwohl Menschikow alle seiner Freundschaft versicherte und obwohl sich seine Kampftätigkeit ausschließlich gegen die Schweden richtete, die sich nun schon seit über achtzig Jahren in Deutschland breitmachten, war er eine schwere Geißel. Sein Heer mußte ernährt werden, und in Konfliktfällen hatte kein Deutscher die Macht, Ausschreitungen zu verhindern. Schon er selber mit seinen hohen Geldforderungen und seinem anspruchsvollen Gefolge war schwer zufriedenzustellen. Das Land litt immer noch unter den Folgen des Dreißigjährigen Krieges, dessen

Wunden nie richtig hatten verheilen können.
Zu seiner persönlichen Bedienung hielt sich Menschikow 237 Menschen mit 374 Pferden. Dazu gehörten militärische und politische Berater im Fürstenrang, Kammerherren und Pagen, Kesselpauker und Posaunisten, Mohren und Zwerge, Menschen, die des Schreibens kundig waren, ein Kirchenchor von sechs Sängern, ein Pope und neun Köche. Ihren Unterhalt holte Menschikow aus Städten wie Lübeck und Hamburg heraus, die gerade eine schreckliche Pest-Epidemie überstanden hatten, indem er seine Heeresmacht vor ihren Toren aufmarschieren und ihren Ratsherren klarmachen ließ, daß seine Freundschaft natürlich ihren Preis habe.
Von den Kontributionen, die er so erpreßte, nahm er einen Teil zur Versorgung der Armee, einen Teil schickte er nach Petersburg, wo der Zar das Geld augenblicklich in sein Schiffahrtsprogramm steckte, den dritten Teil behielt er für sich. Seine Habgier war bei Freund und Feind unbestritten.
Als Peter also Anfang 1716 nach Norddeutschland reiste, fand er dort schon eine solide russische Basis in Form eines intakten und gut ernährten Heeres von 30000 Mann vor. Die rechtliche Grundlage für den Aufenthalt seiner Truppen lieferte Herzog Karl-

Fürst Alexander Menschikow.

Leopold von Mecklenburg-Schwerin, der Mann der Zaren-Nichte Katharina Iwanowna; er bat die Russen, ihm im Kampf gegen die Schweden beizustehen.
Dieser Herr eines kleinen, schlimm zugerichteten Landes war entschlossen, Großmachtpolitik zu treiben. Da er das aus eigener Kraft nicht konnte, zumal er mit seinen Landeskindern wegen seiner maßlosen Steuerforderungen verfeindet war, wollte er sich mit Hilfe der russischen Truppen Respekt verschaffen. Dafür bot er ihnen die Nutzung der Häfen Wismar und Warnemünde an,

vorausgesetzt, daß sie die Schweden von dort vertrieben.
Indessen hatten die Polen Anklam und Demmin erobert; die Dänen hatten Stralsund und Stade in Trümmer geschossen und die Bevölkerung halbiert. Eine zweite russische Armee unter Scheremetjew stürmte Stettin und Wismar. Die Schweden, die überall besiegt und vertrieben worden waren, rächten sich, indem sie Rostock verwüsteten und Altona vollkommen niederbrannten; nur die Kirche ließen sie stehen, denn sie waren sehr fromm. Wieder einmal ging es überall nach der bewährten Formel: Schlägst du meinen Deutschen, schlage ich deinen Deutschen.
Die schwedischen Besitzungen zwischen Elbe und Weser, das sogenannte Herzogtum Bremen-Verden, eignete sich der König von Dänemark an. Da er aber mit dem ausgebluteten Land nichts anzufangen wußte, verkaufte er es zu einem Freundschaftspreis an den König von England, ohne selbstverständlich die Menschen, die dort lebten, zu fragen, wie sie darüber dachten.
So sah es also im nördlichen Deutschland aus, als Zar Peter mit ganz großem Gefolge – er hatte noch mehr Mohren, Zwerge und Kirchensänger als Menschikow – im Frühjahr 1716 dahin reiste. Katharina begleitete ihn mit einer ebenfalls prachtvollen Suite, in der auch Anna Cramer mitreiste, die jetzt einundzwanzig Jahre alt war und schon einiges mehr erfahren hatte als andere in einem ganzen Leben.
Das erste große Ereignis war die Konferenz des Zaren mit König Friedrich IV. von Dänemark im Mai 1716 in Altona. Dort hatte man zwischen den Trümmern der von den Schweden niedergebrannten und noch längst nicht wieder aufgebauten Stadt große fürstliche Zelte errichtet mit sehr viel barocken Goldschabracken, Kordeln und Quasten. Altona, heute ein Hamburger Stadtteil, war damals eine deutsche Stadt unter dänischer Herrschaft, unmittelbar vor den Toren der Hansestadt, eine permanente Provokation monarchischer Willkür gegen den Geist hanseatischer Freizügigkeit, der oft genug von hier aus massiv bedroht worden war. Dieses Mal ging es um eine gemeinsame kriegerische Operation von Dänen und Russen gegen die Schweden, um eine Wasser-Land-Aktion gegen Schonen.
Für die Damen war das eine langweilige Veranstaltung. Aber immerhin bot ja das nahe gelegene Hamburg mit seinem Opernhaus – dem ersten in Deutschland – und seinen Caféhäusern – den ersten in Deutschland –, mit seinen eleganten Geschäften und Weinstuben reichlich Abwechslung.
Den Juni verbrachten alle in Bad

In zwei Generationen wurde Altona nach dem Niederbrennen durch die Schweden vollkommen neu erbaut (Stich aus dem frühen 19. Jahrhundert).

Pyrmont, wo Peter jeden Morgen seinen Brunnen trank und jeden Nachmittag mit dem bereits siebzigjährigen Gottfried Wilhelm Leibniz über die Existenz der bestehenden Welt als der besten aller denkbaren Welten philosophierte und sich zwischendurch Ratschläge für seine Petersburger Akademie der Wissenschaften holte, deren geistiger Vater Leibniz wurde.

Mitte Juli reiste der Zarenhof mit dem ganzen Troß nach Kopenhagen, und Peter nahm auch schon gleich viertausend Mann seiner Landungstruppen mit, um den Einfall in Schonen vorzubereiten. Aber trotz ständigen Drängens brachten die Dänen nicht den notwendigen Schiffsraum zusammen und bestärkten Peter in der Überzeugung, daß er den Ausbau der bestehenden russischen Flotte zur besten aller denkbaren Flotten der Welt energisch vorantreiben müsse.

An einem Herrenabend, den die Monarchen mit ein paar ausgesuchten Gefolgsleuten verbrachten, wobei sie sich auf deutsch unterhielten, in der Sprache, die beide verstanden, kam es zu jenem denkwürdigen Dialog, der sogleich weiterverbreitet wurde. König Frederik, der sich, was jeder wußte, Anna Sophia von Reventlow als extrem teure Geliebte hielt, fragte den Zaren, um das Gespräch etwas aufzulockern:

»Haben Sie eigentlich auch eine Mätresse?«, worauf Peter antwortete: »Ich habe einen ganzen Haufen Huren, aber die sind weit billiger als Ihre eine. Und Sie sollten für Ihr Geld auch lieber Schiffe bauen lassen!«

Die Vorbereitungen für das amphibische Unternehmen zogen sich ewig in die Länge. Die Russen wurden ungeduldig, weil die Dänen die Transportschiffe nicht zusammenbrachten, und die Dänen, weil ihnen die Russen auf der Tasche lagen. So brach Peter schließlich das Projekt ab und führte im Oktober seinen Hofstaat und die Landungstruppe nach Mecklenburg zurück, wo der Herzog lieber seine Steuerzahler endgültig ruinierte, als seine russischen Freunde zu enttäuschen. Der kleine Fürst mit den Großmacht-Allüren quartierte die Russen bei Bürgern, Bauern und Gutsbesitzern ein, und wenn sich einer darüber verärgert zeigte, weil er seine Gäste nicht mehr ernähren konnte, dann ließ der Herzog ihn von russischen Soldaten abholen und in eine Haftanstalt bringen, um ihn da umzustimmen. Viele Mecklenburger flohen in dieser Zeit aus ihrer angestammten Heimat in Booten oder schwimmend über die Elbe nach Niedersachsen oder in die freien Reichsstädte Lübeck und Hamburg.

Im November traf Peter in Havelberg mit dem König von Preußen zusammen. Er brauchte ein Gespräch mit seinem zuverlässigsten Verbündeten. In ganz Europa machte sich bereits Unruhe über diese Explosion des russischen Expansionsdrangs breit. Zwar hatten die Russen demonstrativ ihre Positionen in Holstein geräumt, bauten sich aber nun ganz still in Mecklenburg eine starke Militärbasis auf, von der aus sie alles mögliche nach allen Seiten unternehmen konnten, und keinesfalls nur gegen die Schweden.

Peter ließ es erst einmal darauf ankommen – hielt seine Truppen weiterhin in Mecklenburg, aus reiner Freundschaft für den Her-

Gottfried Wilhelm Freiherr von Leibniz. Ihm verdankte Peter der Große die Pläne für die Petersburger Akademie der Wissenschaften.

Friedrich Wilhelm I. von Preußen (1688–1740).

zog – und reiste zunächst in die Niederlande. Katharina reiste mit, obwohl sie hochschwanger war. Es fiel ihr schwer. In Wesel blieb sie dann mit einer kleinen Begleitung zurück, weil sie sich der Weiterreise im Winter nicht gewachsen fühlte.

Am 13. Januar 1717 brachte sie dort in einem Gasthaus einen kleinen Sohn zur Welt. Sie nannte ihn Paul. In alldem Durcheinander zwischen Gepäckstücken, nassen Mänteln und überheizten Kachelöfen starb er schon am anderen Tag und wurde da auch begraben. Er war ihr siebtes Kind, das vierte, das sie als Peters rechtmäßige Ehefrau bekam, und das einzige, das nicht in Rußland geboren wurde, sondern in Deutschland. Und auf dem Rhein trieben Eisschollen, nicht anders als auf der Newa.

Deutschland, was war das? Dieses Land, dessen Sprache sie sprach, jetzt lernte sie es kennen: ein heilloses Konglomerat von Konfessionen und Souveränitäten, ein dicht verfilztes Netz von Grenzen, eine Zusammenballung von Ansprüchen, ohne daß dahinter eine ordnende Kraft stand: der Anspruch des Kaisers, die starke Hand der Christenheit zu sein, der Anspruch der zahllosen weltlichen und geistlichen Reichsfürsten auf die volle Souveränität. Und jeder dachte nur daran, seine Macht zu vermehren und seine Titel aufzuwerten. Und über alldem verfiel das Reich, Deutschland war nur noch ein Begriff, der immer mehr an Inhalt verlor. Und das in der Zeit, in der sich der Begriff Rußland immer mehr mit Inhalt füllte.

Das Tauwetter kommt am Niederrhein früher als an der Newa. Sobald es etwas wärmer wurde, reiste Katharina zum Zaren nach Amsterdam.

In dieser Zeit hatte Peter schwere Sorgen: Der Zarewitsch, sein ältester Sohn, war spurlos verschwunden. In Petersburg hatte er erklärt, er wolle seinem Vater folgen, und war abgereist, aber bei Peter war er nie angekommen. Merkwürdige Gerüchte tauchten auf, er sei irgendwo mit einem Weibsbild in Männerkleidern gesehen worden. Aber niemand konnte genaue Angaben machen. Peters Verhältnis zu seinem Erstgeborenen Alexej war nie gut gewesen. Nun hatte der Zarewitsch offenbar die Abwesenheit seines Vaters genutzt, um aus Rußland zu fliehen.

Mit seinen Söhnen hatte Peter kein Glück. Alexej war das erste Kind aus der ersten Ehe mit der ungeliebten Eudoxia Lopuchina, die Peter vor zwei Jahrzehnten in ein Kloster verbannt hatte, weil er sie seinerzeit mit dem Strelitzen-Aufstand in Verbindung gebracht hatte. Zwei weitere Söhne von ihr waren schon bald nach der Geburt gestorben. Von Katharina, seiner zweiten Frau, hatte er vor zwei Jahren einen Jungen bekommen, der auch Peter hieß, dreiundvierzig Jahre jünger war als sein Vater und also frühestens in fünfzehn Jahren in der Lage sein würde, notfalls die Nachfolge anzutreten. Und der kleine Paul war gerade gestorben.

Alexej sein Erstgeborener, war jetzt siebenundzwanzig, also alt genug für eine eventuelle Thronfolge; das war aber auch das einzige, was er seinem Vater und seinem Land zu bieten hatten.

Zar Peter war siebzehn gewesen, als ihm Eudoxia am 18. Februar 1690 seinen Zarewitsch geboren hatte, jung genug, um eine Beziehung zu seinem Sohn zu finden. Er fand sie nie. Dessen Erziehung überließ er seinem Freund Menschikow, diesem Bündel von Kraft und Energie, der viele Fähigkeiten hatte, aber bestimmt keine pädagogischen. Auf seiner großen Bildungsreise lernte Peter dann in Deutschland viele verschiedene Erziehungsinstitute kennen, die ihn so sehr beeindruckten, daß er bei seiner Rückkehr verfügte, Alexej solle eine gründliche Ausbildung in Deutschland bekommen, aber erst nach sorgfältiger Vorbereitung in Moskau und Petersburg. Diese Vorbereitung übernahmen nacheinander der Danziger Martin Neugebauer und der Essener Heinrich Huyssen, beide unter der Oberaufsicht von Menschikow.

Alexej war scheu und furchtsam, hielt sich schlecht, wackelte mit dem Kopf, schlenkerte mit den Armen, ein unkörperlicher Mensch, der keine Lust hatte zu reiten, zu tanzen, zu schwimmen. Und dieses labile Geschöpf hatte der Zar ausgerechnet dem robusten Körpermenschen Alexander Menschikow anvertraut, der geballte Lebenslust war und mehrfach so in Wut über den ihm von Herzen widerlichen Zarewitsch geriet, daß er ihn verprügelte. Und der Zar stand dabei, sah zu, war ganz auf seiten des Freundes und tat nichts, um zu verhindern, daß sein Sohn vollends zerstört wurde.

Die Reise nach Dresden, wo Alexej sich einige Bildung erwerben und am Hof Augusts des Starken Lebensart und Lebenslust lernen sollte, verzögerte sich bis zum Jahre 1709. Da war er schon neunzehn und hatte sich so in sich selber zurückgezogen, daß er zu nichts und zu niemandem mehr Kontakt fand. Sein Erzieher Huyssen kam mit und auch sonst noch einige Begleiter, Bewacher und Bedienstete. Alexej lernte nach Deutsch etwas Französisch und Erdkunde, Algebra und Geometrie. Er hätte auch Menschen kennenlernen können, wenn er gewollt hätte, aber er wollte nicht. Von der Angst erdrückt, seiner Bestimmung nicht gewachsen zu sein, suchte er die Einsamkeit und fand den Weg zu ihr besser und rascher, wenn er trank.

Einmal traf sein Vater sich mit ihm in Torgau. Das war im Oktober 1711. Es wurde eine Begegnung zwischen zwei Fremden. Sie hatten sich nichts zu sagen. Und es war ja auch ein ganz anderer Gesprächspartner, um dessentwillen Peter die weite Reise nach Sachsen gemacht hatte: Leibniz. Alexej war eine Figur am Rande. Peter befahl ihm nur, sich bei den russischen Truppen in Mecklenburg und Pommern zu melden, um endlich einmal Blut, Pulver und Brand zu riechen und ein ganzer Kerl zu werden.

Aber gerade das wollte der Zarewitsch nicht, er wollte ein Pope werden. Er liebte die Gebete und stille Versenkung in Weihrauchwolken zwischen den Ikonostasen. Und nun reiste er mit einem lustlosen Gefolge, zu dem er keinerlei innere Bindung hatte, an die Front. Als er sich beim Oberkommandierenden meldete, da war das auch wieder dieser vitale Menschikow, der sich in Kriegsgetümmel und Kriegsgeschrei badete, der mit seinem phantastischen Gefolge auftrat wie ein orientalischer Potentat, dessen Lust an Saufgelagen niemals zu befriedigen war; der ganze Schrecken der Kindheit stand wieder auf.

Zwischendurch, und wahrhaftig nur zwischendurch, wurde Alexej verheiratet. Seine Braut war Charlotte von Braunschweig-Wolfenbüttel, die Enkelin des berühmten Musenfreundes Anton Ulrich und die Schwester der Elisabeth Christine, die mit Kaiser Karl VI. verheiratet war. Eine glänzende Partie. Im Schloß Salzdahlum, wo sich alle musischen Menschen aus dem weiten Umkreis zusammenfanden, um zu musizieren, Theater zu spielen und Singspiele aufzuführen, war Zar Peter mit seinem Sohn zu Gast. Er war entzückt von dem Klima, das dort herrschte. Sein

Sohn aber ging mit schaukelndem Kopf, hängenden Armen und gesenktem Blick durch diese heitere Welt, deren Reiz ihn – im Gegensatz zu seinem Vater – gänzlich unberührt ließ.

Antriebsschwach und ohne eigene Interessen, war Alexej vollkommen von seiner Angst vor dem Vater geprägt und tat blind alles, was dieser starke und unberechenbare Mann ihm befahl. So hielt er es auch in der Ehe, und Charlotte gebar ihm am 23. Juli 1714 eine Tochter und am 23. Oktober 1715 einen Sohn. Zwischendurch verprügelte er sie, wie der Schwache den Wehrlosen prügelt, um seine Stärke zu beweisen.

Am 2. November starb sie, die Schwägerin des deutschen Kaisers, vollkommen verkümmert im Alter von einundzwanzig Jahren. Alexej nahm es kaum zur Kenntnis. Inzwischen hatte er sich von einer Reise an die finnische Front eine Leibeigene mitgebracht, vor der er keine Komplexe zu haben brauchte. Sie hieß Afrosinja, und da sie es gewohnt war, konnte man sie verprügeln, ohne daß sie daran zerbrach.

Als er die günstige Gelegenheit ausnutzte, um während der großen Europareise seines Vaters zu fliehen, begleitete Afrosinja ihn und ritt in Männerkleidern an seiner Seite.

Am 21. Oktober 1716 spät abends gegen zehn Uhr ließ sich der Zarewitsch in Wien bei völliger Dunkelheit beim Vizekanzler Graf Schönborn »... durch einen gestiefelten Menschen anmelden, der gebrochen Deutsch sprach, und war gleich danach zur Stelle; voller Angst überall herumschauend und atemlos auf einen Sessel niederfallend schrie er: ›Führt mich zum Kaiser!‹«

Von Dezember 1716 bis Mai 1717 genoß Alexej auf der Burg Ehrenberg in Tirol den Schutz des deutschen Kaisers. Als sein Versteck offensichtlich von russischen Spitzeln ausgemacht worden war und observiert wurde, befiel ihn wieder panische Angst. Daraufhin ließ ihn Kaiser Karl VI. möglichst unauffällig in die Festung St. Elmo bei Neapel schaffen, die damals noch zu seinem Machtbereich gehörte.

Nur wenige Eingeweihte kannten diesen neuen Aufenthaltsort. Jeder Mensch in Europa wußte, daß der russische Thronfolger auf alle Rechte und Würden verzichtet hatte, aus der Heimat geflohen war und den deutschen Kaiser um Asyl gebeten hatte. Und dieser Zar, vor dem sein eigener Sohn in Panik geflüchtet war, hielt Mecklenburg und große Teile Pommerns besetzt, und weit und breit richteten sich seine Truppen häuslich in den Winterquartieren ein.

In diesem Winter 1716/17 zog zum erstenmal die Angst vor

der russischen Gefahr durch Deutschland und in immer weiteren Kreisen durch Europa. So gleichgültig dem Kaiser und den süddeutschen Landesherren bisher auch Mecklenburg und Pommern gewesen waren, jetzt, als russische Operationsbasis, gewannen die Länder an der Ostsee auf einmal schwere Bedeutung. Und nun versuchten alle unisono durch ihre diplomatischen Vertretungen mit ausgesuchter Höflichkeit, den Zaren dazu zu bewegen, seine Truppen abzuziehen. Das berührte ihn wenig, die Flucht seines Sohnes aber, gerade während seiner großen Freundschaftsreise, die der Pflege seines Ansehens dienen sollte, traf Peter empfindlich. Auf der einen Seite war er der liebenswürdige, eigenwillige und attraktive Gast, auf der anderen ein bedenkenloser Landbesetzer und ein brutaler Familientyrann, dessen eigener Sohn auf alles verzichtete, nur um aus der Reichweite des Vaters zu entkommen. Eine böse Demütigung für den Herrscher Rußlands und eine schlimme Schlappe für dessen Geheimdienste, denen es nicht gelungen war, die Flucht des Zarewitsch zu verhindern oder ihn wenigstens so rasch wie möglich aufzuspüren und heimzuschaffen.

Die russische Gesandtschaft in Wien wurde zur Zentrale aller Ermittlungen. Der dort residierende Avraam Weselowskij hatte durch seine Späher bald herausgefunden, daß Alexej unter starker militärischer Bedeckung von Ehrenberg nach St. Elmo gebracht worden war, wo er gut beschützt wurde. Experten rieten dringend davon ab, ihn gewaltsam zu entführen, und empfahlen, andere Mittel anzuwenden. Peter wurde auf seiner Reise laufend durch Extraboten über den Gang der Dinge unterrichtet. Ständig war er in einem anderen Land dieses zerrissenen Deutschen Reiches, ständig in einer anderen Stadt, ständig wurde er von anderen Fürsten oder Bürgermeistern empfangen und geehrt, mit Paraden, Feuerwerk, Galabällen. Jeder seiner Gastgeber wußte genau, was geschehen war, aber jeder vermied es taktvoll, darüber zu sprechen. Man plauderte, musizierte, tanzte. Für die Menschen bei Hofe und in den Städten, die ja ihre Zeitungen hatten, war es eine rührende Romanze, daß der russische Thronerbe mit einer finnischen Leibeigenen in ein Leben fliehen wollte, das man heute alternativ nennen würde. Für die Fürsten war es ein Politikum, für Peter eine Katastrophe.

Er schickte seinen Vertrauten Graf Peter Tolstoj mit einem persönlichen Handschreiben an Kaiser Karl VI. nach Wien und bat ihn, ein Gespräch unter vier Au-

Kaiser Karl VI. (1685–1740), Deutscher Kaiser, König von Ungarn und Böhmen, Schwager des Zarewitsch Alexej.

gen zwischen seinem Beauftragten und dem Zarewitsch zu ermöglichen. Dagegen konnte der Kaiser keine Bedenken haben, aber Alexej wehrte sich gegen dieses Gespräch verzweifelt und beschwor die österreichischen Beamten, die ihn umgaben, es keinesfalls zuzulassen. Selbst wenn Tolstoj die großzügigsten Angebote seines Vaters mitbringe, seien sie wertlos; er kenne seinen Vater gut genug, um zu wissen, daß er sich niemals durch ein Versprechen binden lassen und später ganz willkürlich handeln würde.

Die österreichischen Beamten aber erfüllten Peters Wunsch und setzten dieses Gespräch durch, das Alexej nicht verhindern konnte. Der Verlauf dieser Unterredung ist nicht bekannt, nur das Ergebnis: Alexej verspürte auf einmal das dringende Bedürfnis, heimzukehren und sich seinem Vater an die Brust zu werfen. Die Österreicher versicherten aller Welt, es sei ihre Pflicht, diesem menschlich verständlichen Wunsch so schnell wie möglich nachzukommen, und beeilten sich, den Zarewitsch nach Osten abzuschieben.

Am 31. Januar 1718 traf Alexej mit seiner Geliebten und seinen Gefährten in Moskau ein. Alle wurden sofort verhaftet. Von nun an folgte sechs Monate lang eine Vernehmung der anderen. Die Suche nach Mitverschworenen einer angeblich im großen Stil geplanten Revolte beschäftigte den gesamten Polizeiapparat. Alexej selber lieferte unter der Folter eine Namensliste von Freunden, die dann ihrerseits mit unterschiedlichen Methoden zu Geständnissen gebracht wurden. Den meisten wurden anfangs nur die Armgelenke ausgekugelt. Später wurden die Vernehmungen verschärft.

Sogar der hochangesehene General Fürst Wassilij Dolgorukij, einer von Peters engsten Freunden, geriet in Verdacht, und der Zar ließ ihn in Ketten schmieden. Am meisten mißtraute er Alexejs

Mutter, der einstigen Zarin Eudoxia, die er seinerzeit ins Kloster Susdal verbannt hatte. Bei den Ermittlungen dort kam als unerwartetes Nebenprodukt heraus, daß Eudoxia, die als Nonne den Namen Helene trug, in der grenzenlosen Tristesse ihres Klosterlebens eine kleine Liebesgeschichte mit einem Major namens Glebow angefangen hatte. Obwohl dieser nicht das geringste mit Alexejs Flucht zu tun hatte, ließ Peter ihn tagelang foltern und dann der Länge nach auf einen spitzen Pfahl ziehen.

Alexejs gesamte Umgebung aus den verschiedenen Lebensabschnitten stand sogleich unter schwerem Verdacht, vor allem der Admiralitätsrat Alexander Kikin, den Peter seinem Sohn als Ausbilder, vor allem in maritimen Fragen, beigegeben hatte. Ihm, dem Kammerdiener Iwan Afanasjew, dem Bischof Dositheus und dem Kanzleibeamten Dokukin ließ Peter die Knochen im Leib mit Keulen zerschlagen und die Männer dann auf Räder flechten, ein Verfahren, das er zugleich mit dem Schiffbau in den Niederlanden kennengelernt hatte. Die Opfer waren Geistliche und Weltliche, eine wahllos zusammengewürfelte Gemeinschaft von Menschen aus allen Klassen. Sie wurde noch vermehrt durch die Vernehmung von Alexejs Geliebter Afrosinja, die bereitwillig alles nachsprach, was man ihr vorsagte, und viele Namen nannte.

Ansicht von Petersburg Mitte des 18. Jahrhunderts.

Nachdem in Moskau kein Verdächtiger mehr zu finden war, verlagerte Peter im März 1718 das Untersuchungsverfahren nach Petersburg. Der Zarewitsch wurde in Ketten mitgeführt und dort in der Peter-Pauls-Festung noch drei weitere Monate unter Folter vernommen, bis endlich das Kolossalgemälde einer ganz Rußland überwuchernden Revolte fertigkonstruiert war, die der Zarewitsch, dieser vollkommen unsystematische Mensch, angeblich systematisch angezettelt hatte.

In der letzten Woche seines Lebens wurde Alexej mehrfach so mit der Knute gefoltert, daß er kaum noch Reaktionen zeigte. Nach seinem Tod fand man auf seinem Körper vierzig tief aufgebrochene Striemen. Am 25. Juni sprach ein Gericht, das Peter aus den 126 vornehmsten Würdenträgern seines Reiches zusammengestellt hatte, einstimmig das Todesurteil über den Zarewitsch aus. Am Tag darauf wurde sein Tod offiziell bekanntgegeben.

Andere Nachrichten als diese offizielle Verlautbarung durften nicht verbreitet werden. Alle Ausländer wurden scharf überwacht. Der niederländische Gesandte Jacob de Bie schickte trotzdem einen versiegelten Brief mit vertraulichen Informationen, die er von Freunden aus der Umge-

Eudoxia Lopuchina (1672–1731), erste Frau Peters des Großen, Mutter des Zarewitsch Alexej.

bung des Zaren erhalten hatte, an seine Regierung in Den Haag. Er wurde bald darauf zum Vizekanzler Schapirow bestellt und schwer gerügt, weil er die allgemeine Informationssperre durchbrochen hatte.

Über Anna Cramers Rolle bei diesem Trauerspiel schrieb der sächsische Legationsrat Georg Adolph Wilhelm von Helbig, der während seiner diplomatischen Tätigkeit in Petersburg viele Menschen gesprochen und unermüdlich Augenzeugenberichte und Personalien gesammelt hatte: »... Anna Cramer erwarb sich das Vertrauen des Monarchen und seiner Gemahlin in so hohem Grade, daß sie eine der wenigen Personen war, die das Geheimnis der Ermordung des unglücklichen Zarewitsch wußten. Nach der Enthauptung des Prinzen mußte sie, die der Kaiser aus dem Palais abholte und in die Festung führte, den Kopf wieder an den Rumpf nähen und den Leichnam alsdann anziehen ...«

So bot der Zarewitsch bei seiner Aufbahrung einen friedlichen Anblick. Der Kopf saß vorschriftsmäßig auf dem Rumpf, und die Knutenhiebe auf dem Rücken sah man nicht.

Nachdem sie ihre Pflicht getan hatte, ging Anna Cramer ins Palais zurück und war um die Zarin Katharina bemüht, die wieder einmal schwanger war und es mit ihrer Leibesfülle nicht leicht hatte in diesen heißen Tagen.

Am Freitag, den 27. Juni feierte der Zar mit seinem Hofgefolge und der Generalität ein großes Fest zur Erinnerung an seinen Sieg bei Poltawa vor neun Jahren, und der österreichische Gesandte Pleyer berichtete, daß Majestät außerordentlich lustig gewesen seien.

Am Sonntag, den 29. Juni wurde mit großem Pomp Peters Namenstag begangen, mit Paraden und Stapelläufen, mit großer Gala, Tanz und Musik, mit Theateraufführungen und Banketten.

Am Montag, dem 30. Juni, fand die Beisetzung des Zarewitsch, der so lange aufgebahrt in der Festungskirche gelegen hatte, unter mäßiger Beteiligung statt, da die Freunde des Toten, seine Vertrauten und Gefolgsleute schon vor ihm beseitigt worden waren.

Am 31. August 1718 brachte die Zarin Katharina ihr achtes Kind zur Welt, ein kleines Mädchen, Natalja Petrowna. Das vertraute sie Anna Cramer an, und Zar Peter ernannte Anna zur Hofmeisterin seiner jüngsten Tochter.

Nun war er sechsundvierzig Jahre alt, und ihm waren nicht einmal mehr sieben Jahre gegeben, um sein großes Reformwerk zu vollenden. Und wer hätte es fortsetzen können? Von seinen elf Kindern lebten noch vier. Der einzige Junge unter ihnen, Peter, starb schon am 6. Mai 1719 mit drei Jahren. Von seinem ungeliebten Erstgeborenen Alexej hatte der Zar eine Enkelin und einen Enkel von vier und drei Jahren. Die Sorge um seine Nachfolge ließ ihn nicht mehr los.

Er hatte dem Russischen Reich den ungehinderten Zugang zu zwei Meeren verschafft und ihm zu einer von allen Staaten respektierten Großmachtposition verholfen. Er hatte in weitem Umfang Industrie angesiedelt und Fachleute dafür aus dem Ausland geholt, unter so günstigen Bedingungen, daß die meisten gern dablieben und sich mit russischen Frauen verheirateten. Er war dabei, neben der Kriegsflotte auch eine Handelsflotte aufzubauen, um Rußland von fremden Wirtschaftsmächten weitgehend unabhängig zu machen. Er garantierte zum Entsetzen der orthodoxen Priester jedem Bürger in seinem Reich die freie Religionsausübung und leitete eine tiefgreifende Verwaltungsreform ein, um eine beweglichere Administration zu schaffen.

Sein unersetzlicher Gehilfe dabei war der Hamburger Heinrick Fick, ein hervorragender Fachmann, der jahrelang die Verwaltungspraktiken nicht nur seines heimatlichen Stadtstaates, sondern auch vieler ausländischer Kommunen, Regionen und Staatswesen studiert hatte. In seiner Enquete vom 9. Mai 1719 analysierte Fick die Systemlosigkeit der russischen Verwaltung, die überall anders und weitgehend willkürlich gehandhabt wurde und die Peter schon lange ein Dorn im Auge gewesen war. Seinen Empfehlungen legte Fick die Methoden zugrunde, die in Riga, Reval und Dorpat seit Jahrhunderten – fußend auf dem Lübekker, dem Magdeburger und dem Hamburger Recht – entwickelt worden waren. Er empfahl, durch Gesetz »... Magistrate einzurichten und mit exakten Anordnungen zu versehen ...«, arbeitete ein System für ganz Rußland aus und schuf erste Modelle für Finanzämter, Baubehörden, Ordnungsämter und innere Verwaltung.

Peter war froh, in diesem Hamburger, diesem scharfen Analytiker und kreativen Organisator, einen Menschen gefunden zu haben, der seine Ideen in klare Richtlinien umsetzte. In seinen letzten Lebensjahren war Fick sein ständiger Umgang, und er schenkte ihm in Livland das ganze Kirchspiel Oberpahlen samt neun Landgütern.

In diesen letzten Lebensjahren hatte Peter viel zu leiden. Nicht nur die Sorge um die Nachfolge bedrückte ihn, nicht nur Katharinas Liebesaffäre mit Wilhelm Mons, vor allem auch die Er-

kenntnis, daß sein riesenhafter und bärenstarker Körper eben doch nicht unverletzlich war. Immer häufiger wurde er von Krankheiten befallen, und sein chronisches Blasenleiden verschlimmerte sich. Immer häufiger mußte ihn sein alter Jugendfreund und jetziger Hofarzt Dr. Laurentius Blumentrost d. J. katheterisieren, das hieß, er befreite ihn unter ständig wachsenden Schmerzen von einer fauligen bräunlichen Flüssigkeit. Hinzu kamen eine durch seinen unmäßigen Alkoholgenuß verursachte Leberzirrhose, häufige Fieberanfälle, Sprachstörungen, Krämpfe.

Am 8. Februar 1725 morgens gegen fünf Uhr starb der große Mann in seinem Schlafzimmer im Erdgeschoß des älteren Winterpalais in der Millions-Straße in Petersburg, dort, wo später nach der Fertigstellung des neuen Winterpalais das Internat für die kaiserlichen Ballett-Eleven untergebracht war. Katharina bewohnte die Räume über ihm. Ihre Angst, die sie in den letzten Monaten bedrückte, er könne wegen der Affäre Mons am Ende seines Lebens noch seine Entscheidung ändern, die sie allein zur Erbin und Nachfolgerin bestimmte, war unbegründet.

Der Platz vor dem Winterpalais diente den Zaren zwei Jahrhunderte lang zur Demonstration ihrer militärischen Macht (Stich Anfang 19. Jahrhundert).

Nach Peters Tod wurde das einstige Hausmädchen des Pastors Glück aus Marienburg die alleinige und uneingeschränkte Herrin des Russischen Reiches. Alle Macht lag nun in ihrer Hand.

Aber jeder im weiten Russischen Reich wußte, daß ihre Hände für alles mögliche geschaffen waren, nur nicht gerade dazu, die Macht zu halten, zu lenken und sinnvoll einzusetzen. Dafür waren Menschikows kräftige Fäuste weit besser geeignet. Und keiner kannte die Zarin besser als er, der sie in ihrer Frühzeit als Beutemädchen vom General Scheremetjew übernommen und nach einer kurzen, intensiven Ausbildungsperiode an den Zaren weitergereicht hatte. Ihm verdankte sie ihre Karriere, und das vergaß sie ihm nie. Jetzt kam die Zeit der Ernte für den Mann, der es immer verstanden hatte, auf ganz lange Sicht zu säen und zu pflanzen.

Der wahre Herrscher Rußlands hieß nun Fürst Alexander Danilowitsch Menschikow, Feldmarschall, Präsident des Kriegskollegiums und von solcher Bedeutung, daß Kaiser Leopold I. in Wien dem eitlen Mann schon 1705 den Titel eines deutschen Reichsfürsten verliehen hatte, der damals in ganz Europa den höchsten Stellenwert hatte.

Fünf Wochen nach Zar Peter starb dessen jüngste Tochter Natalja Petrowna im Alter von noch nicht sieben Jahren. Anna Cramer hatte sie vom ersten Tag an behütet und an ihr gehangen. Eigene Kinder hatte sie nicht. Heiraten wollte sie nicht. Da sie in den entscheidenden Jahren ihres Lebens immer nur das wehrlose Objekt von Männern gewesen war, ohne die geringste Möglichkeit, sich selber zu finden, war zuviel in ihr zerstört worden, das sich nicht mehr heilen ließ. Nun war ihr auch dieses Pflegekind genom-

men worden, mit dem sie viel enger zusammengelebt hatte als die eigene Mutter, die ständig bei immer neuen Anlässen zu repräsentieren hatte.
Anna Cramer putzte Natalja zum letzten Mal und blieb bei ihr, bis alles überstanden war, all die gewaltigen barocken Trauerfeierlichkeiten für das kleine Mädchen. Als das Kind dann neben dem Vater in der Gruft lag, bat die Hofmeisterin um ihren Abschied. An der Zarin Katharina mochte manches anfechtbar sein, aber undankbar war sie nie. Sie erfüllte Annas Wunsch, setzte eine lebenslängliche Rente für sie aus und schenkte ihr ein Gut in Livland, gar nicht weit von Riga entfernt. Dorthin reiste Anna Cramer mit ihrer Habe und ihrer Perlenkette, die für eine Königin kostbar genug gewesen wäre.
Sie lebte noch fünfundvierzig Jahre mit ihren Erinnerungen. Sie starb als alte Dame von sechsundsiebzig Jahren. Ihr Gut, ihr Vermögen und ihre fünfreihige Perlenkette erbten die Kinder ihrer Brüder, die nun wieder in Narwa wohnten und dort einen großen Holzhandel aufbauten. In dieser schönen hellen Stadt an der Narowa, die immer noch und trotz aller Blutverluste auch unter russischer Besetzung eine deutsche Stadt war, die ständig frischen Zuzug aus dem Reich bekam und rasch wiederaufblühte. Zwei lutherische Kirchen gab es da, ein Progymnasium, ein Theater, eine von den Bürgern gestiftete archäologische Gesellschaft. Narwas wirtschaftliche und kulturelle Vitalität strahlte aus auf die ganze Umgebung, obwohl es damals kaum fünftausend Einwohner hatte.

KAPITEL X

Drei Deutsche machten Rußlands Politik

Burchard Christoph von Münnich aus Neuenhuntorf in Oldenburg ging als schon etwas reiferer Mann im Alter von achtunddreißig Jahren nach Rußland und kam in diesem schönen weiten Land, das er bald als seine Heimat empfand, zu hohen Ehren. Er wurde Graf, wurde Feldmarschall, wurde Premierminister. Er wurde zum Tode verurteilt, überlebte aber dennoch sieben Herrscher und starb schließlich in Frieden und allgemein verehrt mit vierundachtzig Jahren in seinem Palais in Petersburg nahe dem Ufer der Newa.

Als Münnich 1721 nach Rußland kam, hatte er schon lebhafte Jahre hinter sich. Sein Vater Anton Günther von Münnich war Offizier in dänischen Diensten. Burchard trat mit sechzehn in die französische, mit achtzehn in die Hessen-Darmstädtische, mit zweiundzwanzig in die Hessen-Kasselsche Armee ein, erwarb sich rasch den Ruf, ein glänzender Troupier und ein hervorragender Ingenieur zu sein, und war mit sechsundzwanzig schon Oberstleutnant.

Er kämpfte in Italien, Holland, Frankreich, wurde verwundet, wurde gefangen, kam wieder frei. Dann schuf er sein erstes großes Werk, das bis heute Bestand hat: einen Hafen und eine Stadt an der Mündung der Diemel in die Weser: Karlshafen. Daraufhin holte ihn der Kurfürst von Sachsen in seine Dienste.

Deutschland war in viele Staaten zerfallen. Jeder Landesfürst machte seine eigene Politik, verbündete sich vorwiegend mit auswärtigen Mächten und bekämpfte vor allem seine Nachbarn, um sein Gebiet auf deren Kosten zu vergrößern. Jeder unterhielt ein stehendes Heer und war ständig um talentierten Nachwuchs bemüht. Die nicht gezogenen, sondern durch Anstellungsverträge verpflichteten Offiziere wechselten bedenkenlos ihren Dienstherrn, wenn ihre Zeit abgelaufen war und ein anderer ihnen bessere Bedingungen bot.

Wer Ehrgeiz hatte, ging auf Wanderschaft: Handwerker wie Studenten und Offiziere, Ärzte, Kaufleute und Ingenieure. Gerade das Russische Reich mit seinen unermeßlichen Möglichkeiten besaß eine starke Anziehungskraft, und Peter der Große war immer auf der Suche nach Könnern auf den verschiedensten Gebieten. Er hatte viele Begabungen, eine seiner größten war sein sicherer Blick für Talente aller Art. Im Jahre 1721 wurde er nach dem Ende des Nordischen Krieges auf Burchard von Münnich aufmerksam, stellte ihn als Generalleutnant ein und gab ihm sofort eine Aufgabe von gewaltigen Dimensionen: Münnich sollte den Ladoga-Kanal bauen.

Peter erkannte die außerordentlichen Chancen, die ihm die geographische Lage und geologische Struktur seines Landes boten, um

Burchard Christoph von Münnich (1683–1767) aus Neuenhuntorf in Oldenburg wurde in Rußland Graf, Feldmarschall und Premierminister.

die Militärmacht Rußland auch zur Wirtschafts- und Handelsgroßmacht zu entwickeln. Das Land zwischen China und Mitteleuropa, zwischen dem Schwarzen und dem Weißen Meer verfügte über unermeßliche Bodenschätze und Holzreserven und war von einem dichten Netz schiffbarer Wasserstraßen durchzogen. Sie brauchten nur noch durch Kanäle miteinander verbunden zu werden.

Der Nordische Krieg war zu Ende, Schweden als Rivale ausgeschaltet, die Ostsee frei für die Handelsschiffe aller Anliegerstaaten. Wenn nun noch die schmalen Landbrücken zwischen den Flüssen durchstochen wurden, konnten seegängige russische Schiffe vom Finnischen

Meerbusen bis ins Schwarze und ins Kaspische Meer segeln, auf türkischen und persischen Märkten einkaufen und in den deutschen und dänischen Häfen verkaufen, in London und Amsterdam, in Paris und Lissabon. Peters Horizont war weit gespannt; gerade das machte ihn für viele schöpferische Köpfe, die in Deutschland kein Betätigungsfeld fanden, so anziehend. Und gerade das machte ihn für viele orthodoxe Russen, denen russisches Leben gleichbedeutend mit strenger Abgeschlossenheit und Fremdenfeindlichkeit war, so unheimlich.

Was für Phantasieprodukte durch diese völlige Abkehr von allen Entwicklungen der nichtrussischen Welt gezüchtet wurden, verrät ein Protokoll der Preobraschensker Kriminalkanzlei, das sich mit Gerüchten befaßt, die während Peters letzter großer Europareise in Umlauf waren: »... als der Zar über das Meer reiste und durch verschiedene deutsche Länder kam, gelangte er auch nach Stekolnoje. Dieses deutsche Reich wird von einer Jungfrau beherrscht, und sie trieb mit dem Zaren ihren Spott, indem sie ihn auf eine heiße Bratpfanne stellte ... Es ist dann auch nicht unser Zar aus dem Ausland wiedergekommen, sondern ein Fremder. Unser Zar wurde in ein Faß eingesperrt und ins Meer gerollt ...«

Peter der Große war durch Widerstände nicht zu irritieren, weder durch Aberglauben noch durch schwerfälliges Festhalten an längst überholten Traditionen. Er wollte sein Land mächtig, reich und unangreifbar machen, und das war nur möglich, wenn man sich dem Fortschritt öffnete. Der Kanal, mit dessen Bau er Münnich beauftragte, sollte unter Umgehung des Ladoga-Sees den Wolchow direkt mit der Kronstädter Bucht verbinden und die Schiffahrt unabhängig machen von Stürmen, Strömungen und Untiefen dieses schwer berechenbaren Gewässers.

Der Ladoga-See ist der größte Binnensee Europas, 219 km lang, bis 126 km breit, bis 230 Meter tief; er nimmt über 70 Flüsse auf, hat aber nur einen einzigen Abfluß: die Newa. Münnich baute nun parallel zum südlichen Seeufer zwischen Wolchow und Newa-Mündung einen Kanal von 110 Kilometern Länge und rund 20 Metern Breite, der den größten Schiffen jener Zeit die Durchfahrt ermöglichte und ausreichend Ausweichstellen hatte. Durch ihn lief bald ein lebhafter Verkehr, Petersburg übertraf schon wenige Jahre nach seiner Gründung die bisher bedeutendsten russischen Häfen Archangelsk und Astrachan.

Münnichs nächste Aufgaben waren der Ausbau der Hafen- und Festungsanlagen erst von Kronstadt, dann von Riga, das Peter zum westlichen Eckpfeiler der russischen Macht im Ostseeraum bestimmt hatte.

Der Zar starb noch vor der Fertigstellung dieser Projekte. Als er vier Jahre in Rußland war, konnte Münnich schon in der ersten Reihe der wichtigen Männer des Staats miterleben, wie Peter der Große in einem Trauerkondukt, der seinesgleichen vorher nicht gehabt hatte, in der Peter-und-Paul-Kathedrale der Petersburger Festung beigesetzt wurde und wie die Zarin Katharina die Regierung übernahm.

Die Nachfolge war nicht von Anfang an klar geregelt gewesen. In Rußland gab es kein Erbfolgegesetz. Peter hatte Katharina mit der Krönung in der Uspenskij-Kathedrale in Moskau zur Kaiserin und damit zu seiner Stellvertreterin und Nachfolgerin ernannt. Es war niemand anders da, der seine Pläne so konsequent in seinem Sinn hätte weiterführen können. Der Erzbischof von Pleskau bezeugte auch, daß diese Thronfolge der Wille des toten Zaren sei. Etliche Fürsten aus alten Familien, Bojaren und hohe

Geistliche aber fanden es empörend, daß diese einst in Livland erbeutete Frau, die immer noch nicht Russisch ohne deutschen Akzent sprechen konnte, nun die Herrin des Russischen Reiches werden wollte. Aber Fürst Menschikow, Katharinas alter Freund, ließ mehrfach an den Brennpunkten des Widerwillens seine Garderegimenter aufmarschieren, zu Fuß mit aufgepflanztem Bajonett, zu Pferde mit gezogenem Säbel; und so wurden rasch auch die verstocktesten Zweifler zu begeisterten Anhängern der Zarin Katharina.

Es wurde ein gutes Leben wäh-

Kronstadt, Seefestung und Flottenstützpunkt vor Petersburg, ein Werk des Grafen Münnich.

Katharina I.

rend der kurzen Zeit ihrer Regierung, für alle, die leben, und für alle, die etwas schaffen wollten. Katharina war entschlossen, zu vollenden, was Peter nicht mehr hatte vollenden können. Sie empfing ausländische Gelehrte und fremde Gesandtschaften, die er eingeladen hatte, auf russisch, deutsch, schwedisch und litauisch oder auch mit ein paar Worten Französisch, und das alles in der baltisch-deutschen Sprachmelodie, die sie im Haus des Pastors Glück in Marienburg angenommen hatte. So diktierte sie auch ihre Briefe. Schreiben konnte sie nur ihren Namen, aber ihr stand ja die ganze bewährte Kanzlei des Zaren zur Verfügung mit den anerkannt verschwiegenen Sekretären und Übersetzern Jakob Quist, Peter Wulf, Nicolaus Schwimmer und Johann Schlettermann. Streng geheime Korrespondenz diktierte sie ihrer Tochter Elisabeth.

Die große Politik überließ sie Menschikow, aber die Familienpolitik behielt sie in der Hand, wie auch die Verwirklichung aller Reformprojekte, die Peter noch eingeleitet hatte.

Schon vier Monate nach seinem Tod durchbrach sie die Hoftrauer, um seinen Herzenswunsch zu erfüllen: Mit allem Pomp, den er aus diesem Anlaß entfaltet hätte, verheiratete sie ihre Tochter Anna mit dem Herzog Karl-Friedrich von Holstein-Gottorp. Das kleine Land zwischen den beiden großen Meeren wurde damit fest in die Interessensphäre des Russischen Reichs eingebunden, und die jungen Leute wurden dann ja auch die Stammeltern von sieben Generationen russischer Zaren.

Katharina stiftete den Alexander-Newskij-Orden, den Peter schon konzipiert hatte. Sie verfügte, daß die einzige russische Zeitung auch in deutscher Sprache unter dem Titel »St. Petersburger Zeitung« erschien, um all den Menschen, die sie brauchte und die voller Idealismus ins Land kamen, sofort die Möglichkeit zu geben, sich über das Leben in der neuen Heimat zu informieren und am Tagesgeschehen Anteil zu nehmen. Vor allem verhalf sie der Akademie der Wissenschaften nun endgültig zu einer tatsächlichen Existenz. Über deren Struktur hatte Peter so oft mit Leibniz diskutiert und mit dem Mathematik-Professor Christian Wolf, der in Halle und dann in Marburg lehrte, eine lebhafte Korrespondenz geführt.

Peter der Große hatte die Gründung der Akademie in einem Ukas (Zarenbefehl) vom 28. Januar 1724 verfügt, aber anfänglich war sie eine noch unklare Mischung von wissenschaftlicher Anstalt und Kuriositätenkabinett. Im Keller dämmerten in Glasbehältern, in Spiritus konserviert, die Köpfe von Marie Hamilton und Wilhelm Mons vor sich hin, und oben diskutierten Philosophen, Mediziner und Juristen. Nur die orthodoxen Theologen verschlossen sich diesem Zentrum höherer Bildung und bestanden darauf, ihren Nachwuchs unter Ausschluß der Öffentlichkeit in ihren eigenen Klöstern auszubilden.

Die beiden ersten, die den Lehrbetrieb aufnahmen, waren zwei Ärzte: Peters Jugendfreund Dr. Laurentius Blumentrost d. J. und der zweite Hofarzt Dr. Gottlob Schubert. Die Bibliothek entstand unter der Leitung von Peters Hofbibliothekar Johann Daniel Schumacher, der für den Zaren schon jahrelang alle wichtigen Neuerscheinungen in Deutschland, Frankreich und den Niederlanden eingekauft hatte und nun die Bestände ordnete und katalogisierte. Dazu sammelte er alles, was sich an alten russischen Chroniken auffinden ließ. Die Idealvorstellungen des Pastors Glück wurden hier in der Petersburger Akademie von seiner einstigen Haustochter verwirklicht.

Angeschlossen an dieses Bildungszentrum wurden auch ein botanischer Garten und verschiedene Lehrwerkstätten, für Instrumentenbau und Linsenschleiferei, für optische Geräte und Uhrmacherei, für Schriftgießerei und Buchdruck. Katharina unterstützte auch weiterhin Forschungsaufträge, die Peter schon vergeben hatte, wie etwa an den Arzt und Naturforscher Dr. Daniel Jakob Messerschmidt, der in einer siebenjährigen Expeditionsreise Sibirien erforschen sollte, seine Landschaften und Boden-

Die Akademie der Wissenschaften in Petersburg.

schätze, seine Menschen und seine Tierwelt.
Das Petersburger Gymnasium, das eng an die Akademie gebunden war, hatte in Katharinas zweitem Regierungsjahr 1726 insgesamt 342 Schüler, unter denen die Adeligen in der Minderzahl waren. Die Kaiserin, die ihr Leben darunter leiden mußte, daß sie in ihrer Kindheit nicht die geringste Bildungschance gehabt hatte, legte Wert darauf, daß diese Schule begabten Kindern aus allen Schichten offenstand und kein Institut für privilegierte Klassen wurde. Die Hauptfächer waren: Russisch, Deutsch und Latein, Mathematik, Physik und Französisch. Die Kosten für das große Bildungswerk mußten die Städte Riga und Reval, Pernau und Arensburg tragen, die sich durch den Fleiß ihrer Bürger von den Schrecken und Verwüstungen des Nordischen Krieges gerade wieder erholten und nun auch unter russischer Herrschaft zu neuem Wohlstand gelangten.
Zwei Jahre und drei Monate regierte Katharina. Sie trank gern und war gern lustig. Sie liebte prachtvolle Bälle, Musik und Theateraufführungen. Sie liebte auch wilde Ritte, und ihre Zeitgenossen bescheinigten ihr, daß kaum je eine Frau mit so selbstverständlicher Eleganz zu Pferde gesessen habe wie sie. Sie sorgte für alle Menschen, die einmal gut zu ihr gewesen waren, und ließ in den neueroberten westlichen Provinzen Rußlands die Reste ihrer Familie zusammensuchen, die im Krieg in alle Winde zerstreut worden war und mit der sie nie hatte korrespondieren können, da ja keiner von den Verwandten zu lesen und zu schreiben verstand. Peter hatte die Familienzusammenführung zu seinen Lebzeiten entschlossen verhindert, weil es ihm nicht erstrebenswert schien, wenn plötzlich Schwärme von Leibeigenen und Stallmägden die Petersburger Paläste bevölkert hätten. Jetzt kamen nach und nach Vettern und Cousinen, Brüder und Schwestern, Neffen und Nichten und schließlich sogar auch noch Katharinas alte Mutter, und alle wußten gar nicht, wie ihnen geschah, als sie ganz neu eingekleidet, ausgestattet und in schönen, gerade erbauten Häusern untergebracht wurden. Ihr Bruder Carl, der sich inzwischen einen Familiennamen zugelegt hatte und Skawronskij hieß, kam mit seiner Frau und fünf Kindern. Katharina ernannte ihn zum Grafen und schenkte ihm einen Palast an der Newa.
Katharina starb, wie die einen sagten, an einem Geschwür in der Lunge, wie die anderen meinten, an den Folgen ihrer Lust am Trinken und Naschen. Für besonders schädlich hielten die Ärzte ihre Neigung, Brezeln in ungari-

schen Wein zu ditschen – wie die Sachsen sagten – oder zu stippen – wie es die Norddeutschen ausdrückten – und dann in großen Mengen zu verzehren, was ihr immer zu einem raschen Rausch verhalf. Sie wurde sehr unförmig und von der Wassersucht aufgetrieben. Am 17. Mai 1727 starb sie im Alter von dreiundvierzig Jahren. Um Peter den Großen hatten viele Menschen in Petersburg getrauert, um Katharina trauerte die ganze Stadt.

Ihr etwas jüngerer Zeitgenosse Alexander Gordon schrieb über sie: »... Sie war ein ausgezeichnet schönes Weib, mit Anmut in all ihren Bewegungen, mit einem hellen, klaren Verstand begabt und jederzeit froher Laune. Nicht einen Augenblick hat man sie betrübt oder erzürnt gesehen. Gegen alle Menschen war sie zuvorkommend und freundlich, und niemals vergaß sie, daß sie aus einfachen Verhältnissen gekommen war.«

Der neue Zar, dem Münnich diente, war Peter II., der einzige Sohn des unglücklichen Zarewitsch Alexej mit Charlotte von Braunschweig, ein Kind von elf Jahren, das mit seiner weißgepuderten Perücke, in seinem Hermelinmantel, mit dem Marschallstab in der Hand wie der Prinz im Kindertheater aussah. Um ihn von Anfang an fest in den Griff zu bekommen, verlobte Menschikow den scheuen Knaben mit seiner fast drei Jahre älteren Tochter Maria, die durchaus schon Erwachsenen-Rollen spielen konnte.

Die Kaiserin Katharina hatte in ihrem Testament außer Menschikow auch ihre beiden Töchter Anna und Elisabeth zu Vormündern des kleinen Zaren bestimmt. Letztere war ledig, erstere mit dem Herzog von Holstein-Gottorp verheiratet, der mit ihr in Petersburg lebte. Menschikow hatte nicht die geringste Neigung, die Macht zu teilen – mit wem auch immer. Elisabeth war ausreichend mit ihren Liebesaffären beschäftigt und an Politik nicht interessiert. Dem holsteinischen Herzogspaar aber machte Menschikow solche Schwierigkeiten, daß sie sich angewidert und resignierend nach Kiel absetzten. Da brachte Anna dann im Februar 1728 einen Sohn zur Welt, den zweiten Enkel Peters des Großen, der evangelisch-lutherisch auf den Namen Karl Peter Ulrich getauft wurde und in Holstein aufwuchs, in Kiel und Schleswig, wo die Kinder plattdeutsch miteinander sprachen, auch wenn sie in der Schule Latein, Französisch und Griechisch lernten.

Zar Peter II. konnte mit seiner Verlobten nicht viel anfangen und fand mehr Vergnügen am Umgang mit seinem Spielkameraden Iwan Dolgorukij. Er geriet rasch unter den Einfluß dieser vielköpfigen alten Fürstenfamilie, die den Emporkömmling Menschikow verachtete und ihn beseitigen wollte, um dann mit der Hilfe des jungen Zaren wieder zu Macht und Einfluß zu kommen.

Fürst Alexander Menschikow war unbestritten der reichste und mächtigste Mann Rußlands, der seine vielfachen Ämter rigoros ausgenutzt hatte, unermeßliche Schätze anzuhäufen. Ihm gehörten 150000 Familien von Leibeigenen – in dieser Größenordnung wurde die Stückzahl der einzelnen »Seelen« gar nicht mehr ermittelt –, und er besaß so viele Landgüter, daß er, wenn er von der Rigaer Bucht bis zur persischen Grenze reisen wollte, jede Nacht in einem seiner eigenen Herrenhäuser schlafen konnte. Was in all diesen Häusern an Kostbarkeiten angehäuft war, ließ sich überhaupt nicht mehr überblicken. Die Unermeßlichkeit des Besitzes und der Macht war für Alexander Menschikow so selbstverständlich geworden, daß er auf einzelne Menschen gar nicht mehr achtete. So entging ihm der Haß in ihren Gesichtern, und die Fürsten Dolgorukij konnten unbemerkt und ungehindert eine Fronde gegen ihn aufbauen.

Der sächsische Gesandtschaftssekretär Frenßdorf meldete in einem seiner Berichte nach Dresden: »... die Russen sind wie aufs Maul geschlagen und haben mehr Furcht vor Menschikow, als sie vor dem Zaren gehabt haben; aber der Haß gegen ihn, zumal der alten Geschlechter, ist nicht geringer als die Furcht. Er hat so viele Feinde als Haare auf dem Kopf...«

Von alldem merkte Menschikow nichts, und so kam es, daß er, als ihn am 20. September 1727 seine eigenen Wachoffiziere in seinem Palais verhafteten, fassungslos in Ohnmacht fiel. Sein Hofarzt mußte ihn erst einmal zur Ader lassen, während seine Gemahlin zum Zaren eilte und sich ihm zu Füßen warf. Eine dreiviertel Stunde lang konnte sie sich aus dieser unbequemen Stellung nicht erheben, weil Peter II. nicht recht wußte, wie sich ein Herrscher in einer solchen Situation zu verhalten hat, und nur ein paar linkische Bewegungen zustande brachte.

Aber schließlich bekam er doch von den Dolgorukijs die nötigen Regieanweisungen und verfügte, daß die ganze Familie Menschikow zu enteignen und nach Sibirien zu verbannen sei. Bis Twer durften sie noch in der vergoldeten Prunkkarosse fahren, dann

---

Peter II. Alexejewitsch, der Enkel Peters des Großen.

ПЕТРЪ II ІМПЕРАТОРЪ И САМОДЕРЖЕЦЪ
ВСЕРОССІЙСКІЙ
Petrus II Imperator
totius Russiae

mußten sie alle aussteigen und sich auf eine Kibitka zwängen, ein Bauernwägelchen, auf dem ein Fuder Stroh lag, in das sie sich einwühlen konnten.

Der Winter kam früh und wurde hart. In Tobolsk kaufte Menschikow in einem kleinen Laden eine Axt, einen Spaten, Angelhaken, etwas Saatgut und Dörrfleisch. In Beresowo, dort, wo der Frost starke Eichen sprengt, durften sie bleiben. Und Menschikow sagte: »Ein Bauernjunge war ich, bevor ich nach Moskau zu einem Piroggenbäcker ging. Als Bauer will ich auch enden.«

Mit seiner Axt schlug er Holz und baute eine kleine Kirche. Im Frühjahr grub er die Erde um und säte Korn aus. Zwei Jahre lebte er noch so. Zuerst starb seine Frau, dann starb seine Tochter, die einmal mit dem jungen Zaren verlobt gewesen war, und am 2. November 1729 starb Fürst Alexander Danilowitsch Menschikow in seiner bis zum Dach verschneiten Hütte, noch keine sechsundfünfzig Jahre alt, nachdem er wochenlang nichts gegessen und nur geschmolzenen Schnee getrunken hatte.

Seine Entmachtung war das einzig bemerkenswerte Ereignis in der Regierungszeit Peters II. Der Kinder-Zar starb ein Vierteljahr nach dem absoluten Machtmenschen am 30. Januar 1730 an den Blattern. Da sofort in allen Nischen der Paläste, auf dem Markt und in den Schenken von Gift gewispert wurde, stellte man die Leiche öffentlich aus, damit alle Leute die aufgebrochenen Eiterbeulen in dem Gesicht sehen konnten, das unter der weißen Perücke über dem brokatenen Leichentuch zur Besichtigung dargeboten wurde.

Die Nachfolgerin des kleinen Zaren wurde seine 22 Jahre ältere und schon verwitwete Tante Anna Iwanowna, die Tochter des schwachsinnigen Bruders Peters des Großen. In seinem neunten Dienstjahr in Rußland mußte Münnich sich bereits mit der vierten Herrscherpersönlichkeit vertraut machen. Es gelang ihm gut. Anna wußte den vielseitig verwendbaren Mann zu schätzen. Er war schon Graf geworden und wurde nun Feldmarschall.

Rußland wollte seine Grenzen nicht nur nach Westen vorschieben, sondern nach allen Seiten. Der hartnäckigste Widerstand kam zu jener Zeit vom türkischen Reich. Münnich bewies, daß er nicht nur ein glänzender Ingenieur, sondern ein ebenso erfolgreicher Feldherr war. Er eroberte die Krim, stürmte Otschakow, besiegte die Türken in mehreren Schlachten und erzwang einen Frieden, der dem Russischen Reich erheblichen Landgewinn einbrachte. Münnich war jetzt eine feste Größe in der Führungs-

Der Bochumer Pastorensohn Heinrich Ostermann wurde in Petersburg Graf und Vizekanzler.

spitze. Er war einer der drei Deutschen, die nach Menschikows Entmachtung die Grundlagen der russischen Politik bestimmten.

Der zweite war der Bochumer Pastorensohn Heinrich Johann Friedrich Ostermann, vier Jahre jünger als Münnich, aber schon siebzehn Jahre länger in Rußland. Ostermann, dessen älterer Bruder Johann Christoph Prinzenerzieher am Zarenhof war, kam aber nicht durch diese Beziehung dahin. Er hatte als Student in Jena bei einem Duell seinen Gegner getötet, war erst in die Niederlande geflohen und dann nach Rußland gekommen. Da hatte er als Seeoffizier Peters des Großen Aufmerksamkeit erregt, und dieses Genie im Aufspüren von Talenten hatte rasch herausgefunden, daß Heinrich J. F. Ostermann eine ausgeprägte Begabung zum Diplomaten und den Horizont eines Staatsmanns besaß.

Er setzte ihn gleich mehrfach bei schwierigen Verhandlungen ein, und Ostermann war es dann auch, der die Verträge bei der Friedenskonferenz von Nystad formulierte, die den Nordischen Krieg beendeten. Er wurde Freiherr und Geheimer Rat, wurde Graf und Vizekanzler und entwickelte sich zu einem anerkannten Meister im Aufsetzen von Staatsverträgen, die er eigenhändig in Russisch und Deutsch, in Französisch und Latein (das damals bei internationalen Abkommen gelegentlich noch angewandt wurde) abfaßte. Peter der Große sah in Ostermann seinen idealen Gehilfen und schätzte ihn so sehr, daß er ihn während seines langen, qualvollen Todeskampfes bis zum Schluß bei sich behalten wollte.

Die Achillesferse dieses unermüdlichen Arbeiters war seine anfällige Gesundheit. Sein Leibarzt Dr. Kämpf aus Hamburg hielt sich ständig in der Nähe auf. Der starke und vor Gesundheit strotzende Münnich war sein gegebener Partner, seine natürliche Ergänzung. Das Verhältnis der beiden Männer war geprägt von einer gegenseitigen Hochachtung.

Der dritte Deutsche, der in dieser

Zeit zu einer bewegenden Kraft in Rußland wurde, tauchte erst 1730 in Petersburg auf. Die neue Zarin Anna brachte ihn aus Mitau mit, aus der Residenz der kurländischen Herzöge, wo sie eine kurze, unfrohe Ehe mit dem Herzog Friedrich Wilhelm geführt hatte und schon mit achtzehn Witwe geworden war.

Dieser Mann hieß Ernst Johann Bühren und stammte aus ländlichem Milieu. Sein Großvater war noch Stallknecht bei dem alten Herzog gewesen, sein Vater hatte sich als Jäger und später als Forstbeamter in dessen Diensten ausgezeichnet und war mit einem Landgut belohnt worden. Ernst Johann, der schöne und vitale Sproß dieser Familie, hatte ein paar Semester in Königsberg studiert und war dann als Kammerjunker zur Herzogin Anna Iwanowna, der Nichte Peters des Großen, nach Mitau gegangen.

Der achtzehnjährigen Witwe tat es gut, einen so ansehnlichen, aufmerksamen und unermüdlichen Kammerjunker zu haben. Damit niemand auf schlechte Gedanken kam, vermählte sie ihn mit ihrer treuergebenen Hofdame Benigna Gottliebe von Trotta. Alle drei wohnten dicht beieinander im herzoglichen Palais in Mitau, und Bühren hatte bald drei Kinder mit seiner Frau.

Als die rätselhaft verschlungenen Pfade russischer Thronfolge Anna nach Petersburg führten und ihr die Zarenkrone zukommen ließen, nahm sie selbstverständlich die Bührens mit, und sie wohnten wieder dicht beieinander, nun im kaiserlichen Palais über den Ufern der Newa. Bühren wurde Oberkammerherr, dann Graf, wurde mit allen erdenklichen Reichtümern überhäuft, welche die russischen Leibeigenen in einem Leben ohne Freiheit und ohne Hoffnung erarbeiteten; aber so viele Titel und Ehrenzeichen er auch erhielt, so litt er doch ständig zwischen all den hochmütigen russischen Fürsten und Bojaren unter seiner schlichten Herkunft. Deshalb nahm er eines Tages kurzent-

Ernst Johann Bühren (Biron) machte durch die Gunst der Zarin Anna Karriere.

schlossen eine kosmetische Operation an seinem Namen vor und nannte sich nicht mehr Bühren, sondern Biron. Da es schon eine französische Herzogsfamilie dieses Namens gab, übernahm er der Einfachheit halber auch gleich deren Wappen.

Als der echte Duc de Biron in Frankreich davon erfuhr, fragte er in einem süffisanten Brief bei Ernst Johann an, wie er zu der Ehre käme, mit dem Herrn aus Kurland verwandt zu sein. Ernst Johann antwortete nicht, führte aber ungerührt den Namen und das Wappen der französischen Familie weiter, und die Zarin Anna fand grundsätzlich alles gut, was er tat.

Rasch begriffen die Leute in Petersburg, daß dieser Mann mit dem ausgeprägten Geltungsdrang der wahre Machthaber war, und zwar ein sehr gefährlicher, wie sie bald erfuhren. Während der Regierung der Zarin Anna wurden auf Birons Veranlassung mehrere tausend Menschen zum Tode verurteilt und über zwanzigtausend nach Sibirien in die Bergwerke verbannt.

Den schönsten Titel bekam der nunmehrige Graf Biron im Jahre 1737. Als der letzte männliche Erbe des alten kurländischen Herzogshauses starb, ernannte Anna ihren Geliebten Ernst Johann zum Herzog von Kurland, woran er allerdings gewiß nicht unbeteiligt war, da er ihr ständig die Hand führte, stets darauf bedacht, daß sie sich nie die Macht entgleiten ließ, und stets bemüht, alle Gegenströmungen so zu lenken, daß sie einander aufhoben. Wer ihm dabei in den Weg kam, wurde ausgemerzt. Ostermann und Münnich ließ er unangetastet, weil er sie brauchte, damit der ganze komplizierte Staatsapparat reibungslos funktionierte.

Der schwedische Historiker Crusenstolpe (geb. 1795) schreibt: »... die wirksame Tätigkeit der Deutschen hat hauptsächlich zur Größe Rußlands beigetragen ... Ostermann war die Seele der ganzen Verwaltung, gekannt und gefürchtet als einer der geschicktesten Staatsmänner seiner Zeit. Münnich war derjenige, der mit Eifer und Einsicht die innere Kommunikation des Landes förderte, indem er neue Kanäle und Wege anlegte. Das Ingenieur- und Artilleriewesen und die zu diesem Zwecke nötigen Schulen verdanken ihm ihre Entstehung. Kein Staat konnte sich in jener Zeit rühmen, so geschickte Minister zu besitzen wie Rußland ...«

Als kluger Menschenführer ließ Biron gelegentlich auch mal Annas Zügel etwas locker und sorgte dafür, daß sie ihren Spaß hatte. Sie war schon durch ganz harmlose Vergnügungen zu erheitern. Meistens genügten ihr ihre sechs Hofnarren, von denen drei adelig waren. Gelegentlich hatte sie aber auch ihren Spaß daran, Herren aus ihrem Gefolge der allgemeinen Lächerlichkeit auszuliefern. So trieb sie es mit dem Fürsten Golizyn, über den sie sich geärgert hatte. Er war vierzig Jahre alt und gerade verwitwet, da befahl sie ihm, ein Bettlermädchen zu heiraten, das man wahllos auf der Straße aufgegriffen hatte.

Es war in dem kalten Winter 1739/40. Die Zarin ließ für das junge Paar aus Blöcken, die aus der Eisdecke der Newa herausgesägt worden waren, einen Palast errichten, in dessen Mitte ein Brautbett aus riesigen Eiszapfen stand, die eine dicke Eisscholle trugen. Der Brautzug bestand aus Schlitten, die von Böcken und Schweinen gezogen wurden. Er bewegte sich an den Fassaden aller wichtigen Häuser Petersburgs vorbei, aus deren Fenstern johlende Höflinge winkten. In Birons Reitbahn stand ein Hochzeitsessen bereit. Danach mußte sich das Paar unter dauernden Salutschüssen auf das eisige Brautbett legen. Und die Zarin fand das über die Maßen lustig.

Aber lange konnte sie nicht mehr lustig sein. Sie wurde krank, und am 28. Oktober 1740 starb sie mit 47 Jahren an einer Infektionskrankheit, die mit unerträglichen Kopfschmerzen verbunden war. Zu ihrem Nachfolger hatte sie auf Birons Wunsch ihren Großneffen Iwan bestimmt. Eine Thronbesteigung kam für ihn vorerst nicht in Frage, da er noch nicht einmal laufen konnte. Er war nämlich erst ganze zwei Monate und fünf Tage alt, als er zum Herrscher über das Russische Reich ausgerufen wurde. Anna hatte den Säugling zum Thronerben und Biron zu seinem Vormund bestimmt, weil Ernst Johann, je kleiner das Kind war, um so länger die Macht ausüben konnte.

Der ahnungslose Knabe war fast rein deutschblütig. Annas Schwester Katharina war seinerzeit von Peter dem Großen aus politischen Gründen mit dem Herzog Karl-Leopold von Mecklenburg verheiratet worden und hatte ihre einzige Tochter Anna-Elisabeth mit dem Herzog Anton-

Iwan VI. als Zar im Steckkissen.

Die Zarin Anna machte den Hochzeitstag des Fürsten Golizyn zu einer Maskerade: Böcke, Schweine und Hunde zogen die Schlitten.

Ulrich von Braunschweig vermählt. Deren Kind, Zar Iwan VI., der seinen repräsentativen Verpflichtungen im Steckkissen nachkam, war also ein Prinz von Braunschweig und ein direkter Nachkomme Heinrichs des Löwen.

Die Grafen Münnich und Ostermann mußten nun also die Staatsgeschäfte für einen Knaben führen, der bisher nur seine Amme beschäftigte, belauert von dessen Vormund, der sich vor allem durch Grausamkeit, Geldgier und Palastintrigen einen Namen gemacht hatte und wegen seiner Herrschsucht verhaßt war.

Biron begann sogleich, eine höchst eigensüchtige Personalpolitik zu treiben mit dem Ziel, zunächst einmal die Eltern des kleinen Iwan auszuschalten und nach Deutschland abzuschieben, um das Kind von Anfang an zu seinem Geschöpf zu machen. Unerfahren und voller Angst, bedroht von den einen, gewarnt von den anderen, wandte sich das junge Herzogspaar – er war sechsundzwanzig, sie einundzwanzig – an Münnich und Ostermann und bat um Hilfe.

Die beiden Männer konnten sich ausrechnen, daß auch sie nur noch so lange sicher waren, wie sie unentbehrlich waren. Auf lange Sicht mußten sie Birons autokratischen Bestebungen im Weg stehen. Sie sammelten eine Schar von Freunden um sich, darunter den Vizekanzler Golowkin, den Oberhofmarschall Graf Löwenwolde, den Geheimen Rat Baron von Mengden, die Generale v. Manstein und v. Bismarck und viele Truppenoffiziere, die ihre Mannschaften hinter sich hatten. Am 20. November 1740 in der Frühe um drei Uhr führte Münnich seine Mitverschworenen zu Birons Palais. Ein Offizier der Wache, der zu ihnen gehörte, öffnete und ließ sie ein. Sie gingen hinauf in Birons Schlafgemach. Er schlief so tief, daß er nichts hörte. Sie nahmen ihn fest. In derselben Zeit wurden von anderen Trupps auch Birons engste Mitarbeiter aus den Betten geholt und in die Festung gebracht.

Alle bekamen ein ordentliches Gerichtsverfahren. Biron wurde zur Verbannung nach Sibirien verurteilt, sein Vermögen konfisziert und alles, was er zusammengetragen hatte, katalogisiert. Es repräsentierte einen Wert von vierzehn Millionen Rubeln, eine unvorstellbare Summe in jener Zeit. Es waren Gegenstände von groteskem Luxus dabei, so eine Toilette aus massivem Gold, die mit Edelsteinen besetzt war. Zur allgemeinen Überraschung fand man auch einen dicken Packen unbezahlter Rechnungen über insgesamt mehr als 300000 Rubel. Der reiche Mann hatte alles genommen, aber selten bezahlt, und niemand hatte den Mut aufgebracht, ihn zu mahnen.

Zu seinem Verbannungsort wurde das Dorf Pelym bestimmt, zu seiner Bewachung ein Gardeoffizier abkommandiert, zu seiner Seelsorge ein deutscher lutherischer Pastor, zu seiner ärztlichen Betreuung ein Wundarzt, der bei einem Duell einen russischen Offizier erschossen hatte und vor die Wahl gestellt wurde, nach Sibirien zu gehen oder gevierteilt zu werden. Er wollte lieber nach Sibirien gehen.

Münnich, der leidenschaftliche Ingenieur und Architekt, erwies Biron eine Freundlichkeit, indem er ihm für die besonderen Verhältnisse in Sibirien ein praktisches Haus entwarf, mit Stallungen und Geräteschuppen, umgeben von einem hohen Palisadenzaun gegen die Wölfe und Bären, die in kalten Wintern gern in die menschlichen Behausungen eindrangen, um Beute zu machen. Er schickte auch Handwerker voraus, die dem Herzog Biron dieses Haus bauen sollten, nicht ahnend, daß er selber später dort einziehen würde.

Von nun an führte nominell die Herzogin Anna-Elisabeth von Braunschweig, geborene von Mecklenburg-Schwerin, die Regentschaft für ihren Sohn Iwan. Praktisch leiteten Ostermann und Münnich die Staatsgeschäfte wie bisher. Sie hielten sich an die Devise Peters des Großen, daß ein gutes Verhältnis zu Preußen eine solide Grundlage der russischen Mitteleuropa-Politik sei und nicht ohne Not aufs Spiel gesetzt werden sollte. In Potsdam war der alte König Friedrich Wilhelm I., der Soldatenkönig, mit dem Peter der Große fast freundschaftlich verbunden gewesen war, am 31. Mai 1740 im Alter von erst einundfünfzig Jahren gestorben, und sein Sohn Friedrich II., den man später den Großen nannte, hatte die Regierung übernommen.

Kein halbes Jahr später hatte es auch in Wien einen Regierungswechsel gegeben: Kaiser Karl VI. war gestorben, und seine Tochter Maria Theresia war seine Nachfolgerin geworden. In Europa geriet einiges in Bewegung, und in Rußland drängte Elisabeth Petrowna an die Macht.

Sie war das einzige noch lebende Kind Peters des Großen und bei allen bisherigen Thronwechseln regelmäßig übergangen worden, was sicher zum Teil an ihrer angeborenen Trägheit lag, sie hatte wenig Lust, sich Ärger zu machen, und viel Lust, gut zu leben. Es lag aber auch mit an ihrem Makel, den sie zeitlebens nie ganz los wurde: Sie war unehelich geboren worden, in jener Zeit, als Peter sich nicht hatte entschließen können, Katharina zu heiraten, obwohl sie ihm ein Kind nach dem anderen gebar. Nach der Hochzeit erst hatte er Elisabeth als seine Tochter anerkannt.

Sie war jetzt zweiunddreißig Jahre alt und noch unverheiratet, eine hübsche, dralle Erscheinung von lethargischer, aber unbegrenzter Sinnlichkeit. Sie aß gern, trank gern, war gern fröhlich und schlief ohne sonderliche Bedenken mit jedem kräftigen Mann, der ihr gefiel, ohne Rücksicht auf Adelsdiplom oder Dienstgrad. So kam es, daß sie viele gute Freunde bei den Garderegimentern hatte, in denen es ausgesucht kräftige Männer in Fülle gab, vom Grenadier bis zum General. Sie hatte aber auch eine Menge Verehrer unter den Fürsten und Bojaren bei Hofe und unter den ausländischen Glücksrittern, die in Petersburg umherstreiften und mit Elisabeths Hilfe nach Macht und Reichtum strebten.

Die Initiatoren des Staatsstreichs, der Elisabeth auf den Thron heben sollte, waren der französische Gesandte de la Chétardie und ihr Leibchirurg Johann Hermann Lestocq, der zwar einen französischen Familiennamen hatte, aber aus Celle stammte, wo seine Vorfahren, die um ihres Glaubens willen im katholischen Frankreich verfolgt worden waren, ein Asyl gefunden hatten. Der französische Hof finanzierte die Petersburger Palastrevolution mit erheblichen Bestechungsgeldern, um die traditionelle Bindung Rußlands an die deutschen Staaten zu zersetzen, und das war nur mit der Schlüsselfigur

Johann Hermann Graf Lestocq (1692 bis 1767) aus Celle, Leibarzt und Günstling der Zarin Elisabeth.

Elisabeth und der Gruppe der Frankophilen am Zarenhof möglich.

Besonders gegen den jungen König Friedrich von Preußen hegte Elisabeth heftige Abneigung, weil sie immer wieder erfuhr, daß er sich über sie lustig machte. Friedrichs Verhältnis zu Frauen war ohnehin problematisch, mit einem Typ wie Elisabeth aber wußte er überhaupt nichts anzufangen; er mokierte sich nur über das schwergewichtige Soldatenliebchen. So bekam das traditionell gute Verhältnis Rußlands zu Preußen durch die Zynismen des jungen Königs und durch das Raffinement, mit dem Höflinge und Diplomaten dessen Sottisen kolportierten, einen ersten Riß. Die zu Frankreich tendierende Partei in Petersburg triumphierte. In der Nacht zum 6. Dezember 1741 betete Elisabeth lange und inbrünstig vor einem Standbild der heiligen Jungfrau, dann zog sie ein Panzerhemd über ihren mächtigen Busen, setzte sich an die Spitze ihrer Getreuen, drang in Iwans Schlafgemach ein und nahm ihn samt seinen Eltern in Gewahrsam. Andere Gruppen verhafteten indessen Münnich und Ostermann und alle anderen Männer, die zu deren Gefolgsleuten gehörten, im derzeitigen Regime eine Rolle spielten und als preußenfreundlich galten. Als das getan war, rief sie sich selber unter dem Jubel ihrer Leibgardisten zur Zarin aus und beförderte alle Grenadiere, die mitmarschiert waren, zu Leutnants und die gehobenen Chargen zu entsprechend höheren Dienstgraden.

Den Säugling Iwan VI. verbannte sie mit seinen Eltern nach Cholmogory an der Mündung der Dwina ins Weiße Meer, wohin sie sich in der Adventszeit in Marsch setzen mußten. Seine Mutter starb da nach fünf Jahren, sein Vater, der Herzog von Braunschweig, erst nach dreiunddreißigjähriger Gefangenschaft in verschiedenen Verbannungsorten. Und niemand konnte ihm sagen, was ihm eigentlich vorzuwerfen war, außer daß er diesen unglücklichen Knaben gezeugt hatte. Den kleinen Iwan ließ Elisabeth später in Schlüsselburg einkerkern, wo er in einem nassen Kellergewölbe zu einem Mann heranwuchs, ohne jemals richtig laufen zu lernen, und wo er schließlich mit vierundzwanzig Jahren ermordet wurde.

Münnich und Ostermann wurden mit ihren Freunden, dem Vizekanzler Golowkin, dem Grafen Löwenwolde, dem Baron Mengden und den Generalen von Bismarck und von Manstein vor ein Sondergericht gestellt. Da sie sich hartnäckig weigerten, das auszusagen, was sie aussagen sollten, bekamen sie Geständnisse vorgelegt, die sie nur zu unterschreiben hatten, ohne sie vorher lesen zu können. Danach wurden alle zum Tode verurteilt, aber jeder auf andere Art.

Am Tag der Hinrichtung war vor dem Kriegskollegium das Blutgerüst aufgeschlagen worden und die ganze Umgebung von Soldaten abgesperrt. Die Gefangenen wurden aus der Festung von Grenadieren mit aufgepflanztem Seitengewehr abgeholt. Ostermann war krank und lag in seinem Fuchspelz auf einem Schlitten, den ein elender Klepper zog. Münnich und die anderen gingen zu Fuß. Auf dem Richtplatz packten vier Soldaten Ostermann an Armen und Beinen, schleppten ihn die sechs Stufen zum Blutgerüst hinauf und warfen ihn flach auf die Bretter. Nun verlas ein Justizbeamter das Urteil: Ostermann, der als der Kopf dieser preußen-freundlichen Partei galt, sollte gerädert werden; als besondere Vergünstigung wurde ihm zugebilligt, daß er zunächst geköpft wurde, bevor ihm mit der Keule die Knochen im Leib zerschlagen wurden und man ihn aufs Rad flocht. Münnich sollte von vier Pferden auseinandergerissen werden, ohne in den Genuß einer besonderen Gnade zu kommen. Den anderen war die einfache Enthauptung zuerkannt worden.

Der Henker zwängte Ostermanns Kopf auf den Block, zog ihn mit der Linken an den Haaren nach vorn und hob mit der Rechten das Richtbeil. In dem Augenblick rief ein Justizbeamter: »Gott und die Kaiserin schenken dir das Leben!« Die Soldaten warfen Ostermann wieder auf den Schlitten und trieben die Gefangenen in die Festung zurück. Alle Todesstrafen waren in lebenslängliche Verbannung nach Sibirien umgewandelt worden. Und so zogen

Elisabeth Petrowna (1709–1761) als Zarin in Paradeuniform.

sie denn wieder durch den Schnee zu den Kellergewölben hin, Münnich mit unbewegtem Gesicht, Löwenwolde lächelte verächtlich zu den Offizieren und Beamten hinüber, Golowkin zeigte ganz offen seinen Ekel und seine Wut, Mengden hielt die Hände vors Gesicht und weinte.

Von der Festung aus machten sie sich auf den Weg in die Verbannung, noch vor Weihnachten, in den letzten Adventswochen. Münnich wurde nach Pelym geschickt. Dort bekam er das Haus zugewiesen, das er ein Jahr zuvor für Biron entworfen hatte, der von Elisabeth begnadigt und zurückgerufen worden war. Auf dem Weg begegneten sich die beiden Männer. Diese Szene wurde mehrfach von russischen Malern dargestellt. Es herrschte nur Uneinigkeit darüber, ob sie die Pelzmützen voreinander zogen oder nicht.

Die Regierung übernahmen nun andere Männer. Elisabeth, die neue Zarin, erledigte zunächst einige wichtige Privatangelegenheiten. Am allerdringendsten war für sie die Rache an der schönen Lopuchina.

Natalja Lopuchina war die Tochter des Generals Balk und seiner Frau Anna Mons, die Peters des Großen Jugendfreundin gewesen war. Mit sechzehn hatte Natalja, die damals schon als die schönste Frau Rußlands gegolten hatte, den Fürsten Stephan Lopuchin geheiratet, einen Sproß der russischen Uraristokratie, der inzwischen zum Generalkommissar für das gesamte Seewesen avanciert war.

Die schöne Lopuchina war der Mittelpunkt eines Kreises von musischen und vielseitig interessierten Menschen; wo sie auftrat, war sie ständig von Verehrern umringt. Der nun nach Sibirien verbannte Graf Löwenwolde war einer ihrer engsten Freunde. Eine echte Rivalin für Elisabeth war sie nie gewesen, weil sie zu keiner Zeit die Neigung gehabt hatte, in den Kasernen zu wildern. Trotzdem haßte die Zarin die Frau, die mit viel diffizileren Mitteln viel größere Erfolge errang. Das ging so weit, daß Elisabeth bei einem Hofball der Fürstin Lopuchina ein Büschel Haare ausriß und sie ohrfeigte.

Es ging noch weiter: Die Zarin fand beflissene Subjekte, die eifrig Belastungsmaterial zusammentrugen und Zeugen präparierten. Natalja Lopuchina wurde der Verschwörung gegen Rußland und die Zarin angeklagt und zur Knutenstrafe verurteilt.

Elisabeth ließ es sich nicht nehmen, der Exekution beizuwohnen. Inmitten einer unübersehbaren Menschenmenge, die durch Ausrufer zu diesem Spektakel eingeladen worden war, wurde die Fürstin Lopuchina aufs Schafott geschleppt. Die Henkersknechte rissen ihr das Halstuch ab, die Bluse herunter, alles sehr langsam und genußreich. Sie versuchte sich mit den Händen zu schützen, aber die Knechte schlugen ihr die Arme beiseite, und einer packte sie bei den Handgelenken und warf sie sich über den Rücken. In dem Augenblick begann der Henker ihr mit den Lederriemen der Knute den Rücken aufzureißen, und Streifen für Streifen zog er ihr die Haut ab. Zum Schluß schnitt er ihr die Zunge aus dem Hals. Dann wurde sie in die Festung geschafft und ein paar Tage später nach Sibirien deportiert, wohin ihr Mann ihr folgen durfte und wo sie bis zu Elisabeths Tod leben mußten.

Die öffentliche Auspeitschung der schönen Fürstin Natalja Lopuchina: ein Racheakt der Zarin Elisabeth.

Aber noch etwas ganz anderes lag der neuen Zarin am Herzen: Da war noch dieser schöne Schafhirte Alexej Rasumowskij mit der dunklen Stimme und den andächtigen Augen, die Zierde eines jeden Kirchenchors. Er war ganz gewiß nicht der einzige, aber er war der, welcher in ihren Augen das Gute verkörperte. Sie ernannte ihn zum Grafen, zum Oberhofjägermeister, schenkte ihm eines der prachtvollen Petersburger Palais, und später soll sie ihn sogar noch insgeheim geheiratet haben.

Elisabeth ließ sich getreu der alten Tradition am 24. April 1742 mit großer Feierlichkeit in der Uspenskij-Kathedrale in Moskau krönen, reiste aber wieder nach Petersburg zurück und verbrachte dort die meiste Zeit ihres Lebens. Zwanzig Jahre regierte sie das Russische Reich. In dieser Zeit starb Ostermann in der Hütte, in der schon Menschikow gestorben war, erdrückt von seinen Krankheiten, seiner Enttäuschung und der Erinnerung an die Demütigungen, die ihm die Tochter des Mannes zugefügt hatte, der in ihm den bedeutendsten politischen Kopf seiner Zeit gesehen hatte. Am 31. Mai 1747 schlief er für immer ein.

Seine Freunde überlebten, auch Münnich, der älteste von ihnen.

Alexej Rasumowskij; der einstige Hirtenjunge wurde der Geliebte und heimliche Gemahl der Zarin Elisabeth.

Jetzt kam es ihm zustatten, daß er damals Birons Haus so umsichtig und praktisch für die besonderen Verhältnisse einer sibirischen Verbannung entworfen hatte. Lebenslänglich sollte er dort bleiben, das hieß, im günstigsten Fall bis zum nächsten Regierungswechsel.

Er nutzte die Zeit. Er konnte soviel und wußte soviel. Das sollte doch nicht alles verlorengehen. So fing er an, in seinem Haus, in dem tristen sibirischen Nest mit den endlosen Wintern, eine Schule aufzumachen. Jeder, der wollte, konnte kommen. Und es kamen ehemalige Politiker und Strauchdiebe, Kaufleute und Handwerker, Hofbeamte und degradierte Offiziere: allesamt Verbannte und dazu ihre Aufseher. Zwanzig Jahre machte er das, ohne die Hoffnung aufzugeben, eines Tages heimgeholt zu werden. Zwanzig lange Winter, in denen der Schnee oft bis zu den Fensterstürzen lag. Und dann im Frühjahr 1762 kam endlich der Bote aus Petersburg angeritten, der Münnich die Begnadigung brachte: Er konnte heimkehren. Da war er schon neunundsiebzig Jahre alt und immer noch voller Tatendrang.

KAPITEL XI

Der Zar und die Zarin kamen aus Deutschland

Die zweite überragende russische Herrscherpersönlichkeit nach Peter dem Großen war eine Frau. Sie wurde vier Jahre nach seinem Tod geboren, stammte aus einem kleinen deutschen Fürstentum und hieß Sophie Auguste von Anhalt-Zerbst. Bei ihrer späteren Taufe nach griechisch-orthodoxem Ritus bekam sie den Namen Katharina Alexejewna. In der Reihe der russischen Zaren hieß sie Katharina II., und in die Geschichte ging sie als Katharina die Große ein.

Wie das Deutsche Reich in viele Fürstentümer, so waren diese wiederum in Teilfürstentümer zerfallen. Das alte Anhalt beiderseits der Saale hatte sich im Lauf der Zeit in fünf verschiedene Herrschaften aufgesplittert: Anhalt-Dessau und Anhalt-Köthen, Anhalt-Bernburg, Anhalt-Plötzkau und Anhalt-Zerbst. Keines der Ländchen war wohlhabend genug, den aufwendigen Lebensstil seiner Fürsten aus eigener Kraft finanzieren zu können. Die Landesherren mußten sich bemühen, ihr Geld irgendwo draußen bei mächtigeren Fürsten zu verdienen.

Sophies Vater, Fürst Christian August, diente dem König von Preußen als Generalmajor in Stettin. So kam es, daß seine Tochter am 2. Mai 1729 in der alten Hauptstadt Pommerns geboren wurde und dort auch ihre erste Kindheit verlebte, im linken Flügel des Schlosses, wo ». . . ich drei gewölbte Stuben neben der Kirche innehatte und der Glocken-

turm an meine Schlafstube stieß ...«
Rußland war für sie nur ein undeutlicher Begriff. Der Name Peters des Großen kam ihr erstmals zu Ohren, als sie mit zehn Jahren bei ihrem Onkel Adolf Friedrich, dem Fürstbischof von Lübeck, im Eutiner Schloß zu Gast war. Adolf Friedrich war ein Freund aller Künste, besonders aber der Musik. Bei ihm lernte sie die Verwandtschaft ihrer Mutter kennen, die eine holsteinische Prinzessin war und das Leben in dieser kleinen Residenz unter dem weiten hohen Himmel ihrer Heimat sehr liebte und immer sehr genoß.
Unter den Gästen tauchte auch Sophies Vetter Karl Peter Ulrich von Holstein auf, ein scheuer, magerer Junge, der ihr leid tat. Seine Mutter war bald nach seiner Geburt gestorben, der Vater vor wenigen Wochen. Sein Lehrer Brümmer verprügelte ihn bei jeder Gelegenheit. Er wuchs ohne jede Nestwärme auf, und das war ihm anzumerken. Die Mutter dieses Jungen war eine Tochter Peters des Großen gewesen. Aber mehr Interessantes als diesen schon legendären Großvater hatte Karl Peter Ulrich auch nicht zu bieten. Die Langeweile war stärker als das Mitleid. Der Gedanke, daß er später einmal der Zar von Rußland und sie seine Frau werden sollte, wäre ihr grotesk erschienen. Es gab weit nettere Jungen in diesem schönen Eutin mit seinen Konzerten, Bällen, Theateraufführungen.

Sophia von Anhalt-Zerbst als Verlobte, später Katharina II., Zarin von Rußland.

Knapp fünf Jahre später waren Sophie und ihre Mutter bei Friedrich dem Großen in Berlin zu Gast. Der König war zweiunddreißig Jahre alt, ein siegreicher Kriegsheld, der berühmte Philosophen und Künstler um sich

Karl Peter Ullrich v. Holstein-Gottorp als Verlobter, später Peter III. von Rußland.

versammelte. Am Cembalo saß Carl Philipp Emanuel Bach, und in den Fauteuils ringsum gruppierten sich schöne und geistreiche Frauen. Keine von ihnen konnte verstehen, warum Friedrich von Preußen sich so auffällig für die kleine Prinzessin von Zerbst interessierte, die noch nicht einmal fünfzehn war. Bei der Tafel wählte er sie zur Tischdame und plauderte mit ihr lebhaft auf deutsch und französisch. Sie begriff: Er prüfte ihr Wissen, ihre Bildung, ihre Fähigkeit zu formulieren, und ganz offensichtlich war er zufrieden. Sie war als Braut für den Zarewitsch Peter vorgesehen, und er wollte sie kennenlernen.

Seit Monaten liefen Verhandlungen des Petersburger Hofes mit mehreren deutschen Fürstenfamilien und dem englischen Königshaus über geeignete Anwärterinnen für eine Ehe mit dem russischen Thronfolger. Laufend trafen Bilder heiratsfähiger Prinzessinnen in Rußland ein mit beigelegten überaus positiven Personenbeschreibungen und langen Listen liebenswerter Eigenschaften.

In Petersburg regierte die Zarin Elisabeth. Sie hatte in ihrem Leben viele Dutzend Liebhaber und auch gelegentlich – wie hartnäkkig behauptet wurde – Kinder gehabt. Bei ihrer Leibesfülle waren die Schwangerschaften weitgehend unbemerkt geblieben. Mit keinem ihrer unstandesgemäßen Gespielen wollte sie aber eine Ehe eingehen – erst in reifen Jahren heiratete sie insgeheim Rasumowskij – und hatte infolgedessen auch keinen erbberechtigten Nachwuchs; der illegitime wurde – wie man flüsterte – sogleich an irgendwelche Ammen weitergegeben. Auf der Suche nach einem

anerkannten Thronerben kam sie auf den Sohn ihrer nach Holstein verheirateten früh verstorbenen Schwester Anna.
Elisabeth bewahrte eine seltsam sentimentale Bindung an das Land zwischen den zwei Meeren. Als junges Mädchen war sie mit Karl von Holstein-Gottorp verlobt gewesen, der am Hochzeitsmorgen ganz plötzlich gestorben war. Aus dieser Erinnerung heraus hatte sie schließlich den langaufgeschossenen weizenblonden Karl Peter Ulrich zu ihrem Erben ernannt und aus Kiel nach Petersburg geholt. Dort war er orthodox getauft worden und hieß jetzt Großfürst Peter Fjodorowitsch.
Für ihn suchte die Zarin eine Frau. Als sie alle Bewerbungen, die aus den Fürstenhöfen eingetroffen waren, gesichtet hatte, fand sie, daß ihr die kleine Sophie von Anhalt-Zerbst unter all den heiratswilligen Prinzessinnen mit Abstand am besten gefiel. Das Bild, das der Berliner Hofmaler Antoine Pesne von Sophie gemalt hatte, zeigte ein sehr hübsches, kräftiges Mädchen mit vollen Lippen, strahlend blauen Augen und schwarzen Haaren. Auf die mußte jeder Mann reagieren. Warum nicht auch der schüchterne Holsteiner?
Also lud Elisabeth die Fürstin von Zerbst mit ihrer Tochter nach Petersburg und Moskau ein. Da sie wußte, wie knapp die Zerbster bei Kasse waren, schickte sie 10000 Rubel für die Reisekosten vorweg.
Mutter und Tochter fuhren mit dem Wagen und einer sehr bescheidenen Begleitung zunächst nach Königsberg und dann durch Polen. Dort notierte die Fürstin von Zerbst, tief beeindruckt von den besonderen Verhältnissen in den Gasthöfen: »... die Wirtskammer war einem honetten Schweinestall nicht unähnlich: Wirt und Wirtin, Haushund, Hahn und Kinder, in Wiegen, Betten, auf dem Ofen, auf Matratzen, das wälzte sich in Unordnung wie Kraut und Rüben.«
Das änderte sich grundlegend, als sie über die russische Grenze kamen. Die Poststationen boten nicht nur einen raschen Pferdewechsel, sondern auch gute Übernachtungsmöglichkeiten.
Ein dichtes Netz solcher Stationen überzog die Hauptverbindungswege in West-Rußland. Der Mann, der das Postwesen, das damals ja auch den gesamten Personenverkehr bewältigen mußte, aufgebaut und organisiert hatte, war der Schlesier Friedrich Asch, den Elisabeth um seiner Verdienste willen zum Baron und Reichspostdirektor ernannt hatte.
Als die Damen aus Zerbst im Februar 1744 in Petersburg eintrafen und am Zarenhof in Elisabeths Auftrag mit großer Ehrerbietung

empfangen wurden, machten sie die gleichen Erfahrungen wie Herberstain zweihundert und Olearius hundert Jahre vor ihnen. Die Fürstin vermerkte: »... man muß eine eiserne Gesundheit haben, um die ermüdende Hofetikette zu ertragen. Meine Tochter aber genießt das Großartige, das sie umgibt...«
In Eis und Schnee reisten sie nach Moskau weiter, wo Elisabeth sie mit herzlichem Überschwang begrüßte. Sie sahen auch Peter wieder, der sich sehr verhalten zeigte. Bei seinem ersten Gespräch mit Sophie, die ja seine Braut werden sollte, erinnerte er sie daran, daß sie doch seine Cousine sei, und eröffnete ihr, daß er sehr in Anna Lopuchina verliebt sei, die Tochter der unglücklichen Fürstin Natalja Lopuchina, der Elisabeth die Zunge hatte herausschneiden lassen. Peter fiel also nichts Besseres ein, als das Mädchen zu kränken, das bereit war, sich mit ihm, den es gar nicht besonders mochte, zusammenzufinden, mit ihm zu leben und viele Kinder zu bekommen.
Am Zarenhof gab es verschiedene Parteien und Interessengruppen. Jede verfolgte ihre eigene Politik, und jede sah die zukünftige Braut des Großfürsten mit gleicher Neugier, aber anderen Augen. Dieses Mädchen war unbestreitbar hübsch und auffallend intelligent. Sophie verriet auf deutsch und französisch eine beachtliche Bildung und hatte im Handumdrehen auch schon die ersten Sätze Russisch gelernt. Sie tanzte anmutig, saß graziös zu Pferde und war schon so weit entwickelt, daß sie die Phantasie der Gardeoffiziere sichtlich zu beschäftigen begann.
Elisabeth war entzückt von dieser jungen Deutschen, die aus einem schlichten Fürstenhaus stammte und ihre Freude an all der byzantinischen Prachtentfaltung unverhohlen bekundete. Die Zarin setzte schließlich den Beginn der zehntägigen Hochzeitsfeierlichkeiten auf den 1. September 1745 fest.
Sophie nutzte die verbleibende Zeit und nahm bei dem Priester Simon Todorskij Religionsstunden und Russisch-Unterricht. Er war ein ausgezeichneter Lehrer, hatte in Halle Philosophie studiert – in Rußland gab es noch keine Universität – und bereitete Sophie sorgsam auf ihre orthodoxe Taufe vor, die am 9. Juli mit großer Feierlichkeit vollzogen wurde. Dabei bekam sie zum Andenken an die Mutter der Zarin Elisabeth deren Namen: Katharina Alexejewna.
Sehr rasch gewann sie die Herzen der Russen aller Schichten. Sie zeigte sich in den Straßen, auf den Plätzen, vor allem in den Kirchen. Es beeindruckte die Menschen, daß diese junge deutsche

Prinzessin sich so eifrig um die Regeln der russischen Lebensweise und der orthodoxen Kirchenordnung bemühte, während Großfürst Peter, der ja schon viel länger im Land war, keine erkennbare Neigung bekundete, sich mit der Sprache, den Sitten und dem Glauben der Russen vertraut zu machen.

Die zehntägigen Hochzeitsfeierlichkeiten waren eine bunte, goldstrotzende Folge von Gottesdiensten und Paraden, von Feuerwerk und Blumenkorsos, von Konzerten, Balletten und prachtvollen Hofbällen. Sophie, die jetzt Großfürstin Katharina Alexejewna hieß, notierte aber bekümmert: »... mein teurer Gatte beschäftigt sich gar nicht mit mir. Ich gähne und langweile mich...«

Auch Peter war nicht froh. In der Verlobungszeit hatte er die Pokken bekommen und überlebt. Doch sein Gesicht war von Narben entstellt. Und dann wurde ihm jetzt noch bewußt, daß er unter einer Phimose litt, einer Vorhautverengung, gegen die seine Hofärzte besser schon vorher etwas unternommen hätten. Nun mußte er operiert werden. Das war zwar kein schwerer Eingriff, aber auch nicht gerade dazu angetan, dem jungen Paar zu rauschhaften Flitterwochen zu verhelfen.

Peter war siebzehn Jahre alt, unausgeglichen, gehemmt, in seiner Entwicklung geschädigt. Er brauchte zunächst Verständnis und Nachsicht. Beides war von einer Sechzehnjährigen kaum zu erwarten. Und dann immer die lauernden Blicke der Hofschranzen an jedem Morgen, die gebeugten Rücken, das hämische Getuschel im Hintergrund. Er trug den Namen seines berühmten Großvaters Peter und war einem unerträglichen Erfolgszwang unterworfen. Er sollte einst ein Riesenreich beherrschen, sollte Scharen von Kindern zeugen, sollte nebenbei verwegene Hofdamen verführen, sollte als starker Mann posieren, und das an diesem Hof, an dem ganz andere starke Männer die Maßstäbe bestimmten; etwa der Straßenfeger Ljalin, dessen Profil Elisabeth beobachtet hatte, als er einmal am Wegesrand sein Wasser abschlug. Tief beeindruckt von dieser Silhouette hatte sie ihn sogleich zu sich beordert und, als er physisch hielt, was er optisch versprach, als Kammerherrn engagiert.

In dieser Welt konnte Peter nicht viel mehr hervorbringen als Ängste und verschwommene Ideale, die er eines Tages als Zar zu realisieren hoffte. Katharina aber fand sich in ihr viel besser zurecht. Wenn sie auch mit leeren Händen nach Petersburg gekommen war, eine Mitgift von unschätzbarem

Wert hatte sie mitgebracht: eine Seele, die der russischen eng verwandt war.

Das Verhältnis zwischen ihr und Peter war von Anfang an verfahren und änderte sich im Grunde nie mehr: Sie war ein Jahr jünger als er, ihm aber in ihrer geistigen und körperlichen Entwicklung um viele Jahre voraus. Peter war ein Spätentwickler, sie hatte einen Mann erwartet. Was sie für ihn empfand, war der Verachtung sehr nahe, und Verachtung ist kein gutes Mittel gegen Hemmungen.

Katharina gewann spielend alle Sympathien, während Peter der kontaktarme Fremde blieb, der nur seine holsteinischen Freunde hatte und als weibliche Bezugsperson die Gräfin Woronzowa. Niemand konnte begreifen, was er an ihr fand. Es gab bei Hofe so viele hübsche und erfahrene Prinzessinnen, Bojarentöchter, Kammerzofen, die jederzeit bereit gewesen wären, dem scheuen Großfürsten auf die Sprünge zu helfen. Peter aber hatte sich ausgerechnet die rundliche pockennarbige Elisabeth Woronzowa zur Geliebten erwählt, pockennarbig wie er. Der ganze Hof verwunderte sich über das seltsame Paar: der lange, dürre Peter und die kräftig ausladende Woronzowa, deren braunfleckige Haut durch kein Schönheitsmittel der Welt zu bleichen war, in einer Zeit, in der ein weißer Marmorteint unumstößliches Modegebot war. Katharina sorgte eifrig dafür, daß aus der Verwunderung Spott wurde. Aber bei der Woronzowa fand Peter nun einmal die Wärme, die er seit dem frühen Tod seiner Mutter nirgendwo mehr gefunden hatte.

Seine männliche Bezugsperson war der König von Preußen, Friedrich der Große, gegen den die Zarin eine so tiefe Abneigung hegte. Mit ihm stand Peter in einem ständigen Gedankenaustausch, von ihm empfing er immer neue Denkanstöße für den Aufbau eines modernen Staatswesens. Und der schon berühmte junge König in Potsdam war sich durchaus nicht zu gut, dem sechzehn Jahre jüngeren und ihm an Bildung und Wissen nicht ebenbürtigen Großfürsten Peter mit eigener Hand lange Briefe zu schreiben.

Mit Friedrichs Hilfe formte sich Peter im Lauf der kommenden Jahre das Ideal eines modernen Rußland mit einem von Willkür freien, durch Gesetze geordneten Rechtswesen, einer straff organisierten unbestechlichen Verwaltung, einem fortschrittlichen Bildungssystem und einem zentral geführten Flotten- und Heereswesen. Für sich akzeptierte Peter voll die Einstellung des preußischen Königs: »Ein Fürst ist der erste Diener seines Staates!«, im

Gegensatz zur Maxime Ludwigs des Vierzehnten: »Der Staat bin ich!«, die dem Selbstverständnis russischer Zaren weit mehr entsprach.

Nach seiner Trauung hatte Peter siebzehn Jahre Zeit, sich zu entwickeln, bis er die Krone erbte und der Verwirklichung seiner Idealvorstellungen näher kam. In diesen Jahren entfremdete er sich seiner Frau immer mehr, und er fand auch nur begrenzt Anschluß an seine Petersburger Umgebung. Das Blutserbe seines russischen Großvaters war nicht stark genug, und außerdem fehlte es ihm an Beweglichkeit und Anpassungsbereitschaft. Statt einen Zugang zur russischen Welt zu suchen, die er ja eines Tages beherrschen sollte, baute er sich seine eigene alternative Welt im Schloß Oranienbaum auf, das sich einst Menschikow als Demonstration seiner Macht errichtet und das Elisabeth ihrem Thronfolger zur Hochzeit geschenkt hatte. Unter den Menschen in dieser Exklave gab es nur wenige Russen, aber viele holsteinische Freunde. Auch unter ihnen, die er sich hatte mitbringen dürfen, zeigte kaum einer Neigung, sich der Umgebung anzupassen. Statt dem Großfürsten zu helfen, eine innere Bindung an Rußland und den russischen Menschen zu finden, bestärkten sie ihn in seinem Hang zur Isolation.

Da Peter wußte, daß alle bisherigen Palastrevolutionen von den Garden ausgegangen waren, baute er sich eine eigene holsteinische Garde auf, für die er Soldaten und Offiziere aus der Heimat holte. Bald waren es mehr als 1500 Mann in den heimatlichen Landesfarben: blaue Uniformröcke, rote Aufschläge, weiße Biesen, im provozierenden Gegensatz zum traditionellen Grün der russischen Uniformen. Er selber trug mit Vorliebe die preußische Uniform und den Schwarzen-Adler-Orden, den sein Idol Friedrich ihm verliehen hatte.

Auch Katharina baute sich indessen eine eigene Welt auf, die von der ihres Mannes scharf abgegrenzt war, sich aber mit der, in der die Menschen ihrer neuen Umgebung lebten, in vollem Einklang befand. Sie knüpfte Kontakte zu den alten selbstbewußten Fürstenfamilien, zu den verschiedenen Cliquen des Hofadels, der Beamtenschaft und des Klerus, an dem ihr besonders gelegen war. Sie versäumte keinen Gottesdienst und keine Prozession. Vor wichtigen Heiligen kniete sie lieber dreimal zuviel als einmal zuwenig. Bald setzte sich bei allen Machtgruppen die gleiche Erkenntnis durch: Diese kluge junge Frau war eine Kraft, mit der man rechnen mußte.

Die andere Seite dieser eigenen Welt war Katharinas Privatleben, das sie sehr behutsam und diskret führte. Sie las viel, musizierte, bemühte sich um ein gutes Verhältnis zu ihren russischen Hofdamen, von denen eine, die Fürstin Daschkowa, ihre Freundin wurde. So war sie immer hervorragend über alle Interna und Intrigen informiert. Ihre Lektüre in diesen ersten Jahren als Großfürstin waren vor allem historische Werke, weil sie, die schon anfing Politik zu machen, sehr wohl wußte, daß jede Politik ihre Wurzeln in einer genauen Kenntnis der geschichtlichen Zusammenhänge hat.

Und dann begannen die Liebesaffären. Der erste Mann, von dem sie sich erobern ließ – und sie machte ihm diese Eroberung wahrhaftig nicht leicht –, war Graf Sergej Saltykow, ein hochgebildeter, musischer Mensch mit einem sinnlichen Mund und halbgeschlossenen Augenlidern. Er mußte lange um sie werben. Erst wollte sie wissen, wieviel Phantasie er hatte und wie schnell er ermüdete. Er hatte sehr viel Phantasie und ermüdete so gut wie nie.

Von alldem merkte Peter nichts. Nach fast neunjähriger Ehe, am 1. Oktober 1754, gebar Katharina einen Sohn, Paul. Der Großfürst Peter wunderte sich nicht. Vielleicht war er wirklich der Vater. Später deutete Katharina in ihren Memoiren dezent verschlüsselt die Möglichkeit an, es könne auch Graf Saltykow gewesen sein. Solche Gedanken hatte wohl auch die Zarin, denn sie tat etwas sehr Merkwürdiges: Sie schickte den Grafen mit den verschleierten Augen als Sonderbotschafter nach Stockholm, um dem König von Schweden die Geburt des künftigen Thronerben anzuzeigen; ein sehr ungewöhnliches Verfahren. Später ernannte sie Saltykow zum russischen Gesandten in der Freien und Hansestadt Hamburg, diesem wichtigen Handelsplatz zwischen dem von Dänemark vereinnahmten Schleswig-Holstein und dem mit England in Personalunion ver-

Sergej Graf Saltykow in reifen Jahren.

bundenen Kurfürstentum Hannover.
Für Katharinas zweites und letztes Kind, das drei Jahre später geboren wurde, kam er kaum in Frage. Diese Vaterschaft spielte auch keine so große Rolle, weil die kleine Anna schon bald wieder starb.
Indessen führte die Zarin Elisabeth ihr ausschweifendes eigenes Leben weiter, ein Sauf- und Freßleben, schwankend zwischen byzantinischer Unnahbarkeit und derben Vertraulichkeiten. Überschattet wurde es nur von der

Zarin Elisabeth Petrowna auf einer silbernen Schnupftabakdose mit Emaildekor.

unheilbaren Angst, eines Nachts ebenso aus dem Bett geholt, verbannt und eingekerkert zu werden, wie sie seinerzeit den Braunschweiger Säugling, Zar Iwan VI., aus dem Bett geholt, verbannt und später eingekerkert hatte. Deswegen hielt sie sich immer bis fünf Uhr morgens wach und schlug die Zeit bis dahin mit Essen, Trinken und deftigen Liebesspielen tot. Sie konnte mühelos ein Dutzend Gänge verschlingen und dann noch zum Abschluß ein Pfund Pralinen. Darüber wurde sie so ungeheuer fett, daß es immer problematischer wurde, passende Liebhaber für sie zu finden.

Der preußische Gesandte Graf Finckenstein entwarf von ihr folgendes Porträt: »... die Wollust ist ihre vorherrschende Leidenschaft. Ihr gibt sie sich ohne Zurückhaltung hin. Auch die Trägheit, gewöhnlich die Begleiterin der Wollust, ist ein Charakterzug dieser Fürstin...«
Die Politik machten andere, vor allem der Großkanzler Graf Alexej Bestuschew-Rjumin. Dieser teilte Elisabeths Abneigung gegen den preußischen König – in Rußland war es verboten, ein Bild Friedrichs des Großen zu besitzen – und fühlte sich zu Österreich wie auch zu Frankreich hingezogen, an deren Seite er schließlich auch das Russische Reich in seinen verlustreichen Krieg gegen Preußen führte.
Immerhin geschahen in Elisabeths Regierungszeit wesentliche Dinge in Rußland. Wenn sie auch persönlich daran unbeteiligt war, so ließ sie sie doch geschehen: 1744 wurde durch einige Böttger-Schüler aus Meißen die Petersburger Porzellan-Manufaktur gegründet, die später unter Katharina so berühmt wurde.
Im Jahre darauf ernannte Elisabeth das Universalgenie Michael Lomonossow zum Professor für Chemie an der Petersburger Akademie der Wissenschaften. Der Mann, dessen Namen heute die Moskauer Universität trägt, stammte aus einem Fischerdörfchen am Weißen Meer. Er gab sich als Sohn eines Priesters aus und wurde deshalb in Moskau zum Gymnasium zugelassen. So hatte er sich eine solide Grundbildung angeeignet und dann fünf Jahre lang in Freiberg am Erzgebirge, der ältesten Bergakademie der Erde, Mathematik und Bergbau, in Marburg an der Lahn Philosophie und deutsche Literatur studiert. Er gab die erste umfassende Grammatik der russischen Sprache heraus, die er für seine deutschen Freunde auch ins Deutsche übersetzte, wurde Direktor des Mineralogischen Instituts und erwarb das Privileg, eine Fabrik für Glasperlen und Mosaiksteine zu betreiben. Seine

Alexej Graf Orlow
(1737–1808).

Frau hatte er sich aus Deutschland mitgebracht. Er wurde zum Vater der neuen russischen Literatur und schuf unsterbliche Dichtungen in seiner so geliebten und von ihm in all ihren Ausdrucksmöglichkeiten voll erschlossenen Muttersprache.
Im Jahre 1754 begannen die Arbeiten an dem gewaltigen neuen Winterpalais in Petersburg. In demselben Jahr wurde dort auch die erste russische Hypothekenbank gegründet. Noch immer bestand eine Verfügung, daß nur in der neuen Hauptstadt Steinhäuser errichtet werden durften, um auf diese Weise alle Maurer und Steinmetze zu deren Aufbau heranziehen zu können. Vorläufig gab es in den anderen Städten nur Holzhäuser.
1755 bekam Rußland in Moskau seine erste Universität, an der viele deutsche Professoren lehrten und russische, die in Deutschland studiert hatten, wo solche Institute schon auf eine vierhundertjährige Erfahrung zurückblicken konnten.
Im August 1756 brach der Siebenjährige Krieg zwischen Österreich und Preußen aus. Es ging um den endgültigen Besitz Schlesiens. Frankreich, Schweden und das mit Sachsen durch Personalunion verbundene Polen traten auf die Seite Österreichs. Die Franzosen drangen von Westen, die Schweden von Norden, die Österreicher von Süden in Preußen ein, durchzogen sengend und plündernd auch andere deutsche Länder, ohne darauf Rücksicht zu nehmen, ob die nun mit Preußen verbündet oder neutral waren.
Schließlich griffen russische Truppen Schulter an Schulter mit ihren traditionellen Todfeinden, den Polen und den Schweden, in die Kämpfe gegen ihre traditionellen preußischen Freunde ein, besetzten im Juni 1757 mit 100000 Mann das völlig ungeschützte Ostpreußen, verbrannten das Land, verwüsteten die Städte und drangen weiter nach Westen vor. Im Lauf des Krieges nahmen sie Königsberg und Frankfurt an der Oder und machten Küstrin an Warthe und Oder dem Erdboden gleich.
Drei große Schlachten wurden in

diesem Krieg zwischen Preußen und Russen auf deutschem Boden geschlagen:

Am 30. August 1757 versuchten 20000 Preußen, den Vormarsch der 100000 Russen bei Groß-Jägersdorf im Kreis Insterburg aufzuhalten, verloren 4600 Mann und 28 Geschütze, konnten sich aber in voller Ordnung zurückziehen.

Am 25. August 1758 erlitten die Russen bei Zorndorf in der Neumark eine schwere Niederlage und verloren 939 Offiziere, 20590 Mannschaften, 103 Geschütze und 27 Fahnen.

Am 12. August 1759 verloren die Preußen bei Kunersdorf nahe Frankfurt an der Oder die Schlacht und 20000 Soldaten, dazu die ganze Artillerie. Der Dichter Ewald von Kleist, ein Großonkel Heinrich von Kleists, wurde tödlich verwundet und am 26. August »mit allen Honneurs« begraben. Ein russischer Offizier, Baron von Stackelberg aus Kurland, legte ihm seinen eigenen Degen aufs Grab.

Das alles erlebte Großfürst Peter aus weitem Abstand im Schloß Oranienbaum mit. Tief deprimiert und in machtlosem Zorn empfing er immer neue Schreckensnachrichten. Auch einen Brief von Friedrich dem Großen bekam er, in dem der König ihm schrieb, wie entsetzlich russische Truppen in Ostpreußen hausten. Peter gab dem dort kommandierenden Feldmarschall Graf Fermor, dem Sproß einer englischen Familie, die in Rußland ihr Glück gemacht hatte, in einem Brief den Wink, an seine zukünftige Karrie-

Naive russische Darstellung eines Reitergefechts im Siebenjährigen Krieg.

der in der Schlacht bey Zorndorff gefangenen Russische
Generalität werden, wegen Einäscherung der Stadt Cüs-
trin, auf des Königs Befehl die Casematten der Festung
zum Quartier angewiesen

re nach einem eventuellen Machtwechsel zu denken und sich in Preußen gesittet zu betragen. Aber im Augenblick konnte er gegen die antipreußische Partei, die ganz im Sinn der Zarin agierte, nichts ausrichten.

Und dann, am 9. Oktober 1760, drangen die Russen in Berlin ein. Da sie die Empfindlichkeit der Österreicher kannten und wußten, daß diese sich gern mit dem Ruhm schmücken wollten, Preußens Hauptstadt erobert zu haben, traten sie so lange auf der Stelle, bis die Österreicher auch soweit waren. Dann stürmten sie gemeinsam mit zwei Heeren das von einer Handvoll Kriegsinvaliden verteidigte Berlin.

Vier Tage lang erlebten die Berliner die erste Doppelbesatzung in der Geschichte ihrer Stadt, wobei sich die von dem baltischen General Graf Peter Todtleben geführten Russen weit besser benahmen als die Österreicher des Grafen Franz Moritz Lascy. Dessen Männer, unter denen sich besonders die Panduren und Kroaten hervortaten, verwüsteten, plünderten und vergewaltigten nach Herzenslust, zerschlitzten die Bilder in den Galerien und zerschlugen die Statuen in den Parks, während ihr Feldherr ihnen mit nachsichtigem Lächeln das Vergnügen ließ, das ihn nichts kostete.

Indessen verschlechterte sich der Zustand der Zarin Elisabeth zusehends. Sie war erst knapp über fünfzig, aber sie hatte ihr Leben schon zu Ende gelebt, weil sie nie auf den Gedanken gekommen war, etwas anderes daraus zu machen als eine permanente Orgie. Sie schwemmte auf und verfiel zugleich. Immer häufiger wurde sie von Krämpfen geschüttelt, immer öfter mußte sie zur Ader gelassen werden, immer länger wurden die Gebete, die sie mit ihren Hofdamen und zahlreichen Geistlichen abhielt, immer schärfer wurden die Polizisten angewiesen, alle Menschen, die von Beerdigungen kamen und Trauerkleidung trugen, aus dem Blickfeld der Zarin zu vertreiben. Am Ende waren ihre Beine wie gewaltige Wassersäcke, und am 5. Januar 1762 starb sie, nachdem sie Wellen von Blut erbrochen hatte. Ein Gelübde hielt sie bis zum letzten Tag: Während ihrer zwanzigjährigen Regierungszeit waren zwar viele Todesurteile verkündet, aber kein einziges vollstreckt worden. Die Delinquenten waren entweder zur Verbannung nach Sibirien oder zur Knutenstrafe verurteilt worden, wobei dann allerdings sehr viele die Schläge nicht überlebt hatten. In manchen Fällen hatte sich die Zarin auch damit begnügt, die zum Tode Verurteilten zum Herausschneiden der Zunge zu begnadigen.

Elisabeth hinterließ eine stagnierende Wirtschaft, eine verknöcherte Verwaltung, einen bestechlichen Beamtenapparat, 15000 Kleider und zwei Kisten mit Seidenbändern und Spitzen. In ihrer Sorge, irgendeine Dame bei Hof könne denselben Stoff, den gleichen Schnitt oder die entsprechenden Applikationen tragen wie sie, hatte sie alles aufgekauft, was an Modeneuheiten in der Residenz angeboten wurde.

Jetzt war Peter III. Herrscher über das Russische Reich. Alle Fürsten und Hofbeamten, alle Geistlichen und hohen Offiziere umdrängten ihn, um ihm zu huldigen. Jetzt, da er die Macht und die Verantwortung hatte, ging eine merkwürdige Veränderung in ihm vor. Er war frei von dem Zwang, immer ein anderer sein zu müssen, als er sein konnte und sein wollte. Nun durfte er sich geben, wie er war, ohne Angst vor ständigen Korrekturen.

Seine erste Tat war, daß er sich Geld aus den Hofschatullen aushändigen ließ. Dann ritt er ohne

Zar Peter III. regierte nur ein halbes Jahr.

bewaffnete Begleitung mitten unter das Volk und verteilte die Münzen an die Armen. Dabei wirkte er nicht eckig und auch nicht gehemmt. Der schwedische Historiker Crusenstolpe schildert die Entwicklung Peters so: »... der Großfürst war als inkonsequent und bizarr bekannt, der Zar zeigte sich gerecht, geduldig, verträglich und aufgeklärt. Alle höheren Staatsbeamten behielten ihre Ämter. Seinen Feinden verzieh er, auch wenn sie sich gegen ihn höchst unwürdig benommen hatten...«

Zar Peter III. aus dem Haus Holstein-Gottorp regierte nur sechs Monate und fünf Tage. Seine erste Maßnahme war ein Waffenstillstand mit Preußen. Die russischen Truppen räumten alle von ihnen besetzten preußischen Gebiete. Peter stellte Friedrich dem Großen sogar ein russisches Hilfskorps unter dem General Tschernytschew zur Verfügung. Dann erließ er eine weitreichende Amnestie für politische Gefangene und holte Tausende von Verbannten aus Sibirien zurück. Graf Münnich war einer von ihnen. Peter tat alles, um das Unrecht wiedergutzumachen, das diesem Mann angetan worden war, der sich um Rußland so verdient ge-

Friedrich der Große entkam in der Schlacht von Kunersdorf mit knapper Not den Kosaken.

macht hatte, und zog ihn gleich in seinen engen Beraterkreis. Sobald der alte Herr, der nun im achtzigsten Lebensjahr stand, wieder bei Hof verkehrte, verliebte er sich stürmisch in die junge Gräfin Stroganowa. In den ersten Wochen der neugewonnenen Freiheit verfaßte er glühende Liebesbriefe an die berühmte Schönheit.

Mit großem Engagement leitete Peter III. sogleich ein umfangreiches Reformprogramm ein, und darin war er dann doch ganz der Enkel seines russischen Großvaters und der Schüler des preußischen Königs: Er verfügte eine schrittweise Lockerung des grundsätzlichen Reiseverbots und ordnete Maßnahmen zur Belebung des Handels an, um den sich Elisabeth überhaupt nicht gekümmert hatte. Er schaffte die Tortur ab, leitete eine Strafrechtsreform ein und löste die »Geheime Kanzlei« auf, jenes schreckliche Tribunal, das mit allen Mitteln jedes gewünschte Geständnis erpressen konnte und dessen Willkür keine Grenzen gesetzt waren. Er hob die Salzsteuer auf, die besonders die armen Leute belastet hatte, und führte statt dessen eine Luxussteuer ein, so daß nun die reichen Leute zu angemessenen Zahlungen herangezogen wurden. Er bereitete ein Gesetz vor, das auch die Popen verpflichten sollte, Steuern zu zahlen, und die Kirchen und Klöster, Teile ihres unermeßlichen Vermögens für die Armenpflege auszugeben. So unausgeprägt der Großfürst Peter gewesen war, so entschlossen begann der Zar Peter ein eigenes Profil zu zeigen. Ein solcher Mann paßte nun überhaupt nicht in das Konzept der Männer, die bisher die Politik gemacht hatten. In den 37 Jahren seit dem Tod Peters des Großen hatten, abgesehen von den kurzen Episoden mit dem Kind Peter II. und dem Säugling Iwan VI., immer nur Frauen auf dem Thron gesessen und immer nur Männer regiert, von denen die Zarinnen abhängig gewesen waren. Nun tauchte plötzlich ein Zar mit eigenen Ideen auf, und noch dazu einer, den bisher niemand ernst genommen hatte, nicht einmal seine eigene Frau. Sie auf dem Thron zu sehen, diese junge, hübsche Katharina Alexejewna, das war ein lohnendes Ziel!

Dieses Ziel zu verfolgen, fand sich bald ein Kreis von Militärs, Hofchargen und Staatsbeamten zusammen, der rasch immer größer wurde und immer eifriger darüber nachdachte, wie Zar Peter III. am besten und raschesten zu beseitigen sei.

Einen Ansatzpunkt für Polemiken gegen den neuen Zaren boten seine Pläne, sein ererbtes Herzogtum Holstein-Gottorp aus der dänischen Machtsphäre zu befreien. Ihm standen die Idealvorstellungen seines Ururgroßvaters Friedrich III. vor Augen, der vor über einem Jahrhundert zwischen Niederelbe und Apenrader Bucht ein modernes Staatswesen nach den Grundsätzen der Toleranz und Freizügigkeit geschaffen hatte, das dann von den Dänen okkupiert und unterworfen worden war. Der Befreiungskrieg in Holstein sollte Peters erste kriegerische Unternehmung werden. Damit lag er durchaus auf der Linie Peters des Großen, in dessen politischem Konzept ein starkes, mit Rußland eng verbundenes Holstein immer einen hohen Stellenwert gehabt hatte. Aber die Männer, die unter Elisabeth die russische Politik gemacht hatten, wollten überhaupt keinen denkenden und handelnden Zaren. Sie wollten eine Frau, deren Interesse sich auf stark gewachsene Männer und Modefragen konzentrierte. Und Katharina ließ alle gern in dem Glauben, daß ihre Ambitionen nicht viel weiter reichten.

Die Führer des Staatsstreichs waren die fünf Brüder Orlow, deren zweitältester, Grigorij, ihr neuer Geliebter war. Alle waren erheblich verschuldet und keiner so talentiert, daß er sich Hoffnungen machen konnte, durch eine normale Karriere bei Hof oder im Militärdienst jemals in die Lage versetzt zu werden, diese Schulden zu bezahlen. Ihnen gelang es, mehrere höhere Gardeoffiziere als Mitverschwörer zu gewinnen und auch einige Männer aus Zar Peters Freundeskreis, die sich unter Katharina bessere Aufstiegschancen ausrechneten.

Die russische Priesterschaft erklärte sich eindeutig für sie, weil sie Peter für einen halbherzigen Orthodoxen hielt, der im Grunde insgeheim ein Lutheraner war. Außerdem wollte er ihnen Steuern auferlegen und sie zu sozialen Leistungen heranziehen.

Die Gelder zum Anwerben unentschlossener Offiziere, die wichtige Schlüsselpositionen innehatten, brachte der französische Gesandte Baron de Breteuil aus einem Sonderfonds auf, den ihm seine Regierung zur Verfügung stellte. In Paris war man über Peters III. preußenfreundliche Haltung so beunruhigt, daß man sich seine Beseitigung einiges kosten ließ.

Ein Franzose übernahm auch den Sektor Camouflage und Desinformation: Jean-Dominique Odart. Ihm schwebte wohl vor, später so etwas wie die Graue Eminenz der neuen Staatsführung zu werden. Zunächst ließ er durch seine Agenten Gerüchte ausstreuen, Peter beabsichtige, Katharina nach bewährtem Vorbild kahlscheren und in ein Kloster verbannen zu lassen, um dann seine Geliebte, die Gräfin Woronzowa, heiraten zu können. Das klang gar nicht so unglaubhaft und war durchaus geeignet, Katharina, die es von ihren Vertrauten als neueste Geheiminformation zugeflüstert bekam, entscheidend zu motivieren.

Kurz vor Mitternacht am 8. Juli 1762 trafen sich die Verschworenen an der grünen Brücke nahe dem alten Winterpalais. Dann begab sich jeder von ihnen zu dem Regiment, bei dem er Freunde und Konfidenten hatte, deren Einheiten bedingungslos alles mitmachen wollten.

In der ersten Morgenfrühe fuhr Katharina in einer Kutsche in die Kasernen des Ismailowschen und dann des Semjonowschen Regiments und hielt den Soldaten als beleidigte Frau und besorgte Mutter flammende Ansprachen: Ihr Leben und das ihres Sohns Paul, des Zarewitsch, sei bedroht, sie begebe sich in den Schutz der Garden. Tiefbewegt gelobten die Soldaten ihr ewige Treue, schworen, freudig für sie zu sterben, und folgten ihr. Immer mehr Truppenverbände schlossen sich an. Die Regimentspopen marschierten mit erhobenen Kreuzen vor den Soldaten her.

Jetzt wurde eine andere Gruppe von Desinformanten aktiv: An allen Brennpunkten der Stadt, auf den Märkten, in den Schenken, vor den Kasernen streuten sie aus, Zar Peter III. sei plötzlich gestorben. Zur Untermalung dieser Meldung zog ein langer feierlicher Leichenzug kreuz und quer durch Petersburg, um die Gemüter der Menschen zu beschäftigen und im Bedarfsfall unberechenbare Aufläufe abzulenken und zu zerteilen.

Währenddessen zog Katharina an der Spitze der Garderegimenter inmitten einer ständig anschwellenden Menschenmenge zur Kasanschen Kirche, in der sie der Erzbischof Setschin mit allem heiligen Gerät und den Insignien weltlicher Macht erwartete. Und während sich der Chorgesang der Geistlichen mit den Weihrauchwolken vermischte, krönte der Kirchenfürst Rußlands neue Zarin Katharina II.

Indessen saß Peter 39 Kilometer westlich vom Handlungsort entfernt ahnungslos mit seinen Freunden in Oranienbaum beisammen und diskutierte Pläne für seinen Feldzug in Holstein. Die Verschwörer hatten alle Stadtausgänge Petersburgs mit Postenketten abgesperrt. Peter erfuhr von dem, was geschehen war, durch einen Freund, der sich als Bauer verkleidet auf einem Pferdekarren mit großem Geschick aus Petersburg herausgestohlen hatte.

Die Nachricht löste heillose Bestürzung aus. Der einzige, der unter all den Politikern und Mili-

tärs sofort einen klaren Entschluß faßte, war der alte Graf Münnich. Er beschwor den Zaren, sofort nach Petersburg zu reiten und persönlich die Lage zu klären. Immerhin sei die Garnison von Oranienbaum 3000 Mann stark, zur Hälfte Russen, zur Hälfte Holsteiner. So könne er also unbesorgt in seine Hauptstadt einrücken.
Peter wollte aber kein Blutvergießen riskieren und lieber noch etwas abwarten, bis genauere Nachrichten kämen. Nun hatte Münnich einen anderen Vorschlag: Der Zar sollte sich zur Flotte nach Kronstadt begeben und die Ereignisse dann von See her in die Hand nehmen. Der alte Feldmarschall wurde lebhaft unterstützt von Peters russischen Freunden, den Grafen Woronzow, Schuwalow und Wolkow und von seinem Generaladjutanten Andrej Gudowitsch. Trotzdem konnte er sich zu dem Entschluß erst durchringen, als es schon zu spät war.
Während er schwankte, handelte Katharina: Sie zog sich eine Uniform der russischen Gardeinfanterie an, schwang sich auf ihren weißgrauen Schecken, löste ihre Haare und ritt an der Spitze der Leibkürassiere und der Garde zu Pferde, der die Gardeartillerie und die Gardeinfanterie folgte, nach Oranienbaum. Alle Soldaten, die sich ihr anschlossen, und alle Menschen, die ihr begegneten, waren sich einig, daß sie noch nie eine so schöne Frau zu Pferde gesehen hatten. An jeder Kapelle, an jedem Kloster, vor jedem Heiligenbild, an dem sie vorbeikamen, betete Katharina. Alle Geistlichen waren sich einig, daß diese junge Zarin ihre Vorgängerinnen an Frömmigkeit weit übertraf.
Den Zaren, ihren Mann, sah sie in diesem Leben nicht mehr wieder. Er fand sich in Oranienbaum von einer erdrückenden Übermacht umringt, gab seine Sache verloren und erklärte schriftlich seinen Thronverzicht: »... in der kurzen Zeit meiner absoluten Regierung über das Russische Reich habe ich erkannt, daß meine Kräfte einer solchen Last nicht gewachsen sind und daß ich weder als Selbstherrscher noch unter welcher Form auch sonst zu regieren befähigt bin ... Ich erkläre ohne Zwang und feierlich vor dem Russischen Reich und der ganzen Welt, daß ich der Regierung auf Lebzeiten entsage ... Peter, Herzog von Holstein.«
Er gab seinen Säbel ab und ging hinaus zu dem Wagen, in dem ihn die Gräfin Woronzowa und sein Generaladjutant Gudowitsch, der unbeirrt zu ihm hielt, erwarteten. Sie wurden nach Peterhof gebracht. Mit seiner Bitte, von den beiden nicht getrennt zu werden, erntete Peter nur Hohngelächter.

Seine einstigen Gardeoffiziere, die sich ihm noch vor wenigen Tagen in Ehrerbietung genähert hatten, rissen ihm die Rangabzeichen und die Orden von der Uniform und befahlen ihm, sich auszuziehen. Lange ließen sie ihn im Hemd mit bloßen Füßen stehen, dann warfen sie ihm einen Schlafrock und Pantoffeln zu, führten ihn in eine Kammer und schlossen ihn ein. Später erschien der Hofmeister Nikita Panin bei ihm und versprach ihm, er werde schon bald frei und ungehindert nach Holstein ausreisen können.

In der Nacht wurde Peter aus dem Bett geholt und von einer schwerbewaffneten Eskorte – die Verschwörer waren nicht sicher, wie entschlossen seine Anhänger waren – in das von Truppen abgesperrte Schloß Ropscha gebracht und dort wieder eingeschlossen. Er bat, wenn schon nicht Gudowitsch und die Gräfin Woronzowa bei ihm sein dürften, ob er nicht wenigstens seinen Hund und seine Violine haben könne. Aber die Gardeoffiziere erfüllten ihm auch diesen Wunsch nicht.

Unterdessen empfing Katharina II. alle ausländischen Gesandten und setzte sie von ihrer Thronbesteigung in Kenntnis. Im ganzen Russischen Reich gab es keinen Zweifel mehr, daß sie tatsächlich die Macht ergriffen hatte. Alle maßgebenden Kräfte standen hinter ihr: die Aristokratie, das Militär, die Beamtenschaft und vor allem die Geistlichkeit. Der Rest des Volkes, die 95 Prozent Bürger und leibeigene Bauern, spielten ja keine Rolle.

Eine Woche nach Peters Entmachtung erschien in Ropscha, wo er inhaftiert war, Alexej Orlow mit fünf anderen Verschworenen und teilte ihm mit warmherzigem Lächeln mit, er habe eine besonders gute Nachricht für ihn: Er werde schon in wenigen Tagen frei sein! Dann meinte Orlow, auf diese frohe Botschaft hin müsse man unbedingt ein opulentes Frühstück einnehmen und ein Gläschen dazu trinken! Sie hatten alles mitgebracht, auch reichlich von dem Burgunderwein, den Peter besonders gern trank. Er wollte seine Besucher nicht kränken, und als alle ihm zutranken und ihr Glas leerten, tat er es auch.

Kurz darauf krümmte er sich und schrie auf: »Ihr habt mich vergiftet!« Er wollte auf Alexej Orlow losgehen, aber der floh rasch aus dem Zimmer zu den Wachsoldaten. Seine Freunde ergriffen Peter, warfen ihn auf das Bett und versuchten, ihn mit den Kissen zu ersticken. Er stieß sie aber alle von sich. Da packten sie ihn an den Beinen, zerrten ihn vom Bett

---

Am 9. Juli 1762 riefen Offiziere der Garderegimenter Katharina II. zur Kaiserin von Rußland aus.

---

auf den Fußboden, wälzten ihn über die Dielen, traten ihn, schlugen ihn, konnten ihn aber nicht überwältigen. Schließlich holte Fürst Iwan Sergejewitsch Barjatinskij eine Serviette vom Tisch, drehte daraus eine Schlinge, warf sie Peter über den Kopf und erdrosselte ihn, während die anderen mit ihrem ganzen Gewicht die Hände und Füße ihres einstigen Zaren auf den Boden preßten. Danach ließen die Mörder ihre Gehilfen hereinkommen und befahlen ihnen, dem Leichnam ein friedliches Aussehen zu verschaf-

Das Krönungsdiner im Thronsaal des Kreml: Unter dem Thronhimmel Katharina II. Die ersten Fürsten des Reichs bedienen sie. Rechts die Andreasritter, im Hintergrund die Hofdamen. Links am Pfeiler das Tafelgeschirr (Stich von Alexej Kulpaschnikow).

fen. Die Aufgabe war kaum zu bewältigen. Peters Schläfenadern waren geplatzt, sein Hals war aufgerissen, die Zunge quoll weit aus dem Mund, der Kopf, die Hände, die Füße waren blauschwarz und dick verschwollen. Da alles im Zimmer mit Blut bespritzt war, wechselte man sogleich das Mobiliar aus und hobelte die Dielen ab. In der Nacht zum 19. Juli wurde die Leiche unter scharfer Bewachung ins Alexander-Newskij-Kloster gebracht und dort schön aufgeputzt, gesalbt und gepudert aufgebahrt, mit dem Federhut der Generale auf dem Kopf und einer ungewöhnlich hohen und dicken Halsbinde unter dem Kinn.

Dann geschah das, womit niemand gerechnet hatte: Ein endloser Zug von Trauernden bewegte sich tagelang an dem toten Zaren vorbei. Menschen aus allen Klassen und Berufen kamen von weither und blickten beklommen in das verzerrte Gesicht, das immer schwärzer wurde und gar nicht mehr weiß zu pudern war. Aber niemand sagte etwas. Nur der alte Feldmarschall Fürst Trubetzkoj trat dicht an den Zaren heran und rief laut, daß es durch das ganze Kloster dröhnte: »Was haben sie dir denn für eine mächtige Halsbinde umgewürgt, Peter Fjodorowitsch? So eine hast du doch im Leben nie getragen!«

Er beugte sich über den Toten

und schob die Binde zurück. Darunter wurden die blutigen Strangulationsmale sichtbar und tiefe Kratzwunden, aber nur für einen kurzen Augenblick, da griffen die Soldaten, die den Sarg bewachten, den alten Offizier, zerrten ihn beiseite und gaben ihm zu verstehen, es sei klüger, den Mund zu halten. Das tat er dann auch und verließ still und bedrückt das Kloster.

Um diese Zeit machte ein Manifest der neuen Kaiserin im Russischen Reich die Runde: »Wir, von Gottes Gnaden Katharina die

Zweite, Kaiserin und Selbstherrscherin aller Reußen usw ... haben die Nachricht erhalten, daß der gewesene Kaiser Peter III. durch die Folgen seines Hämorrhoidalleidens ... nach dem Willen Gottes gestorben ist ...«

Im September wurde sie mit dem ganzen byzantinischen Pomp vergangener Jahrhunderte in der Uspenskij-Kathedrale in Moskau noch einmal offiziell gekrönt. Wenn aber nun ihre Geliebten und ihre Vertrauten samt deren Brüdern, Vettern und Freunden geglaubt hatten, damit einen Teil der Macht errungen zu haben, so irrten sie sich gewaltig. Diese Frau hatte nur eine einzige große Liebe, und das war die Macht. Die teilte sie mit keinem Menschen.

Friedrich der Große hatte das Verhängnis kommen sehen und Peter in Briefen immer wieder ermahnt, sich mit Katharina gut zu stellen. Nach der Katastrophe schrieb er seinem Außenminister, dem Grafen Karl Wilhelm Finck von Finckenstein: »... der Kaiser von Rußland ist entthront worden, und zwar von seiner Gemahlin. Damit mußte man rechnen. Katharina besitzt viel Verstand und unermeßlichen Ehrgeiz ... Der unglückliche Zar wollte es Peter dem Großen gleichtun, aber er hatte nicht dessen Genie ...«

Ernst Johann Biron, Herzog von Kurland, schrieb das Desaster Peters Weichherzigkeit zu. Er bemerkte: »Peter könnte heute noch Zar sein, wenn er etwas mehr geköpft, gerädert und geknutet hätte.«

Ein wenig später begegnete Graf Semjon Woronzow, der zu den treuen Anhängern Peters gehört hatte, zufällig dem Fürsten Barjatinskij, der den Zaren stranguliert hatte, und fragte ihn angewidert: »Wie haben Sie so etwas tun können?« Da hob der junge Fürst die Schultern und sagte: »Was sollte ich machen? Ich hatte Schulden.«

KAPITEL XII

Der weite Weg der Wolga-Deutschen

Die Geschichte der Wolga-Deutschen begann mit einem Manifest, das Katharina II., die später die Große genannt wurde, wenige Monate nach ihrer Machtergreifung am 4. Dezember 1762 erließ.

Zu dieser Zeit gab es in den meisten russischen Städten – oft schon seit Generationen – deutsche Bürger, in vielen mehrere hundert, in manchen einige tausend. In Odessa waren es mehr als zehntausend, in Moskau zwanzigtausend und in Petersburg bald doppelt so viele.

Eine überwiegend deutsche Stadtbevölkerung lebte in den von Deutschen gegründeten baltischen Städten Riga und Reval, Narwa und Dorpat und den vielen anderen, die nun von den Russen erobert worden waren und zu Rußland gehörten.

Seit Jahrhunderten waren am Zarenhof deutsche Ärzte und Offiziere beschäftigt, Apotheker, Dolmetscher und Lehrer sowie Uhrmacher, Glockengießer und Silberschmiede. Im Ural wirkten in den Erzgruben zahlreiche Bergbauspezialisten aus dem Harz und dem Erzgebirge.

Eine bäuerliche deutsche Bevölkerung aber gab es in Rußland nur vereinzelt, weil die Lebensbedingungen für Bauern alles andere als verlockend waren. Andererseits lagen, vor allem im Südosten, in den endlosen Ebenen beiderseits der Wolga, unübersehbare Landstriche besten Bodens brach, auf denen seit Urzeiten allenfalls Nomadenstämme ihre Herden geweidet, aber niemals Menschen eine geordnete Landwirtschaft betrieben hatten. Katharina war schon als junges Mädchen aus ihrer deutschen Heimat fortgezogen, doch sie hatte das Leben dort noch gut in Erinnerung, unterhielt einen lebhaften Briefwechsel mit Freunden und Verwandten und informierte sich ständig über alles, was daheim vor sich ging. Sie kannte den Fleiß und die Tüchtig keit ihrer Landsleute und deren meist hoffnungsloses Bemühen, sich ein geordnetes Leben und einen gesicherten Besitz zu schaffen. Dauernd zogen fremde Soldaten kreuz und quer durch Deutschland, plünderten die Häuser aus, schossen die Scheunen in Brand, trieben das Vieh fort, schleppten die Frauen mit und erschlugen jeden, der sich widersetzte.

Aber auch unter der eigenen Obrigkeit hatten sie oft schwer zu leiden. Religiöse Freiheit wurde ihnen verwehrt. Einen politischen Einfluß hatten allenfalls die Bürger der freien Reichsstädte. Die Untertanen der zahllosen Fürstentümer und Fürstbistümer, der Reichsgrafschaften und Reichsstifte hatten Frondienste zu leisten und Steuern zu zahlen und mußten, wenn sie junge und starke Burschen waren, damit rechnen, zum Militär gepreßt und nach Amerika verkauft zu werden, damit ihr Landesherr sich ein schönes Schloß bauen oder eine teure Mätresse halten konnte.

Freie deutsche Bauern von der Wolga mit ihren aus der Heimat mitgebrachten Trachten.

Für diese Deutschen, sagte sich Katharina, mußte ein Siedlerleben in Rußland wie ein Traum sein, vorausgesetzt, daß man ihnen die Bedingungen für ein Leben bot, das besser war als ihr Leben daheim.

Und so garantierte sie ihren deutschen Landsleuten, wenn sie den weiten Weg ins Ungewisse wagten, volle Religionsfreiheit, Steuerfreiheit und die Freiheit von jeglichem Arbeits- und Militärdienst. Das Land, das sie urbar machten, sollte ihren Gemeinden gehören und von keinem Großgrundbesitzer erworben werden können. Sie aber sollten nach Belieben Land kaufen können. Der deutsche Bauer in Rußland sollte also ein Freier sein und nicht ein Leibeigener wie die meisten russischen Bauern.

Die große Chance, daß sie, die in Deutschland in unterschiedlichen Graden von Abhängigkeit und Hörigkeit leben mußten, auf diesem Weg die Freiheit erringen konnten, verlockte viele, dem Aufruf der Kaiserin Katharina zu folgen und nach Osten zu ziehen. Nach wenigen Jahrzehnten gab es in Rußland schon 3500 deutsche Dörfer, etliche mit einer Kirche und einer Schule – die alten deutschen Ortschaften im Baltikum nicht mitgerechnet.

Die neuen Siedler kamen aus Mainfranken und Thüringen, aus Hessen und Württemberg, vom Rhein, von der Mosel, von der Donau, aus dem Schwarzwald und der Rhön. Das waren Deutsche aus dem Elsaß, die nicht Franzosen werden mochten, Protestanten aus geistlichen Fürstentümern, in denen sie nicht ungehindert ihren Glauben praktizieren konnten, oder auch Katholiken aus denselben Herrschaftsgebieten, die zwar der gleichen Konfession angehörten wie ihre frommen Landesherren, von ihnen aber in unerträglicher sozialer Unfreiheit gehalten wurden. Das waren auch deutsche Mennoniten aus von Polen beherrschten ehemaligen Ordensgebieten, die den doppelten Druck des militanten polnischen Nationalismus und der katholischen Staatsreligion nicht mehr ertragen konnten.

Was da nach Rußland zog, war Elite. Die diesen Sprung ins absolute Nichts wagten, das waren Leute, denen es um ihre Menschenwürde und Gewissensfreiheit ging. Wären sie nicht von diesem Schlag gewesen, dann hätten sie schwerlich die Aufgaben bewältigen können, die auf sie warteten.

Um das Geld für die weite Reise aufzubringen, verkauften sie alles, was sie nicht mitnehmen konnten. Dann zogen sie zunächst auf dem nördlichen Weg zu Fuß nach Lübeck, per Schiff nach Riga oder Petersburg, wieder zu Fuß nach Twer oder Rybinsk und endlich auf Wolgakähnen stromabwärts bis in den Raum von Saratow, wo sie in der Einöde nun damit anfangen konnten, Häuser und Ställe zu bauen, Brunnen zu bohren und den Boden umzubrechen, Korn auszusäen, Büsche und Bäume zu pflanzen.

Meist waren es vielköpfige Familien. Wenn sie ein Pferd hatten, brachten sie es mit, etwas Saatgut, etwas Zuchtvieh und ihr Arbeitsgerät: Äxte und Sägen,

Spinnräder und Webrahmen, und dann vor allem die eiserne Pflugschar, die hier im Südosten Rußlands noch völlig unbekannt war. Auch ein paar dörfliche Handwerker zogen mit, Schmiede und Müller vor allem. Die meisten Arbeiten mußten die Siedler selber machen.

Schon in den ersten fünf Jahren von 1763 bis 1767 ließen sich fast 30000 Deutsche an der Wolga nieder, auf der »Wiesenseite«, am linken Wolgaufer, oder auf der »Bergseite«, dem rechten.

Später, auch noch unter der Regierung von Katharinas Enkel Alexander I., zogen andere Gruppen, vor allem Süddeutsche, auf der Donau abwärts bis ans Schwarze Meer und siedelten dann im Raum von Odessa, in Bessarabien, im Kaukasus. Hier entstanden vorwiegend katholische Dörfer, aber nirgendwo gab es diese böse Unduldsamkeit zwischen den verschiedenen Konfessionen wie daheim. Das verbindende Element der deutschen Sprache war immer stärker als alle konfessionellen Trennungen. Bis heute wird sie von den meisten Wolga-, Schwarzmeer-, Bessarabien- und Wolhynien-Deutschen als ihre Muttersprache angegeben, wenn auch immer die deutschen Lehrer dafür gesorgt haben, daß die Kinder ebensogut Russisch sprechen und auch schreiben lernten, was den Einheimischen lange versagt blieb. Je weiter die ländlichen Bezirke von den Zentralen Petersburg und Moskau entfernt lagen, um so länger dauerte es, bis dort Volksschulen eingeführt wurden.

Die deutschen Siedlungen, von denen einige zu Marktflecken und Städten anwuchsen, bekamen deutsche Namen, die an die alte Heimat erinnerten, wie Heidelberg und Straßburg, wie Landau und Rastatt, oder auch solche, die einfach nur Optimismus ausstrahlten, wie Sonnental und Liebenau, wie Lustdorf bei Odessa oder Schönchen an der Wolga, dessen imposante Kirche mit den klassizistischen Portalen und dem vielgeschossigen Turm heute noch hoch über dem Strom in den Himmel ragt und von dem Fleiß und dem tiefen Glauben der Menschen zeugt, die aus dem Nichts heraus ringsum solchen Wohlstand geschaffen haben.

Trotz aller Russifizierungsbestrebungen, die unter dem Einfluß der panslawistischen Bewegung in der Mitte des 19. Jahrhunderts einsetzten, hielt sich die deutsche Sprache dort bis jetzt. Bei der Volkszählung von 1979, also 217 Jahre nach Katharinas Aufruf, gaben immer noch 57 Prozent aller

Die prächtige Kirche von Schönchen, einer blühenden Gemeinde der Wolga-Deutschen.

Rußland-Deutschen als ihre Muttersprache Deutsch an, immerhin 1103520 Menschen von 1936000, deren Nationalität in ihren Personalpapieren mit »deutsch« eingetragen ist.

Die planmäßige Ansiedlung der Deutschen in den Ödland-Räumen im Südosten Rußlands war nur eine von Katharinas großen innenpolitischen Leistungen. Sie schuf Findelhäuser und Obdachlosenasyle, Altersheime und Hospitäler. Sie führte die Pockenschutzimpfung ein und gründete die ersten Volksschulen und Gymnasien in den Städten, sowie Fachschulen für Ingenieure und Seeoffiziere. Sie stiftete eine Akademie zur Erforschung und Pflege der russischen Sprache und zahlreiche Stipendien für das Auslandsstudium begabter Russen, von denen dann viele an deutschen Universitäten nicht nur ihr Fachwissen erwarben, sondern auch Freundschaften schlossen und engen Kontakt zur deutschen Kultur erhielten, den sie dann nach ihrer Heimkehr weiterpflegten.

Katharina gab auch dem ganzen Russischen Reich, das aus so unterschiedlichen Elementen zusammengewachsen war, eine einheitliche Verwaltung und teilte es in Statthalterschaften, Provinzen und Kreise ein. Um auch zu einer ebenso einheitlichen Rechtsprechung zu gelangen, die dem Rechtsempfinden der ganz verschiedenartigen Völker dieses Reiches entsprach, holte sie von überall her angesehene Gelehrte zusammen und beauftragte sie, ein Reichsgesetzbuch zu erarbeiten.

Durch geschickte Außenpolitik und erfolgreiche Feldzüge vergrößerte sie in vierunddreißig Regierungsjahren den russischen Machtbereich in einem Maße, wie es bis dahin kein männlicher Zar geschafft hatte. Das konsequent durchgehaltene Prinzip, in jeder Generation die russischen Grenzpfähle ein gutes Stück nach außen zu rücken, wurde von ihr in einem Umfang verwirklicht wie von keinem russischen Herrscher vor ihr und nach ihr.

Ihre Truppen eroberten im Süden die Krim, Otschakow und das Land bis an den Dnjestr von den Türken zurück, drangen im Nordosten Sibiriens bis an die Tschuktschen-Halbinsel vor und im Westen weit über die alte Dnjepr- und Düna-Linie bis nach Galizien und Neu-Ostpreußen. Nach der dritten Teilung Polens standen die schwarz-gelb-weißen Grenzpfähle des Zarenreichs direkt den schwarz-gelben Österreichs und den schwarz-weißen Preußens gegenüber. Zum erstenmal in der Geschichte berührte der russische Machtbereich den zweier deutscher Staaten.

Katharinas Beziehung zu Polen,

dessen völlige Auflösung sie vor allem anderen durchgesetzt hatte, war von besonderer Art: ein merkwürdiges Gemisch aus intimen menschlichen Bindungen und kaltem politischem Kalkül. Dieses ambivalente Verhältnis hatte seine Wurzeln noch in den Jahren ihrer jungen, unglücklichen Ehe.

Damals war ihr erster Geliebter, der unermüdliche Graf Saltykow, vom Hof und aus ihrer Nähe fort ins Ausland abgeschoben worden und hatte sie im Zustand der Verlassenheit und Trauer zurückgelassen. Und dann war in dieser tristen Situation zusammen mit dem englischen Gesandten Hanbury-Williams dessen Freund und pro forma Legations-Sekretär Stanislaus Poniatowski in Petersburg aufgetaucht, ein stets gut gelaunter polnischer Schönling, der schon viele Länder bereist, viele Freundschaften geschlossen und viele Erfahrungen gesammelt hatte. Er wußte auf jede erdenkliche Art unterhaltsam zu sein und verstand es mit großem Geschick, zunächst Katharinas Aufmerksamkeit zu erregen, dann ihre Melancholie zu vertreiben und sich schließlich unauffällig einen festen Platz in ihrem Privatleben zu sichern, wodurch sie schon bald ganz fröhlich wurde und den abwesenden Saltykow vergaß.

Bei aller Diskretion war ihr Verhältnis mit dem schönen Stanislaus schnell in aller Munde. Selbst ihr argloser Mann konnte es auf die Dauer nicht übersehen. Aber bevor Zar Peter III. ermordet wurde, war ihm noch ein subtiler Triumph beschieden: Er ertappte Poniatowski dabei, wie er sich als Friseur verkleidet in Katharinas Gemächer schleichen wollte, schön gepudert, schwül duftend, mit Kamm und Schere in der Kitteltasche.

Stanislaus Poniatowski (1732–1798), von 1763 bis 1795 König von Polen.

Peter erkannte ihn sofort, tat aber, als ob er ihn für einen der Hofbarbiere hielt, nahm ihn mit in seinen Freundeskreis und sagte, er solle ihnen allen kunstvolle Frisuren machen. Die Freunde spielten mit, so daß Poniatowski sich notgedrungen zu erkennen geben mußte, weil er vom richtigen Umgang mit seinem Handwerkszeug keine Ahnung hatte. Da lachten alle, und Peter erklärte Stanislaus, er sei wirklich nicht zu erkennen gewesen, da diese Verkleidung für seinen Typ wie geschaffen sei.

Poniatowski ließ sich lieber verspotten als niederschießen, lachte von allen am lautesten und trollte sich.

Bei aller scheinbaren Leichtigkeit verfolgte er mit eiserner Konsequenz ein hohes Ziel: Er wollte König von Polen werden. Sein Vater war ein schlichter Edelmann gewesen in einem Volk, das zu einem Viertel aus Adeligen besteht. Dann hatte er aber die Prinzessin Czartoryska geheiratet und es für nötig gehalten, sich einen höheren Rang zuzubilligen. Der sächsische Diplomat Georg von Helbig beschreibt diesen Vorgang so: »... Poniatowski nannte sich nunmehr Graf, wie gemeiniglich die Polen zu tun pflegen, wenn sie sich zu den großen Geschlechtern des Landes rechnen ...«

Der schöne Stanislaus war also schon als Graf zur Welt gekommen, wollte aber noch höher steigen. Das war kein übertrieben vermessenes Vorhaben. Polen war eine Wahlmonarchie. Die Edlen des Landes erkoren sich den Edelsten zum König. Da sie aber oft in ihrem Land keinen gefunden hatten, der ihren hohen Ansprüchen genügte, hatten sie ihre Landesherren importiert, wie den Franzosen Heinrich von Anjou, der sich allerdings schon nach vier Monaten wieder verstört bei Nacht und Nebel verdrückt hatte, oder den trefflichen Siebenbürger Stephan Bathory oder den Schweden Sigismund Wasa oder den bulligen Sachsen August den Starken und dessen Sohn Friedrich August, der zu jener Zeit regierte. Da er aber nicht ewig regieren konnte, bereitete sich Stanislaus Poniatowski beizeiten darauf vor, mit Katharinas Hilfe den polnischen Thron zu besteigen.

Seine Kalkulation war intelligent angelegt und erfüllte sich mit unglaublicher Präzision: Als er alles auf Katharina setzte, war sie noch durchaus kein Machtfaktor, sondern nur die Frau des russischen Thronfolgers, den sie verachtete und der sie vernachlässigte. Am 5. Januar 1762 starb Kaiserin Elisabeth, und Peter III. wurde Zar. Am 9. Juli 1762 entmachtete Katharina ihren Mann und ließ sich zur Kaiserin krönen. Acht Tage darauf wurde Peter ermordet, und Katharina war die alleinige und unbestrittene Herrin Rußlands. Am 5. Oktober 1763 starb König August von Polen, und augenblicklich setzte Katharina alle Mittel – auch Truppen – ein, um die Wahl ihres Geliebten als dessen Nachfolger durchzusetzen. Am 7. September 1764 wählten die polnischen Edelleute Stanislaus Poniatowski tatsächlich zu ihrem König, und am 25. November wurde er in Warschau gekrönt.

Endlich hatte Polen wieder einen polnischen König, aber das Land war gar nicht leicht zu regieren. Wie bei der Königswahl, so hatte auch bei den Alltagsgeschäften im Reichstag jeder Edelmann ein Mitspracherecht und konnte jeden Beschluß durch das »liberum veto«, das Einspruchsrecht der Freien, blockieren. Das führte in allen wichtigen Fragen, in denen es naturgemäß verschiedene Meinungen gab, letztlich zur völligen Beschlußunfähigkeit.

Zwischen den Aristokraten, die alle Macht hatten und einen unvorstellbaren Luxus pflegten, und den Leibeigenen, die demütig ihre Armut und Ohnmacht ertrugen, gab es keine breite Mittelschicht. Polen hatte sich einst als eines der ersten Länder in Europa fast geschlossen zur Reformation bekannt. Zumal die Städte, in denen immer schon zahlreiche deutsche Bürger gelebt hatten, waren sehr früh evangelisch geworden. Aber dann hatte die katholische Restauration wieder mit allen Mitteln von Land und Menschen Besitz ergriffen. Die Restauration wurde vom Adel und vom Klerus getragen, der vorwiegend dem Adel entstammte. Die leibeigenen Bauern durften keine Meinung haben und folgten den Weisungen ihrer Grundherren. Die Bürger aber wollten das nicht. Zu Tausenden wanderten nicht nur die meisten deutschen, sondern auch zahlreiche polnische Bürger aus den Städten aus, meist nach Osten, wo sie in den russischen Städten mit offenen Armen aufgenommen wurden und ungehindert ihrem Glauben leben konnten. Polen wurde so lupenrein römisch-katholisch, daß Rom dagegen wie ein Tempel der Toleranz erscheinen mußte.

Und dennoch blieben trotz allen Drucks zahlreiche Andersgläubige im Land, Orthodoxe wie Lutheraner und Mennoniten. Obwohl sich immer wieder auswärtige Mächte für diese Minderheiten verwandten, wurde der Kampf gegen sie mit gnadenloser Härte geführt. Und dieses Land, das im Glaubensbereich gewaltsam homogenisiert werden sollte, zugleich aber in den Bereichen der Staatsgeschäfte, der inneren Verwaltung und des Finanzwesens ins absolute Chaos schlitterte, sollte nun König Stanislaus zur Ordnung bringen, dessen unbestrittene Meriten sich bisher auf elegante mehrsprachige Plaudereien bei Hof und auf zärtliches Bettgeflüster beschränkt hatten.

Um ihm Mut zu machen und polnische Heißsporne nachdenklich zu stimmen, ließ Katharina einige

Schröckensvoller Auftritt, der am grünen Donerstag u. Charfreitag 1794 entstandene
that u. die Pohlen zur Einnahme des Zeughauses ausführte. 2. die Gefangenehmung d
Ingelström retiriert sich zwischen den Häusern u. bahnt sich durch die niedergesch
ausgeplündert u. abgebrant. Bey dieser Affaire blieben 7400 Russen die freilich i
Weiber u. Kinder umbrachten. Die Wuth der Pohlen war den ersten Tag so
so gar die Kinder mit ihren Todten Leichnahmen, u. Köpfen spielten. Got

J.

olution der Pohlen zu Warschau gegen die Russen Wobey sich 1. General *Zichoski* b
isch Hen. *Baurs.* 3 Uohzig gefangene Russen werden jämerlich *masacrirt.* 4. der
n Stadmaur einen Weg 5 in das Preusische Lager 6 das Hotel des Russischen *Am*
ben theuer verkaufft u einige *1000* Pohlen niedergemacht u wo in ihre Häuser ge
das man siedentes Wasser auf die Russen herab schüttete u mit Steinen auf sie
le doch einen solchen Jamer von einem jeden Land u Stadt fernerhin in Gna

Will exc. A V

Zeit noch 40000 Mann russischer Truppen vor Warschau stehen. Mehrere Patrioten stellten daraufhin im Reichstag den Antrag, diese Truppen zu verjagen und sich dann wieder mit aller Kraft über die Dissidenten herzumachen. Ein Gegenantrag aber forderte, daß diese Antragsteller verbannt werden sollten. Dieses Verlangen fand Unterstützung bei den russischen Freunden, die auch sogleich einige bewährte sibirische Verbannungsräume anboten.

In dieser Lage machte Stanislaus nur noch optisch eine gute Figur, und bald war es Katharina klar, daß er auf dem Thron nicht annähernd so überzeugend war wie im Bett und daß sie ihre polnische Karte selber spielen mußte.

Das polnische Reich, das seine adelsstolze Kriegerkaste in Jahrhunderten aus zahlreichen unterworfenen Nachbarstämmen zusammenerobert hatte, das in seiner Glanzzeit über eine Million Quadratkilometer groß gewesen war und von der Ostsee bis fast ans Schwarze Meer gereicht hatte, befand sich in einem desolaten Zustand. Unter Stanislaus Poniatowskis Herrschaft war es kaum noch mehr als ein permanenter Unruheherd. Erobern konnten diese polnischen Edelleute, das hatten sie bewiesen, aber dem Eroberten eine lebenstüchtige Ordnung zu geben, das war offenbar nicht ihre Stärke.

Alle Reformversuche polnischer Patrioten scheiterten. In der Überzeugung, daß am Verfall ihres Landes, das ja noch unter den Sachsen-Königen recht kraftvoll geblüht hatte, ihr neuer polnischer König die Hauptschuld trüge, entführte eine Verschwörergruppe am 3. November 1771 Stanislaus Poniatowski aus dem Palast in Warschau. Aber dann hielt er ihnen in ihrem konspirativen Versteck eine so brillante Ansprache, erfüllt von glühender Vaterlandsliebe, daß sie ihn wieder in seine Residenz zurückbrachten.

Zum Entsetzen aller Patrioten willigte er 1772 in die erste polnische Teilung ein. Das Land verlor fünf Millionen Menschen und 214000 Quadratkilometer, das meiste an Rußland, große Teile an Österreich; Preußen bekam den Netze-Distrikt und das alte Ordensland Westpreußen außer Danzig und Thorn.

Gegen die zweite polnische Teilung zwanzig Jahre später versuchte Stanislaus sich zur Wehr zu setzen, aber die Russen hatten mächtige Sympathisanten im polnischen Hochadel, und das Volk war uneins. Auch die dritte Teilung konnte niemand mehr verhindern. Sie kam nach blutigen Schlachten von Russen, Österreichern und Preußen gegen die mit

Die erste Teilung Polens 1772. Unter dem Druck Katharinas II. stimmt Stanislaus Poniatowski der Teilung seines Landes zu. Von links: Katharina II., Stanislaus Poniatowski, Joseph II. von Österreich, Friedrich der Große.

Heldenmut kämpfenden polnischen Patrioten zustande. Am 24. Oktober 1795 bestand das einst so gefürchtete selbständige Königreich Polen nicht mehr.

Von dem Land hatte Rußland dreimal soviel und von den Menschen doppelt soviel bekommen wie Österreich und Preußen zusammen. Danzig und Thorn waren jetzt Preußen zugesprochen worden, aber auch weite Gebiete, auf die sich keine historisch begründeten Ansprüche anmelden ließen, wie Masowien mit der Hauptstadt Warschau und das einstige Großpolen mit Posen.

Die traditionsreichen Hauptstädte waren auf die Siegermächte verteilt worden. Die alte Krönungsstadt Gnesen war nun eine

preußische, die Jagellonen-Metropole Wilna eine russische und das ruhmreiche Krakau eine österreichische Provinzstadt.
Katharina hatte am konsequentesten die Interessen ihres Landes vertreten. Fast eine halbe Million Quadratkilometer hatte sie hinzugewonnen und sechs Millionen Menschen. Die alten deutschen Ordensländer Kurland und Samogitien hatte sie ebenso dem Russischen Reich einverleibt wie Litauen und Polesien, wie Podolien und Wolhynien. Das einzige, was sie für ihren ehemaligen Geliebten, der ihr vor dreiunddreißig Jahren schöne Stunden bereitet hatte, noch tun konnte, war, daß sie ihm eine standesgemäße Unterkunft in Grodno zuwies und durch eine großzügige Apanage, zu der auch Preußen und Österreich kräftig beisteuern mußten, dafür sorgte, daß er auf keine seiner liebgewonnenen königlichen Allüren zu verzichten brauchte.
Er überlebte seinen Sturz nicht lange. Die eindrucksvollste Leistung dieses Mannes, dessen Name untrennbar mit den drei polnischen Teilungen verbunden ist, bestand in der Stiftung des »Stanislaus-Ordens«, einer bombastischen achtzackigen Dekoration aus Gold und rotem Email, mit goldenen Kugeln, Halbkreisen und Adlern.
Um sich bis zum Schluß alle Möglichkeiten offenzuhalten, heiratete er nie. Er starb mit sechsundsechzig Jahren am 12. Februar 1798 im Petersburger Marmorpalais, das ihm von Katharinas Sohn Paul zur Verfügung gestellt worden war, ganz in der Nähe jenes kaiserlichen Palasts, in dem er so planmäßig seine Karriere vorbereitet hatte, die dann so kläglich gescheitert war.
Katharina hatte ihn belohnt, wie sie immer ihre Geliebten belohnt hatte: mit maßloser Noblesse. Überdies hatte sie ihn noch auf einen Königsthron gesetzt und diesen Thron mit ihren Truppen absichern lassen. Daß er daraus nichts hatte machen können, weil er eben nur ein brillanter Blender war, konnte ihr niemand vorwerfen.
All ihren Geliebten gab sie eine große Chance, das war ihre Art. Die Liste ihrer Geliebten ist eine Liste der großen Chancen und der verschwenderischen Gnadenerweise.
Der Nachfolger des schönen Stanislaus war Grigorij Orlow, der zweite von neun Söhnen jenes alten Strelitzen Orlow, der sich mit dreiundfünfzig plötzlich entschlossen hatte, eine Sechzehnjährige zu heiraten und Jahr für Jahr ein Kind mit ihr zu zeugen. Der junge Orlow, Leutnant bei der Gardeartillerie in Petersburg, hatte beim Salutschießen eine so eindrucksvolle Figur gemacht,

daß die Zarin den unwiderstehlichen Wunsch verspürte, sich näher mit ihm zu beschäftigen. Das Vergnügen an dieser Figur dauerte acht Jahre.

Grigorij Orlow wurde General, wurde Graf, wurde Fürst, erhielt das Recht, nach Belieben von den kaiserlichen Konten Geld abzuheben. Sie ließ ihm das Marmorpalais in Petersburg bauen, schenkte ihm Stadt, Schloß und Park Gatschina, schenkte ihm 6000 Bauern, schenkte ihm Dorf und Schloß Ropscha, in dem sein Bruder Alexej und dessen Freunde den Zaren Peter III. ermordet hatten, verlieh ihm die Auszeichnung, daß er statt aller Orden, die er schon hatte, immer ihr Bildnis auf der Brust tragen durfte, und ließ ihm als sichtbare Anerkennung für seine Verdienste einen marmornen Triumphbogen errichten.

Er schenkte ihr jenen berühmten riesenhaften Diamanten, der nach ihm benannt und später als Glanzpunkt in das Zepter der russischen Zaren eingesetzt wurde.

Sein Nachfolger Alexander Wassiltschikow hielt sich nur zwei Jahre in Katharinas Gunst. Dafür bekam er 100000 Rubel in bar, reichen Landbesitz, 7000 Bauern, für 60000 Rubel Brillanten, ein silbernes Eßservice für 24 Personen und ein Palais auf dem großen Schloßplatz.

Ihn verdrängte der mächtige Potemkin, der eigentlich Priester hatte werden wollen, dann aber doch Wachtmeister bei der Reitenden Garde geworden war. Er erreichte alles, was ein Mensch in Rußland erreichen konnte: Er wurde Fürst und Feldmarschall und war der Mann, der in allen Ämtern im entscheidenden Augenblick auch tatsächlich die Macht ausüben konnte und es auch tat: Er gründete die Städte Sewastopol, Cherzon, Feodosia und baute die russische Schwarzmeerflotte auf.

Grigorij Alexandrowitsch Potemkin (1739–1791), russischer Feldherr, Staatsmann, Städtegründer und Geliebter Katharinas II.

Über die Gewinne, die Potemkin aus seiner bevorzugten Stellung zog, schreibt Georg von Helbig: »... man schätzt die Summen auf fünfzig Millionen Rubel. Wäre es möglich, seine Reichtümer genau zu bestimmen, so würde man gewiß finden, daß obige Summe noch zu gering angesetzt ist...«

Der ukrainische Popensohn Sawadowsky war nur eine flüchtige Episode und bekam dementsprechend auch nur 2000 Bauern und 80000 Rubel, dazu allerdings eine Menge Orden. Ihm folgte der Husaren-Rittmeister Semen Soritsch. Er wurde mit einer halben Million Rubel und mehreren Gütern honoriert, bekam zwar nur 1500 Bauern, aber – er war ein musischer Mensch – dazu eine Theatergesellschaft, die ihn auf diesen Gütern unterhalten sollte, wenn er trüben Sinnes war.

Den Garde-Fähnrich Rimskij Korssakow, der 25 Jahre jünger war als sie, ernannte Katharina zum Kammerherrn und Ritter des Weißen Adler-Ordens. Sie bezahlte seine Schulden in Höhe von 100000 Rubeln, legte noch 200000 Rubel darauf, schenkte ihm 4000 Bauern und für 50000 Rubel Brillanten.

Je älter sie wurde, um so großzügiger belohnte sie ihre Liebhaber. Alexander Lanskoj erhielt für seine dreijährigen Bemühungen

Zeitgenössische französische Karikatur auf den Expansionsdrang Katharinas II.

Häuser, Menschen, eine Gemäldesammlung und ein Medaillenkabinett im Werte von rund sieben Millionen Rubeln.
Georg von Helbig berichtet in seinen 1809 erschienenen Erinnerungen: »... sein Haus ist noch das schönste in Petersburg. Es steht dem Winterpalais gegenüber. In diesem Palast ist ein sehr geräumiges Theater, worin gewöhnlich die deutschen Schauspiele gegeben werden...«
Der strohblonde riesenhafte Alexander Jermolow mit der flachgequetschten Nase war Sergeant bei der Gardeinfanterie. Er wurde gleich Generalmajor und bekam den polnischen Stanislaus-Orden, für den seine breite Brust ausreichend Platz bot. Helbig schreibt: »... Jermolows Gliederbau war nach dem Urteil aller, die ihn kannten, vortrefflich, und sein Gesicht – die Negernase ausgenommen – sehr schön...« Seine Belohnung mit Gütern und Geld, mit Bauern und Brillanten bewegte sich in den normalen Grenzen. Er erregte aber den Neid des mächtigen Potemkin, der Katharina nur noch in Freundschaft verbunden war, und erlag einer Intrige, die ihm am Ende sehr nützlich war: Zu seiner Weiterbildung wurde er nach Wien geschickt, wo er bald das helle Entzücken bei zahllosen Hofdamen auslöste, da er neben seinen bedeutenden körperlichen

Fürst Platon Subow.

Vorzügen auch einen liebenswerten Charakter besaß.
Der letzte in einer endlosen Reihe von Liebhabern, von denen hier nur ein paar genannt werden können, war Platon Subow, ein schöner schwarzgelockter Gardereiter-Kornett. Er war achtunddreißig Jahre jünger als Katharina, hätte also – sie hatte ja mit sechzehn geheiratet – gut ihr Enkel sein können. Sieben Wochen nach ihrem sechzigsten Geburtstag kommandierte er mittags die Ablösung bei der Schloßwache in Zarskoje Selo. Dabei vollführte er seinen Stechschritt mit so kraftvoller Grazie, daß sie ihn gleich zu sich bat.
Er blieb bis elf Uhr abends. Und da es ihm gelang, sie davon zu

überzeugen, daß er kaum jünger sei als sie, schenkte sie ihm 10000 Rubel und ihr Porträt, das er offen auf der Brust tragen sollte. Sie nannte ihn ihr Mohrenköpfchen, beförderte ihn zum Obersten, zum General der Artillerie, zum Generaladmiral der Schwarzmeerflotte und schenkte ihm unermeßliche Besitzungen im neugewonnenen Kurland und Litauen, dazu 30000 leibeigene Bauern, die das alles bewirtschaften sollten. Er wurde Graf, er wurde Fürst.

Platon Subow kam noch in den vollen Genuß aller Vorteile, die ein Grundherr von der Leibeigenschaft hatte, die den Menschen zu einem leidlich gefütterten Arbeitstier ohne alle Rechte erniedrigte. Sie wurde in den fortschrittlichsten Provinzen des Russischen Reiches, den ehemaligen deutschen Ordensländern Estland, Livland und Kurland, in den Jahren 1816, 1817 und 1819 aufgehoben, im übrigen Rußland erst ein volles Bauernleben später, im Jahre 1861.

Im Baltikum lebte eine viel aufgeschlossenere Gutsherrenschaft als im übrigen Russischen Reich, und die Nachbarschaft der zahlreichen, dicht beieinanderliegenden Städte mit einem sehr selbstbewußten Bürgertum und einem sehr bewegten Geistesleben strahlte auch auf die Dörfer und die Güter aus. Außerdem waren die lutherischen Pastoren in diesen Ostseeprovinzen erheblich fortschrittlicher als die orthodoxen Popen im Innern Rußlands. Unter Katharinas Herrschaft war Rußland dem westlichen Europa nicht nur räumlich ständig näher gerückt, sondern auch in seiner technischen und kulturellen Entwicklung. Nun gingen in Katharinas letzten Lebensjahren in diesem Europa tiefgreifende Veränderungen vor sich: In Frankreich war die Revolution ausgebrochen, ein Aufstand der Massen gegen die absolute Monarchie; am 21. Januar 1793 war das Unvorstellbare geschehen: Nach einem spektakulären Tribunal hatte das Volk seinen König geköpft. Zu Tausenden wurden die Mitglieder der alten Aristokratenfamilien enthauptet und schließlich auch Revolutionäre, die von der jeweils gültigen Linie abwichen. In einer Mischung von Blutrausch und Perfektionsdrang hatten die Franzosen sogar eine zügig arbeitende Hinrichtungsmaschine erfunden: die Guillotine.

Unter Ausnutzung dieser Entwicklung, die alle Anrainer Frankreichs schwer beunruhigte und in ihrer Handlungsfreiheit beeinträchtigte, hatte Katharina ungehindert die Teilung Polens ganz im Sinn Rußlands abwickeln können, aber ihr war klar, daß trotz der traditionellen Abriegelung ihres Reiches die Gefahr be-

stand, daß einiges vom Gedankengut dieser Revolution auch in Rußland einsickerte. Die Grenzen des Landes standen seit jeher für Wissen, Können und Arbeitskräfte offen, für alle schwer kontrollierbaren geistigen und politischen Impulse aber unter strengem Verschluß.
Inzwischen wuchs nun an den jungen russischen Lehranstalten, den Gymnasien, Universitäten und Fachschulen, eine denkende Jugend mit einem unstillbaren Informationshunger heran. Inzwischen war klargeworden, daß in diesem Volk Talente schlummerten, die bisher nur noch nicht entdeckt worden waren, die noch nie eine Chance bekommen hatten, sich zu entfalten. Dazu gehörte eine ausgeprägte Sprachbegabung. Ohne erkennbare Mühe lernten die jungen Leute in kurzer Zeit, französische, englische und deutsche Texte zu lesen. Und diese Texte kamen auf allen möglichen Wegen ins Land, und zwar nicht nur solche, die von der Obrigkeit bewilligt wurden, sondern auch solche, die ihr gar nicht angenehm sein konnten.
Frankreich war weit von Rußland entfernt. Dutzende von deutschen Staaten lagen dazwischen. Sie hatten ihre Revolution schon zweieinhalb Jahrhunderte vorher in den Bauernkriegen erlebt, in denen der Freiheitswille für lange Zeiten im Blut erstickt worden war. Aber auch in ihren Bürgerstuben und an ihren Universitäten gärte es schon wieder. Die weitere Entwicklung der Dinge war überhaupt nicht abzusehen. Katharina die Große hatte ihr Leben lang mit den bedeutendsten Köpfen Europas in Verbindung gestanden. Sie war durchaus aufgeklärten Geistes. Aber sie war die Herrin eines Landes, und das mußte zunächst einmal nach praktischen Gesichtspunkten regiert werden. Es lag durchaus im Bereich ihrer geistigen Einsichten, etwa die Leibeigenschaft aufzuheben, ihr praktischer Verstand aber mußte ihr einen so einschneidenden Schritt verbieten. Sie hätte sofort den gesamten Adel und alle Priester mit Landbesitz gegen sich aufgebracht, die niemals freiwillig die Quellen ihres Wohlstands preisgegeben hätten. Und so verschenkte sie dann auch außer Rubeln, Brillanten und eroberten Landgütern bis zu ihrem letzten Tag Menschen.
Ihr letzter Tag war der 17. November 1796, nachdem sie ihren zweiten Schlaganfall erlitten hatte. Auch ihr Abgang war noch eine Demonstration ihres angeborenen Talents zur Repräsentation und vollzog sich in großem Stil. Streng nach der Rangordnung umstanden ihr Sohn Paul, zu dem sie nie ein gutes Verhältnis gefunden hatte, seine württembergische Gemahlin Maria

und deren Kinder inmitten der Großen des Reiches, darunter auch das Mohrenköpfchen Fürst Subow, ihr reich vergoldetes Prunkbett, dazu die Ärzte, das Hofgefolge, die Dienerschaft.
Wie Georg von Helbig schreibt, endete die Kaiserin »... ihr Leben mit einem gräßlichen Schrei ...«, mit dem all die geballte Kraft, die siebenundsechzig Jahre lang in ihr gewohnt hatte, nun für immer aus ihrem Körper wich.

KAPITEL XIII

August von Kotzebue, ein deutscher Dichter zwischen Ost und West

August von Kotzebue pendelte sein Leben lang zwischen Extremen: zwischen Weimar und Petersburg, zwischen Possen und Trauerspielen, zwischen dem Rhein und dem Irtysch. Er war genial und banal zugleich, Reformer und Reaktionär nacheinander, warmherzig und boshaft in raschem Wechsel. Er wurde ohne Begründung nach Sibirien verschleppt und vom Zaren mit Gnadenbeweisen überschüttet. Insgesamt schrieb er 206 Theaterstücke und wurde zu seiner Zeit häufiger gespielt als Schiller und Goethe zusammen. Es entsprach der Eigenart dieses Lebens, daß der fruchtbarste deutsche Bühnenautor auf dem Gipfel seines Ruhms von einem exaltierten Theologiestudenten erstochen wurde, der sich dabei wie der jugendliche Held einer provinziellen Kotzebue-Aufführung benahm.

August Friedrich Ferdinand Kotzebue wurde 1761 in Weimar geboren. Seinen Vater, der Legationsrat war, verlor er mit zwei Jahren, seine Mutter aber überlebte ihn und wurde fast hundert Jahre alt. Als er vierzehn war, tauchte in Weimar ein junger Mann von sechsundzwanzig auf, der schon eine Berühmtheit war: Johann Wolfgang Goethe. Sein Drama »Götz von Berlichingen«

August von Kotzebue (1761–1819).

und sein Roman »Die Leiden des jungen Werthers« erhitzten die Gemüter und boten unerschöpflichen Diskussionsstoff in Klassenzimmern und Bürgerhäusern, in literarischen Zirkeln und bei Hof. Der junge Herzog Karl August hatte dieses vitale Genie zu sich nach Weimar eingeladen.

Mit sechzehn ging Kotzebue ins benachbarte Jena und studierte Jura. Mit neunzehn ließ er sich in Weimar als Rechtsanwalt nieder. Mit zwanzig veröffentlichte er seinen ersten Band mit Erzählungen, schloß seine Kanzlei und übersiedelte nach Petersburg. Der dortige preußische Gesandte Graf Görtz, der auch in Jena studiert hatte und ein Freund seines Vaters gewesen war, hatte ihm geschrieben, in dieser herrlichen Stadt gebe es immer gute Stellungen für tüchtige junge Leute. Kotzebue bekam einen Posten als Sekretär beim Generalingenieur von Baur, einem gebürtigen Hessen. Er lernte die Stadt kennen, die Menschen, den Lebensstil der jungen, glanzvollen Residenz, und er bemühte sich sogleich um die russische Sprache.

Petersburg war eine Stadt der offenen Häuser und offenen Herzen. Überall war man willkommen, überall traf man Menschen, die einem über die ersten Zeiten sprachlicher Unsicherheit hinweghalfen. Überall wurde im großen Kreis beisammengesessen, musiziert und diskutiert, an den langen dunklen Winterabenden drinnen am Kachelofen mit Punsch und Glühwein und an den langen hellen Sommerabenden draußen in den Gärten der Datschas bei Bowle oder Himbeersaft. Noch keine achtzig Jahre war dieses Petersburg alt und doch schon eine große, lebendige Stadt, nicht nur kaiserliche Residenz, auch Bürgerstadt, in deren Häusern eine interessierte und aufgeschlossene Jugend heranwuchs.

Die Menschen, die Kotzebue bereitwillig in ihren Lebenskreis einbezogen, waren Russen und Deutsche gleichermaßen, waren Politiker und Militärs, Kaufleute und Bankiers, waren Dichter, Theaterleute und die zahlreichen

Gelehrten an der Akademie der Wissenschaften, von denen Kaiserin Katharina II., die auch »die Große« genannt wurde, viele aus ihrer deutschen Heimat geholt hatte.

Da war der Mediziner und Naturwissenschaftler Peter Pallas aus Berlin, der den Ural und Sibirien bis an die chinesische Grenze erforscht und dem sie dafür zum Dank eine Villa in Simferopol und zwei Dörfer samt Einwohnern auf der Krim geschenkt hatte.

Da war diese pralle und farbige Figur: Oberst Friedrich Maximilian von Klinger aus Frankfurt am Main, Berufsoffizier und literarischer Feuerkopf zugleich, nach dessen Drama »Sturm und Drang« die ganze Epoche benannt wurde. Ihn hatte Katharina als Erzieher für ihren einzigen Sohn Paul engagiert. In seiner Jugend war Klinger durch halb Europa geritten, in seinen reifen Jahren schrieb er Romane, Dramen und geschichtliche Werke. Schließlich wurde er Direktor des Kadettenkorps und des Stifts für adelige Fräulein.

Den Bildhauer Karl Leberecht aus Meißen hatte Katharina zum Direktor der Münze und zum Professor an der Akademie der Künste ernannt, und Kotzebues Landsmann, der Schauspieler Vincent Weyhrauch aus Weimar, feierte nun am Deutschen Theater in Petersburg Triumphe.

Da war auch der Gynäkologe Professor Philipp Fr. Th. Meckel aus Berlin, ein Sohn des großen Anatomen Johann Friedrich Meckel. Er wurde zu allen Entbindungen im Kaiserhaus beizeiten nach Petersburg geholt und brachte im Lauf der Zeit die zehn Kinder des Großfürsten Paul und seiner Frau, einer württembergischen Prinzessin, heil auf die Welt. Zum Erzieher dieser Kinder bestellte Katharina den Vizepräsidenten der Akademie der Wissenschaften, Friedrich Heinrich Storch.

Bald nach Kotzebue kam auch der Archäologe Heinrich Köhler nach Petersburg und baute dort das Antikenkabinett auf. Die Erschließung der russischen Geschichte hatten sich vor allem deutsche Gelehrte zur Aufgabe

Peter Simon Pallas (1741–1811), Reisender und Naturforscher.

gemacht. Als erster Gottlieb Siegfried Bayer, den noch Peter der Große an seine Akademie der Wissenschaften geholt, dann Gerhard Friedrich Müller, den die Zarin Elisabeth berufen hatte, und schließlich August Ludwig Schlözer aus Kirchberg an der Jagst, der die »Nestor-Chronik« aufgespürt, von nachträglichen Verfälschungen befreit und den russischen Studenten nahegebracht hatte. Er war Rußlands erster Ordinarius für alte Geschichte.

Zu dieser Zeit entwickelte sich in Petersburg auch ein eigenständiger, lebhafter Literaturbetrieb. Eine seit Jahrhunderten aufgestaute schöpferische Kraft, bisher von der Kirche auf Chorgesang, Ikonenmalerei und die Auslegung geistlicher Texte beschränkt, brach unter dem Einfluß westlicher Reizströme mit elementarer Gewalt aus. Sehr bewußt hatte Peter der Große seine Hauptstadt aus dem durch tausend Traditionen gebundenen Moskau in den Ostseeraum verlegt.

Im literarischen Bereich hatten zwei Männer diese Eruption ausgelöst: das Universalgenie Lomonossow und der Dramatiker Sumarokow. In ihrem Umkreis traten bald zahlreiche Talente auf, deren Existenz noch wenige Jahrzehnte vorher unbemerkt geblieben wäre.

Der größte Lyriker dieser Zeit des Aufbruchs war Gawriil Derschawin, sein erfolgreichstes Gedicht das Versepos »Feliza«, in dem er Kaiserin Katharina verherrlichte. Er machte eine brillante Karriere und wurde Justizminister. Seiner dichterischen Qualitäten wegen nannte Puschkin ihn später einen seiner geistigen Paten.

Derschawins Altersgenosse Ippolit Bogdanowitsch schrieb die Verserzählung »Duschenka« (Seelchen), die in allen Salons rezitiert und auch ins Deutsche übersetzt wurde. Der zwei Jahre jüngere baltische Baron Denis von Wiesen verfaßte Theaterstükke, die sich von der modischen Oberflächlichkeit des Rokoko freimachten und erste Ansätze von Gesellschaftskritik zeigten. Sie entzückten auch die Kaiserin und hielten sich bis ins 19. Jahrhundert auf den russischen Bühnen. Er russifizierte seinen Namen in »Fonwisin«.

Katharina selber schrieb mehrere Theaterstücke. August Kotzebue, der schon als Schüler und Student keine interessante Aufführung versäumt und selber oft als Laiendarsteller mitgewirkt hatte, kam also in Petersburg in ein kulturelles Klima, in dem er sich sofort zu Hause fühlte, und dann ernannte zu seinem Glück die Kaiserin noch den Herrn von Baur, dessen Sekretär er war, zum Direktor des Deutschen

Theaters, so daß er nun ganz in seinem Element war.
Die markanteste Figur unter den russischen Dichtern und eine Leitfigur für den jungen Deutschen war Alexander Radistschew. Er hatte zusammen mit Goethe, der drei Tage älter war als er, in Leipzig studiert, sprach so gut Deutsch wie Russisch und konnte subtilste Wortbilder und Gedankengänge der einen Sprache mit den Ausdrucksmöglichkeiten der anderen wiedergeben.
Im Jahre 1783 versetzte die Kaiserin den jungen Kotzebue an das Oberappellationstribunal in Reval, das höchste Gericht der Provinz Estland. Das war eine Beförderung. Und wieder kam er in einen Kreis von liebenswürdigen und lebhaft interessierten Menschen. In Reval hatten die Adeligen der umliegenden Güter ihre Stadthäuser, und da lebten auch die Nachkommen jener einst aus Norddeutschland eingewanderten Bürger, die fünfhundert Jahre vorher diese Stadt gegründet hatten. Ihr hanseatischer Geist und ihre deutsche Sprache waren immer noch in weitem Umkreis bestimmend.
Hier schrieb Kotzebue seine Dramen »Die Leiden der Ortenbergischen Familie« und »Menschenhaß und Reue« und führte sie auch gleich im Revaler Theater auf. Hier heiratete er 1784 die Tochter eines russischen Generals, des baltischen Barons von Essen. Ein Jahr darauf wurde er Präsident des Gouvernementsmagistrats und in den Adelsstand erhoben. Seitdem schrieb er nie wieder etwas Böses gegen den Adel, über den er in seinen früheren Stücken mit Vorliebe kleine gekonnte Bosheiten eingestreut hatte.
Im Jahre 1790 geschah in Petersburg etwas, was die geistige Welt tief erschreckte: Alexander Radistschew, der als Staatsrat in hohem Ansehen stand, brachte sein Buch »Reise von Petersburg nach Moskau« heraus, das nichts anderes war als eine schonungslose Systemkritik. Da er für dieses heikle Werk keinen Verleger hatte finden können, hatte er in den Kellerräumen seines Hauses eine Druckerei eingerichtet und seine Leibeigenen als Setzer, Drucker und Buchbinder ausgebildet. So konnte er seine scharfe Polemik völlig überraschend auf den Markt werfen. Eine kleine Bücherbude in der Wladimirskaja Ulitza übernahm den Vertrieb.
In kürzester Zeit waren alle Exemplare verkauft, und dann griff plötzlich die Polizei zu. Der Buchhändler wurde verhaftet, sein Laden geschlossen, sein gesamtes Eigentum konfisziert. Er selber verschwand spurlos und tauchte nie wieder auf. Radistschew wurde ohne großen Prozeß zum Tode verurteilt. Im letzten Augenblick

begnadigte ihn Kaiserin Katharina zur Verbannung nach Sibirien. Während er dort lebte, verbreitete sich sein Werk über ganz Rußland. Da es nicht nachgedruckt werden durfte, schrieb jeder, der verbotenerweise ein Buch besaß und es nicht ablieferte, einmal den ganzen Text ab und gab ihn an Freunde weiter, die dann das gleiche taten. Anderthalb Jahrhunderte, bis 1917, herrschte für alle Werke Radistschews in Rußland absolutes Druckverbot, und dennoch wurde er immer lebhaft gelesen.

Dieses war das eine Gesicht der Welt, in der Kotzebue lebte, das Gesicht der absoluten Despotie. Es reizte ihn aber auch, das andere kennenzulernen, jenes Gesicht, das die Französische Revolution geprägt hatte, unter dem Motto »Freiheit, Gleichheit, Brüderlichkeit«. Er bat um Urlaub und reiste erst nach Paris, dann nach Mainz, wo das Pariser Modell auf deutschem Boden praktiziert wurde.

Die alte Hauptstadt des geistlichen Kurfürstentums war 1631 von den Schweden, 1644 und dann wieder 1688 von den Franzosen verwüstet worden, hatte aber trotzdem ihr Gesicht bewahren können. Seit Oktober 1792 herrschten dort Revolutionäre. Von Gleichheit und Brüderlichkeit war keine Rede, von Freiheit schon gar nicht. Mit der trüben Erkenntnis, daß der Terror von unten nicht besser ist als der Terror von oben, reiste Kotzebue nach Estland zurück. Dort lebte er drei Jahre weitab von allen Verdrießlichkeiten als Privatmann von seinen Tantiemen auf seinem Landsitz Friedenthal bei Narwa. Er war unvorstellbar schöpferisch: Er schrieb in dieser Zeit zwanzig Schauspiele und ein sechsbändiges Prosawerk »Die jüngsten Kinder meiner Laune«. Während er so in stiller Abgeschiedenheit arbeitete, wurde gar nicht weit von ihm das Lebenswerk eines Mannes vernichtet, auf den die russische wie die deutsche Jugend große Hoffnungen setzte: Johann Friedrich Hartknoch.

Hartknoch war eine der kraftvollsten Verlegerpersönlichkeiten seiner Zeit. Zu seinen Autoren gehörten Kant und Herder. Als junger Mann hatte er 1763 in Mitau und 1764 in Riga Buchhandlungen gegründet. Als russischer Staatsbürger deutscher Nationalität sah er es als seine Aufgabe an, den Russen die deutsche und den Deutschen die russische Literatur nahezubringen. Dafür setzte er alle Energie und sein ganzes Vermögen ein.

Sein Unternehmen begann in einer guten Zeit. Unter Katharinas Regierung erlebte der Buchhandel einen rasanten Aufstieg. Vorher, in den zwanzig Regierungs-

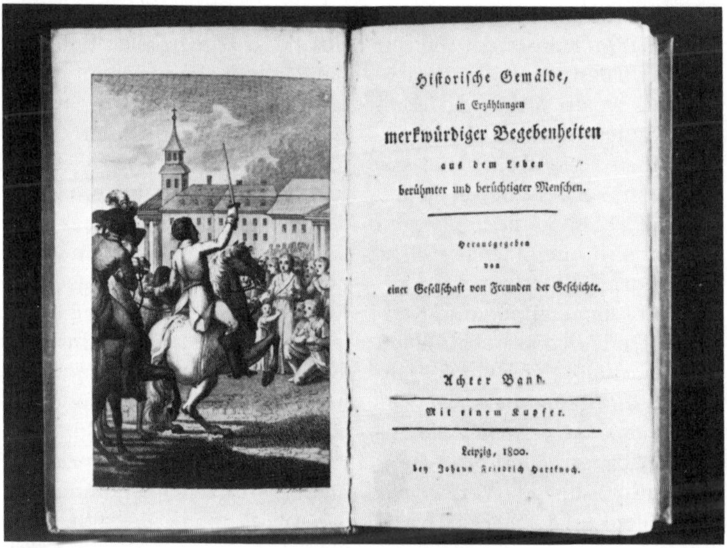
Historische Gemälde,
in Erzählungen
merkwürdiger Begebenheiten
aus dem Leben
berühmter und berüchtigter Menschen.

Herausgegeben
von
einer Gesellschaft von Freunden der Geschichte.

Achter Band.

Mit einem Kupfer.

Leipzig, 1800.
bey Johann Friedrich Hartknoch.

Der deutsche Verleger Hartknoch war eines der Opfer der zaristischen Willkür. Er mußte seinen Verlag in Riga aufgeben und emigrieren.

jahren der Zarin Elisabeth, waren in ganz Rußland insgesamt nur 38 Bücher erschienen, im Durchschnitt also 1,9 pro Jahr. In Katharinas ersten zwanzig Regierungsjahren waren es 397, mehr als zehnmal soviel, und die Produktion wuchs von Jahr zu Jahr.
Aber dann starb Katharina am 17. November 1796, und ihr Sohn und Nachfolger Paul führte sogleich eine gnadenlose Zensur für alle Druckerzeugnisse ein. Die Zensoren, Männer, denen jegliche geistige Kreativität verhaßt war, wurden mit unbegrenzten Vollmachten ausgestattet und konnten endlich ihren dumpfen Widerwillen gegen alle schöpferischen Geister voll ausleben. Zur organisierten Isolation, dem wirksamsten Mittel des Polizeistaats, die Menschen seelisch, geistig und körperlich zu zerstören, leisteten sie einen wichtigen Beitrag. Ihr erstes prominentes Opfer wurde Hartknoch.
Was an Sendungen aus dem Ausland für ihn ankam, wurde versiegelt und polizeilich eingelagert: Druckbögen von auswärtigen Verlagen, Papierballen, Leinen und Leder für die Einbände. So verging die Zeit. Seine Lieferanten verlangten ihr Geld. Er hatte bald keines mehr, da seine Geschäfte stagnierten. Was er an

Druckbögen aus Deutschland bestellt hatte, hätte jeder Zensur standgehalten, er war ja vorsichtig und wollte nichts riskieren. Das wußten auch die Zensoren. So öffneten sie die Pakete gar nicht erst, sondern ließen sie auf freiem Platz in Sonne und Regen still vor sich hin faulen.
Nicht nur Hartknoch war empört, auch all seine Freunde und Kunden. Gerade in diesen baltischen Städten, deren vornehmste Eigenart ihre Weltoffenheit war, empfanden die Menschen die geistigen Absperrungen als besonders entwürdigend. Verzweifelt und voller Wut machte sich Hartknoch auf den Weg nach Petersburg. Da sagte ihm der für Kultur zuständige Staatsrat: »Es ist besser, hundert gute Bücher zu verbrennen, als ein einziges durchgehen zu lassen, in dem nur ein revolutionäres Wort steht.«
Daraufhin verfaßte Hartknoch eine Beschwerdeschrift und ließ sie dem Kaiser zustellen. Aber der Kaiser wollte ihn nicht sprechen, sondern ließ ihm ausrichten: »Der Untertan soll sich dem Gesetz unterwerfen und nicht räsonieren!«
Ohne Hoffnung reiste Hartknoch nach Riga zurück. Nach mehreren nächtlichen Verhaftungen und mehrfachen Reisen als Gefangener nach Petersburg und zurück, nachdem er unter ganzen Ketten von Schikanen körperlich zusammengebrochen und schwer erkrankt war und sich am Rande des finanziellen Ruins befand, mußte er einsehen, daß er gegen die Trägheit, den Stumpfsinn und die Tücken der Zensur machtlos war. Er gab alles auf, was er geschaffen hatte, und alles, woran er hing: seine Buchhandlung, sein Haus, seine Stadt Riga, in der er glücklich gewesen war, Livland, das er als Heimat empfunden hatte, und Rußland, das er noch in seinem Abschiedswort sein Vaterland nannte. Er zog sich nach Deutschland zurück und gründete in Leipzig eine neue Verlagsbuchhandlung.
»...im Frühling des folgenden Jahres [1798] verließ ich mit meiner Familie mein Vaterland und opferte den größten Teil meines Vermögens, um unter dem Schutz der Gesetze in Ruhe und Sicherheit zu leben...«
Mit ihm verlor Rußland einen unersetzlichen Mann, der nur für die Aufklärung und Bildung hatte leben wollen, zum Nutzen dieses Landes. Seine Freunde trauerten, die stumpfsinnigen Diener des Systems triumphierten.
Um diese Zeit übersiedelte auch Kotzebue von seinem baltischen Gut nach Deutschland. Er sprang aber nicht ins Nichts, sondern hatte einen hochdotierten Ruf als Kaiserlicher Hoftheaterdichter in Wien. Dort errang er mit seinen leicht eingängigen Stücken beachtliche Anfangserfolge. Aber er

war nicht der Mann, der sich auf die Dauer mit seiner Umgebung vertragen konnte. Seine Stücke waren stets so angelegt, daß sie den einen Gelegenheit gaben, über die anderen zu lachen, was ihm die anderen verständlicherweise verübelten, zumal sie meistens die reicheren und mächtigeren waren – wer mokiert sich schon über arme Hunde – und ebenso eitel wie Kotzebue. Das ging nicht lange gut, und bald gab es Streit.

Dem Streit in Wien folgte Zank in Weimar. Auch in seiner Vaterstadt erlebten seine Stücke glänzende Aufführungen. Aber ausgerechnet von Goethe, der dort inzwischen die alles beherrschende geistige Größe war, fühlte Kotzebue sich nicht genügend geehrt, und Goethe hielt den anstrengenden Vielschreiber auf Abstand.

Da beschloß Kotzebue im späten Herbst 1799, sich wieder auf sein estländisches Gut zurückzuziehen, wo er keinen Ärger mit Menschen zu befürchten hatte, weil alle dort entweder Familienangehörige oder Leibeigene waren, also nicht befugt, ihn zu kritisieren. Das Genehmigungsverfahren für die Pässe zog sich über Monate hin. Jeder, der in Rußland reisen wollte, ganz gleich, wohin, brauchte eine Genehmigung von allerhöchster Stelle.

Alles war besonders schwierig, da Kotzebue seine zweite Frau Christina, geborene von Krusenstern, bei sich hatte – die erste war gestorben – sowie drei kleine Kinder. Die älteren waren auf dem Gut geblieben oder wurden in der Petersburger Kadettenanstalt erzogen. Er war seinerzeit mit der Genehmigung des Kaisers ausgereist, aber inzwischen war ein Gesetz in Kraft getreten, das jedem, der einmal Rußland verlassen hatte, für immer die Rückreise verbot.

Nach viermonatiger Wartezeit kamen die Pässe, und am 10. April 1800 konnte die Familie aus Weimar abreisen. Auf dem weiten Weg hörten sie mehrfach Warnungen, und wenige Tagereisen vor der Grenze, in Ostpreußen, murmelte ein alter Mann: »Wer jetzt nach Rußland geht, dem gnade Gott!« Von Königsberg an ritt aber ihr alter Freund, der Mime Vincent Weyhrauch, mit wehendem Mantel neben der Kutsche her. Das gab ein Gefühl der Beruhigung.

In Memel, der letzten Stadt vor der Grenze, verschenkte Kotzebue alle Bücher, die er bei sich hatte, um dem Zensor Tumanskoj, der schon Hartknoch ins Unglück gebracht hatte, keinen Anlaß zu tückischen Ausfällen zu geben. Es ging den Polizeibeamten vor allem um Bücher und Notizen. Vor nichts schien die absolute Despotie soviel Angst zu ha-

ben wie vor bedrucktem und beschriebenem Papier.
In Polangen, dem ersten Ort auf russischem Hoheitsgebiet, wurde nach stundenlangen Durchsuchungen und Verhören das gesamte Gepäck versiegelt, dann durfte die Familie nach Mitau weiterreisen. Das waren rund 250 Kilometer. Die schafften sie in drei Tagen. Auf dem Kutschbock saß jetzt zum Entzücken der Kinder ein bärtiger Kosak mit Säbel und mehreren Pistolen.
Am 26. April kamen sie um zwei Uhr morgens in ihrem Mitauer Wirtshaus an. Nach dem Frühstück meldete sich Kotzebue pflichtgemäß beim Gouverneur, Herrn von Dreisen. Der zeigte ganz offen sein Erstaunen, daß ein Mensch unter dem derzeitigen Regime freiwillig nach Rußland kam, und erklärte Kotzebue, von jetzt an werde er von seiner Familie getrennt weitertransportiert. Eine Begründung für diese Anordnung zu geben, sei er leider nicht befugt.
Kotzebue wurde nun unter Aufsicht eines Beamten namens Schtschekatechin nach Riga gebracht und erfuhr dort, daß er nach Tobolsk in Sibirien verbannt sei, ohne Untersuchung, ohne Gerichtsverhandlung, ohne Urteil. Solange er noch in Livland war, versuchte er auf der ganzen Strecke, Bekannte und Freunde zu finden, die seine Frau benachrichtigen könnten, auf Kokenhusen übernahm das der Baron von Löwenstern und auf Stockmannshof der Kammerherr von Bayer. Sie schenkten Kotzebue auch einen warmen Mantel für die lange Reise.
»... dann wurde ich mit meinen Habseligkeiten auf einen offenen Karren geworfen, Hofrat Schtschekatechin pflanzte sich neben mich, ein Kurier hinter mich, und nach einer Stunde hatten wir die Witebsker Grenze erreicht ...«
Zu essen bekam er nichts. Was ihm Frau von Bayer an Lebensmitteln mitgegeben hatte, hatten längst seine Bewacher verzehrt. Sie hatten auch den warmen Mantel an sich genommen. Kotzebue fror und hatte Hunger.
»... bei dieser Gelegenheit muß ich die Gastfreundschaft der russischen Bauern erwähnen, die immer sichtbarer wird, je tiefer man ins Reich kommt. Sie tragen auf, was sie haben, und bieten ihre Häuser zum Nachtlager an ...«
Sie kamen durch Polozk, durch Smolensk. Abends schrieb Schtschekatechin diensteifrig seine geheimen Rapporte über alle Äußerungen des Gefangenen an seine vorgesetzte Behörde.
»... mein Bart war indessen zu einer fürchterlichen Länge gewachsen. Ich forderte mein Rasierzeug. Es wurde mir verwei-

gert. Auf diesem Wege ergriff mich ein Zucken der Glieder und die Angst zu ersticken. Frost und Ungeziefer ließen mir die Nächte hindurch keine Ruhe. Am 18. Mai kamen wir in Moskau an. Am anderen Abend verließen wir die Stadt wieder und fuhren lange in einer Birkenallee dahin, wo die elegante Welt flanierte, schön geschmückte Damen, leichtfüßige Herren, und keiner warf einen Blick auf den Autor, der sie am Abend vielleicht durch eines seiner Theaterstücke amüsierte...«

Sie überquerten die Wolga, die breite Landstriche überschwemmt hatte, in einem Sturm auf einem flachen Prahm, kamen durch Wladimir und Nischnij-Nowgorod. Da trafen sie auf den gebürtigen Deutschen, General von Mertens, der plötzlich ohne Angabe von Gründen aus dem Heer entlassen, aus Petersburg weggeschickt und zum Gouverneur von Perm, einem tristen Nest zweitausend Kilometer östlich der Hauptstadt, ernannt worden war.

»...in Kasan schlief ich erstmals wieder in einem Bett, und das würde mich sehr erquickt haben, wenn nicht eine Menge von blatta orientalis, im Deutschen auch Kakerlaken genannt, mir jene Wohltat verbittert hätten... Am 29. Mai verließen wir die tatarische Vorstadt von Kasan und trafen große Haufen von Verbannten, die paarweise aneinandergekettet waren und zu Fuß in die Bergwerke von Nertschinsk gingen. Es befanden sich auch junge Mädchen unter ihnen...«

Von Kasan nach Perm waren es sechshundert, von dort nach Tobolsk noch neunhundert Kilometer auf ungepflasterten Wegen, dann hatten sie ihren Bestimmungsort erreicht: die Hauptstadt der sibirischen Statthalterschaft an der Mündung des Tobol in den Irtysch mit zwanzigtausend Menschen – Russen, Tataren und Deutschen – und mit dreiundzwanzig Kirchen, davon einer deutschen evangelischen und zwei Moscheen.

Der erste Mensch, dem Kotzebue begegnete, war ein Greis, ein Deutscher, der früher Seesoldat in russischen Diensten gewesen war und vor Sehnsucht nach seiner Frau den Verstand verloren hatte. Er geisterte durch die Straßen und rief monoton: »Wo bist du jetzt, mein Täubchen? Bist du in Riga, in Reval, oder bist du in Petersburg?«

Hier, wo keine Fluchtgefahr bestand, konnten sich alle Verbannten frei bewegen. Kotzebue traf viele Landsleute, darunter den Kaufmann Becker aus Moskau, der Ärger mit dem Zoll gehabt, sich aber hier in der Verbannung schon rasch wieder ein Haus und eine solide Existenz aufgebaut hatte und auf seine Familie warte-

Zar Paul I. beschäftigte ein Heer von Spitzeln und Zensoren, um sein Volk in Schach zu halten. Tausende von Verdächtigen, Männer, Frauen, Kinder, wurden nach Sibirien getrieben.

te, die freiwillig das Exil mit ihm teilen wollte.

Die Stadt war weiträumig und hatte schöne Häuser, die meisten aus Holz, einige auch aus Stein. Auf dem Fischmarkt konnte man die herrlichsten Störe, Welse und auch Kaviar für wenig Geld kaufen. Es gab auch ein Theater in Tobolsk. Alle Schauspieler waren Verbannte, die Souffleuse, die Garderobieren und das ganze technische Personal, alle hatten sich irgendwann irgendeinen mächtigen Menschen zum Feind gemacht.

». . . auch einen Club gab es in Tobolsk, den ein Italiener mit aufgeschlitzten Nasenlöchern betrieb. Er war ein Mörder und nährte sich auf diese Weise. Übrigens ist das Klima sehr gesund. Mein Arzt kannte nur zwei Krankheiten: die Syphilis und das Erkältungsfieber. Man braucht also nur geschlechtliche Enthaltsamkeit und eine warme Jacke, um in Sibirien ein hohes Alter zu erreichen . . .«

Am 24. Juni wurde Kotzebue in das noch weiter östlich gelegene Kurgan versetzt, das einem Vergleich mit Tobolsk nicht standhalten konnte. Auch hier durfte er sich frei bewegen und mit allen Menschen ungehindert sprechen. Er wanderte durch die Stadt und die Umgebung, und es gelang ihm auch, sich zwei Bücher zu beschaffen: die Reisebeschreibungen des Berliners Peter Pallas und des Tübingers Johann Georg Gmelin, die als erste dieses unermeßliche Land Sibirien erforscht und mit liebevoller Genauigkeit beschrieben hatten.

Und als er gerade anfangen woll-

te, sich mit der Monotonie und der Hoffnungslosigkeit abzufinden, war auf einmal alles wieder ganz anders: Ein Dragoner sprengte durch die Stadt, verhielt vor dem Holzhaus, in dem Kotzebue wohnte, und brachte einen Brief des Gouverneurs von Tobolsk, des Mannes, dessen Gouvernement größer war als Deutschland, Frankreich und Italien zusammen. Darin stand: »Ich habe das süße Vergnügen, Ihnen anzuzeigen, daß unser gnädiger Kaiser Ihre Rückkehr wünscht. Fliegen Sie! Empfangen Sie meine Glückwünsche! Ihr demütiger Diener D. Kuschelew.«

Kotzebues Auszug aus Kurgan vollzog sich in einer schweren Weihrauchwolke. Es war gerade ein großes Kirchenfest. In feierlichen Prozessionen wurden der hiesige Stadtheilige und der Dorfheilige eines Nachbarorts aufeinander zugetragen. Und mitten zwischen den beiden Heiligen und den unzähligen Popen und

Mönchen entfernte sich ein euphorischer Kotzebue aus seinem östlichsten Verbannungsort.

Der Gouverneur in Tobolsk empfing ihn wie einen Staatsgast und lud ihn sogleich zu einem Festmahl ein. Er wohnte bei seinem Freund Becker, und dort feierten sie auch mit ihren russischen Freunden zwei Tage lang, erst das Wiedersehen, dann den Abschied.

Nach einer Sturmfahrt erreichte Kotzebue mit seinen Begleitern, die nun zu seiner Bedienung da waren, am 15. Juli Jekaterinburg (heute Swerdlowsk): »... da kaufte ich edle sibirische Steine für meine Töchter zur Erinnerung an die unglücklichste Begebenheit im Leben ihres Vaters...«

Weiter ging es den Weg zurück über Perm nach Kasan: »... immer wieder wurde meine Heiterkeit durch den Anblick der Verbannten getrübt, die mir begegneten. Einige fuhren in Wagen, andere in ungedeckten Kibitkas, die meisten gingen zu Fuß, mit Ketten aneinandergeschlossen. Noch andere trugen um den Hals hölzerne Gabeln, deren Stiel ihnen über die Brust bis auf die Knie hing. Durch zwei Löcher im Stiel hatte man ihre Hände gezwängt. Ihr Anblick war fürchterlich. Alle baten kläglich um Almosen, und wie gern gab ich ihnen, was ich hatte...«

Am 22. Juli erreichte er Kasan, am 25. Nischnij-Nowgorod (heute Gorki). Da trat aus dem Posthaus eine hübsche junge Frau und lud ihn auf deutsch ein hereinzukommen. »... ich bin ein Freund des schönen Geschlechts, aber mein langer Bart, mein verworrenes Haar, mein zerrissener Schlafrock setzten mich in Verlegenheit...«

Die Posthalterin ließ in einem Zimmer ganz für ihn allein einen Tisch decken. »... nach und nach füllte sich das Zimmer mit Damen und Herren, Russen und Deutschen, in deren Mitte ich ganz allein, wie der König von Spanien, speisen mußte. Schließlich holten sie einen Band meiner Schauspiele hervor, um mein Bildnis darin mit dem langbärtigen Original am Tisch zu vergleichen...«

Am 28. Juli erreichte er Moskau. Während des zweitägigen Aufenthalts dort hatte er endlich einmal Gelegenheit, einen der großen russischen Geister seiner Zeit zu besuchen: Nikolai Karamsin, den Lyriker, den Novellisten, den glänzenden Journalisten. Dieser hatte Deutschland durchwandert und dabei die deutsche Geschichte ebenso als Abenteuer empfunden wie die seines eigenen Vaterlands. Mit persönlichem Engagement und dichterischer Kraft schuf Karamsin die zwölfbändige Geschichte des russischen Staates, die heute noch, nach

Paul I.

mehr als anderthalb Jahrhunderten, nichts von ihrer lebendigen Frische verloren hat.

»... Karamsin nahm mich herzlich auf. In seinem Zimmer hing eine Sammlung von Bildnissen deutscher Gelehrter. Wir sprachen über Wieland und Schiller, über Herder und Goethe und über meine liebe Heimatstadt Weimar, in der es ihm so sehr gefallen hatte...«

Am 13. August bekam Kotzebue eine Urkunde mit dem kaiserlichen Siegel zugestellt, in der ihm die Schenkung des Gutes Worokull in Estland samt vierhundert leibeigenen Familien bescheinigt wurde. Weswegen er nach Sibirien verbannt worden war, erfuhr er nie, wohl aber den Grund des kaiserlichen Wohlwollens, mit dem er nun überschüttet wurde. Während er in Kurgan saß, hatte Zar Paul Kotzebues Drama »Der alte Leibkutscher Peters III.« gelesen und war so begeistert gewesen, daß er augenblicklich die Begnadigung des Dichters befohlen hatte. Er ernannte Kotzebue auch noch zum Hofrat und zum Direktor des Deutschen Theaters in Petersburg.

Das Übermaß der kaiserlichen Gnade machte aber Kotzebue nicht blind für das, was sich um

Maria Feodorowna, geb. Sophie von Württemberg.

ihn herum ereignete. Er registrierte an sich alle Symptome eines Untertanenlebens in einem perfekten Polizeistaat: »... mit bangen Ahnungen legte ich mich jeden Abend zu Bett. Zitternd hörte ich nachts jedes Geräusch auf der Straße. Ängstlich fuhr ich durch die Stadt, immer entschlossen, rechtzeitig aus dem Wagen zu springen, wenn ich dem Kaiser begegnete (man durfte nicht sitzend an ihm vorbeifahren). Weibern von zweideutigem Ruf und Männern von schwachem Geist mußte ich huldigen und bei jeder Aufführung meiner Stücke bangen, ob die Polizei kein Vergehen darin entdeckte. Selten konnte ich bei Freunden meinen Kummer ausschütten, denn alle Wände hatten Ohren, und der Bruder traute dem Bruder nicht mehr. Nicht einmal mir selber durfte ich meine Notizen anvertrauen, denn wie leicht konnte man plötzlich mein Portefeuille untersuchen! Ein Gang am Schloß vorbei bedrohte die Gesundheit: Auch bei übelstem Wetter durfte man sich dieser Steinmasse nur mit entblößtem Kopf nähern. Kein Spaziergang gewährte Zerstreuung, denn täglich begegnete man Unglücklichen, die arretiert waren und zur Knute geführt wurden...«

In dieser Verfassung bekam Kotzebue am 16. Dezember 1800 den Befehl, sich beim Militärgouverneur Graf von der Pahlen zu melden. Er sah schon neue Katastrophen auf sich zukommen, aber Graf Pahlen eröffnete ihm nur, er solle dem Kaiser eine witzige Einladung zu einem ritterlichen Turnier für alle europäischen Monarchen entwerfen.

Das tat er, und zur Belohnung schenkte ihm der Kaiser eine brillantbesetzte Dose im Wert von einigen tausend Rubeln. Von da an wurde Kotzebue immer häufiger zu Paul I. befohlen und bekam schließlich auch den Auftrag, eine Hymne auf den Michailowschen Palast zu schreiben, den der Zar sich hatte erbauen lassen und den er als das achte Weltwunder bezeichnete.

»... am 11. März 1801, mittags gegen ein Uhr, also etwa zwölf Stunden vor Kaiser Pauls Tod, sah ich ihn zum letzten Mal, auf der Paradetreppe, neben der Statue der Kapitolinischen Kleopatra. Er blieb bei mir stehen und fragte mich, wie weit meine Beschreibung des Palastes fortgerückt sei. Als ich ihm sagte, sie sei beinahe vollendet, verließ er mich mit den Worten: ›Ich freue mich darauf!‹ Ich sah ihm nach, wie er die Treppe hinaufstieg; auch er sah oben an der Tür noch einmal zu mir herunter...«

Am Abend dieses Tages traf sich eine Gruppe von Verschwörern, die seit Monaten einen gewaltsamen Umsturz planten. Der politi-

Peter Ludwig Graf von der Pahlen, der Führer des Staatsstreiches gegen Zar Paul.

sche Kopf der Unternehmung war der Balte Graf Peter von der Pahlen, der Gouverneur von Petersburg, der Kotzebue erstmals zum Zaren geführt hatte. Sein Ziel war es, den despotischen, unberechenbaren und bei seiner Umgebung verhaßten Zaren abzusetzen und statt dessen seinen liberalen, weit beweglicheren und durchaus nicht bildungsfeindlichen ältesten Sohn Alexander auf den Thron zu heben.

Der militärische Planer dieses Staatsstreichs war General von Bennigsen, ein gebürtiger Hannoveraner, der in russischen Diensten stand. Beiden war die gewaltsame Entmachtung des Zaren zuwider, aber beide sahen in ihr die einzige Möglichkeit, von Rußland Schaden abzuwenden. Sie wollten erreichen, daß Paul sich in Ehren auf einen Ruhesitz zurückzog, und unter allen Umständen verhindern, daß Blut floß.

In den Zielen waren sie sich mit ihren russischen Freunden – Fürsten, Grafen, Baronen und meist hohen Offizieren – durchweg einig, in der Methode nicht. Viele meinten, ein lebender Ex-Zar Paul würde auch in der Verbannung nie Ruhe geben. Oberst Bibikow ging noch einen Schritt weiter und erklärte, es sei sinnlos, den Zaren zu beseitigen und seine Familie leben zu lassen, die immer neue Zaren gebären würde. Aber die Besonnenen setzten sich durch und formulierten eine Urkunde, in der Paul sich für unfähig erklärte, weiter zu regieren, und auf alle Rechte verzichtete. Für den allerschlimmsten Fall sahen sie vor, ihn in Schlüsselburg einzusperren.

Am Abend dieses 11. März 1801 saßen die Verschwörer bei einem von ihnen, dem General Talysin, beisammen, aßen und tranken und warteten auf die Nacht. Einige aßen weniger und tranken mehr. Gegen elf Uhr teilten sie sich in zwei Gruppen und trennten sich. Die eine, unter Führung von Bennigsen und Fürst Platon Subow, dem letzten Geliebten von Pauls Mutter, Katharina der Großen, sollte in den Michailowschen Palast eindringen, die andere, von Graf Pahlen und Subows Schwager Uwarow angeführt, sollte ihn umstellen und gegen die Umwelt abriegeln. Einige Verschworene hatten die Truppenteile, deren Kommandeure sie waren, in Marsch gesetzt und ihre Offiziere und Unteroffiziere beizeiten eingeweiht. Es war ein matter Mondschein in dieser Märznacht. Auf dem Marsch durch den Sommergarten zum Michailowschen Palais ereignete sich ein Zwischenfall, mit dem niemand hatte rechnen können: Schwärme von Krähen strichen über die Kolonnen dahin und ließen sich im kahlen Geäst der Bäume laut krächzend nieder. Da meinten etliche Soldaten, es sei Verhängnis in der Luft. Sie wollten lieber umkehren, als etwas Unrechtes tun. Aber ihre Offiziere schnauzten sie mit gedämpfter Stimme an und befahlen weiterzumarschieren.

Ein diensttuender Adjutant, der dazugehörte, ließ eine ausgewählte Schar von Verschwörern ein, während die anderen das Schloß abriegelten. Vor dem Schlafzimmer des Zaren standen zwei Husaren Wache und wollten nicht weichen. Sie wurden mit Säbelhieben niedergeschlagen und die Tür aufgebrochen. Das Zimmer war leer. In dem schlichten Feldbett, in dem der Zar zu schlafen pflegte, lag zerwühltes Bettzeug. Er selber war nicht zu sehen. Da erkannten sie in dem Mondlicht, das durch das Fenster hereinfiel, unter dem Ofenschirm vor dem Kamin zwei nackte Füße. Sie packten zu und zogen den Zaren hinter dem Schirm hervor. Er trug Unterhosen und eine Leinenjacke.

Bennigsen sagte sehr ruhig: »Sire, Sie sind festgenommen!« Die anderen zündeten einige Kerzen in den Leuchtern an und breiteten die Urkunde auf dem Tisch aus.

Zar Paul las sie, aber er weigerte sich, sie zu unterschreiben. Sie drängten. Die Betrunkenen unter ihnen fingen an zu randalieren und ihn zu bedrohen. Fürst Subows Bruder Nikolai, ein brutaler Schläger, der seinen Grafentitel nur der Potenz seines so erfolgreichen Bruders zu danken hatte, nahm eine goldene Tabaksdose vom Tisch und hämmerte gegen Pauls Schläfe. Als der Zar wankte, schlug ihn der Georgier Jaschwili zu Boden. Dann fielen sie alle über Paul her und prügelten wild auf ihn ein, während Bennigsen verzweifelt den Mord zu verhindern suchte. Da viele sehr betrunken waren, trafen sie un-

genau, oft nur einander oder das Parkett.
Diese Orgie des Tötens dauerte ihre Zeit. Schließlich erdrosselten sie den Zaren, wie ihre Vorgänger seinen Vater erdrosselt hatten, damals vor vierzig Jahren, als er noch ein kleiner Junge von sieben gewesen war, nur daß sie keine Serviette dazu nahmen wie jene, sondern des Kaisers Offiziersschärpe, die über seinem Feldbett an der Wand gehangen hatte. Das war der feine Unterschied.
Nun wurde Alexander I. Zar des Russischen Reiches, ein junger Mann von dreiundzwanzig, wohlerzogen und mit guten Vorsätzen. Kotzebue notierte: »... am 12. März sehr früh verbreitete sich die Nachricht von der Thronbesteigung des jungen, liebenswürdigen Monarchen. Um acht Uhr huldigten ihm die Großen des Reichs in der Kirche des Winterpalais. Das Volk überließ sich fröhlichem Jubel, da die Milde des neuen Herrschers zu den schönsten Hoffnungen berechtigte...«
Aber trotz der schönsten Hoffnungen mochte Kotzebue nicht länger in Rußland bleiben. Die ständige Angst, der Druck der trägen und unberechenbaren Behörden auf jeder Stunde des Alltagslebens, die Tücke der Zensur, die ja keineswegs aufgehoben wurde, das alles zehrte an seinen Nerven. Er übersiedelte wieder nach Weimar. Aber Goethe respektierte ihn immer noch nicht ausreichend; so ging er grollend nach Berlin. Dort gab er eine Zeitschrift heraus, »Der Freimüthige«, die er vorwiegend mit Polemiken gegen Goethe füllte, schrieb Possen und Trauerspiele, verfaßte Reiseberichte und den »Almanach dramatischer Spiele«. Er wurde in die Preußische Akademie der Wissenschaften aufgenommen und begann 1806 in Königsberg, seine »Geschichte Preußens« zu schreiben.
In dieser Zeit geriet ganz Europa in lebhafte Bewegung. Es stellte sich heraus, daß der Nutznießer der Französischen Revolution gar nicht das Volk, sondern der Revolutionsgeneral Bonaparte war. Frankreichs königliche Familie und zahllose Herzöge, Marquis und Grafen waren enthauptet worden, aber von Freiheit, Gleichheit und Brüderlichkeit wurde nicht mehr gesprochen. Napaoleon machte sich zum Kaiser und schuf anstelle der alten eine neue Aristokratie aus seiner eigenen Familie, seinen einstigen Sergeanten und deren Frauen. Sie wurden Grafen und Fürsten und Könige. Er verteilte Kronen wie Cotillon-Orden, zerhackte bedenkenlos uralte Stammesgemeinschaften, zog willkürlich neue Grenzen und fügte unterschiedlichste Staatsgebilde zu Fürstentümern für seine Ver-

wandten zusammen, mit dem unübersehbaren Ziel, aus Europa ein französisches Kolonialreich zu machen.
Und wieder einmal, wie schon so oft, zogen fremde Heere durch Deutschland, kreuz und quer, plünderten, mordeten, brannten Städte und Dörfer nieder, und da dieses Deutschland nicht zu einer politischen Einheit fand, war das auch immer wieder möglich.
Am 2. Dezember 1805 schlug Napoleon bei Austerlitz die verbündeten Heere der Österreicher und Russen. Daraufhin streckte Österreich die Waffen. Bayern und Württemberg boten sich beflissen Napoleon als Bundesgenossen an und wurden zu Königreichen erhoben. Die westdeutschen Staaten schlossen sich zum Rheinbund zusammen, dessen Politik Napoleon bestimmte. Am 6. August 1806 legte Kaiser Franz die deutsche Kaiserkrone nieder und proklamierte damit in aller Form das Ende des Deutschen Reiches.
Am 14. Oktober 1806 schlug Napoleon das preußische Heer bei Jena und Auerstedt und zog zwei Wochen darauf als Sieger durchs Brandenburger Tor in Berlin ein. Der älteste Brockhaus stellte nüchtern fest: »Soweit Napoleons Macht reichte, erstickte sie Handel und Wohlstand, die Freiheit der Rede und den Mut der Schriftsteller.«

Es gab nur noch eine einzige ernst zu nehmende Kraft in Europa, die Napoleons hemmungslosem Eroberungsdrang widerstehen konnte, ein Land, in dem er sich totlaufen mußte: Rußland.
Kotzebue flüchtete auf sein Gut in Estland und schrieb. Auch dort gab er eine Zeitschrift heraus, »Die Biene«, in der er heftig gegen den napoleonischen Terror wetterte. Und dann holte Napoleon zum großen Schlag gegen Rußland aus, und alle deutschen Staaten mußten Truppenkontingente zu seiner »Grande Armée« stellen. Es gelang dieser Armee, nach Moskau vorzudringen und den Kreml zu besetzen. Aber die Russen steckten ihre eigene alte Hauptstadt in Brand, die für sie den Rang einer nationalen Weihestätte hatte, und zwangen Napoleon zum Rückzug, der im früh

Napoleon Bonaparte mit der eisernen Krone der Lombardei.

einsetzenden Winter in eine panische Flucht ausartete. Napoleon überließ die einst so große Streitmacht ihrer Auflösung und zog sich nach Paris zurück.
Das russische Heer drängte nach. In ihren Reihen kämpften auch viel Deutsche – Clausewitz war einer von ihnen –, um ihr Vaterland zu befreien. Und wieder einmal kämpften Deutsche gegen Deutsche auf deutschem Boden.
Kotzebue rückte mit der russischen Armee in Berlin ein. Da gab er dann eine neue Zeitschrift heraus, das »Russisch-Deutsche Volksblatt«; er verfolgte das Ziel, die Jugend für die vollkommene Befreiung vom Franzosenjoch und für die Wiederherstellung eines einigen Deutschen Reiches zu begeistern.
Nachdem die Franzosen endgültig nach Frankreich zurückgetrieben worden waren, zogen sich auch die russischen Truppen in ihr Land zurück. Kotzebue blieb in Deutschland, blieb aber auch in russischen Diensten, erst als Generalkonsul in Preußen, später als Vertreter des Außenministeriums in Weimar und Mannheim, mit dem Auftrag, über das deutsche Kulturleben nach Petersburg zu berichten. Nebenbei schrieb er noch viele Theaterstücke und Zeitungsartikel. Insgesamt wurden es 73 Lustspiele, 15 Trauerspiele, 60 Schauspiele, 30 Possen, 11 Travestien, 17 Opern und Singspiele.
In diesen wenigen Jahren zwischen der Befreiung vom napoleonischen Joch bis zu seinem Tod pendelte Kotzebue von den liberalen Idealen, die den Freiheitskampf getragen hatten, auf die Seite der ultrakonservativen Restauration, die das absolutistische System in den europäischen Monarchien wiederherstellen wollte. Damit machte er sich in der russischen Regierung – die ihn besoldete – mächtige Freunde, unter der deutschen Jugend aber, die die Freiheit erkämpft hatte, erbitterte Feinde.
In seinem Mannheimer »Literarischen Wochenblatt« ließ er sich voller Häme über diese Jugend aus. Aber sein gewaltsamer Tod war unangemessen. Kotzebue war ein Mann, der sich ständig selber widerlegte. Man brauchte ihn nur schreiben zu lassen.
Am 23. März 1819 meldete sich bei ihm in der Mannheimer Wohnung der Student Karl Ludwig Sand aus Wunsiedel, bat um ein Gespräch und zog ein Messer, bevor der Dramatiker überhaupt begreifen konnte, was der junge Mann von ihm wollte. Natürlich war er ein Zyniker und wußte es auch. Wer so viele Possen geschrieben hatte, konnte nur zum Zyniker werden. Er hatte doch immer nur den einen dazu verholfen, über die anderen zu lachen. Und nun stand dieser überhitzte Theologiestudent mit thea-

Um Napoleons Truppen zu vertreiben, setzten die Russen im September 1812 Moskau in Brand. Die Franzosen ließen ihre Wut an der Bevölkerung aus.

tralisch erhobenem Dolch vor ihm und stieß wahrhaftig zu mit den Worten: »Hier, du Verräter des Vaterlandes!« Und der Dichter starb mit einer Miene der Ratlosigkeit.
Sand versuchte, auch sich selber zu erstechen, aber das gelang ihm nicht. Er wurde verhaftet, verurteilt und vierzehn Monate nach der Tat, am 20. Mai 1820, in der ersten Morgenfrühe aus Mannheim herausgeführt und vor dem Heidelberger Tor mit dem Schwert enthauptet.
Kotzebues Kinder wurden Russen. Fünf seiner sieben Söhne, die in Reval, Königsberg und Petersburg geboren wurden, fanden einen festen Platz in den Lexika: Otto von Kotzebue, der große Seefahrer, entdeckte im Südosten der Beringstraße den nach ihm benannten Kotzebue-Sund sowie zwei Inselgruppen, die er nach dem Gründer des ersten Waräger-Reiches »Rurikinseln« und nach seinem verehrten Admiral und Vorbild »Krusenstern-Inseln« nannte. Auf seinen Schiffen hatte er immer ein vielseitiges Team von Ärzten und Naturwissenschaftlern aus Deutschland und aus seiner baltischen Heimat bei sich, wie Hoffmann und Eschholtz, wie Preuß und Siewel. Nach der letzten gro-

Die Ermordung Kotzebues durch den Theologiestudenten Karl Ludwig Sand am 23. März 1819 in Mannheim.

ßen Seereise ließ er sich in seiner Geburtsstadt Reval nieder und verfaßte Reisebeschreibungen. Dort lebte er bis zu seinem Tode. Er starb 1846.
Moritz von Kotzebue machte als Seekadett die Fahrten seines Bruders Otto mit, verlagerte sein Interesse aber später auf Entdekkungsreisen in Persien und ging dann als Generalstabsoffizier in den Kaukasus.
Paul von Kotzebue zeichnete sich als Generalstabschef des Kaukasischen Armeekorps im Krimkrieg aus, wurde Generalgouverneur von Polen und 1875 in den erblichen Grafenstand erhoben.
Wilhelm von Kotzebue war russischer Gesandter beim König von Sachsen in Dresden und beim Großherzog von Baden in Karlsruhe. Dann entdeckte er seine Lust an der Belletristik und zog sich auf sein Gut nach Estland zurück, um Volkslieder zu sammeln und Dramen und Romane zu schreiben.
Der jüngste, Alexander von Kotzebue, 1815 in Königsberg geboren, achtundzwanzig Jahre jünger als sein Bruder Otto, studierte in Petersburg und München an der Kunstakademie und spezialisierte sich auf historische Kolossalgemälde, in denen er siegreiche russische Schlachten aus allen Zeiten verherrlichte. Er wurde Professor an der Petersburger Kunstakademie und das Vorbild vieler russischer Historienmaler.

KAPITEL XIV

Puschkin und die Verschwörer

Vor Alexander Puschkin waren die russischen Dichter und Epiker noch aus dem Westen beeinflußt worden, von der deutschen und auch von der französischen Literatur. Mit Puschkin begannen die Ströme auch in umgekehrter Richtung zu laufen. Er war der erste, der den Deutschen die russische Literatur erschloß. Er öffnete ihnen die Tür in die merkwürdige, gleichermaßen fremde wie vertraute, vor allem aber besonders anziehende Welt der russischen Seele. Das Interesse und die Zuneigung waren so groß, daß bald alle seine Werke in deutschen Übersetzungen erschienen. Mit Puschkin begann die breite Welle russischer Literatur nach Deutschland zu fluten und Reflexe auszulösen. Was sie an Anregungen empfangen hatte, gab sie in Fülle wieder zurück.

Alle Landsleute, die ihm folgten – und das waren viele in wenigen Jahren, wie seine Zeitgenossen Lermontow und Lesskow, wie Gogol und Gontscharow, wie Turgenjew und Tjutschew –, übten die gleiche tiefgehende Faszination auf den deutschen Leser aus, die auch bei einigen, die nach ihnen kamen, bis heute wirksam ist.

Alexander Puschkin war ein ungewöhnliches Blutsgemisch. Sein Vater entstammte einer der ältesten russischen Familien, seine Mutter war eine Enkelin jenes schwarzen Schiffsjungen Abraham Hannibal, den Peter der Große aus Holland nach Rußland mitgebracht hatte. Mohren waren damals sehr in Mode. Aber dieser Junge war ein besonderer Mohr. Er stammte aus einer abessinischen Fürstenfamilie und war als Kriegsbeute über das Istanbuler Serail auf ein Schiff und dann nach Rußland gelangt. Peter ließ ihn taufen und war sein Pate, so daß der Junge dann mit vollem Namen Abraham Petrowitsch Hannibal hieß. Er war auffallend intelligent, lernte rasch Russisch und interessierte sich besonders für das Ingenieur- und Artilleriewesen. Er besaß bald eine der größten Bibliotheken in Petersburg, die nicht nur aus Fachliteratur bestand, sondern auch allerlei Belletristik enthielt, insgesamt über vierhundert Bände. Er wurde Offizier und rasch befördert.

Abraham Petrowitsch Hannibal lebte ständig in Bigamie. Er war mit einer Griechin, die sich von ihm getrennt hatte, und einer Protestantin zugleich verheiratet, der deutschen Hauptmannstochter Christine Scheberg. Da die russisch-orthodoxen Geistlichen sie nicht anerkennen wollten, mußte er abwarten, bis in dieser Sache eine Entscheidung von höchster Stelle gefällt wurde. Das dauerte einundzwanzig Jahre. Am 9. September 1759 wurde seine Ehe mit Christine Scheberg in aller Form bestätigt. Inzwischen hatte sie ihm bereits neun Kinder geboren und großgezogen.

Abraham Hannibal wurde geadelt, wurde General und Chef des russischen Ingenieurwesens, bekam ein Landgut sowie zahlreiche Orden und starb schließlich am 13. Mai 1781 im Alter von vierundachtzig Jahren. Sein Sohn Ossip Abramowitsch hatte nur eine Tochter, Nadeschda Ossipowna Hannibal. Sie heiratete den jungen Gardeoffizier Sergej Lwowitsch Puschkin. In ihrem schönen, geräumigen Holzhaus in Moskau wurde am 6. Juni 1799 ihr erstes Kind Alexander geboren, der nicht nur einiges von der bräunlichen Hautfarbe und die aufgeworfene Mundpartie seines Urgroßvaters geerbt hatte, sondern auch viel von dessen Talenten und außerdem noch vieles, was die Puschkins in der langen, abenteuerlichen Geschichte ihrer uralten adeligen russischen Familie an Erbgut angesammelt hatten.

Aber weder der Vater noch die Mutter wurden Alexander Puschkins prägende Bezugspersonen – sie gaben ihm kaum Gelegenheit dazu, sondern lebten ganz ihren Vergnügungen auf Bällen und Soireen –, sondern seine heißgeliebte Kinderfrau Arina Rodionowna. Sie brachte ihm den ganzen Reichtum der russischen Volkserzählungen, Märchen und Lieder nahe, die nie aufgeschrieben, aber durch Jahrhunderte hindurch mündlich weitergegeben worden waren. Später widmeten er und seine Freunde dieser Leibeigenen manches Gedicht.

Mit zwölf kam Alexander Puschkin auf das Kaiserliche Lyzeum in Zarskoje Selo, dreißig Kilometer von Petersburg entfernt. Dort wurden die Söhne der russischen Elitefamilien erzogen. Er wuchs also in der Nähe des kaiserlichen Lustschlosses mit seinen überladenen Jaspis-, Achat- und Lapislazuli-Sälen auf, aber auch in der Nähe der Schwaneninsel mit dem Konzertsaal und nicht weit von der künstlichen Ruine einer Ritterburg entfernt, die am Rhein gestanden haben könnte.

Obwohl das Gesicht der Stadt auch von den Kasernen mehrerer Garderegimenter geprägt wurde, war das Klima im Lyzeum nicht das einer Zuchtanstalt, sondern ein durchaus musisches. Der Direktor E. A. Engelhardt, ein Balte, wollte die Gedankenwelt seiner Schüler nicht einengen, sondern so weit wie möglich öffnen. Es wurde hart gelernt, es wurde aber auch gedichtet, gemalt und musiziert. Der Himmel war hoch, der Horizont weit – nahe dem Wasser kann man nie so scharfe Grenzen ziehen. In der Schule waren viele Balten, die schon mehrsprachig gekommen waren, und verwandtschaftliche Beziehungen nach Deutschland, Schweden und sonstwohin hatten. Einer von ihnen war Baron Anton von Delwig, Sohn eines deutschen Vaters und einer russischen Mutter. Er liebte beide Sprachen, schrieb die schönsten Sonette und war bald Alexander Puschkins Freund.

Auch an den etwas älteren Wilhelm Küchelbecker, der aus einer baltischen Bürgerfamilie stammte, schloß Puschkin sich an. Das war ein glühender Idealist, er schrieb zarte Gedichte, entwarf nüchterne politische Programme und verfaßte feurige Polemiken. Küchelbecker wollte die absolute Monarchie abschaffen, die Leibeigenen befreien, die Gerichtssäle der Öffentlichkeit zugänglich machen und dem Volk einen Einfluß auf das politische Geschehen erkämpfen.

Die Freunde lasen mit großem Engagement alles, was ihnen in die Finger geriet. Noch kamen die wesentlichen Einflüsse aus dem Westen, oft auf abenteuerlichen Wegen. Im Land wurden vorwiegend Hymnen auf die Majestäten produziert. Die Zensur arbeitete nicht weniger rigoros, seit Alexander I. Kaiser war. Er hatte so viele gute Ideen gehabt, so viele schöne Reformen versprochen und nichts von alldem gehalten. Er konnte alles planen, aber nichts durchsetzen. Küchelbekker plante auch: den Aufstand! Und er war entschlossen, ihn durchzusetzen. Puschkin und die anderen Freunde in Zarskoje Selo

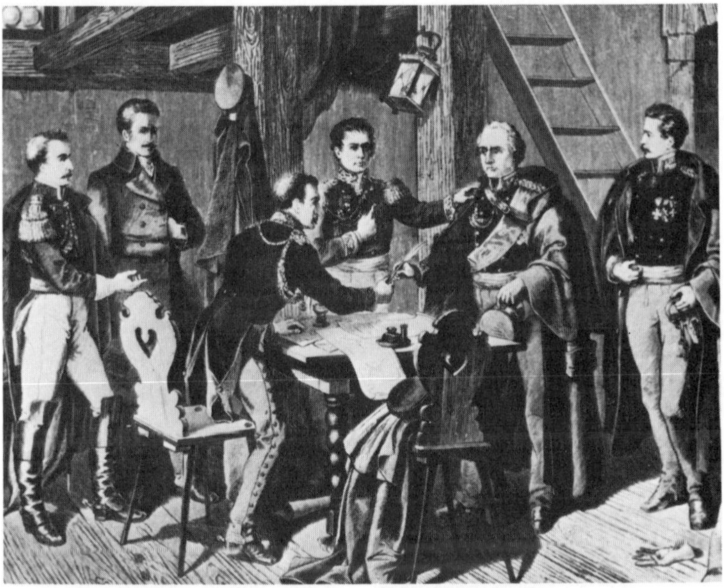

Am 30. Dezember 1812 schlossen der russische General v. Diebitsch, ein gebürtiger Schlesier, und der preußische General v. Yorck in der Mühle von Tauroggen auf eigene Faust ein Neutralitätsabkommen.

wurden von seinem revolutionären Gedankenflug mitgerissen. In Puschkins Leben gab es drei dramatische Ereignisse von großer Tragweite. Seine Jugend fiel in jene Zeit, in der Napoleon fast ganz Europa unterwarf. Viele Preußen hatten in Petersburg Zuflucht gefunden, nachdem Napoleon ihren König gezwungen hatte, sich mit ihm zu verbünden und ihm Hilfstruppen zu stellen. Der große Staatsmann Freiherr vom Stein, der eine grundlegende Reform der politischen Struktur Preußens geplant hatte und dessen Ziel es war, den Untertanen zum freien und verantwortungsbewußten Staatsbürger zu erziehen, hatte am Zarenhof Aufnahme gefunden. Der geniale Generalstäbler Gneisenau war zu ihm gestoßen, sowie zahlreiche andere Offiziere, die entschlossen waren, ihre Heimat von Osten her zu befreien, wie Carl von Clausewitz, der später als »Philosoph des Krieges« weltberühmt wurde. Sie stellten die »Deutsch-Russische Legion« aus lauter Freiwilligen auf, die in den Reihen des russischen Heeres kämpfen wollten. Der Dichter

Carl von Clausewitz (1780–1831), der Philosoph des Krieges.

Johann Ludwig Graf von Yorck (1759 bis 1830).

Ernst Moritz Arndt war unter ihnen, schrieb seine Aufklärungsschriften, seine vaterländischen Lieder, seine von glühendem Patriotismus befeuerten Aufrufe zum Freiheitskampf. Und er schuf die Denkgrundlagen für eine der Menschenwürde entsprechende Verfassung, die für ganz Deutschland Gültigkeit haben sollte.

Carl von Clausewitz war der Mann, der die Konvention von Tauroggen vorbereitete, jenes Neutralitätsabkommen, das General von Yorck, dessen preußisches Korps unter französischen Befehl hatte mitmarschieren müssen, am 30. Dezember 1812 auf eigene Faust mit dem russischen General Hans von Diebitsch abschloß und damit den preußischen König Friedrich Wilhelm III. zur Entscheidung zwang.

Die beiden Heerführer hatten keinerlei Verständigungsschwierigkeiten. Diebitsch war gebürtiger Schlesier und in der Berliner Kadettenanstalt erzogen worden.

Hans Karl Graf von Diebitsch (1785 bis 1831).

Neidhard Graf von Gneisenau (1760 bis 1831).

Puschkin erlebte als Schüler in Zarskoje Selo, wie die Franzosen in sein Vaterland einfielen, wie sie die alte Hauptstadt Moskau besetzten, wie sein Elternhaus in Flammen aufging und wie dann die Eindringlinge doch wieder aus dem Land getrieben wurden. Er und seine Freunde erfuhren das alles aus Briefen, aus Schilderungen und aus der Petersburger Zeitung, die in russischer und deutscher Sprache erschien.

In die neue Hauptstadt Petersburg und nach Zarskoje Selo kamen Napoleons Truppen nicht. Da tauchten nur mal Verwundete auf, Abkommandierte, ehemalige Schüler des Lyzeums, aber auch deutsche Kriegsgefangene, die gezwungen worden waren, unter französischem Oberbefehl in Rußland einzumarschieren. Sie alle verband der Haß gegen den Usurpator Napoleon, der sich von den Wellen der Französischen Revolution an die Macht hatte tragen lassen, um dann deren Ideale zu verraten und ihre Kräfte in einen chauvinistischen

Eroberungsdrang umzuformen. Der Revolutionsheld war zum Despoten geworden, der ganz Europa unterjochen wollte.

Die jugendliche russische Intelligenz dieser Jahre war durchaus republikanisch gesonnen und von einem leidenschaftlichen Reformeifer beseelt. Die Jungen setzten sich von den Alten ab, denen die Demutshaltung zur zweiten Natur geworden war, und entwickelten auch den Mut zu sagen, was sie dachten.

Den ganzen »Vaterländischen Krieg« bis zur endgültigen Verbannung Napoleons nach St. Helena erlebte der Gymnasiast Puschkin in den Schilderungen der Invaliden und Heimkehrer. Seine oft nur wenig älteren Freunde und Schulkameraden erlebten ihn an der Front. Als sie die französischen Heere in blutigen Schlachten nach Frankreich zurückdrängten, kamen sie durch Deutschland und wurden Zeugen, wie sich immer mehr Staaten aus der französischen Abhängigkeit lösten und sich immer mehr junge Menschen dem Freiheitskampf anschlossen. Eine neue Welt tat sich ihnen auf. Sie sahen Länder, in denen es keine Leibeigenschaft und keine Prügelstrafe mehr gab, in denen auch kleine Dörfer Volksschulen hatten. Sie kamen durch freie Reichsstädte, deren Bürger seit Jahrhunderten demokratische Rechte ausübten. Die jungen russischen Offiziere zogen ihre Schlüsse aus Erlebnissen und Begegnungen und diskutierten sie mit ihren deutschen Kameraden, die wie sie von Hegel und Schelling wie auch von Rousseau und Saint-Simon beeinflußt waren. Die einfachen russischen Soldaten kamen durchweg vom Lande und hatten nie eine Chance gehabt, lesen und schreiben zu lernen oder gar andere Daseinsformen zu erleben als die der Leibeigenschaft auf einem großen Herrensitz. Auch sie durchzogen die andere Welt ja nicht mit verbundenen Augen. Ganz natürliche Denkvorgänge setzten ein, die später nach der Rückkehr in die Heimat nicht mehr rückgängig zu machen waren.

Bei all den zufälligen Begegnungen am Rand der Schlachtfelder, abends im Biwak oder auch mal in ruhigen Zeiten im Bürgerquartier, begriffen Russen wie Deutsche, was sie miteinander verband. Sie zogen ja nicht für die Sicherung einer absoluten Monarchie ins Feld, sondern für die Freiheit ihres Landes und die Freiheit ihres Lebens in Zukunft. Ihr Kriegsziel war die Aufhebung der Standesprivilegien, die Abschaffung jeglicher Zensur, die Beseitigung des Bildungsmonopols, das Recht, ungehindert zu lesen, zu schreiben und sich frei zu informieren. Vor allem aber

wollten sie Einfluß auf das politische Geschehen gewinnen.
Gegenüber den Deutschen, deren Land ein politisscher Flickenteppich war, hatten die Russen den Vorteil, daß sie aus einem geeinten Reich kamen. Dennoch repräsentierten sie keine einheitliche Gesellschaft. Wie der russische Staat, so war auch sein Heer ein vielschichtiger Organismus mit einem schroffen sozialen Gefälle, das von den Deutschen mit großem Staunen beobachtet wurde. Hier nur ein Beispiel: die Russen in Hamburg.
Napoleon hatte die Stadt am 18. Dezember 1810 aus ihren gewachsenen Zusammenhängen herausgerissen und seinem Kaiserreich einverleibt. Sie heiß jetzt nicht mehr »Freie und Hansestadt Hamburg«, sondern: »Une bonne ville de l'Empire Français«. Durch die Kontinentalsperre von ihren traditionellen Seeverbindungen abgeschnitten, war sie verarmt und zu einem tristen Provinznest verkümmert. Als die Bevölkerung sich aufzulehnen begann, zogen sich die Franzosen zurück, und am 18. März 1813 rückte der russische Oberst Friedrich Karl Freiherr von Tettenborn, ein gebürtiger Badener, mit seinem Kampfverband in Hamburg ein. Er erließ folgenden (hier gekürzten) Aufruf: »Hamburger! Ihr befreitet euch, noch ehe russische Truppen euer Gebiet betraten. Das macht euch der Achtung der russischen Nation wert. Nicht in eine neufranzösische, sondern in eine altdeutsche Stadt kommen wir, und so dürfen wir euch als Brüder begrüßen. Euer Jubel bei unserem Einzug hat uns tief gerührt...«

Friedrich Karl Freiherr von Tettenborn (1778–1845), gebürtiger Badener, russischer General.

Natürlich wurde dieser russische Heeresverband von den Hamburgern, die ja im Umgang mit fremden Völkern nicht unerfahren waren, mit lebhaftem Interesse betrachtet. Die Hamburgerin Marie Zacharias beschrieb das vielfache Erstaunen der Zeitgenossen über diese Truppe, in der außer eleganten baltischen, Moskauer und Petersburger Edelleuten auch Volksstämme aus fernen

Randgebieten dienten: »... zu Ehren der Offiziere wurden große Feste gegeben ... die einquartierten Kosaken und Baschkiren erregten aber das Mißvergnügen der Haushälterinnen. Wurde ihnen Butter vorgesetzt, so rieben sie sie sofort ins Haar, bis es in glänzenden Striemen herunterfiel. Aus den Messingleuchtern zogen sie die Talglichter heraus und verzehrten sie, indem sie mit Wohlbehagen in die glatten weißen Stangen bissen ...«

Für viele Russen, deren Volk seit Jahrhunderten unter strengem Verschluß gehalten und eisern daran gehindert worden war, Vergleiche zu ziehen, war diese erste Begegnung mit mitteleuropäischen Lebensformen ein Schock. Sie kamen anders in die Heimat zurück, als sie fortgezogen waren, erfüllt von Plänen und Hoffnungen, und sahen die Heimat auch mit anderen Augen. Vieles, was ihnen unabänderlich erschienen war, empfanden sie jetzt als unerträglich. Es konnte nicht ausbleiben, daß sie nun Autoritäten in Frage stellten, die früher für sie unantastbar gewesen waren.

Auch die Heimat hatte sich verändert. Aus Kornfeldern waren Schlachtfelder geworden, aus Milchkühen Schlachtvieh. Napoleons Heere hatten erbarmungslos im Land gehaust. Ganze Dörfer waren verschwunden, die Menschen in alle Winde zerstoben, die Brücken gesprengt, die Kirchen zu Pferdeställen entweiht und verwüstet. Und Moskau! Nur der Keml stand noch. Alles ringsum, was aus Holz gewesen war, hatte der große Brand vernichtet: Wohnhäuser, Werkstätten, Stallungen. Der Kreml erhob sich einsam über einem endlosen Aschefeld.

Neubeginn war das Wort der Stunde. Er konnte sich nicht auf Häuser und Äcker beschränken, er mußte tiefer greifen, bis ins innerste Gefüge des Staates und der Gesellschaft hinein.

Da es in Rußland unmöglich war, etwas in größerem Kreis zu besprechen, ohne daß Polizeispitzel mithörten und anschließend ihre Meldungen schrieben, gründeten die jungen Heimkehrer Geheimbünde. Es waren durchweg Offiziere, die nun aus der weiten Welt in ihre engen Garnisonen an der Wolga, am Ural, am Eismeer zurückkehrten, oder auch in die Kasernen der Petersburger Garderegimenter. Auch für ihre Geheimbünde, ihre Logen, hatten sie die Anregungen aus Deutschland mitgebracht:

Um die geistigen Grundlagen für eine Befreiung zu erarbeiten, die über die rein militärischen Kriegsziele hinausgehen sollte, hatten preußische Offiziere die Kriegsloge »Zum Eisernen Kreuz« gegründet, in der ständig auch russische Kameraden gern gesehene Gäste gewesen waren. Der General Michaelowski-Danilewski schrieb später in seinen Erinnerungen: ». . . bei ihnen verbrachten wir die einzig glücklichen Abende während dieses Feldzugs gegen die Franzosen . . .«

Die Träger fortschrittlichen Gedankenguts waren in Rußland zu jener Zeit vor allem junge Offiziere. Die Studenten spielten als gesellschaftlich mobile Gruppe wegen ihrer geringen Zahl eine untergeordnete Rolle. Die Moskauer Universität bestand erst seit 1755 und war fünfzig Jahre lang die einzige in Rußland geblieben. Alexander I. gründete zwar gleich nach seiner Thronbesteigung drei neue Universitäten, in Charkow, Kasan und Petersburg, aber deren Hörsäle füllten sich nicht, weil es nicht ausreichend Gymnasien gab, in denen die jungen Menschen aufs Studium vorbereitet wurden. Daraufhin gründete Alexander serienweise Gymnasien, im Gouvernement Nowgorod allein an die hundert, aber deren Klassen blieben leer, weil es kaum Volksschulen gab, in denen die Kinder erst einmal lesen und schreiben lernten.

Den jungen Offizieren war in der Petersburger Kadettenanstalt, zu der ein gymnasialer Lehrbetrieb gehörte, der von so bedeutenden Köpfen wie Friedrich Maximilian von Klinger aus Frankfurt am Main aufgebaut worden war, ein solides Grundwissen vermittelt worden, so daß sich jeder nach Interesse und Talent weiterbilden konnte. In Rußland wie in Preußen wirkte das Vorbild Clausewitz': Der Typ des vielseitig gebildeten Offiziers löste den des kernigen Eisenfressers ab.

Zahlreiche Geheimbünde entstanden in den Offizierskasinos oft weit auseinanderliegender Garnisonen; die »Gesellschaft der Russischen Ritter«, »Die Freunde der Natur«, die »Loge zu den drei Tugenden«, der »Bund der Erlösung«. Jede hatte ihr Eigenleben, obwohl sie die gleichen Ziele ver-

Zar Alexander I.

folgten. Später wurden ihre militanten Mitglieder summarisch die »Dekabristen« genannt, die »Dezembermänner«, weil ihr Aufstand im Dezember 1825 ausbrach. Er wurde das zweite dramatische Erlebnis in Puschkins Leben.

Diese Dekabristen waren keine wirklichkeitsfernen Schwärmer, sondern Soldaten, die schon ihr Leben riskiert und ihr Vaterland befreit hatten. Zu ihnen gehörten auch Männer wie Puschkins Freunde, die Dichter Wilhelm Küchelbecker, Anton von Delwig und mancher andere aus diesem Kreis. Puschkin fühlte sich stark zu ihnen hingezogen.

Mit achtzehn verließ er 1817 das Lyzeum in Zarskoje Selo. Er ging nicht auf die Universität, sondern nahm eine Stellung im Auswärtigen Amt an. Er war nicht der Typ, der seinen Wissensdurst nach festen Lehrplänen durch andere befriedigen lassen mochte. Er war der geborene Autodidakt. Was ihn interessierte, betrieb er eigenwillig und unkonventionell. In den Petersburger Salons wurden vor allem die Damen bald auf ihn aufmerksam: ein Mann mit überschäumender Phantasie, sehr leidenschaftlich und ständig in eine der gerade meistumworbenen Frauen verliebt, ein durchaus nicht schöner Mann, aber von einer starken Ausstrahlung.

Schon seine Schülergedichte waren allseits bewundert worden, jetzt schrieb er sein Vers-Epos »Ruslan und Ludmilla«, das ihn in ganz Rußland berühmt machte. Er schrieb in dieser Zeit aber auch eine Ode an die Freiheit, und mit der erregte er bei den Machthabern ein derartiges Mißfallen, daß sie ihn 1700 Kilometer, das heißt rund dreißig Tagesritte von Petersburg entfernt, in den russischen Süden verbannten, nach Odessa, wo er als Attaché beim Gouverneur von Bessarabien, dem Grafen Woronzow, Dienst tun sollte.

Hier, nahe dem Orient, wo er begierig alles aufnahm, was an Reizen auf ihn eindrang, entstand seine Verserzählung »Der Gefangene im Kaukasus«, in der er das Leben wilder kaukasischer Räuberstämme schilderte. »Die Quelle von Bachtschisarai« folgte. Alles, was er von nun an schrieb, erschien nahezu gleichzeitig mit dem russischen Original in deutscher Übersetzung. Die Balten Carl Friedrich von der Borg, Alexander von Wulfert und Karl von Knorring waren die ersten, die es auf sich nahmen, seine diffizile Sprache ins Deutsche zu übertragen.

Er begann nun mit seiner Arbeit an dem Versroman »Eugen Onegin«. Das erste Geld, das ihm seine literarischen Erfolge einbrachten, verspielte er meist rasch oder vertat es mit seinem Hang zum

extravaganten Leben. Sein Vater mußte ihm ständig Geld schicken.
Ihn ritt der Teufel. Immer wieder verliebte er sich in Damen, auf die weit reichere und mächtigere Männer Besitzansprüche erhoben. Es waren Gräfinnen und Prinzessinnen, denen er den Hof machte, jüngere Frauen älterer Generale und sogar die Frau seines ihm gar nicht sympathischen Gouverneurs, Gräfin Elisa Woronzowa. Odessa war eine elegante Stadt, deren Luft immer etwas nach südländichen Gewürzen roch, eine Stadt mit Theatern, Konzertcafés und einem Leben, das sich leben ließ. Die Damen fühlten sich zu dem jungen Mann mit dem bräunlichen Teint und den vollen Lippen hingezogen, der so romantisch und schon so berühmt war.
Für die Damen schrieb er die schönste Liebeslyrik, für die Herren böse kleine Epigramme. Seine Lust an der Ironie machte ihm Feinde, zumal bei denen, die sie nicht verstanden. Das ging so weit, daß der General Skobelew in einem erregten Bericht an die Regierung in Petersburg ein generelles Druckverbot und die Knutenstrafe verlangte: »... es erscheint mir empfehlenswert, einem gewissen Puschkin, der sein Talent aufs Scheußlichste mißbraucht, jegliche Veröffentlichung zu untersagen und ihn so zum Schweigen zu bringen. Auch wäre es eine gute Tat, wenn dem Verfasser ein paar Fleischfetzen abgezogen würden ...«
Als dann die Gräfin Woronzowa dem ungestümen Drängen des Dichters offenbar immer geringeren Widerstand entgegensetzte, schrieb auch ihr Mann immer inständigere Briefe an den Außenminister Graf Nesselrode nach Petersburg, mit der Bitte, seinen Attaché zu versetzen. Der letzte Brief war ein offenes Flehen: »... bitte, befreien Sie mich von diesem Puchkin! Er mag ein guter Dichter sein, aber ich möchte ihn hier nicht haben!«
Bis die Entscheidung aus Petersburg eintraf, vergingen einige Wochen. Inzwischen schickte Graf Woronzow den heiklen Poeten erst einmal in eine einsame Gegend, die von Heuschrecken befallen war. Dort sollte er einen detaillierten Bericht über die Plage anfertigen.
Am 29. Juli kam Bescheid von höchster Stelle: Puschkin wurde wegen schlechten Benehmens aus den Listen des Auswärtigen Amts gestrichen und auf das väterliche Gut Michailowskoje im Gouvernement Pleskau verbannt. Kaiser Alexander hatte diese Entscheidung persönlich gefällt und war offenbar weniger durch die Liebesabenteuer des Dichters beunruhigt worden als vielmehr durch zahlreiche Ge-

Elisa Gräfin Woronzowa.

heimberichte über dessen Zugehörigkeit zu den jungen Reformern. Die Anweisung schloß: »... Seine Majestät will ihn dort keinesfalls unbewacht lassen, weil er sonst seine Unabhängigkeit dazu ausnutzen könnte, weiterhin umstürzlerisches Gedankengut zu verbreiten ...«
Die umstürzerischen Gedanken lagen dort oben im Nordwesten in der Luft, und die roch nicht nach südländischen Gewürzen, sondern nach Ostsee, nach Weite und Freiheit. In Pleskau war eines der ersten Fürstentümer der Waräger gegründet worden. Aus Pleskau hatte sich Ruriks Sohn Igor seine Frau Helga geholt, die später Olga genannt worden war. Ans Gouvernement Pleskau grenzten die drei baltischen Provinzen Kurland, Livland und Estland, in denen eine Forderung der Dekabristen schon erfüllt worden war: Die baltischen Barone hatten die Leibeigenschaft gleich nach den Befreiungskriegen abgeschafft, während sie im übrigen Rußland noch fast ein halbes Jahrhundert länger bestand.
In Michailowskoje lief Puschkin umher wie ein Bauer, in Stiefeln und Pluderhosen, mit der weiten Rubaschka, der Russenbluse, die über der Hose getragen wurde. Er ging durch die Felder, hockte in den Schenken, tanzte auf dem Jahrmarkt, hörte den Volkssängern zu, den Märchenerzählern, wie er es schon bei seiner Kinderfrau Arina getan hatte, lernte von ihnen die Klarheit und Kraft der Sprache kennen und lieben. Hier traf er auch seine alten baltischen Freunde aus der Zeit in Zarskoje Selo wieder, Anton Delwig und Alexis Wulf, dessen Familie auf Trigorskoje, einem Gut in der Nachbarschaft, lebte und der in Dorpat studierte, der alten Hansestadt, die seit 1632 eine Universität hatte und eine berühmte Bibliothek, die zu Wulfs Zeiten 47000 Bände umfaßte. Puschkins Freund, der Dichter Nikolaj Jasykow, nannte sie »die Stadt der deutschen Professoren«, so beherrschend war dort der Geist der

Anna Kern, Puschkins Freundin.

Paul von Pestel (1793–1826), Führer der Dekabristen.

Michail Lermontow (1814–1841), russischer Lyriker.

Nikolaj Gogol (1810–1852), russischer Dichter.

Iwan Turgenjew (1818–1883), russischer Dichter.

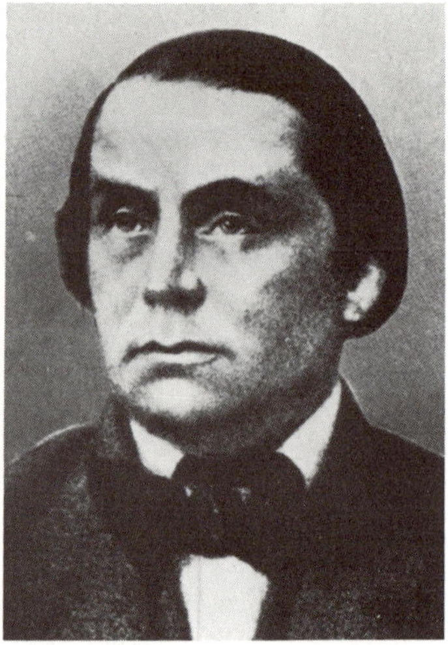

Iwan Gontscharow (1812–1891), russischer Dichter.

Gelehrten, unter denen damals so bedeutende Männer waren wie der evangelische Theologe Busch, die Mediziner Rathke und Erdmann, die Philologen Barthels, Engelhardt und Struve. Die Studenten trugen zwar vorschriftsmäßig russische Studentenuniformen, die Vorlesungen wurden aber in deutscher Sprache gehalten.

Oft kam Wulf zu Puschkin hinübergeritten, und sie diskutierten nächtelang. Oder Puschkin ritt zu den Wulfs nach Trigorskoje. Dort gab es viel Weiblichkeit auf dem Gut, und er verliebte sich heftig in die Cousinen Netty Wulf und Anna Kern. Das waren andere Frauen als die von Odessa. Hier lag nicht die feuchtwarme Erotik der Schwarzmeerküste in der Luft, sondern eine sehr viel herbere Sinnlichkeit, wenn sich hinter den weitgeöffneten Fenstern des Musiksalons Kornfelder und Wälder dehnten, wenn der Westwind vom Peipussee herüberkam, wenn einer der Freunde am Klavichord saß und ringsum die Frauen und Mädchen in den zerbrechlichen Sesseln.

Daheim vollendete Puschkin den »Eugen Onegin« und arbeitete an seinem Drama »Boris Godunow«, dem ersten groß angelegten Trauerspiel der russischen Literatur.

In derselben Zeit planten seine

Freunde dreihundert Kilometer von ihm entfernt die große Umwälzung, und alles drängte zum Aufstand. Zar Alexander hatte seine Regierung mit erhabenen Ideen und schwungvollen Reden begonnen, hatte Rußland bei allen Zusammenkünften europäischer Monarchen würdig vertreten, hatte auf dem Wiener Kongreß elegant den gerade in Mode gekommenen Walzer getanzt, aber für sein Volk hatte er nichts getan. Das Volk ließ er von den gleichen Sicherheitsorganen in der gleichen Unfreiheit halten wie alle Zaren vor ihm. Man würde ihn notgedrungen beseitigen müssen, um dann mit einem seiner jüngeren Brüder – Söhne hatte er nicht – das Experiment einer konstitutionellen Monarchie zu wagen. Einige Reformer gingen noch einen Schritt weiter und wollten die Monarchie überhaupt abschaffen und eine Republik nach dem Muster der Vereinigten Staaten von Amerika einführen.

Der geistige Vater der Dekabristen war der Philosophieprofessor Johann Eugen Schwarz, ein Deutscher aus Siebenbürgen, der schon zu Katharinas Zeiten in Moskau gewirkt hatte und allem Behördenschwachsinn zum Trotz Volksschulen, Lehrerbildungsanstalten und sogar ein Krankenhaus gegründet hatte.

Ihr politischer Kopf war Oberstleutnant Paul von Pestel, dessen Großvater zu Zarin Elisabeths Zeiten aus Deutschland nach Rußland gekommen war. Der junge Generalstabsoffizier war für seine besondere Tapferkeit mit den höchsten Orden und einem goldenen Ehrendegen vom Kaiser persönlich ausgezeichnet worden. Im Jahr des Aufstands 1825 war er zweiunddreißig Jahre alt, und jeder, der ihn kannte, attestierte ihm umfassende Bildung, hohe Intelligenz und politischen Weitblick. Paul von Pestel war einige Jahre in Hamburg zur Schule gegangen, und das demokratische Selbstverständnis der Menschen in der Freien und Hansestadt hatte dazu beigetragen, seine Vorstellungen von einem politisch reifen Staatsbürger zu prägen. Der Generalfeldmarschall Fürst Wittgenstein beurteilte Pestel so: »Er ist auf jedem Posten verwendbar. Man kann ihm ein Armeekommando geben oder ein Ministeramt.«

Noch mehrere Generalstäbler gehörten zu den Verschworenen, vor allem aber viele Truppenkommandeure, die mit ihren geschlossenen Einheiten am Aufstand teilnehmen wollten. Drei Fürsten waren dabei: Trubetzkoj, Obolenskij und Odejewskij, der Philosoph und Volkswirt N. J. Turgenjew, der in Göttingen studiert hatte und mit dem Freiherrn vom Stein befreundet war, und sehr viele Dichter, darunter Kon-

dratij Rylejew und Wilhelm Küchelbecker, der kurz zuvor noch Goethe in Weimar und Ludwig Tieck in Dresden besucht hatte. Alexander Puschkin allerdings, der sich ihnen zugehörig fühlte und viele von ihnen erst durch seine patriotischen Gedichte für die große Sache begeistert hatte, saß unter Polizeiaufsicht in Michailowskoje und arbeitete an seinem Drama »Boris Godunow«.
Der Generalstabsoffizier Paul von Pestel wußte wohl, daß es etwas anderes war, ob man im Kasino bei Krimsekt über die politischen Verhältnisse räsonierte oder ob man einen Aufstand machen, den Staat neu organisieren und die Verhältnisse von Grund auf ändern wollte. Er hatte schon eine detaillierte Verfassung für ein künftiges demokratisches Rußland ausgearbeitet und hielt es zunächst einmal für dringend, all die verschiedenen Bünde, Logen und Freundeskreise zu vereinen und auf eine Linie festzulegen. Er brauchte Männer, die handeln konnten, Führungskräfte. Ihm waren Truppenkommandeure, die ganze Einheiten einsetzen konnten, lieber als Philosophen, Glaubensfanatiker und Schwärmer. Ihr Gegner, der ultrakonservative Staatsapparat, war ja eine organisierte Einheit, gegen die sich mit nächtelangen Diskussionen über ideologische Nuancen nichts ausrichten ließ. Die Tat war nötig! Die organisierte, großangelegte Tat!
Für seine Person entschloß sich der Leutnant Kachowskij zur Tat. Er litt unter Liebeskummer, wollte sich opfern und gelobte, den Zaren zu erschießen. Aber dann ereignete sich ein überraschender Zwischenfall: Alexander I. entzog sich dem Attentat, indem er auf einer Reise in den Kaukasus am 19. November 1825 in Taganrog starb. Wochenlang blieb ungewiß, wen Kachowskij nun erschießen sollte, weil erst die Thronfolge geklärt werden mußte. Endlich stellte sich heraus, daß Alexanders zweitjüngster Bruder Nikolaus ausersehen war, am 14. Dezember den Treueschwur der russischen Würdenträger entgegenzunehmen.

Zar Nikolaus I. (1796–1855).

An den Abenden davor trafen sich die Verschworenen noch im Haus des Dichters Rylejew an der blauen Brücke und diskutierten die ganze Nacht hindurch, was nun im einzelnen geschehen solle. Sie hatten viele verschiedene Meinungen und zeigten wenig Neigung, sich zu einigen. Das alles wurde den Sicherheitsorganen von den eingeschleusten Spitzeln ebenso genau berichtet wie der Inhalt aller vorherigen geheimen Zusammenkünfte. Es war nur noch die Frage, wer zuerst aktiv wurde, die Aufrührer oder der allmächtige Staatsapparat.

Puschkin spürte die Wellen konspirativer Begeisterung bis nach Michailowskoje, und ihn packte die Unruhe. Er fühlte, daß etwas geschehen mußte, und er wollte dabeisein. Am 11. Dezember beschloß er, seinen Verbannungsort widerrechtlich zu verlassen und nach Petersburg zu fahren. Er warf einiges Gepäck in seine Kutsche und fuhr los. Es lag Schnee auf dem Weg. Einmal kreuzte ein Hase seine Spur in einer Haltung, die nur Unheil verheißen konnte, und dann in entgegengesetzter Richtung ein Pope, ganz in Schwarz. Das war zuviel. Er sah Verhängnis auf sich zukommen und kehrte wieder um. So entging er dem Schicksal, in das sein Freund Wilhelm Küchelbecker geradewegs hineinlief.

Der Aufstand scheiterte, bevor er begann. Pestel wurde verhaftet, bevor er ihn anführen konnte. Ein anderer starker Mann trat nicht nach vorn. Der Ranghöchste, Fürst Trubetzkoj, der als Oberhaupt einer provisorischen Regierung vorgesehen war, erschien überhaupt nicht auf dem Senatsplatz, wo die einzelnen Truppenverbände zusammentreffen wollten. Sie operierten alle getrennt, ratlos, unentschlossen. Niemand führte. Alle warteten darauf, daß einer klare Befehle gab. Keiner tat es.

Zar Nikolaus ließ Kavallerie gegen die Meuternden anreiten. Auf dem Glatteis stürzten die Pferde reihenweise und rissen einander mit. Kachowskij erschoß nicht den Zaren, sondern den Militärgouverneur Miloradowitsch. Das hatte keinerlei Signalwirkung. Generale hatte man schon viele fallen sehen. Nun ließ der Kaiser Artillerie in Stellung gehen und die Meuternden mit Kartätschen beschießen. Hunderte fielen. Hunderte ergriffen die Flucht und versuchten, über die Newa zu entkommen. Das Eis trug nicht, und sie ertranken.

Die Führer wurden reihenweise gefangen und monatelang vernommen. Im folgenden Sommer wurden hundertundzwanzig von ihnen zu lebenslanger Verbannung und fünf zum Tode durch Vierteilen verurteilt: Paul von Pe-

stel, der Dichter Rylejew, Kachowskij und die beiden Gardeoffiziere Murawjow-Apostol und Bestuschew-Rjumin. Aber Zar Nikolaus wünschte nicht, daß Blut floß, und begnadigte sie zum Tod durch Erhängen.

Am 13. Juli 1826 regnete es. Die Verurteilten hatten schwere Eisenkugeln an den Füßen. Beim ersten Versuch rissen die Stricke unter der schweren Last, und die Männer stürzten tief in die Gruben unter den Galgen. Blutüberströmt und mit gebrochenen Gliedern wurden sie aus dem Schlamm wieder herausgezerrt und vom Henker mit den nassen Stricken erdrosselt.

Wilhelm Küchelbecker mußte

Am 14. Dezember 1825 sahen sich die Dekabristen in Petersburg einer Übermacht zarentreuer Truppen gegenüber. Der Aufstand war verraten worden.

den Marsch in die Festung Schlüsselburg antreten. Da lag er bis Oktober im Kerker, dann wurde er nach Dünaburg verlegt. Auf dem Weg dahin machte der Transport an einer Poststation halt. Die Gefangenen mußten draußen bleiben und konnten nur durch die Fenster in den warmen Raum hineinsehen. Drinnen saß ein dunkelhaariger Mann und las in einem Schiller-Band.

Puschkin erinnerte sich später: »... einer der Gefangenen, ein großgewachsener magerer junger Mann mit bleichem Gesicht und schwarzem Bart, stand an einen Pfeiler gelehnt. Wir sahen uns an, und ich erkannte Küchelbekker...« Puschkin stürzte hinaus, und die Freunde umarmten sich. Aber die Wachmannschaften warfen sich auf sie und rissen sie auseinander. »... der Gendarm packte mich und schrie mich an. Ich hörte nicht auf ihn. Küchelbecker brach zusammen. Die Bewacher schleppten ihn zum Wagen und fuhren mit ihm davon...«

Es war das letzte Mal, daß die beiden Freunde sich sahen. Nach zehn Kerkerjahren wurde Wilhelm Küchelbecker in Ketten nach Sibirien getrieben. Da vegetierte er weitere zehn Jahre im Zwangsarbeitslager, die letzten in völliger Blindheit, und starb 1846 an Lungentuberkulose.

Sein Herzensfreund Puschkin wurde immer wieder im Zusammenhang mit den Dekabristen und ihrem Aufstand genannt und lebte in der verständlichen Angst,

daß einer von ihnen ihn belastete. So schrieb er am 11. Mai 1826 einen Brief an den Zaren: »... ich bin fest entschlossen, die bestehende Ordnung nicht durch die Äußerung meiner eigenen Gedanken zu zerstören ... Der Unterzeichnete verpflichtet sich, niemals einem Geheimbund beizutreten, und bezeugt, weder jemals einem solchen Geheimbund angehört zu haben noch über das Bestehen eines solchen unterrichtet worden zu sein. – Beamter 10. Klasse Alexander Puschkin.«
Während er auf Antwort aus Petersburg wartete, schlief er so intensiv mit der kleinen Kalaschnikowa, daß sie schließlich ein Kind von ihm erwartete. Olga Kalaschnikowa war eine der Stickerinnen, die unter der Obhut der alten Amme Arina arbeiteten. Puschkin machte ihren Vater zum Verwalter des Familiengutes Boldino, das einige hundert Kilometer ostwärts von Michailowskoje lag. Da brachte die Leibeigene Olga einen Sohn des Dichters Puschkin zur Welt. Später heiratete sie einen Beamten, der alles, was er hatte, vertrank.
Im Jahre 1825 hatte das Russische Reich 49 Millionen Einwohner, darunter 36 Millionen Leibeigene. Man konnte sie kaufen und verkaufen. In den Zeitungen erschienen ständig Anzeigen, in denen sie zugleich mit allerlei Hausrat und Haustieren pauschal angeboten wurden. Sie waren für ein paar Rubel zu bekommen und waren weit billiger als französische Windspiele und persische Katzen. Nur Spezialisten wie Friseure und Musiker kosteten oft mehrere hundert Rubel. Deswegen hatte der Oberjägermeister Fürst Narischkin die »Russische Hornmusik« erfunden, ein Orchester von siebenunddreißig Mann, von denen jeder nur einen einzigen Ton auf seinem Instrument hatte, den er jeweils auf ein Zeichen des Dirigenten von sich gab. Diese Musiker waren sehr preiswert, während der Dirigent verständlicherweise etwas mehr kostete.
Im späten Sommer kam die große Gnade über Puschkin: Am 28. August 1826 erhielt er Bescheid, er solle sich unter Aufsicht eines Polizeibeamten nach Moskau begeben, um dort an den Krönungsfeierlichkeiten teilzunehmen. Dort befahl ihn am 8. September Kaiser Nikolaus zu sich und stellte ihm die klare Frage: »Wenn Sie am 14. Dezember in Petersburg gewesen wären, hätten Sie dann am Aufstand teilgenommen?«
Puschkin antwortete mit einem ebenso klaren »Ja!«.
Da gab ihm der Zar die Hand und verfügte, daß kein Zensor in Zukunft Puschkins Arbeiten überprüfen dürfe, sondern nur der Zar selber. Er gestattete ihm, hin-

fort wieder in Moskau und Petersburg zu leben.
Seine Freunde, die verbannten Dekabristen, lebten noch jahrelang in Sibirien, viele von ihnen bis zu ihrem Tod. Etlichen waren freiwillig ihre Frauen gefolgt und hatten es mit aller Energie durchgesetzt, daß sie die Verbannung mit ihren Männern teilen durften: Natalja Fonwisina, die Baronin Rosen und die Fürstin Trubetzkaja. Sie ließen ihre Schlösser und Herrenhäuser, Kinder, Verwandte und Freunde zurück, machten in Sibirien Krankenstuben auf und pflegten Sieche und Verletzte, während ihre Männer im Bergwerk arbeiteten. Puschkin entging diesem Verhängnis. Er konnte wieder sein gewohntes Leben führen, in Moskau und Petersburg; in Salons, Ballsälen, Spielkasinos. Schon bald erschien sein Name erneut in den Dossiers der Geheimpolizei: dieses Mal auf der Liste notorischer Glücksspieler unter der Nummer 36. Zwischendurch vergrub er sich wieder in seinen Büchern. Er las Goethes Faust und verglich ihn mit dem gleichnamigen Drama Friedrich Maximilian von Klingers, der in Petersburg als pensionierter Direktor der Ritterakademie lebte. Er las Heines Reisebilder, Bürgers Leonore und beschäftigte sich so intensiv mit Herder, daß er in seinem Drama »Eugen Onegin« dem Helden ein Buch von Herder in die Hand drückte. Dann wieder feierte er nächtelang, spielte, tanzte, und schließlich heiratete er sogar.
Die Braut hieß Natalja Gontscharowa. Sie war die Tochter eines ständig verschuldeten adeligen Grundbesitzers, der nur zweitausend Leibeigene und eine einzige bemerkenswerte Eigenschaft hatte: Seit einem unglücklichen Sturz vom Pferd versank er abwechselnd in tiefe Lethargie oder rannte mit einem Messer durchs Haus, bedrohte die Familie und heulte wie ein Wolf. Er hatte drei Söhne und drei Töchter, darunter

Natalja Nikolajewa Gontscharowa, Puschkins Frau, von ihm selbst gezeichnet. Rechts vermutlich ihre Mutter.

eine, auf die der ganze kaiserliche Hof einschließlich des Zaren Jagd machte, Natalja.
Als Puschkin ihr zum erstenmal begegnete, war sie sechzehn Jahre alt. Sie tanzte wie eine Feder, war entzückend anzusehen, konnte etwas auf dem Spinett zirpen, etwas Französisch parlieren und sah sich nach einem Mann um, der ihr den gesellschaftlichen Hintergrund bieten konnte, auf den sie nach Meinung ihrer ehrgeizigen Mutter Anspruch hatte. Er mußte einer der Großen sein. Da der Allergrößte, der Zar, schon verheiratet war, die ruhmreichen Feldherren und Minister aber entschieden zu alt, wandte sie sich – nach einigem Zögern – dem berühmtesten Dichter zu: Puschkin. Was sie für ihn empfand, spielte keine Rolle. Ob sie überhaupt für irgendeinen Menschen etwas empfinden konnte, blieb ungeklärt. Ihn reizte es, eine Frau zu bekommen, der andere vergebens den Hof machten. Er schrieb: »... wenn sie einwilligt, mir ihre Hand zu reichen, so sehe ich darin nur einen Beweis der ruhigen Gleichgültigkeit ihres Herzens ...«
Am 6. Mai 1830 verlobten sie sich, am 18. Februar 1831 heirateten sie mit fürstlichem Gepränge in der Himmelfahrtskathedrale in Moskau. Kurz vor der Trauung schickte Mutter Gontscharowa einen Boten mit der Nachricht zu Puschkin, wenn er ihr nicht augenblicklich eine bestimmte Summe überweise, könne die Hochzeit leider nicht stattfinden. Da schon Hunderte von Gästen warteten, mußte die Hochzeit stattfinden, und Puschkin zahlte, wie schon mehrfach, große Summen an diese geldgierige Frau und machte selber Schulden.
Die Ehe wurde für beide eine Enttäuschung. Natalja begriff nie, daß die Werke, denen ihr Mann seinen Ruhm verdankte, irgendwann einmal geschrieben werden mußten, daß Puschkin sie also nicht ständig auf dem Korso, zu Visiten und Maskenbällen begleiten konnte, sondern auch mal allein am Schreibtisch sitzen mußte. Wenn er ihr etwas vorlas, hörte sie nicht zu. Einmal schrie sie ihn an: »Wie du mich anödest mit deinen Gedichten, Puschkin!«
In den acht Jahren ihrer Ehe bescherte sie ihm vier Kinder, zahlreiche Anlässe zur Eifersucht und endlich das Duell, das ihn das Leben kostete. Sie kokettierte dauernd mit anderen Männern, und er war außer sich vor Eifersucht. So kam es zur Affäre mit dem jungen d'Anthès.
D'Anthès war ein schöner französischer Jüngling, den der niederländische Gesandte van Heeckeren adoptiert hatte, um ihn für alle Zeiten an sich zu binden. Fürst Trubetzkoj sah dieses Verhältnis so: »... ich weiß nicht

recht, wie ich mich da ausdrükken soll: Damals war die Päderastie in ersten Kreisen sehr verbreitet. Da d'Anthès aber ständig hinter Damen her war, darf man vermuten, daß er bei van Heeckeren die passive Rolle spielte ...«

D'Anthès wurde zum Werkzeug einer Clique von Höflingen, die Puschkin nicht leiden konnten, weil er unbequeme Ansprüche stellte: Seine Lyrik sollte erfühlt, seine Dramatik empfunden, seine Ironie verstanden werden. Aber das Fühlen, Empfinden und Verstehen war durchaus nicht die Sache dieser Höflinge. Die Stimmung der Herren gegen ihn war bald die gleiche wie damals in Odessa. Und er schrieb wieder böse Sachen über sie wie etwa über die Ehe des Grafen Borsch: »... sie ist überaus glücklich: Seine Frau lebt mit dem Kutscher, er mit dem Reitburschen ...« Und mit so etwas machte er sich unerbittliche Feinde.

Denen fiel es nicht schwer, den jungen d'Anthès in ihre Pläne einzuspannen. Er brauchte Erfolge bei berühmten Schönheiten als Gegengewicht gegen den Hofklatsch, und er brauchte mit Natalja nur mehrfach etwas ungebührlich eng zu tanzen und ihr etwas ins Ohr zu flüstern. Einige Zeitgenossen waren sicher, daß er sich dabei ernsthaft in sie verliebte. Puschkin brauste auf und forderte ihn zum Duell. So kam es, daß dieser unbedeutende junge Mann in der russischen Literaturgeschichte eine so bedeutende Rolle spielte:

Am 8. Februar 1837 nachmittags gegen fünf Uhr trafen sich die Duellanten bei eisiger Kälte im hohen Schnee vor den Toren Petersburgs. D'Anthès verstieß gegen den Ehrenkodex und schoß zu früh. Die Pistolenkugel zerfetzte Puschkins Unterleib. Puschkin schoß dann korrekt, aber schon im Fallen und traf d'Anthès' rechten Arm.

Puschkins Todeskampf dauerte zwei Tage. Sein alter Freund Dr. Dahl war bei ihm, und manchmal auch Natalja. Auch seine alte Freundin Fürstin Dolgorukij besuchte ihn. Sie bat er in seiner Sorge, der junge Franzose könne sich Gewissensbisse machen, zu d'Anthès zu gehen und ihm zu sagen, daß er ihm verzeihe.

Sie tat es. D'Anthès dankte mit einem Lächeln. Er berührte die kleine Wunde an seinem Arm und sagte: »Ich verzeihe ihm!«

Am 10. Februar 1837 starb Rußlands größter Dichter in den Armen von Dr. Dahl. Natalja war im Nebenzimmer. Als man sie holte, warf sie sich über den Toten. Später heiratete sie einen General, der den Vorteil hatte, kein Genie zu sein; und es hieß, sie sei sehr glücklich mit ihm geworden.

KAPITEL XV

Slawophile, Westler und Panslawisten

Zur gleichen Zeit wie Puschkins Dichtungen gelangten Glinkas Kompositionen nach Deutschland. Musik hat es leichter als das Wort. Sie kann sich unmittelbar verständlich machen und braucht keinen Dolmetscher, wenn sie eine Sprachgrenze passiert. Das Wort muß übertragen werden, verlangt Umdenkungsprozesse und ist verschiedenartigen Deutungen ausgesetzt. Die russische Seele, dem Fremden bisher allenfalls in Rußland zugänglich, zog nun aus, sich den Westen zu erschließen. Seither ist die russische Musik ein fester Bestandteil des deutschen Kulturlebens, und die Musik ist der Seele liebstes Vehikel.

Michail Iwanowitsch Glinka wurde am 1. Juni 1804 auf Nowospasskoje im Gouvernement Smolensk geboren. Er war also fünf Jahre jünger als Puschkin. Im Sommer 1812 verwüsteten französische Truppen auf dem Vormarsch nach Moskau das väterliche Landgut. Die ganze Familie mußte fliehen. Das war das prägende Erlebnis in Glinkas Kindheit.

Als Rußland von dem Alpdruck Napoleon befreit war, kam der Junge aufs Lyzeum nach Zarskoje Selo. Dort war er in einer Klasse mit Puschkins Bruder Leo und hatte Puschkins Freund Wilhelm Küchelbecker als Erzieher. Er genoß das musische Klima des Internats und fand Freunde, die ihn im Klavierspiel und auch auf einigen anderen Instrumenten weiterbildeten. Aber der Wunsch,

Musiker zu werden, löste bei seinen Eltern fassungsloses Entsetzen aus: Ein Aristokrat mochte schon mal zu seinem Vergnügen und zur Unterhaltung ebenbürtiger Gäste etwas vortragen, aber in der Öffentlichkeit, für das Volk! Unausdenkbar! Dafür hatte man seine Leibeigenen oder neuerdings auch kriegsgefangene Franzosen und jene sangesfrohen Italiener, die mit ihnen in Rußland einmarschiert und dann beizeiten desertiert waren.

Nach den traditionsgebundenen Vorstellungen seiner Familie konnte Michail Glinka nur Offizier werden oder notfalls, wenn er dazu nicht kräftig genug war, Beamter. Er war nicht kräftig genug und wurde Beamter. So war er gesichert, hatte viel Zeit für seine Musik und konnte eine schöne Uniform tragen, die dem Beamten den Respekt aller Nichtuniformierten garantierte. Damit er standesgemäß auftreten konnte, bekam er von seinem Vater kräftige Zuschüsse.

In Petersburg lebte Glinka in demselben Kreis wie die Brüder Puschkin und Küchelbecker, wie Anton von Delwig und Karolina Pawlowa, eine geborene Jänisch, die aus dem deutsch-baltischen Kulturmilieu stammte und die erste russische Dichterin von Rang war. Auch der Journalist Christian A. W. Oldekop aus Riga gehörte zu ihnen. Er gab die deutschsprachige »St. Petersburger Zeitschrift« heraus und vollführte Monat für Monat mit unnachahmlichem Geschick den lebensgefährlichen Seiltanz über die Fanggruben der Zensur hinweg bis zur nächsten Ausgabe.

Kräftige Anregungen empfing Glinka auch von dem zwanzig Jahre älteren Dichter Wassilij Schukowskij, der Prinzenerzieher am Zarenhof war, vor allem aber der bestinformierte Mann im Bereich der Literatur und Musik. Schukowskij hatte Goethe und Schiller für die Russen entdeckt, liebte vor allem die Romantiker, Tieck, Novalis und die Brüder Schlegel, E. T. A. Hoffmann und

Michail Glinka (1804–1857).

Clemens von Brentano, von denen er vieles ins Russische übersetzte und seinen Freunden nahebrachte. Das größte Erlebnis war aber für Glinka die Begegnung mit der Musik der deutschen Romantiker. Besonders regte ihn Carl Maria von Weber an, der das volkstümliche Element in die Oper eingebracht hatte, die bis dahin vorwiegend antike Stoffe mit den verspielten Attitüden des Rokoko behandelt hatte. Der »Freischütz« zeigte Glinka den Weg zur Volksoper, die vor allem sein Anliegen war.

In Petersburg lebte auch Glinkas berühmter Onkel Fjodor Nikolajewitsch Glinka, dessen schriftstellerische Arbeiten sich vorwiegend mit den großen Ereignissen der russischen Geschichte befaßten. Dessen Frau, Awdotja Pawlowna Glinka, war eine glühende Schiller-Verehrerin und übersetzte viele Gedichte ihres Idols sehr einfühlsam ins Russische. Beide gehörten zum Kreis der Reformer und hatten ständig Gesinnungsfreunde bei sich zu Gast, Schwärmer, nüchterne Neuplaner, zu allem entschlossene Revolutionäre. Der andere, nicht weniger berühmte Onkel, Sergej Glinka, hatte auch Geschichtswerke und Trauerspiele verfaßt, die von Mal zu Mal trauriger gediehen, bis er schließlich Zensor geworden war. Er lebte in Moskau und nahm an den aufrührerischen Gedankenflügen seiner Petersburger Verwandten nicht teil.

Deren Kreis wurde mit einem Schlag durch den gescheiterten Dekabristenaufstand und die nachfolgenden Verhaftungswellen, durch Hinrichtungen und Verbannungen zerstört. Auch Onkel Fjodor wurde in dem endlosen Zug seiner Gesinnungsgenossen in Ketten nach Sibirien getrieben. Das Haus verödete. Michail Glinka kam gerade noch davon. Er hatte nichts Aufrührerisches geschrieben, nur Noten, und die wenigsten Zensoren verstanden es, Noten zu lesen. Musiker galten als harmlos. Wer nicht gerade die Marseillaise sang, konnte ungeniert alle Töne von sich geben, die sich nicht mit umstürzlerischen Texten in Zusammenhang bringen ließen.

Das Verhältnis der Russen zur Musik war absolut ursprünglich und durch keine intellektuellen Beimischungen verfälscht. Das Lied wurde seit Jahrhunderten von den Skomorotschis gepflegt, den wandernden Volkssängern. Die Instrumente, auf denen sie es begleiteten, waren: die Pischna, eine Fiedel, die Sopilka, eine Flöte, die Gusli, eine Art Geige, und die Balalaika. Hoch über dieser musikalischen Unterschicht beherrschten die Chöre der Priester und Mönche das geistliche Leben. In den Kirchen durfte nie ein Instrument erklingen, nur die

Glinka bereiste seine weite Heimat und schrieb die Lieder der fahrenden Musikanten auf. Er wurde der Schöpfer der russischen Volksoper.

menschliche Stimme. Der Zorn des Klerus auf die Volksmusikanten war gewaltig. Mehrfach hatten Kirchenfürsten jegliche Instrumentalmusik verdammt und alle Instrumente einsammeln, mit Äxten zerhacken, in die Flüsse werfen oder verbrennen lassen.

Zu Ende des siebzehnten Jahrhunderts war als drittes Element die Kunstmusik aus dem Westen nach Rußland eingesickert: Opern und Singspiele nach italienischem Gusto, die unverändert übernommen und dann auch von russischen Nachahmern kopiert worden waren, ohne die geringste innere Verbindung zur russischen Wesensart.

Glinka wollte alles erfassen, was ihm seine Heimat an ursprünglichen Quellen und die westliche Musiktradition an theoretischem Rüstzeug geben konnte. Er gab seine sichere Beamtenstellung auf und reiste kreuz und quer durch Rußland, bis hinunter zum Kaukasus. Alles, was er an Volksliedern und Tanzweisen hörte, sammelte er und schrieb es auf. Dann reiste er nach Dresden, nach Aachen, durch Norditalien und nach Berlin, wo inzwischen Carl Maria von Weber den großen Erfolg hatte, daß seine Melodien zu Volksliedern und Gassenhauern wurden, die man summte, sang und pfiff und nach denen auch auf jedem Ball getanzt wurde.

In Berlin traf Glinka den Mann, dessen Einfluß für seine weitere Entwicklung entscheidend wurde: Siegfried Wilhelm Dehn aus Altona. Eigentlich war dieser Jurist, aber er hatte sich vollkommen auf die Musik verlegt und war ein bedeutender Musikwissenschaftler geworden. Dehn spielte mehrere Instrumente, beschäftigte sich aber vorwiegend mit den theoretischen Grundlagen der Komposition. Er verfaßte eine »Harmonie-Lehre«, eine »Lehre vom Kontrapunkt« und entdeckte den großen Meister Johann Sebastian Bach neu, und das zur gleichen Zeit, in der Felix Mendelssohn Bartholdy Bach den Deutschen auch in Kirchen und Konzertsälen wieder nahebrachte in der Hoffnung, daß solche Kostbarkeiten nie mehr in Vergessenheit geraten würden.

Glinka wurde zugleich mit einer Schar junger deutscher Musiker Dehns Schüler. Dieses Berlin war ein Sammelbecken, ein Knotenpunkt, ein quirliges, von ständig neuen Impulsen bewegtes Terrarium, in dem sich erstaunliche Lebewesen aus aller Welt tummelten: Maler und Musiker, Dichter und Dandys, Weltreisende und Weltverbesserer. Für jeden bot Berlin einen Platz und angemessene Partner, und es fiel gar nicht sonderlich auf, wenn etwa eines Tages Fürst Pückler-Muskau vor der Conditorei Kranzler mit einer Kutsche vorgefahren kam, die von vier Hirschen gezogen wurde.

Auch die ersten Vorboten russischer Musik gab es schon in diesem Berlin. Die Damen mit den hochgesteckten Biedermeierfrisuren am Spinett sangen tiefbewegt Nikolaj Zyganows Lied »Mütterlein, ach näh mir nicht den roten Sarafan!« in der Vertonung von Alexander Warlamow, und bald konnte es an Beliebtheit durchaus mit Webers »Jungfernkranz« konkurrieren. Abends beim großen Zapfenstreich erklang der gefühlvolle Choral »Wir beten an die Macht der Liebe«, den später auch die kaiserlich deutsche Armee, die republikanische Reichswehr und die Deutsche Wehrmacht übernahmen und von dem kaum jemand wußte, daß ihn der Russe Dimitri Bortnjanski komponiert hatte.

Michail Glinka lernte in Berlin sowohl aus den hinterlassenen Werken von Bach, Händel und Telemann als auch aus den volkstümlichen Opern der Romantiker, die oft auf dem Spielplan standen. Hier fand er, was er suchte: die perfekte Beherrschung der theoretischen Grundlagen und die praktische Anregung. Hier bekam er das Rüstzeug für seine Volksoper. Dehn half ihm, ermutigte ihn und entließ ihn schließlich in die Heimat, denn die russische Volksoper konnte nur in Rußland entstehen. Daheim schuf Glinka sein erstes großes Werk: »Iwan Sussanin«. Das war die Geschichte eines Volkshelden aus den unvergessenen Zeiten der Demütigung und Unterdrückung durch die polnischen Besatzungstruppen. Damals, in jener »Zeit der Wirren«, hatte der Bauer Iwan Sussanin einen Schwarm polnischer Edelleute, die ihn als Pfadfinder vor sich her trieben, in ein verwuchertes Sumpfgelände geführt, in dem seine Freunde im Hinterhalt lagen und die Polen mit Knüppeln und Mistgabeln erschlugen. Diese aber hatten vorher noch Sussanin umgebracht.

Glinka nannte die Oper »Das Leben für den Zaren«. Das Libretto schrieb ihm sein Freund, der baltische Baron Georg von Rosen, der zweisprachig aufgewachsen war und zu Glinkas Entzücken ein besonders sensibles Verhältnis zur russischen Sprache hatte. Das Werk wurde am 27. November 1837 in Petersburg uraufgeführt, von einem Teil des Publikums bejubelt, von einem anderen mit Stillschweigen aufgenommen. Viele Russen, die an die ge-

Hermann Fürst v. Pückler-Muskau mit seiner von Hirschen gezogenen Kutsche vor dem Café Kranzler.

zierten italienischen und französischen Rokoko-Opern gewöhnt waren, empfanden Glinkas kraftvolle Volkstümlichkeit als vulgär und nannten seine Musik »Kutschermusik«. Das kränkte ihn wenig. Er sagte: »Wenn die Kutscher ein so gesundes Verhältnis zur Musik haben, mache ich gern Kutschermusik.« Und er begann sogleich mit der Arbeit an seiner nächsten Oper »Ruslan und Ludmilla« nach Puschkins Verserzählung.

Durch Georg von Rosen, einen Verwandten des Dekabristen Andreas von Rosen, bekam Glinka engen Kontakt zum Zarenhof. Der vielsprachige Balte – Glinka selber sprach außer Russisch noch perfekt Deutsch und Französisch, Englisch und Italienisch – war der Privatsekretär des Zarewitsch, des späteren Zaren Alexander II.

Die Verbindungen der kaiserlichen Familie mit deutschen Fürstenhäusern waren eng. Zar Nikolaus I. war ein Sohn des ermordeten Zaren Paul I. und der Marie von Württemberg. Er war ein Enkel Peters III., der ursprünglich Karl Peter Ulrich von Holstein-Gottorp geheißen und Katharina von Anhalt-Zerbst geheiratet hatte. Nikolaus' sämtliche Geschwister waren mit Deutschen verheiratet: sein ältester Bruder und Vorgänger Alexander I. mit Elisabeth von Baden, die viele soziale Einrichtungen geschaffen hatte und von den Russen wegen ihrer tätigen Nächstenliebe verehrt worden war. Der zweite Bruder Konstantin hatte Anna von Sachsen, der jüngste, Michael, Helene von Württemberg geheiratet.

Alexanders Schwester Anna hatte Erzherzog Joseph von Österreich geehelicht, das damals noch zum Deutschen Reich gehörte, Helene den Erbprinzen von Mecklenburg-Schwerin und Katharina König Wilhelm I. von Württemberg.

Nikolaus I. selber war mit Alexandra von Preußen, einer Tochter Friedrich Wilhelms III. und der legendären Königin Luise vermählt, und ihre sieben Kinder alle wieder mit Deutschen: Thronfolger Alexander mit Marie von Hessen, Großfürstin Maria mit dem Herzog von Leuchtenberg, Olga mit Kronprinz Karl von Württemberg, Alexandra mit Landgraf Wilhelm von Hessen-Kassel, Konstantin mit einer sächsischen, Nikolaj mit einer oldenburgischen und Michael mit einer badischen Prinzessin.

Es lag nahe, daß all diese deutschen Ehepartner, soweit sie in Rußland lebten, einen Teil ihres Gefolges mitgebracht hatten, Vertraute, Verwandte, Freunde, die bei Hof auch wieder eine gewisse Rolle spielten. Der deutsche Einfluß, den Peter der Große zeitlebens als Bereicherung empfunden hatte, begann manchen Russen Unbehagen zu bereiten. Es war die Zeit des erwachenden Nationalbewußtseins. Knapp ein halbes Jahr hatte es gedauert, den allmächtigen Napoleon aus dem Land zu jagen. Der Sieg stärkte das Selbstbewußtsein. Die Auseinandersetzung mit den importierten Kulturgütern wurde lebhaft, wurde leidenschaftlich. Die geistige Elite Rußlands spaltete sich in zwei Parteien. Die sogenannten »Westler« empfanden ihre Heimat als einen Teil der großen geistigen Heimat Europa und die russische Kultur als wichtigen Bestandteil der europäischen Kultur. Die »Slawophilen« erklärten das Slawentum zur einzig wertvollen schöpferischen Kraft und erhoben ihre Selbstverehrung zu einem Glaubensbekenntnis. Sie betonten die Einheit von Volk und Staat, von der absoluten Monarchie ihres Zarenhauses und der russisch-orthodoxen Kirche. Aus dem kulturellen Selbstbehauptungswillen der Slawophilen erwuchs später der politische Führungsanspruch der »Panslawisten« mit dem erklärten Ziel, die Herrschaft aller unter russischer Führung vereinten slawischen Völker über Europa zu erringen. Der Panslawismus wurde zu einer Art Über-Religion, unter deren Mantel die verschiedenen Glaubensbekenntnisse der slawischen Stämme friedlich beieinanderwohnen konnten.

Johann Gottfried v. Herder, der »Erwecker der Slawen«.

Der geistige Vater dieser Bewegung war der deutsche Theologe Johann Gottfried von Herder aus Mohrungen in Ostpreußen, der »Erwecker der Slawen«, wie er genannt wurde. Er hatte in Königsberg zugleich mit seinem Freund, dem Verleger Johann Friedrich Hartknoch, sowie etlichen russischen und polnischen Kommilitonen studiert – unter anderem auch bei Kant – und war später als Lehrer an die Domschule von Riga gegangen. Dort hatte er nicht nur deutsche Schüler Deutsch gelehrt, sondern auch die Letten ermutigt, neben ihrer eigenständigen Volksmusik auch eine eigenständige Literatur zu entwickeln und so zu einer nationalen Identität zu finden. Unermüdlich setzte er sich für die Emanzipation der Ostvölker ein. Seine Werke »Stimmen der Völker in Liedern« und »Die Wirkung der Dichtkunst auf die Sitten der Völker« verbreiteten sich rasch nicht nur bei Letten, Esten und Finnen, seine Volkstumsgedanken beflügelten auch die Russen und beeinflußten Männer wie den Dichter Alexej Stepanowitsch Chomjakow.

Chomjakow war ein Altersgenosse Michail Glinkas – beide waren 1804 geboren worden – und wurde von seinen Freunden der »Theologe der Slawophilen« genannt. Sie nahmen seine Bekenntnisse wie Offenbarungen auf. Er schrieb: »... Rußland, welch wundervolle Erscheinung auf dem Schauplatz der Welt! Welches Land kann sich an Größe mit ihm messen, welches an Zahl seiner Menschen! Selbst China kann sich nicht mit ihm vergleichen, weil seine eingeschlossenen Bewohner totes Kapital der Weltgeschichte sind! Und wenn wir dann noch jene Millionen von Vettern und Brüdern hinzuzählen, alle Slawen, die über Europa verstreut sind, von Konstantinopel bis zur Nordsee, in deren Adern unser Blut fließt, die also unseres Geistes sind, was wird dann aus uns werden! Und was wird aus jenen werden, denen wir sie abziehen! ...«

»... Rußland hat an allen Erzeugnissen Überfluß, die zum Wohlsein und zum Genuß dienen. Es ist eine Welt für sich und bedarf keiner Ergänzung. Ich frage: Wer kann sich uns gleichstellen? Wir können alle zum Gehorsam zwingen. Das politische Schicksal Europas liegt in unserer Hand, ja das Schicksal der Welt! Wer die europäischen Völker betrachtet, muß erkennen, daß ihre Zeit vorüber ist, daß sie ihre Kräfte verbraucht haben und nichts Höheres mehr hervorbringen können... Mein Herz zittert vor Freude: O Rußland, o mein Vaterland! Dir ist es beschieden, die Entwicklung der Menschheit zu krönen! ... Wir müssen uns aber jede Frucht westlichen Denkens aneignen, damit wir nicht zurückbleiben, wo der Reichtum unserer Gaben uns gebietet, die erste Stelle in den Reihen der Menschheit einzunehmen!«

Die Forderung Chomjakows lautete also schlicht: Die Russen sollten die schöpferischen Kräfte des Westens, der offenbar doch noch nicht ganz ausgebrannt war, ausnutzen, um mit ihrer Hilfe die Herrschaft über den Westen zu erringen.

Der zwei Jahre jüngere Iwan Kirejewski, ein bei Hegel und Schelling geschulter Denker, den seine Anhänger den »Philosophen der

Slawophilen« nannten, sah die Bindung Rußlands an den Westen mit etwas anderen Augen: »... den Einfluß der europäischen Kultur auszutilgen, nachdem wir ihrer nun einmal teilhaftig geworden sind, ginge über unsere Kräfte und wäre auch das größte Unglück...«
Die Auseinandersetzung zwischen »Slawophilen« und »Westlern« beherrschte das kulturelle Leben Rußlands vom vierten Jahrzehnt des neunzehnten Jahrhunderts an. In dieser Zeit gebar das unermeßliche Land auch eine unermeßliche Fülle von Talenten: Dichter, Denker und Deuter, Maler und Musiker, Philosophen und Publizisten, und viele waren engagierte Gesellschaftskritiker. Jeder mußte sich auf seine Weise mit den Kraftströmen auseinandersetzen, von denen Kultur und Zivilisation seiner Heimat aus eigenen Quellen und aus fremden Zuflüssen gespeist wurden. Einige dieser schöpferischen Menschen ließen sich gar nicht in ein so schlichtes Schema einordnen. Mancher fing als »Westler« an und wurde später ein fanatischer »Slawophiler«. Mancher holte sich auf deutschen Universitäten das Rüstzeug für spätere panslawistische Polemiken. Mancher schwankte zeitlebens.
Der Geschichtsphilosoph Wladimir Weidle, ein in Frankreich lebender Russe deutscher Abstammung, urteilte so: »... Es war der Irrtum der Slawophilen, die Bindungen Rußlands an das Abendland nicht anzuerkennen, durch die es trotz aller Eigenart an der Kultur Europas teilhat...« Und er fand dann noch eine sehr grundlegende Deutung des russischen Verhältnisses zum übrigen Europa: »In der Welt des Geistes liegt Rußland am Rand des Abendlandes; in der Welt der Wirklichkeit liegt das Abendland am Rand Rußlands.«
Michail Bakunin schrieb voller Zorn auf den despotischen Zaren Nikolaus I. und verärgert über den starken Anteil der Deutsch-

Friedrich Wilhelm v. Schelling (1775 bis 1854).

Russen an Forschung und Wissenschaft, an Kultur- und Bildungswesen, an Handel und Industrie, ja sogar in der Heeresleitung und Staatsführung: »Rußland ist ein unter der Knute lebendes Germanenreich.«

Als Reaktion auf die Bewegung der Slawophilen und Panslawisten entstanden im deutschsprachigen Raum germanophile Zirkel, in denen ein ebenso einseitiges Denken gezüchtet wurde. Beide Seiten übersahen die Tatsache, daß weder die Russen reine Slawen noch die Deutschen reine Germanen waren, sondern daß sich in breiten Landstrichen hier wie dort seit vielen Jahrhunderten etliche Stämme der großen indogermanischen Völkerfamilie vielfältig vermischt hatten. Von reinen Rassen konnte kaum noch die Rede sein, und wenn man aus der Zugehörigkeit zu einer Sprachgemeinschaft Weltherrschaftsansprüche ableiten wollte, dann entsprang das doch recht abwegigen Denkvorgängen. Der Rassendünkel der Slawophilen und der der Germanophilen waren einander ebenbürtig, die politischen Ziele grundverschieden. Während die einen den Anspruch erhoben, das Schicksal der Welt zu bestimmen, wollten die anderen nur die verlorengegangene Einheit des deutschen Volkes wiedergewinnen.

In den ersten zwei Jahrzehnten des neunzehnten Jahrhunderts wurden in Rußland viele bedeutende Männer geboren: der Geschichtsforscher Michail Pogodin (1800), der Komponist Michail Glinka (1804), die Dichter Nikolaj Gogol (1809), Iwan Gontscharow (1812) und Michail Lermontow (1814) sowie die Sozialisten Alexander Herzen (1812) und Michail Bakunin (1814).

Ihre deutschen Zeitgenossen waren: Heinrich Heine, der als Dreijähriger ins neue Jahrhundert eintrat, Albert Lortzing (1801), Wilhelm Hauff (1802), Felix Mendelssohn Bartholdy (1809), Robert Schumann (1810), Richard Wagner (1813), Otto von Bismarck (1815), Adolf von Menzel (1815), Karl Marx (1818), Theodor Fontane (1819) und Friedrich Engels (1820). Später, in den Jahren des Exils, wurden die Russen Herzen und Bakunin die Weggefährten der Deutschen Marx und Engels. Alexander Herzen, dieser Mann mit dem weiten Horizont, ließ sich in so enge Begriffe wie Westler oder Slawophile nicht einordnen. Er war Humanist und Philanthrop, der Idealtyp des vielseitig gebildeten politischen Menschen, ebenso musisch wie kämpferisch. Er entwarf nicht nur politische Programme, sondern sorgte auch dafür, daß die Werke Puschkins und anderer russischer Zeitgenossen unverfälscht und ohne die Streichungen der

Friedrich Wilhelm Hegel (1770–1831).

Zensoren in der Welt verbreitet wurden. Er erforschte die Geschichte der Dekabristen bis in die Wurzeln hinein und schrieb ein Buch darüber.

Alexander Herzen war das Kind einer ungewöhnlichen Verbindung. Sein Vater Iwan Alexejewitsch Jakowlew war der Sohn einer reichen russischen Aristokratenfamilie, seine Mutter, Louise Haag, eine Stuttgarter Bäckerstochter. Sie hatte sich als Sechzehnjährige in den eindrucksvollen jungen russischen Edelmann verliebt, der auf seiner langjährigen Bildungsreise auch durch ihre Vaterstadt gekommen war. Im Sommer 1811 hatte sie die Eltern verlassen und war mit Jakowlew nach Rußland geritten, in Männerkleidern, um heikle Fragen der Zöllner zu vermeiden. In Moskau hatte sie dann mit siebzehn in dem weiträumigen Holzhaus der Jakowlews inmitten der zahlreichen Familie am 6. April 1812 den kleinen Alexander zur Welt gebracht, während im Westen Napoleon gerade seine Große Armee zum Stoß auf Rußland bereitstellte. Der Vater gab dem Jungen den Nachnamen »Herzen«, weil er Louise immer »Mein Herz« nannte.

Unordnung bestimmte die Jugend des Kindes. Sein Vater heiratete die Mutter nicht, sie blieb zeitlebens Frau Haag. Das Haus brannte ab, als ganz Moskau brannte. Die Familie floh, wohnte hier, wohnte dort und lange behelfsmäßig. Alexander hatte häufig wechselnde Ammen, Kindermädchen, Erzieher, war innerlich ganz auf seiten seiner sanften, gütigen Mutter und ganz gegen den herrschsüchtigen Vater. Er wuchs in der Opposition auf, und die Umstände entwickelten in ihm früh einen kritischen Verstand. Seine Mutter führte ihn an die Welt der Bücher heran. Die ersten, die er las, waren die Reisebeschreibungen der beiden deutschen Sibirienforscher Pallas aus Berlin und Gmelin aus Tübingen. Sie selber las Kotzebues Theaterstücke und »Werthers Leiden«. Für Alexander gab es eine Vater- und eine Muttersprache mit größ-

Alexander Herzen (1812–1870).

ter Selbstverständlichkeit nebeneinander. Seine Leitfiguren wurden Schillers Wilhelm Tell und Marquis Posa, der von seinem Herrscher forderte: »Sire, geben Sie Gedankenfreiheit!«

Als Dreizehnjähriger hörte er von Freunden und Verwandten viele schreckliche Einzelheiten über den Dekabristenaufstand. Als dann im Sommer nach diesem langen kalten Winter an dem verregneten 13. Juli 1826 Paul Pestel und seine Freunde erdrosselt und die hundertzwanzig anderen in Ketten nach Sibirien getrieben wurden, fand in allen großen Städten des Landes ein Dankgottesdienst statt, und Alexander Herzen wurde gezwungen, daran teilzunehmen. Das war wieder so ein Schlüsselerlebnis, das ihn formte: Diese Dekabristen waren die Menschen, denen er sich zugehörig fühlte. In der Nacht darauf ging er mit seinem Freund Ogarjew auf die Sperlings-Berge (heute Lenin-Berge) bei Moskau, und sie schworen, ein Leben lang den Kampf der Dekabristen weiterzuführen.

In der Schule und später auf der Moskauer Universität diskutierte er nächtelang mit seinen Freunden über eine Neugestaltung der russischen Gesellschaft. Sie wurden bespitzelt, verhaftet, verurteilt und in Ketten in die Verbannung nach Wjatka getrieben, vollkommen der Willkür der Wachmannschaften ausgeliefert.

In Moskau gab es in dieser Zeit einen Mann, der es sich zur Lebensaufgabe gemacht hatte, den rechtlosen und hilflosen Verbannten zu helfen: Dr. Friedrich Joseph Haas aus Münstereifel. Haas hatte Medizin studiert und sich auf die Augenheilkunde spezialisiert. 1806 war er nach Moskau gegangen und hatte dort eine Praxis eröffnet. Er war ein wohlhabender Mann geworden und hatte im Jahre 1822 die Ernennung zum Stadtarzt von Moskau bekommen. Aber dann war ihm eines Tages die grenzenlose Not der Verbannten bewußt geworden, die in schweren Ketten nach Osten getrieben wurden, und der gläubige Katholik hatte sich von da an ganz darauf verlegt, diesen Unglücklichen zu helfen, ihre Wunden zu behandeln, ihnen Verpflegung zu beschaffen und die Kranken unter ihnen von den Fesseln zu befreien.

In der Verbannung in Wjatka hatte Alexander Herzen das Glück, wegen seiner vielseitigen Verwendbarkeit in der Verwaltung eingesetzt zu werden, und allmählich wurde er auch wieder in zivilisierte Gebiete versetzt, nach Wladimir, nach Moskau, nach Petersburg – und kam schließlich frei. Von 1842 an beschäftigte er sich ganz privat mit philosophischen Studien. Es war die Zeit, in der der französische Reisende Adolphe de Custine das Russische Reich durchstreifte und so charakterisierte: »Rußland ist ein Kessel voll kochenden Wassers. Oben ist er verschlossen, unten wird die Glut immer heißer. Eine Explosion ist unausbleiblich.«

Das wußten auch die Polizeiorgane, die ständig alle unruhigen jungen Leute, zumal wenn sie Gruppen bildeten, im Auge behielten. Das wußte auch Zar Nikolaus. Von ihm stammt der Satz: »Mit meinen Russen werde ich immer fertig, wenn ich ihnen ins Gesicht sehen kann, aber auf den Rücken möchte ich sie mir nicht kommen lassen . . .« Er hielt sich daran und erreichte so, daß er später tatsächlich eines natürlichen Todes sterben konnte, im Gegensatz zu seinem Vater, seinem Großvater und auch seinem Sohn und Nachfolger. Unter Nikolaus' Regierung erreichten die diversen Polizei-Institutionen eine Perfektion wie nirgendwo sonst und zu keiner Zeit vorher. In diesem Polizeistaat mochte Herzen nicht leben. Der Tod seines Vaters verhalf ihm zu einer schönen Erbschaft. Er konnte reisen: nach Deutschland, nach Frankreich, in die Schweiz und schließlich nach England. In London, wo er sich am freiesten fühl-

Karl Marx (Holzstich aus einer Zeitung des Jahres 1871).

te, lebte er von 1852 bis 1864 in ständigem Kontakt mit Karl Marx, der schon drei Jahre vor ihm dort Asyl gefunden hatte, und Friedrich Engels, der die Filiale der väterlichen Firma in Manchester leitete. Bald führte er sein eigenes Haus, in dem er die Großzügigkeit und Gastfreundschaft entfalten konnte, die ihm angeboren waren. Es stand immer offen für alle, die Hunger hatten, Not litten oder einfach Freundschaft und Verständnis suchten. Ständig lebten Freunde bei ihm oder auch nur entfernte Bekannte. Das Vermögen, das er von seinem Vater geerbt hatte, gab er dafür aus, viele Menschen über Wasser zu halten und aufklärende Schriften zu drucken, deren Verbreitung ihm am Herzen lag.

Von seinen zahlreichen Werken erschienen die ersten zunächst in der Sprache seiner Mutter, auf deutsch: »Vom anderen Ufer«, Hamburg 1850, »Die Entwicklung der revolutionären Ideen in Rußland«, 1851, »Das getaufte Eigentum«, wie er die Leibeigenen nannte, 1853, »Rußlands soziale Zustände«, Hamburg 1854. Um von den russischen Schriftstellern, die er liebte, Ausgaben herstellen zu können, in denen nicht gerade die wichtigsten Stellen von der Zensur getilgt worden waren, richtete er sich eine eigene Druckerei ein, in der er auch die

Friedrich Engels.

Michail Bakunin (Lithographie von 1849).

Zeitschrift »Kolokol« (»Die Glokke«) herausgab, von Emigranten in kyrillischen Lettern in London, später in Genf, gesetzt, die er dann zusammen mit den Büchern in allen möglichen Frachtladungen nach Rußland schmuggelte. Was keinem gelang in dieser Zeit, ihm gelang es, das dichte Netz von Agenten und Kontrolleuren zu durchbrechen.

Alexander Herzen wurde zur Schlüsselfigur des geistigen Lebens in Rußland. Bücher und Hefte mit politischer, philosophischer und schöngeistiger Literatur flossen zu Tausenden auf verborgenen Wegen durch unsichtbare Kanäle ins Land, wurden gelesen und unter der Hand weitergereicht bis in die fernsten Kleinstädte. Sein letztes Werk »Erinnerungen« schrieb er in der Sprache seines Vaters und ließ es gleich in die seiner Mutter übersetzen. Die vier Bände erschienen 1856 in Hamburg, und für all seine Schriften fanden sich interessierte deutsche Leser.

Zwei Sätze kennzeichnen Herzens politischen Standort: »Die Unterwerfung des Menschen unter Gesellschaft, Nation und Idee ist eine Fortsetzung des Menschenopfers.«

Und: »Ein Kommunismus, der versucht, ohne politische Freiheiten auszukommen, muß zu einer kommunistischen Autokratie entarten.«

In dieser Einstellung stimmte er nicht mit seinem alten Freund aus Moskauer und Petersburger Tagen, Michail Bakunin, überein; das änderte aber nichts an der Freundschaft. Und als Bakunin nach London kam, fand er gleich, wie so viele andere Exil-Russen, bei Alexander Herzen eine Unterkunft und einen Kreis, in dem er sich geborgen fühlen konnte.

Michail Bakunin, der Erzvater der Anarchisten, war Aristokratensohn wie Herzen. Er war Kadett in Petersburg gewesen, Artillerieoffizier, mochte aber nicht Soldat sein, studierte, anfangs daheim, seit 1841 in Berlin, wo er sich vorwiegend mit Hegel beschäftigte. Er verfaßte in deutschen Zeitschriften mehrere philosophische Abhandlungen und wurde ständig von russischen Agenten bespitzelt. 1849 kämpfte er bei dem großen Volksaufstand in Dresden, wo er gemeinsam mit Richard Wagner auf die Barrikaden ging.

In Sachsen waren aber die Verhältnisse anders als in Rußland. In Sachsen gab es schon eine Verfassung und einen Landtag. Es ging um weiter reichende Rechte, um die Einheit Deutschlands, um eine gesamtdeutsche Verfassung, um für ganz Deutschland gültige Grundrechte. Die Fahne, die all diese Bestrebungen symbolisierte, war die schwarz-rot-goldene. Für Bakunin aber ging es um die

Revolution schlechthin, und er entfaltete auf den Barrikaden in der Dresdner Altstadt demonstrativ zwischen den Fahnen der deutschen Aufständischen die rote Fahne der Weltrevolution.

Die Straßenkämpfe in Dresden dauerten sechs Tage, vom 3. bis zum 9. Mai 1849. Das alte Opernhaus ging in Flammen auf, der Zwinger-Pavillon mit dem Naturalien-Kabinett brannte aus, zahlreiche Bürgerhäuser wurden verwüstet, 178 Aufständische fielen und 31 Soldaten und Polizisten. Bakunin ergab sich und wurde gefangen. Das Gericht in Dresden verurteilte ihn zum Tode, aber dann tat ihm doch niemand etwas. Er wurde nur nach Österreich ausgeliefert, wo er als Teilnehmer des Aufstandes von 1848 gesucht wurde. Die Österreicher schmiedeten ihn in Olmütz mit Ketten an die Kerkerwand, verurteilten ihn zum Tode, schoben ihn aber am Ende nach Rußland ab, wo er bis 1857 einsaß, erst in der Schlüsselburg, später in Sibirien.

Während seiner Gefangenschaft verfaßte Bakunin eine Schrift an den Zaren, die manchen Zeitgenossen nachdenklich gemacht hätte, die aber erst siebzig Jahre später, nach Öffnung der Archive, bekannt wurde. Darin stellte er sich als armen verlorenen Sohn dar, verführt von den deutschen Philosophen, die er jetzt endlich verachten gelernt habe. Er bekannte sich wortreich zum russischen Vaterland und zum slawischen Patriotismus. Vielleicht war es das Ergebnis dieses Schreibens, daß er ungehindert aus Sibirien fliehen und über Amerika nach London gelangen konnte, wo ihn sein Landsmann Herzen bei sich aufnahm.

In London trafen die russischen Reformer der verschiedensten Richtungen, Sozialisten, Kommunisten, Anarchisten, auf Marx und Engels, die seit 1849 in England lebten und einen internationalen Freundeskreis, vorwiegend aber Deutsche und Russen um sich versammelt hatten. Unüberbrückbare Gegensätze in Kernfragen führten zu einer tiefen Aversion zwischen Karl Marx und Michail Bakunin. Sie kannten einander schon lange und waren ständig in heftige Auseinandersetzungen verwickelt. Sie hatten sich erstmals 1844 in Paris getroffen und begegneten einander immer wieder an allen möglichen Orten ihres Lebens im Exil. Sie waren zwei grundverschiedene Charaktere: Marx, der kühle Analytiker, der Logiker, der große Theoretiker ohne jegliches Sentiment, Bakunin, der Feuerkopf, der unter dem Andrang seiner idealistischen Ideen Gefahr lief, über das Ziel hinauszuschießen. Aus der Unmöglichkeit, einander zu verstehen, wurde schließlich

Zar Nikolaus I. mit seiner Frau und seinem Sohn.

Straßenszene in Moskau Anfang des 19. Jahrhunderts.

eine heftige Feindschaft, die auf dem Kongreß der Internationalen Arbeiter-Assoziation 1872 in Den Haag zum offenen Bruch führte. Marx, der Zentralist, wollte die strenge Gesetzmäßigkeit eines straff organisierten Staatswesens, Bakunin, der Föderalist, verabscheute den Staat als Institution, die alle individuellen Freiheiten einengte oder sogar auslöschte. Der Streit der beiden Männer führte zur Spaltung der Internationale.

Bakunins Leitsatz: »Auch die Leidenschaft der Zerstörung ist eine schöpferische Leidenschaft!« irritierte viele Sozialreformer. Immer wieder diente er Gruppen, die

Die Prozessionen der Geistlichen und die Truppenparaden demonstrierten ständig, daß die Macht der Kirche und die des Staates eine untrennbare Einheit unter der Zarenkrone waren: Hier bei der Weihe der Newa durch den Metropoliten von Petersburg.

keineswegs von humanistischen Idealen geleitet wurden, zum Vorwand für sinnlose Verwüstungen.
Viele Russen verließen in dieser Zeit, in der Zar Nikolaus den perfekten Polizeistaat praktizierte, enttäuscht und verbittert ihre Heimat, in der sie ständig damit rechnen mußten, für jedes freie Wort nach Sibirien verbannt zu werden.
Michail Glinka reiste ohne Not nach Berlin. Er war ein Patriot, und wenn er auch freiheitlichen Gedanken durchaus aufgeschlossen war und sich für soziale und politische Reformen begeistern konnte, so galt ihm doch die Monarchie als gottgegebene Instanz, nicht anders als die russisch-orthodoxe Kirche, an deren Grundfesten niemand rütteln durfte. Wenn auch Zar Nikolaus I. als Person im ganzen Land verhaßt war, dem Zarentum als vaterländischer Institution brachte Michail Glinka eine tiefe Verehrung entgegen.
Anfang 1857 reiste der Schöpfer der russischen Nationaloper, zahlreicher Orchesterwerke und Kammermusiken noch einmal nach Berlin, um die Stadt wiederzusehen, in der er als junger Mann so viele Anregungen empfangen hatte. Es zog ihn in die Stadt und zu seinem Lehrmeister Siegfried Dehn, der längst sein Freund geworden war. Ihm verdankte er den entscheidenden Impuls: »Schreiben Sie russische Musik, Michail Iwanowitsch!«
Glinka hatte russische Musik geschrieben, ungekünstelt, kraftvoll, frei von fremden Beimischungen. Jetzt, auf dem Gipfel seines Erfolgs, wollte er seinen verehrten Lehrer aufsuchen und ihm zeigen, was er geschaffen hatte. Obwohl er nun schon dreiundfünfzig Jahre alt war, wollte

er noch einmal bei Dehn für einige Zeit arbeiten, um seine theoretischen Kenntnisse zu vervollkommnen.

Und dann war er in Berlin, und dann war er bei Siegfried Dehn, und dann wurde er krank wie so oft in seinem Leben. Am 15. Februar 1857 starb er. Seine Freunde trugen ihn auf dem russischen Friedhof in Tegel zu Grabe. Auf dem Stein stand neben dem Namen und den Lebensdaten auch sein offizieller Titel: »Kaiserlich Russischer Capellmeister«. Im Jahr darauf ließ seine Schwester die sterblichen Überreste in die Heimat holen. Sie wurden auf dem Alexander-Newskij-Friedhof in Petersburg mit großen Ehren beigesetzt.
Sein bedeutendstes Werk »Iwan Sussanin« wurde erst mehr als zwanzig Jahre nach seinem Tod in Deutschland aufgeführt: 1878 in Hannover. In seinem geliebten Berlin dauerte es noch viel länger: 104 Jahre nach der Petersburger Uraufführung brachte die Staatsoper Unter den Linden erstmals den »Iwan Sussanin«. Das war 1940, mitten in jenen zwei Jahren, in denen das Deutsche Reich unter Hitlers Führung enge freundschaftliche Beziehungen zur Sowjetunion unterhielt, die in einer erneuten Teilung Polens ihren unübersehbaren Ausdruck fanden. Die Aufführung der russischen Nationaloper, deren Held ein schlichter Bauer ist, der im Kampf gegen die polnischen Unterdrücker sein Leben läßt, war eine Demonstration enger Verbundenheit.

KAPITEL XVI

Otto von Bismarck, Preußens Gesandter in Petersburg

Im Frühjahr 1859 reiste ein neuer preußischer Gesandter nach Petersburg: Otto von Bismarck. Der wuchtige Mann mit dem schweren Schnauzbart und der überraschend zarten Stimme war vierundvierzig Jahre alt und eigentlich kein Berufsdiplomat. Er hatte Jura und nebenbei etwas Landwirtschaft studiert, hatte als Gerichtsreferendar sich und seine Vorgesetzten geärgert, sich mit vierundzwanzig auf das Familiengut Kniephof zurückgezogen und hatte mit dreißig, nach dem Tod des Vaters, das andere Gut übernommen: Schönhausen im Regierungsbezirk Magdeburg. Dort war er auch zum Deichhauptmann gewählt worden, und dort hatte er sich seinen ersten Orden verdient, den einzigen, auf den er wirklich stolz war: die Lebensrettungsmedaille. Er hatte einen Stallknecht vor dem Ertrinken gerettet und aus der Elbe geborgen, die Hochwasser führte und über die Ufer getreten war.

Mit zweiunddreißig heiratete Bismarck Johanna von Puttkamer, und im selben Jahr 1847 wurde er Landtagsabgeordneter. Er fiel durch seine gleichermaßen intelligenten wie leidenschaftlichen Reden und einen ausgeprägten Sinn für politische Zusammenhänge auf. Der Sprung in die große Politik war nur eine Frage der Zeit. Nachdem er zwölf Jahre Landwirt gewesen war, wurde Bismarck preußischer Gesandter beim Bundestag in Frankfurt am Main.

Der Deutsche Bund war die Föderation von fünfunddreißig souveränen deutschen Staaten und den vier Freien Städten Hamburg, Lübeck, Bremen und Frankfurt, ein kompliziertes und letztlich ohnmächtiges Machtkonglomerat von unüberschaubaren Interessenverflechtungen und eitlen Selbstdarstellungen, die sich in protokollarischen Absonderlichkeiten offenbarten. So gestand ein ungeschriebenes Gesetz dem österreichischen Gesandten als einzigem das Recht zu, in den Sitzungen zu rauchen, das von allen anderen auch respektiert wurde. Bismarck aber durchbrach den geheiligten Brauch, holte eine Zigarre aus seinem Etui und bat den österreichischen Gesandten Graf Thun um Feuer, das dieser ihm auch tief betroffen reichte.

Otto von Bismarck (1815–1898); Lithographie von 1862.

In acht Jahren beim Frankfurter Bundestag hatte Bismarck gelernt, auf dem schwierigen Instrument zu spielen – und nun sollte er nach Petersburg.

Er reiste nicht gern. Er wußte, daß er abgeschoben werden sollte, weil er unbequem war, da er sehr klare eigene Vorstellungen hatte, die er auch mit großem Engagement zu vertreten wußte. Er hatte Feinde in der preußischen Regierung und sollte im hohen Norden kaltgestellt werden. Buchstäblich.

Schon die Reise war kein reines Vergnügen, da die russische Hauptstadt noch keine durchgehende Eisenbahnverbindung mit dem westlichen Nachbarn hatte, während es in Deutschland schon ein dichtes Streckennetz von 11 660 Kilometern Gleislänge gab. Von Frankfurt am Main über Berlin bis nach Königsberg konnte Bismarck bequem in einem Erster-Klasse-Abteil reisen. Dann mußte er in eine Kutsche umsteigen.

Am 25. März, eine Woche vor seinem 44. Geburtstag, schrieb er in Kowno in Eile ein paar Zeilen an seine Frau: »... von Königsberg

Der Petersburger Newskij-Prospekt im Winter.

bis hier Schneegestöber. Alles weiß. Eis. Achtundzwanzig Stunden mit Courierpferden gefahren. Eben bei schöner klarer Winternacht über den Njemen gesetzt. Alte Stadt, hübsch beleuchtet von Sternen und Schnee und Hauslichtern. Schwarzes rauschendes Wasser, breit wie die Elbe. Russen sehr liebenswürdig, aber schlechte Postpferde . . .«

Drei Tage später, in Pskow (Pleskau), erreichte Bismarck dann endlich die erste russische Bahnstation, und mit großer Erleichterung stieg er in einen schönen, sauberen, wohlgeheizten Wagen. Dann umfing ihn das unermeßliche Land mit seiner ganzen ursprünglichen Kraft.

». . . Sechsundneunzig Stunden von Königsberg ohne Aufenthalt gefahren, nur in Kowno schliefen wir vier Stunden. Wir hatten so tiefen Schnee, daß wir mit sechs und acht Pferden buchstäblich stecken blieben und aussteigen mußten . . . Um 7.45 Uhr geht der Zug, und morgen früh 4.15, also sieben Tage nach Abreise, bin ich, wenn's Gottes gnädiger Wille ist, in Petersburg. Rundum sehe ich meilenweite Schneeflächen, Birken, Sonnenuntergang, schönes, klares Winterwetter . . .«

Am 29. März schrieb er aus Petersburg: »... ich bin einstweilen im Hotel Demuth abgestiegen und plötzlich zwölf Tage jünger geworden, weil man hier erst den 17. schreibt (in Rußland galt noch der Julianische Kalender). Nimm, wenn Du mir schreibst, darauf Rücksicht, daß alle Briefe vom Ausland geöffnet werden. Schimpfe also über nichts ... Diese Zeilen nimmt ein Reisender mit. Wie lange sie im Schnee stekken werden, weiß kein Mensch. Lebe sehr wohl, mein Engel! Jetzt muß ich zu Gortschakow. Grüße die Kinder! ...«

Fürst Alexander Gortschakow war der große russische Staatsmann jener Epoche. Er stammte aus einer Familie, die ihre Herkunft auf Rurik zurückführte, und zählte den heiligen Michael von Tschernigow zu seinen Ahnen. Mit dem ein Jahr jüngeren Alexander Puschkin zusammen hatte er das Lyzeum in Zarskoje Selo besucht und war dann in den diplomatischen Dienst eingetreten. Von 1841 bis 1850 war er in Stuttgart Gesandter beim württembergischen König gewesen und hatte dort auch die Ehe der russischen Großfürstin Olga mit dem Kronprinzen, dem späteren König Karl, angebahnt. Bis 1854 war er Bevollmächtigter beim Deutschen Bundestag in Frankfurt am Main gewesen. Daher kannten die beiden Männer einander, und als sie sich jetzt in Petersburg wiedersahen, zog Gortschakow mit seinem untrüglichen Instinkt für erfolgversprechende Talente den siebzehn Jahre jüngeren Bismarck, der damals noch nicht der Staatsmann war, den jedermann kannte, zu sich heran und öffnete ihm manche Tür. Bismarck nannte ihn gern seinen Lehrmeister, und Gortschakow war ein Mann, der so etwas auch gern hörte.

Nach kurzer Zeit war der neue preußische Gesandte eine bekannte Figur in der Petersburger Gesellschaft, ein Mann, mit dem

Alexander Fürst Gortschakow (1798 bis 1883).

die Politiker rechneten, den die Damen mochten, weil er ein amüsanter Plauderer war, und der zu allen wichtigen Ereignissen eingeladen wurde, obwohl Bismarck nur ein schlichter Adeliger und Leutnant der Reserve war, was in Petersburg, wo es von Exzellenzen, Grafen und Fürsten nur so wimmelte, aus dem Rahmen fiel. Er bemühte sich, rasch Russisch zu lernen, aber das brauchte seine Zeit. Verständigungsschwierigkeiten hatte er jedoch nicht, da er fließend Englisch und Französisch sprach und in Petersburg bei Hof und im Bürgertum nahezu jeder Deutsch verstand, der Zar und seine Familie, die ja deutscher Herkunft und mit zahlreichen deutschen Fürstenfamilien eng verwandt waren, sowieso.

Bald hatte Bismarck mit seiner unalltäglichen Mischung von verhaltenem Witz und vertrauenerweckender Offenherzigkeit auch den Zaren für sich gewonnen. Am 1. Mai 1859 schrieb er an seine Schwester: »... vorgestern war Geburtstags-Cour und abends Ball. Der Hof zeigte sich in seiner ganzen Pracht. Der Kaiser lud mich ein, morgen der großen Parade beizuwohnen, während ich zwischen der Fürstin Jussupow und einer sehr liebenswürdigen Hofdame Dolgorukij den kältesten aller Polar-Sekte trank. Der Kaiser hat die Gewohnheit, beim Souper umherzugehen und einen in die unbehagliche Lage zu bringen, daß man sitzend und über die Schulter mit ihm redet... Jetzt muß ich wieder zu Gortschakow ...«

Der alte Kaiser Nikolaus I. war am 2. März 1855 gestorben, nicht erwürgt, nicht einer Palastrevolte erlegen wie sein Vater und sein Großvater, sondern in Frieden entschlafen. Getreu seinem Grundsatz: »Mit meinen Russen werde ich immer fertig, wenn ich ihnen ins Gesicht sehen kann, aber auf den Rücken möchte ich sie mir doch nicht kommen lassen«, hatte er seine Regierungszeit unblutig überstanden. Nach dieser Devise hatte er sich zur Massage seines Rückens – er litt unter chronischen Verspannungen – häufig von seinem Schwager, Friedrich Wilhelm IV., aus Potsdam zwei preußische Unteroffiziere kommen lassen, die stets fürstlich belohnt worden waren.

Der neue Kaiser Alexander II. war der älteste Sohn des verstorbenen Zaren Nikolaus und der Zarin Alexandra, einer geborenen preußischen Prinzessin, deren Mutter die berühmte Königin Luise gewesen war.

Alexander war einundvierzig Jahre alt, mit der hessischen Prinzessin Maria verheiratet und Vater von acht Kindern. In seiner Jugend hatte er eine ausgezeichnete Erziehung bei dem Dichter Wassilij Schukowskij genossen, einem universell gebildeten Mann – Sohn eines russischen Gutsbesitzers und einer türkischen Sklavin –, der Goethe, Schiller und die deutschen Romantiker ins Russische übersetzt hatte. Schukowskij, als reiner Idealist, hatte Alexander zu den schönsten Idealen erzogen, und der neue Zar war entschlossen, alle Mißstände in seinem Reich abzustellen, die er als Erbe übernommen hatte. Er war es dann auch, der später die Leibeigenschaft beseitigte, und seine Landeskinder nannten ihn dankbar den »Befreier«. Alexander teilte nicht das Mißtrauen seines Vaters gegen die Russen und wurde am Ende das Opfer eines Attentats, des sechsten, das auf ihn verübt wurde.

Der Kaiser zeichnete Bismarck mehrfach vor anderen Gesandten aus – allein von den neununddreißig Staaten des Deutschen Bundes unterhielten die meisten diplomatische Vertretungen in Petersburg – und rief ihn zu sich. »5. Mai 1859 ... eben komme ich von der Parade. Sehr gelungenes Schauspiel trotz Wind, Staub und Schnee. Der Kaiser ließ mich während des ganzen Vorbeimarsches neben sich halten und nannte mir, deutsch sprechend, jeden Truppenteil ... Das dauerte etwa zwei Stunden, und die Pferde zitterten schließlich vor Kälte. Seine Majestät sagte mir wiederholt die schmeichelhaftesten Worte über unsere Truppen und Einrichtungen und machte mich auf das aufmerksam, was hier nachgeahmt wurde ...«

Zar Alexander II. mit der Zarin Maria Alexandrowna, einer gebürtigen hessischen Prinzessin.

Bismarck genoß die noble und warmherzige Gastfreundschaft der Russen, machte seine Beobachtungen und Erfahrungen, stellte besorgt in der jüngeren Generation eine wachsende, nie klar begründete Deutschfeindlichkeit fest und notierte alles, was er erstaunlich fand.

Da stand zum Beispiel mitten auf einer weiten Rasenfläche im Park ein Soldat in strammer Haltung Wache. Eines Tages fiel dem Zaren bei einem Spaziergang dieser

ungewöhnliche Posten auf, und er fragte ihn, warum er da stünde. Der Soldat meldete zackig: »Es ist befohlen!« Der Kaiser ging der Sache nach, beim Wachhabenden, beim Wachoffizier, beim Kommandanten der Wache. Alle meldeten genau das gleiche. Da er bei Schukowskij gelernt hatte, daß ein Herrscher allen Dingen auf den Grund gehen müsse, ließ er nicht locker, und schließlich fand er bei einem greisen Pensionär des Rätsels Lösung. Diesen Veteranen hatte in seiner Kindheit sein Vater zu dem Rasenplatz geführt, auf den Posten gezeigt und gesagt: »Sieh mal, da steht er immer noch!« Und dann hatte er ihm erklärt, daß früher einmal, in seiner Kindheit, die große Zarin Katharina an der Stelle ganz zeitig im Jahr ein Schneeglöckchen entdeckt und gleich einen Posten dahingestellt habe, um zu verhindern, daß irgend jemand die erste Frühlingsblume zertrat.

Auch solche Erfahrungen machte Bismarck: Eines Tages gab ihm ein russischer Freund eine vertrauliche Information und setzte hinzu: »Natürlich werden Sie die Sache nach Berlin melden. Verschlüsseln Sie die Meldung aber nicht mit dem Code XY, denn den kennen wir seit Jahren, und man würde wissen, daß Sie die Information nur von mir haben können. Ändern Sie den Schlüssel aber auch nicht sofort, denn das würde auffallen.«

Der bedeutendste Mann nach dem Zaren und der wichtigste Partner für Bismarck war Fürst Gortschakow. Die beiden Männer, die wenige Jahre später gemeinsam – nicht immer miteinander, manchmal auch gegeneinander – europäische Politik machten, hatten schon bald ein sehr enges, fast freundschaftliches Verhältnis. Wo sie sich begegneten, gerieten sie sofort in lebhafte politische Diskussionen, auf Hofbällen, im Theater, auf der Jagd und sogar bei Beerdigungen. »... heute begruben wir mit Kaiser und Parade einen alten Fürsten Hohenlohe. In der schwarzbehangenen Kirche, als sie leer war, blieb ich mit Gortschakow auf dem Katafalk und der Totenkopfdecke von Sammet sitzen, und wir politisierten, das heißt, wir schwatzten nicht etwa, sondern arbeiteten. Der Prediger hatte über den Vergänglichkeits-Psalm (Gras, Wind, verdorret) geredet, und wir planten, als stürbe man nie ...«

Die Positionen der beiden Männer waren sehr verschieden. Für Gortschakow, den mächtigen Staatsmann des mächtigen Reiches, gab es keine nationale Frage. Die Russen wohnten in einem

---

Bei den Krönungsfeierlichkeiten Alexanders II. in Moskau war der gesamte Kreml illuminiert.

geschlossenen Siedlungsraum von unvorstellbaren Ausmaßen, umgeben von einem breiten Gürtel eroberter Randgebiete, deren Bevölkerung sie beherrschten und zielstrebig russifizierten. Finnen und Esten, Letten und Litauer, Polen und Ukrainer, Rumänen und Türken, Krimtataren und Kirgisen, Georgier und Armenier, Baschkiren und Burjäten, Turkmenen und Usbeken, und was es sonst noch an Volksstämmen gab, denen die zaristische Regierung kaum Gelegenheit bot, ihre nationalen Wesensmerkmale zu entfalten.

Bismarck dagegen war der Vertreter eines von neununddreißig deutschen Staaten, deren Jugend verzweifelt um ihre im Lauf der letzten zwei Jahrhunderte verlorene nationale Identität rang. Diese Jugend hatte in den Napoleonischen Kriegen für Einheit und Freiheit gekämpft und war am Ende von den Fürsten um die Früchte ihres Sieges betrogen worden. Der Wiener Kongreß hatte weder die Einheit noch die Freiheit gebracht, sondern die Unterdrückung des Liberalismus und die Restauration zahlloser Hoheitsgebiete mit Enklaven und Exklaven, mit Grenzpfählen und Schlagbäumen unterschiedlichster Couleur.

Bismarck war so alt wie diese Neuordnung Europas. Vom September 1814 bis zum Juni 1815 hatte der Wiener Kongreß getagt und getanzt. In dieser Zeit, am 1. April 1815, war Otto von Bismarck geboren worden. Und ebenfalls in dieser Zeitspanne war die polnische Frage neu geregelt worden, eines der Probleme, die für Rußland und Preußen gleich bedeutend waren.

Das einstige Königreich Polen hatte nach der dritten Teilung aufgehört zu bestehen, war unter Napoleon in verkleinerter Form unter dem Namen »Großherzogtum Warschau« wiedererstanden, nach dem Wiener Kongreß aber völlig von der Landkarte verschwunden und von Rußland vereinnahmt worden. Abermals hatte sich das Russische Reich kräftig nach Westen ausgedehnt, dabei aber viele polnische Untertanen gewonnen, die sich mit ihrem Schicksal nicht abfinden wollten und den Widerstand organisierten.

Das polnische Volk war jetzt auf vier Staaten verteilt. Einen kleinen Rest einstiger Souveränität bewahrte es im »Freistaat Krakau«, der zwar nur elfhundert Quadratkilometer groß war, aber dennoch zum Sammelbecken für alle patriotischen Kräfte wurde. Die Masse des Landes und der Menschen stand unter russischer Herrschaft, der zweitgrößte Gebietsanteil gehörte zu Österreich-Ungarn, der kleinste, das soge-

nannte »Großherzogtum Posen«, zum Königreich Preußen.
Die drei Länder behandelten ihre polnische Minderheit unterschiedlich. Die Russen betrieben eine unverhohlene Russifizierung, die Österreicher ließen alles laufen, wie es gerade lief. Sie hatten ja einige Erfahrung mit den vielen Volksgruppen in ihrem Machtbereich.
Ganz anders die Preußen. Nach dem Wiener Kongreß versicherte König Friedrich Wilhelm III. den Polen, sie sollten in Preußen ein Vaterland haben, das ihre nationalen Eigenarten respektierte. Er gab dem »Großherzogtum Posen« die alten polnischen Landesfarben Weiß-Rot und setzte als Statthalter den polnischen Fürsten Radziwill ein. Vor den Behörden und Ämtern wurde die polnische Sprache der deutschen gleichgestellt. Die freie Religionsausübung war wie überall in Preußen eine Selbstverständlichkeit – was sie früher in Polen keineswegs gewesen war –, ebenso das aktive und das passive Wahlrecht für alle Bürger. Die Einstellung der preußischen Behörden zur polnischen Minderheit wird deutlich aus den Anweisungen des Kultusministers Karl von Stein zum Altenstein vom 13. Dezember 1823, die den grundlegenden Satz enthalten: »... Religion und Sprache sind die höchsten Heiligtümer einer Nation, in denen ihre ganze Gesinnungs-

Polnische Freiheitskämpfer verlassen nach dem Aufstand von 1830 ihre Heimat.

und Begriffswelt gegründet ist. Eine Obrigkeit, die diese anerkennt, achtet und schätzt, darf sicher sein, die Herzen der Untertanen zu gewinnen...«

Diesen Richtlinien entsprechend bauten die Preußen, bei denen die allgemeine Schulpflicht längst eingeführt war, den Polen, bei denen bis dahin nur Aristokraten eine Bildungschance gehabt hatten, Volksschulen, in denen die Kinder in polnischer Sprache unterrichtet wurden. Und dann schafften sie 1823 die bei ihnen längst beseitigte Leibeigenschaft auch im Großherzogtum Posen ab. Damit allerdings zogen sie sich den unauslöschlichen Haß des polnischen Adels zu.

Die alte Kriegerkaste, das tragende Element des gesellschaftlichen und politischen Lebens der einstigen Adelsrepublik, hatte bedeutende Köpfe im geistigen und geistlichen Leben des Landes hervorgebracht, Staatsmänner und Kriegshelden in Fülle. Die Mehrzahl aber hatte nie etwas anderes gelernt als reiten, fechten und glanzvoll zu repräsentieren. Die Beschäftigung mit bürgerlichen Berufen oder gar einem Handwerk empfand sie als ehrenrührig. Der Edelmann brauchte viele Menschen, die ohne baren Lohn alle körperlichen Arbeiten verrichteten, um seinen hochgeschraubten Lebensstandard halten zu können. Obwohl große

Der polnische Freiheitsapostel Ludwik Mieroslawski in einem deutschen Salon.

Teile des zahlreichen polnischen Adels im Großherzogtum Posen nach der Bauernbefreiung in Opposition zur preußischen Regierung standen, schlossen sie sich 1830 dem Aufstand nicht an, den die Polen in Rußland machten. Viele von ihnen lebten auch schon seit der ersten Teilung im Jahre 1772 in Preußen, seit zwei Generationen also, waren voll integriert, fühlten sich als Preußen und nahmen wichtige Stellungen im preußischen Staat ein.

Die Unruhen der Jahre 1830 und 1831 begannen in Paris, wo sie die Absetzung König Karls X. und die Thronbesteigung des Bürgerkönigs Louis Philippe zur Folge hatten, griffen auf Belgien über, auf Portugal, auf Spanien und Italien und erfaßten dann auch viele deutsche Länder, wo sie dazu führten, daß Männer wie Ludwig Börne und Heinrich Heine emigrierten, daß Fritz Reuter in seiner mecklenburgischen Heimat eingekerkert wurde, daß zahlreiche Professoren ihr Lehramt verloren und insgesamt zweihundertvierzig Studenten zu langjährigen Gefängnisstrafen verurteilt wurden.

Am blutigsten verliefen die Aufstände in den an Rußland gefallenen Teilen Polens, in denen die soziale Frage eine weit geringere Rolle spielte als die nationale. Sie begannen im Herbst 1830 und endeten im Herbst 1831 nach mörderischen Schlachten mit Massenerschießungen und Ketten von Prozessen. Als der erste Schnee fiel, wurden Tausende und Abertausende von Polen in die Bergwerke nach Sibirien getrieben. Alle, die fliehen konnten, retteten sich bei Nacht über die Grenze, nicht nach Österreich, sondern nach Preußen. Dort fanden sie Asyl und darüber hinaus Hilfe und Verständnis.

Zwei Gruppen waren es in Preußen, die besonders aktiv ihre Sympathie mit den Polen bekundeten: Die Katholiken nahmen sich ihrer Glaubensbrüder an, die Liberalen bekannten sich offen zu den politisch Heimatlosen, deren Sehnsucht, in einem geeinten und freien Vaterland zu leben, sie so gut verstanden. Für lange Zeit lebte Polen nur noch in den Herzen der polnischen Emigranten, wie Deutschland nur in den Herzen der auf neununddreißig verschiedene Staaten verteilten Deutschen leben konnte. Die Polenfreundlichkeit wurde zur Polenschwärmerei. Man spielte polnische Musik in den Salons und auf den Jahrmärkten. Man tanzte Polka, Mazurka, Krakowiak, und die Mode übernahm zahlreiche Anregungen aus den polnischen Volkstrachten.

Unter dem Schutz dieser allgemeinen Sympathie organisierten sich Gruppen von Emigranten zu einem neuen Aufstand. Da die Rebellion gegen die wachsame und energische russische Militärverwaltung im östlichen Polen nicht gelungen war, erhofften sie sich größere Erfolge gegen das wohlwollende preußische Regime, unter dem sie unbespitzelt und ungehindert wirken konnten. Die oberste Leitung des Unternehmens lag in Händen der Zentralbehörde polnischer Emigranten in Paris. Der Führer war der in Frankreich ausgebildete polnische Offizier Ludwik Mieroslawski. Er kam 1845 aus Paris nach Posen. Aber er fand unter den dort lebenden preußischen Polen nur geringe Unterstüt-

Die polnischen Gefangenen werden nach ihrer Befreiung im Triumphzug im März 1848 durch Berlin gefahren.

zung, und sein unzureichend vorbereiteter Aufstand scheiterte. Am 12. Februar 1846 wurde er verhaftet und mit 253 Mitverschworenen vor ein Gericht gestellt. Nacht achtzehnmonatigen Verhandlungen wurden 138 Angeklagte freigesprochen, 109 zu Freiheitsstrafen und sieben zum Tode verurteilt, aber vom König sogleich zu lebenslänglich Gefängnis begnadigt, darunter auch Mieroslawski. Doch schon bei den Unruhen in Berlin im März 1848 war es eine der ersten Taten der deutschen Revolutionäre, daß sie alle polnischen Gefangenen aus der Moabiter Haftanstalt befreiten und im Triumphzug durch die Straßen führten, darunter auch Mieroslawski. Sie alle begaben sich augenblicklich wieder nach Posen und bildeten revolutionäre Zellen. Aber es gelang ihnen wieder nicht, dort eingesessene Polen in größerem Umfang für ihre Ziele zu begeistern und eine starke Aufstandsbewegung zu organisieren. So beschränkten sie sich auf vereinzelte Terrorakte gegen Unbewaffnete. Als alle Versuche, sich friedlich mit ihnen zu einigen, scheiterten, wurden Truppen eingesetzt, um sie festzunehmen. Sie wichen nach Osten zurück, bis an die russische Grenze, aber ehe sie die überschritten, zogen sie es doch lieber vor, sich den Preußen zu ergeben.

Am 20. April 1848 schrieb Otto von Bismarck, tief enttäuscht über das Verhalten dieser Menschen, in einem Kommentar für die »Magdeburgische Zeitung« folgende Sätze: »... die Berliner haben die Polen mit ihrem Blute befreit und dann eigenhändig im Triumph durch die Stadt gezogen. Zum Dank dafür standen die

Befreiten bald darauf an der Spitze von Banden, welche die deutschen Einwohner einer preußischen Provinz mit Plünderung und Mord, mit Niedermetzelung und barbarischer Verstümmelung von Weibern und Kindern heimsuchten. So hat deutscher Enthusiasmus wieder einmal zum eigenen Schaden fremde Kastanien aus dem Feuer geholt ...«
Auch diese Unruhen des Jahres 1848 hatten in Paris begonnen, nach München und Wien übergegriffen, sich nach Mailand und Budapest ausgedehnt, nach Berlin und Schleswig-Holstein. Dort hatte der Aufstand einen rein nationalen Charakter. Schleswig gehörte zu Dänemark, hatte aber im Südteil und in den Städten eine vorwiegend deutsche Bevölkerung. Holstein war immer ein deutsches Land gewesen, mit einer rein deutschen Bevölkerung, und es war Mitglied des Deutschen Bundes. Mit Dänemark war das Herzogtum nur durch Personalunion verbunden, und nun wollten die Dänen es voll-

ständig vereinnahmen. Dagegen wehrten sich die Holsteiner, anfangs noch mit Resolutionen.
In allen deutschen Ländern mischten sich in unterschiedlichem Grade politische, soziale und nationale Anliegen. Eines hatten alle gemeinsam: die schwarz-rot-goldenen Farben, jenes Freiheitssymbol, das erstmals in den Bauernkriegen 1525 aufgetaucht war und das 1813 bei der Erhebung gegen Napoleon das Freikorps Lützow getragen hatte. Und jene Worte, die der Dichter Hoffmann von Fallersleben wie ein programmatisches Bekenntnis geschrieben hatte: Einigkeit und Recht und Freiheit für das deutsche Vaterland!
Diese Forderungen mußten gegen fremde Mächte ebenso durchgesetzt werden wie gegen die eigenen Landesherren und deren Vollstreckungsorgane, die zäh an ihrem Partikularismus und an ihren Ämtern klebten und staatsmännische Attitüden pflegten.
In dieser Zeit des Erwachens bemühten sich Agitatoren und Dichter mit großer Leidenschaft, schlafende Träumer wachzurütteln. Es entstand eine vielfältige politische Literatur. Der geniale Lyriker Georg Herwegh aus Stuttgart schrieb:

Deutschland – auf weichem Pfühle
mach dir den Kopf nicht schwer!
Im irdischen Gewühle
schlafe! – was willst du mehr?

Laß jede Freiheit dir rauben,
setze dich nicht zur Wehr,
du behältst ja den christlichen Glauben:
Schlafe, was willst du mehr?

Und ob man dir alles verböte,
doch gräme dich nicht zu sehr,
du hast ja Schiller und Goethe:
Schlafe, was willst du mehr?

Das Jahr 1848 begann so: Im Februar erschien das »Kommunistische Manifest« von Karl Marx und Friedrich Engels.
Die Franzosen setzten ihren König Louis Philippe ab und riefen die Republik aus.
Im März griffen die Schleswig-Holsteiner zu den Waffen. In Wien, Berlin und München und in mehreren süddeutschen Städten brachen blutige Unruhen aus. Liberale und Sozialisten gingen auf die Barrikaden. Es war vorwiegend ein Kampf der Bürger um ihre demokratischen Rechte. Handwerksgesellen, Handlungsgehilfen und Studenten fochten da. Die verstreut lebenden Bauern hatten geringere Möglichkeiten, sich zu organisieren, und die Arbeiterklasse war erst im Entstehen, die Industrialisierung steckte noch in den Anfängen.
Im April erhoben sich die Ungarn gegen die Herrschaft der habs-

burgischen Dynastie. Mit dem gleichen Ziel kämpften italienische Freischaren gegen österreichische Besatzungstruppen.
Im Mai trat in der Frankfurter Paulskirche die deutsche Nationalversammlung zusammen, um die Voraussetzungen für die Wiedergewinnung der verlorenen Einheit und für eine Neuordnung der politischen Verhältnisse zu erarbeiten. Männer wie der Turnvater Jahn, Ernst Moritz Arndt und Ludwig Uhland waren dabei, Männer wie Heinrich von Gagern, Gabriel Riesser und Eduard Simson, der später geadelt wurde. Man nannte es das Parlament der Professoren.
In Rußland ereignete sich nichts. Das politische Leben spielte sich im Ausland ab. Die progressiven Köpfe waren scharenweise emigriert und wurden aktiv, wo sich ihnen Möglichkeiten dazu boten. Im Land selbst beschränkte sich die Politik auf die Verwaltung der unermeßlichen Gebiete, auf ihre Ausdehnung und auf die Kontrolle der Menschen, die dort lebten. Beamte ohne Zahl, allein aufs Funktionieren abgerichtet, mit einem Minimum an Denkvorgängen belastet und immer entschlossen, lebenswichtige Vorgänge zu verzögern, um so ihre Macht zu demonstrieren, beherrschten das Volk. Die großen Dichter der Epoche – Gogol, Gontscharow, Turgenjew und Dostojewskij – durchleuchteten die Verhältnisse und schilderten sie mit unbestechlicher Genauigkeit.
Die Staatsführung war ganz darauf konzentriert, den Machtbereich Rußlands zu erweitern und alles mit Gewalt zu verhindern, was Unruhe in die von ihr bestimmte Ordnung bringen konnte. So kam es auch zur russischen Intervention beim ungarischen Aufstand im April 1849.
Aus den Unruhen des Sommers 1848 war in Ungarn ein regulärer Krieg erwachsen, mit großen Truppenverbänden auf beiden Seiten, mit blutigen Schlachten, den Herbst, den ganzen Winter hindurch. Im Dezember hatte der friedfertige Kaiser Ferdinand die Krone niedergelegt, und sein achtzehnjähriger Neffe Franz Joseph I. war Herr der österreichisch-ungarischen Doppelmonarchie geworden.
Am 21. Mai vertrieben die Ungarn das österreichische Heer aus Budapest und zwangen es zur Flucht nach Preßburg. Sie erklärten die habsburgische Dynastie für abgesetzt und ernannten den Führer des Aufstands, Lajos Kossuth, einen Slowaken evangelischer Religion, zum Chef der provisorischen Regierung. In seiner Not bat der junge Kaiser den Zaren um Unterstützung, und sogleich leisteten die Russen bei der Niederschlagung des ungari-

schen Aufstands brüderliche Hilfe, um zu verhindern, daß die klaren Machtverhältnisse durcheinandergerieten. Marschall Paskewitsch übernahm die Aktion und marschierte mit 130000 Mann über die Karpaten in Ungarn ein.

Paskewitsch war noch Page bei Katharina der Großen gewesen und dann Soldat geworden. Als solcher hatte er sich vor allem bei der Ausweitung des russischen Imperiums nach Süden große Verdienste erworben. Nach der Eroberung Armeniens und der Erstürmung von Eriwan war er zum Grafen ernannt worden und durfte sich Eriwanskij nennen. 1828 hatte er einen Vorstoß tief in die Türkei, bis nach Erzerum, geführt und 1830 Dagestan erobert. Nachdem er im September 1831 Warschau erstürmt und den Aufstand der Polen im Blut erstickt hatte, war er zum Fürsten von Warschau avanciert. Er verfügte also über reiche Erfahrungen im Umgang mit Freiheitskämpfern.

Schulter an Schulter mit den Österreichern schlug er die Heere der todesmutig kämpfenden Ungarn und hielt dann unter den Gefangenen so sorgfältige Auslese, daß für absehbare Zeit mit Unruhen nicht mehr zu rechnen war. Stolz schrieb Paskewitsch an den Zaren: »Ungarn liegt zu den Füßen Eurer Majestät!« Und Kaiser Franz Joseph verlieh ihm den Titel eines österreichischen Generalfeldmarschalls mit allen entsprechenden Einkünften. Zwischen den beiden europäischen Großmächten Österreich und Rußland herrschte ein herzliches Einvernehmen.

Das russische Volk beteiligte sich also auf unterschiedliche Weise am großen europäischen Gärungsprozeß der Jahre 1848/1849. Während die Masse aus den zensierten Zeitungen nicht das geringste von all den Ereignissen erfuhr, entrollte Michail Bakunin auf den Dresdner Barrikaden zwischen den schwarz-rot-goldenen Fahnen der Deutschen ein rotes Banner, und seine Freunde aus der Kadettenanstalt und dem Regiment, in dem er Offizier gewesen war, leisteten den österreichischen Machthabern beim Zerschlagen des ungarischen Aufstands kräftig Waffenhilfe.

Friedrich Engels hatte im Bündnis dieser beiden Mächte das entscheidende Hindernis für die Demokratisierung Europas gesehen und in seiner Rede vor der Association Démocratique in Brüssel, an der viele deutsche Republikaner teilgenommen hatten, unmißverständlich erklärt, Deutsche und Polen könnten nur durch eine Revolution befreit und Rußland müsse wieder hinter den Dnjepr und die Düna zurückgedrängt werden. Die Deutschen würden in einer »demokratischen

Revolution gegen die barbarischen Horden Österreichs und Rußlands« kämpfen.
Der Verlauf dieser Revolution aber bewies, daß davon keine Rede sein konnte. Das Zarenreich hatte die Macht, überall da entscheidend einzugreifen, wo es in seinem Interesse lag. Unangefochten konnte es diese Revolutionsjahre dazu nutzen, sein Herrschaftsgebiet weiterhin zu vergrößern, und die Donau-Fürstentümer Moldau und Walachei okkupieren. Aber im Jahre 1853 wurden dem russischen Expansionsdrang unversehens Grenzen gesetzt: Beim weiteren Vordringen mit dem Ziel, sich der Dardanellen zu bemächtigen, um einen festen Zugang zum Mittelmeer zu gewinnen, bedrohte Rußland die Interessensphären Englands und Frankreichs und stand auf einmal einem Bündnis der beiden Mächte mit der Türkei gegenüber.
Der Krimkrieg entbrannte, ein mörderischer Krieg mit entsetzlichen Verlusten durch Feindeinwirkung und Seuchen auf beiden Seiten. In elfmonatiger Belagerung wurde Rußlands stärkste Festung Sewastopol zu einem Trümmerhaufen zusammengeschossen und am 8. September 1855 von den Verbündeten über Tausende von Gefallenen hinweg gestürmt.
174000 Engländer, Franzosen und Türken kämpften gegen 150000 Russen, und ein einziger Mensch war da, der den Mut aufbrachte, sich allein diesem Massenmord zu widersetzen, Verwundeten zu helfen, Sterbende zu trösten: die Engländerin Florence Nightingale, die bei den Diakonissen in Kaiserswerth am Rhein ihre Ausbildung erhalten hatte.
Der Krimkrieg ging verloren. Zum erstenmal seit der Tatarenherrschaft mußten die Russen eine entscheidende Niederlage einstecken. Der Schock saß tief im russischen Selbstbewußtsein. Auch die Freundschaft mit Österreich hatte Risse bekommen, da die Donau-Monarchie sich eindeutig zu den drei verbündeten Mächten bekannt hatte. Preußen war neutral geblieben.
Der preußische Gesandte Otto von Bismarck hatte sich also nicht mit politischen Ressentiments auseinanderzusetzen, als er im Frühjahr 1859 seinen Posten in Petersburg übernahm. Die wachsende Deutschfeindlichkeit der jüngeren Generation kam aus anderen Quellen und richtete sich vorwiegend gegen die Deutschen im Land. Sie waren da, weil man sie brauchte oder gebraucht hatte. Man fand sie in hohen Positionen oder in hohen militärischen Kommandostellen, vor allem aber an exponierten Posten: Sie bauten Bergwerke und Eisenbah-

nen, erkundeten die neugewonnenen Gebiete. Sie waren Forscher und Gelehrte, Exporteure und Importeure. Sie waren nützlich, aber sie konnten auch lästig sein. Ihr Eifer widerstand der Mentalität derer, die das Leben lieber etwas ruhiger gestalten wollten, wie jener Oblomow, die klassische Romanfigur, die Iwan Gontscharow geschaffen hatte, um vielen seiner Standesgenossen einen Spiegel vorzuhalten.

Drei Jahre war Bismarck als preußischer Gesandter in Rußland tätig. Er lernte auf seinen Reisen das Land kennen, die Menschen, die unterschiedlichen Ansichten der verschiedenen Gruppen und Generationen. Er knüpfte Beziehungen an, die später wichtig für ihn wurden, und gewann Erkenntnisse, die er dann als preußischer Ministerpräsident und als deutscher Reichskanzler zur Grundlage seiner Politik machen konnte, wie etwa diese: »Es liegt nicht in unserem Interesse, Rußland in der Verwendung seiner überschüssigen Kräfte nach Osten hin hinderlich zu sein.«

Oder diese: »Wir sollen froh sein, wenn wir in unserer Lage in Europa Mächte finden, mit denen wir auf keine Art von Konkurrenz der politischen Interessen angewiesen sind.«

Vor allem aber formulierte er jenen Grundsatz, der es ihm erlaubte, die Politik zu machen, die zur Gründung des Deutschen Reiches führte, ohne daß er ständig Störungen aus dem Osten fürchten mußte: »Mit Rußland werden wir nie die Notwendigkeit eines Krieges haben.«

Er lebte mit den Russen und lernte, mit den Russen zu denken und sie zu verstehen. Er nahm lebhaft nicht nur am politischen, sondern auch am gesellschaftlichen und kulturellen Leben der Hauptstadt teil, mit ihren sechzehn Theatern, dem berühmten Ballett, der beispiellosen Gastlichkeit, den gemütlichen Restaurants. Er liebte es sehr, gut zu essen und zu trinken. Es gab Äußerlichkeiten, an die er sich in Petersburg gewöhnen mußte, so an die Sitte, immer ordensgeschmückt herumzulaufen. Bisher hatte ihm seine Rettungsmedaille vollkommen genügt.

». . . Orden zu tragen ist für mich, außer in Petersburg und Paris, niemals ein Bedürfnis gewesen. An beiden Orten muß man auf der Straße irgendein Band am Rock zeigen, wenn man polizeilich und bürgerlich mit der wünschenswerten Höflichkeit behandelt werden will . . .«

Während Bismarcks Petersburger Zeit lebte dort unter den vielen Deutschen auch ein ganz ungewöhnlicher Mann: Heinrich Schliemann. Er war Kaufmann, war 1846 mit vierundzwanzig Jahren dahin gekommen und

Petersburger Schlitten als öffentliches Verkehrsmittel im Winter (Stich um 1860).

sprach akzentfrei Russisch. Der gebürtige Mecklenburger hatte in Hamburg und Amsterdam erste Berufserfahrungen gesammelt und sieben Sprachen gelernt: Englisch, Französisch und Niederländisch, Spanisch, Italienisch, Portugiesisch und Russisch. In Petersburg lernte er noch Schwedisch und Polnisch dazu. Er beeindruckte nicht nur seine Gesprächspartner, sondern hatte auch große Erfolge in seinen Geschäften, wurde ein reicher Mann und schuf sich einen weiten Freundeskreis. Er lernte noch Griechisch, Lateinisch und Arabisch. Nachdem er Homers Ilias gelesen hatte, ließ ihn der Wunsch nicht mehr los, die Feste Troja aufzufinden und auszugraben. Er löste seine Firma auf, nahm schweren Herzens Abschied von den Petersburger Freunden und fuhr nach Paris. Dort studierte er Archäologie und erwarb sein Doktor-Diplom. Er übersiedelte nach Griechenland, heiratete eine Griechin und machte seinen Traum wahr: Er fand die Reste des sagenhaften Troja, grub die Stadt aus, nach der Forscher und Schatzgräber jahrhundertelang vergebens gesucht hatten, fand unter Bergen von Schutt den Goldschmuck der schönen Helena und legte ihn seiner Frau um.

In Bismarcks Petersburger Zeit

gab es ein Ereignis von weitreichender Bedeutung: Kaiser Alexander II. hob 1861, allen Widerständen der mächtigen Großgrundbesitzer zum Trotz, die Leibeigenschaft auf. Er führte auch sonst noch einige Reformen ein und gestand den Gouvernements und Kreisen eine begrenzte Selbstverwaltung zu.

Am 24. Mai 1862 berief König Wilhelm von Preußen seinen Gesandten Bismarck aus Petersburg ab und ernannte ihn zum Gesandten in Paris. Dort war er nur vier Monate tätig. Dann – er hielt sich gerade zur Kur in Biarritz auf – ließ ihn der König nach Berlin kommen und ernannte ihn am 24. September zum Staatsminister, mit dem Auftrag, vorläufig den Vorsitz im Ministerium zu übernehmen.

Jetzt hatte der Staatsmann die Ausgangsposition gewonnen, die er brauchte, um die Politik zu machen, die er in den letzten Jahren konzipiert hatte. Sie zielte auf die Einheit eines Deutschland ab, das sich um das Kernstück Preußen herum formieren sollte und dessen Kaiser nur der König von Preußen sein konnte. In diesem Deutschland sah er für Österreich, das immer noch den traditionellen Führungsanspruch erhob, obwohl sich in seinem Vielvölkergefüge schon Zersetzungserscheinungen zeigten, nur dann einen Platz, wenn Österreich bereit war, die führende Rolle mit Preußen zu teilen. Bismarck erkannte klar, daß er seine politischen Ziele nicht ohne blutige Auseinandersetzungen würde erreichen können: im Norden mit Dänemark, im Süden mit Österreich, im Westen mit Frankreich. Er wußte aber auch, daß im Osten die Politik des großen russischen Nachbarn von Männern gemacht wurde, die für sein Konzept das gleiche Verständnis aufbrachten wie er für das ihre und die sich in ihrer Handlungsfreiheit durch Preußen nicht beeinträchtigt fühlten.

KAPITEL XVII

Die Revolte der höheren Töchter

Niemand konnte begreifen, was diese Mädchen eigentlich wollten. Sie kamen aus wohlhabenden Familien, aus geordneten Verhältnissen, viele waren adelig, und alle waren es gewohnt, von einer zahlreichen Dienerschaft umsorgt zu werden. Jede von ihnen hatte die Chance, eines Tages von einem Herrenhaus ins andere, von einem Stadtpalais ins andere, von einer Geborgenheit in die andere zu heiraten. Die einzige Belastung, der man sie ausgesetzt hatte, war die Pflicht, sich mehrfach am Tag umzuziehen, zum Tennis, zum Tee, zum Theater, zum Abendessen.

Und was machten diese Mädchen, die zur russischen Oberschicht gehörten? Sie schnitten sich die Haare kurz, bildeten Kommunen, hockten in verqualmten Dachkammern beisammen und diskutierten in groben Baumwollkitteln und derben Bauernstiefeln über Bakunin und Marx, über Engels und Hegel, von dessen philosophischem Werk Alexander Herzen gesagt hatte, es sei die Algebra der Revolution.

Da es in Rußland für Frauen zu jener Zeit keine Möglichkeit gab, eine Universität zu besuchen, mußten sie sehen, wie sie sich ihr Wissen aus eigener Kraft verschafften, um dann dieses Wissen ans Volk weiterzugeben, das eines Tages die politische Verantwortung in einem demokratischen Rußland tragen sollte.

Vorher aber mußten sie dem Volk überhaupt erst einmal näherkommen, um es verstehen zu lernen, seine Denkart, seine Lebensweise. So gingen viele von ihnen hinaus aufs Land und in die kleinen Städte, machten Handwerksstuben auf, nähten Kleider, flickten Schuhe, färbten Stoffe. Erst später fingen sie an, auch Bomben zu basteln und Stollen zu graben unter Straßen und Bahngleisen, um den Zaren oder andere Männer, in denen sie Symbolfiguren der Unterdrückung sahen, in die Luft zu sprengen.

Sie waren so alt wie die Eisenbahn Petersburg–Moskau, alle um das Jahr 1850 herum geboren, ein wenig jünger als Peter Tschaikowskij, ein wenig älter als Anton Tschechow und Wassilij Kandinsky. Sie stammten durchweg aus den großen Städten Petersburg und Moskau, Kiew und Odessa und waren in einer patriarchalischen Ordnung aufgewachsen, die dem Mann allein das Recht zubilligte, zu erkennen und zu entscheiden. Gegen diese Grundregel eines Frauenlebens, die in den christlichen Familien ebenso eisern gehandhabt wurde wie in den orthodoxen jüdischen, lehnten sich diese Mädchen auf. Auch bei ihren Diskussionen weigerten sie sich, die fertigen Denkresultate der Männer – auch der berühmtesten – blindlings zu übernehmen. Sie wollten mit eigenen Denkvorgängen zu eigenen Ergebnissen kommen.

Die älteste von ihnen war Sophie Löschern von Hertzfeldt, die Tochter eines Generals deutscher Abstammung. Ihre Freundin Sophia Perowskaja stammte aus einem prunkvollen Petersburger Palais und war die Tochter des Generalgouverneurs der russischen Hauptstadt. Dieser Graf Lew Perowskij war ein Enkel jenes berühmten Kyrill Rasumowskij, der hundert Jahre zuvor mit seinem Bruder Alexej aus einem ukrainischen Dörfchen, wo sie Schafe gehütet hatten, nach Petersburg gekommen war. Dort hatte die Zarin Elisabeth, entzückt von der angenehmen Stimme der Brüder und ihrer unvergleichlichen Potenz, beide mit Ehren und Schätzen überhäuft. Kyrill hatte sie mit achtzehn, als er schon recht gut lesen und schreiben konnte, zum Präsidenten der Akademie der Wissenschaften ernannt.

Die Urenkelin dieses glückhaften Aufsteigers schämte sich, daß ihre Familie in alldem Glanz und Reichtum nie auf den Gedanken gekommen war, auch etwas für das Volk zu tun, dem sie entstammte. Sophia Perowskaja wollte etwas tun! Sie wollte dieses ganze angefaulte Gesellschaftssystem von Grund auf erneuern. Das wissenschaftliche Rüstzeug für ihre Arbeit konnte sie sich als Frau auf keiner russischen Universität erwerben, weil diese nur

Männern offenstanden. Sie mußte sich mit etwas fremdsprachlicher Konversation und etwas Klavierspiel begnügen. Für eine Frau galt es als höchste Tugend, möglichst unkritisch in die Ehe zu gehen und die Herrschaft des Vaters mit der des Ehemanns widerstandslos zu vertauschen.

Sophia Perowskaja begann ihre Revolte gegen die geheiligte Ordnung der russischen Gesellschaft als Sechzehnjährige im Sommer des Jahres 1869 mit einer Revolte im Petersburger Palais ihrer gräflichen Familie. Sie zog einfach aus und gründete mit einigen Freundinnen eine Wohngemeinschaft. Sophie Löschern von Hertzfeldt stammte aus einem ähnlichen Milieu wie sie. Anna Wilberg war eine Bessarabien-Deutsche. Sie kam aus einer Familie, die im Raum von Odessa gesiedelt hatte. Alexandra Kornilowa war das Kind reicher russischer Industrieller.

Die Frauen wohnten zusammen, wirtschafteten gemeinsam und verschafften sich miteinander die Bildung, die ihnen der Staat vorenthielt. Sie fanden auch Menschen, die ihnen halfen. So hielt ihnen Professor Engelhardt, ein Balte, der es nicht pervers fand, daß auch Frauen sich für Naturwissenschaften interessierten, in seinem Haus private Vorlesungen über Mathematik, Physik und Chemie. Der Kreis wurde rasch größer. Neue Kreise entstanden.

Sophia Perowskaja.

Was sich da vollzog, war der verspätete Ausbruch aus dem Terem, in dem die russischen Männer der Oberschicht ihre Frauen hinter Gittern gehalten hatten, um sie bei Bedarf in ihr Bett zu beordern. Das Bewußtsein, in einer von Männern geformten und von Männern beherrschten Gesellschaft zu leben, bedrückte sie, aber es motivierte sie auch, sich zu befreien. Ihr Aufstand gegen das System war vor allem ein Aufstand gegen die Männer, die all die himmelschreienden sozialen Mißstände zu verantworten hatten.

So wurde es zu einer Grundsatzfrage, ob die Frauen-Gruppen sich überhaupt mit Männer-Gruppen zusammentun sollten, auch wenn diese die gleichen politischen Ziele verfochten. Zumal Sophia Perowskaja war scharf dagegen. Sie hatte immer das negative Leitbild ihres Vaters vor Augen, der ein despotischer Versager war. Auf die Dauer ließen sich aber Kontakte zu gleichgesinnten Männern gar nicht vermeiden. Oft brauchte man sie sogar, weil sie ein reichhaltiges Bildungsmaterial zur Verfügung hatten und technische Kenntnisse, auf die man eines Tages angewiesen sein würde, wenn die Theorie nicht mehr weiterführte und alles zur Tat drängte.

Diese Männergruppen bestanden aus Studenten und Offizieren, aus Lehrern und Rechtsanwälten; sogar einige Richter und Verwaltungsbeamte sympathisierten mit ihnen. Nur einen Vertreter der Arbeiterklasse, für die sie ja gemeinsam kämpfen wollten, konnten sie lange nicht finden, bis endlich Andrej Scheljabow auftauchte.

Er kam aus Odessa, war noch als Leibeigener geboren worden und als Pferdeknecht auf einem großen Herrensitz aufgewachsen. Mit unendlicher Energie hatte er sich aus allen möglichen Büchern ein Grundwissen erworben und mit Hilfe einiger Stipendien das Gymnasium absolviert. Auf der Universität in Odessa hatte er Demonstrationen gegen Professoren organisiert, die sich hartnäckig gegen jede Weiterentwicklung der Lehrpläne und Lehrmethoden gestemmt hatten, und war relegiert worden. Von da an hatte er sich mit Privatstunden

Ankunft Alexanders II. zur Kur in Bad Ems, begrüßt von seiner Frau Maria Alexandrowna.

über Wasser gehalten und systematisch seine Verbindungen zu revolutionären Kreisen ausgebaut. Er wurde zur Symbolfigur des gebildeten, kämpferischen Menschen aus der Klasse der Arbeiter und Bauern.

Zum Kristallisationspunkt mehrerer Gruppen wurde, obwohl sie eine der jüngsten war, Sophia Perowskaja. Sie mietete eine unauffällige konspirative Wohnung, und damit sie als zartgliedrige Grafentochter nicht auffiel, lief sie umher wie eine Hausmagd, mit grobem Kittel, dickem Kopftuch und derben Stiefeln. Sie kehrte die Stiege, schöpfte das Wasser aus der Newa und schleppte die Eimer heran. Wer kein Unterkommen hatte oder auf der Flucht war, fand bei ihr immer eine Bleibe. Aber damit der eigentliche Sinn dieser großen Gemeinschaft nicht durch unsachliche Bindungen zersetzt

wurde, sorgte sie eisern dafür, daß im sexuellen Bereich die strenge Askese orthodoxer Klöster herrschte. Mehr als ein Gefühl kollegialer Achtung war nicht gestattet. Die Schärfe der Diskussionen sollte durch keine persönliche Rücksichtnahme gemildert werden

Die Mitglieder des Petersburger Kreises, zu dem Sophia Perowskaja und ihre Freundinnen gehörten, schwankten zwischen Marx und Bakunin. Marx wollte den Staat als Ordnungssystem. Für Bakunin, den Anarchisten, war der Staat die organisierte Unfreiheit; nur wer ihn vernichtete, konnte zu einer Gesellschaftsform gelangen, deren beherrschender Grundsatz die absolute persönliche Freiheit sein sollte. Auch über eine andere Marxsche These gab es Meinungsverschiedenheiten. Karl Marx sah im Kapitalismus eine unvermeidliche Zwischenstufe in der Entwicklung von der feudalistischen Gesellschaft zum Sozialismus. Viele lehnten die Marxsche These in der Überzeugung ab, daß die russische Gesellschaft sich nach eigenen Gesetzen entwickeln werde.

Neue Namen und Begriffe fanden Eingang in die Umgangssprache: Sozialismus und Kommunismus, Anarchismus und – am heftigsten umstritten – Nihilismus. Das lateinische »nihil« bedeutet »nichts«. Die Nihilisten wollten nichts gelten lassen, keine bestehende Form, keine überlieferte Ordnung, keine Bindung an irgendein System. In letzter Konsequenz mußten sie das ganze Leben für sinnlos halten, jede schöpferische Tat für nichtswürdig. Der Begriff war ständig unterschiedlichen Deutungen ausgesetzt. Er war erstmals 1799 in einer Polemik F. H. Jacobis gegen Fichte aufgetaucht, dann wieder bei F. v. Baader und Jean Paul. Hegels Schüler Kaspar Schmidt, unter dem Pseudonym Max Stirner ein brillanter Vertreter des Philosophischen Radikalismus, benutzte den Begriff »Nihilismus« als Definitionsinstrument in seinem Werk »Der Einzige und sein Eigentum«, und Iwan Turgenjew verschaffte ihm in seinem Roman »Väter und Söhne« einen festen Platz im russischen Sprachgebrauch.

Der Glaube, aus der Neuordnung der Begriffe die Neuordnung der Gesellschaft erarbeiten zu können, mußte zur Erkenntnis führen, daß alle Worte in den Wind gesprochen waren, wenn sie nicht Taten auslösten. Die Generalstochter Sophie Löschern von Hertzfeldt hatte schon vor allen anderen mit der Tat begonnen: Um das Volk, das ja eines Tages die Verantwortung für das politische Geschehen tragen sollte, auf seine Aufgabe vorzubereiten, ging sie in die Häuser der Armen und unterrichtete in einer Sonntagsschule Erwachsene und Kinder im Lesen, Schreiben und Rechnen, im Denken und Formulieren.

In demselben Geist richtete Sophia Iwanowna, die Tochter eines aus Deutschland stammenden Offiziers, die ihren Familiennamen verschwieg und sich nur nach dem Vornamen des Vaters nannte, eine Untergrunddruckerei ein, in der sie mit mehreren Freunden politische Aufklärungsschriften druckte. Unter ihnen war auch Nikolaj Buch, der Sohn eines leitenden Ministerialbeamten, ebenfalls deutscher Herkunft. Ein anderer Mitstreiter war Leo Hartmann, der Sohn einer wolgadeutschen Familie. Einst hatten Katharina die Große und ihre Nachfolger die Deutschen ins Land geholt, damit sie die trostlose Wildnis beiderseits der Wolga, in Bessarabien und am Kaukasus in fruchtbare Äcker verwandelten. Um ihnen den Weg in die Einöde schmackhaft zu machen, hatte sie die Siedler mit den schönsten Versprechungen gelockt: Sie sollten freie Bauern auf freiem Land sein, nicht enteignet, nicht als Leibeigene verkauft, nicht zum Militärdienst eingezogen werden können. Sie hatten Zuchtvieh, Saatgut und die hier noch unbekannte eiserne Pflugschar mitgebracht, helle, saubere Dörfer gebaut und ringsum Gemüsegärten, Äcker und Viehweiden angelegt. Nun war es gut. Man brauchte sie zwar noch, um alles zu erhalten, was sie geschaffen hatten, aber man brauchte sie nicht mehr bevorzugt zu behandeln, da keine Gefahr bestand, daß sie ihre neue Heimat wieder verlassen würden. Also hielt die russische Regierung es für überflüssig, sich weiterhin an die Verträge zu halten, die damals »für ewige Zeiten« geschlossen worden waren. Als Alexander II. im Jahre 1874 die allgemeine Wehrpflicht einführte, dehnte er sie bedenkenlos auch auf die Wolga-Deutschen und die Schwarzmeer-Deutschen aus, von denen viele seinerzeit Katharinas Lockungen nur gefolgt waren, weil sie nicht zum Kriegsdienst gepreßt werden sollten. Jetzt mußten ihre Nachkommen sich entscheiden, ob sie gegen ihr Gewissen oder gegen die Gebote des Zaren verstoßen wollten. Leo Hartmann war einer von denen, die sich gegen den Zaren stellten. Er schloß sich den Revolutionären an.

Jeder von ihnen hatte ein Motiv, das vorgezeichnete Leben aufzugeben und erst in die diskutierende Opposition, dann in den handelnden Untergrund zu gehen. Jeden drängte es zur Tat, und jeden auf andere Weise.

Der reiche Erbe Dimitrij Lisogub

gab sein ganzes Vermögen hin, um mit dem Geld den Kampf der Revolutionäre zu unterstützen. Er wurde deswegen am 22. August 1879 in Odessa gehängt.
Wera Figner wollte Ärztin werden, um den Armen zu helfen. Da sie in Rußland nicht studieren konnte, setzte sie sich von ihrer Familie ab und ging nach Zürich.
Drei Schwestern Kornilow verzichteten auf standesgemäße Ehen, ließen sich die Mitgift auszahlen und schmuggelten dafür westliche Literatur ins Land: Marx, Engels, Lassalle, Hegel.
Sophia Perowskaja lernte bei einem Arzt die Pockenschutzimpfung, zog über die Dörfer, bekämpfte mit zäher Entschlossenheit den Aberglauben der Bauern, klärte sie über die Notwendigkeit der Immunisierung auf und impfte sie, ihre Frauen, ihre Kinder, ihre großen Familien.
Die Schwester des Revolutionärs Pisarew schlief, um die Gelder für die Aktivitäten ihrer Kommune zu beschaffen, mit einem reichen alten Mann, der sie dafür immer wieder aufs nobelste beschenkte. Als sie ihren Ekel vor sich selber nicht mehr überwinden konnte, ertränkte sie sich in der Newa.
Der Ruf: »Hinaus aufs Land!« und »Hinein ins Volk!« war schon 1861 in Herzens »Kolokol« (Glocke) erklungen. Viele folgten ihm in den nächsten Jahren, vor allem junge Frauen. Um in ihren häufig wechselnden Quartieren von aufdringlichen Männern unbehelligt leben zu können, gingen sie zum Schein Ehen mit Genossen ein, die sich denselben Aufgaben verschrieben hatten. Sie mieteten gemeinsam Zimmer, um dort Versammlungen abzuhalten, beachteten aber durchweg eisern das Gebot geschlechtlicher Enthaltsamkeit. Sophie Löschern von Hertzfeldt war eine der Ausnahmen: Sie bekannte offen ihre Liebe zu dem Revolutionär Walerian Osinskij und war auch später in der schlimmsten Not unbeirrbar entschlossen, sein Schicksal zu teilen.
Dem Ruf, unter das Volk zu gehen, folgte auch Fürst Peter Kropotkin, Erbe eines berühmten Namens, Zögling des kaiserlichen Pagenkorps, Gardeoffizier, studierter Geograph und Kammerherr der Zarin Maria. Eines Tages vertauschte er den goldbestickten Frack des Elite-Höflings mit dem blaugrauen Kittel des Arbeiters und ging vor die Fabriktore, um sich die Sorgen und Klagen der Leute anzuhören, die am Ende eines Zwölf-Stunden-Arbeitstages mit leeren Gesichtern und magerem Lohn herauskamen. Das waren nun Menschen, mit denen er in einer Stadt lebte, von deren Existenz und deren Lebensbedingungen er bisher aber keine Ahnung gehabt hatte. Die Erkenntnisse, die er aus seinen

praktischen Erfahrungen gewann, formten den Fürsten Kropotkin. Er wurde ein richtungweisender Theoretiker des Anarchismus.
Aus den Erkenntnissen wuchsen aber nicht nur Theorien, sondern auch der Wille zum Handeln. Wie wichtig war der ständig wiederholte, unermüdliche Weg ins Volk, zu den Bauern, zu den Arbeitern, die glanzlose, von Alltag zu Alltag ständig wiederholte Aktion, um einen Rückstand von Jahrhunderten in wenigen Jahren gutzumachen. Große Gruppen im Land betrieben diese Volksaufklärung. Sie nannten sich »Narodniki«, »die Volkstümlichen«.
Aber immer häufiger wurden Stimmen laut, daß es mit den sanften, unermüdlichen Taten auf die Dauer nicht getan sei. Die Tat mit der Ausstrahlungskraft eines Fanals müsse den Willen zur Macht demonstrieren, wenn sie Großes bewirken solle.
Im Jahre 1874 meldete der russische Justizminister Graf Konstantin von der Pahlen dem Zaren: »Alle Gouvernements sind von einem dichten Netz revolutionärer Zellen überzogen!«
Im März dieses Jahres wurde Fürst Peter Kropotkin nach einem Vortrag, den er in der Kaiserlichen Geographischen Gesellschaft in Petersburg gehalten hatte, plötzlich verhaftet, auf die Peter-Pauls-Festung gebracht und ohne Angabe von Gründen dort monatelang festgehalten. Das wurde zum Anlaß für die erste Tat, die ganz Rußland aufschreckte: Seine Freunde befreiten ihn aus der Zitadelle. Er wurde durch Kassiber eingehend auf alle Einzelheiten des Unternehmens vorbereitet, meldete sich krank, lag im Gefängnis-Hospital und wartete auf sein Zeichen. Dann sprang er plötzlich aus dem Bett, rannte aus dem Lazarett, über den Hof und zum Tor hinaus, an dem die Wachen gerade in kecke Plaudereien mit besonders hübschen jungen Mädchen verwickelt waren, die sich wie zufällig bei ihnen eingestellt hatten. Vor dem Tor wartete der Arzt Dr. Weimar mit einem federleichten Sportwagen und dem schnellsten Rennpferd Petersburgs davor. Kropotkin sprang hinein, die Mädchen verschwanden beiläufig, und bevor überhaupt jemand begreifen konnte, was geschehen war, hatte Weimar seinen Freund in einem Versteck in Sicherheit gebracht. Von da aus schafften ihn andere Freunde, als sich der wildeste Aufruhr gelegt hatte, über die Grenze nach Preußen, von wo er in die Schweiz weiterreiste.
Die zweite alarmierende Tat waren die Schüsse der Wera Sassulitsch auf den Petersburger Polizeichef General Trepow. Dieses

Wera Sassulitsch, die erste russische Terroristin.

junge Edelfräulein hatte schon zwei Jahre wegen ihrer Verbindung zu einer Verschwörergruppe im Gefängnis gesessen, hatte nach ihrer Freilassung in Charkow in den Armenvierteln als Hebamme gearbeitet, war dann aber Setzerin in einer Petersburger Untergrund-Druckerei geworden. Als sie hörte, daß bei einem politischen Prozeß der Angeklagte wegen aufsässigen Benehmens ausgepeitscht worden war, ging sie spontan zu General Trepow, der diese Züchtigung verfügt hatte. Wegen ihrer eleganten Erscheinung und ihres sicheren Auftretens wurde sie augenblicklich vorgelassen; sie schoß gleich in der Tür. Trepow brach zusammen. Er war schwer verwundet, aber nicht tot.

Wera Sassulitsch wurde verhaftet und angeklagt. Der Justizminister, der baltendeutsche Graf von der Pahlen, der es sich zur Lebensaufgabe gemacht hatte, einen unbestechlichen und poli-

Aushebung einer nihilistischen Geheimdruckerei durch russische Polizei.

tisch unabhängigen Richterstand zu schaffen, setzte es durch, daß sie wegen ihrer rein menschlichen Beweggründe nicht als politische Täterin abgeurteilt, sondern vor ein Geschworenengericht gestellt wurde. Dieses respektierte ihre Motive und sprach sie frei. Zur großen Freude vieler und zum Entsetzen nicht weniger. Dem spektakulären Attentat war der spektakuläre Freispruch gefolgt. Bevor Wera Sassulitsch unter irgendeinem Vorwand wieder verhaftet werden konnte, schafften ihre Freunde sie unauffällig über die Grenze in den Westen.

Jetzt folgten Aktivitäten an weit auseinanderliegenden Orten. Am 25. Mai 1878 erstach ein Mann in Kiew auf offener Straße den dortigen Polizeichef Baron Heyking, auch ein Baltendeutscher. Er traf den falschen Mann, denn Heyking war als verständ-

nisvoller Mensch bekannt, der keine der politischen Gruppen je daran gehindert hatte, sich im Rahmen der Gesetze frei zu entfalten. Der neue Polizeichef ging ganz anders vor. Da er den Täter nicht mehr fassen konnte, spürte er zahlreiche illegale Gruppen auf und stieß dabei auch auf Sophie Löschern von Hertzfeldt, ihren Geliebten Walerian Osinskij und deren Freunde. Er ließ ihre konspirative Wohnung ausheben.

Sie wehrten sich verzweifelt. Während der wilden Schießerei verbrannte Natalja Armfeldt, die Tochter eines Staatsrates deutscher Herkunft, die in Heidelberg Mathematik studiert hatte, kaltblütig alles belastende Material im Ofen.

Im Prozeß war keinem aus der Gruppe eine Beteiligung an der Ermordung Heykings nachzuweisen. Aber zusammen mit zwei Freunden wurden Walerian Osinskij und Sophie Löschern von Hertzfeldt wegen Widerstands gegen die Polizeiorgane zum Tode verurteilt. Nach umständlichen Verhandlungen wurde die Hinrichtung auf den 14. Mai 1879 festgesetzt.

In der Nacht davor riefen die beiden einander aus ihren Zellenfenstern über den Gefängnishof Worte zu, die andere nicht verstehen konnten, die nur ein Zeichen der Liebe waren. Am Morgen dann wurden alle vier unter den Galgen geführt, bekamen das Totenhemd übergezogen und die Schlinge um den Hals gelegt, während eine Militärkapelle die Zuschauer mit fröhlichen Tanzweisen unterhielt. Dann wurde den Männern einem nach dem anderen das Brett unter den Füßen weggezogen, so daß sie an den Stricken hingen, zuletzt Osinskij. Als nur noch die Frau am Leben war, nahm der Henker ihr den Strick wieder ab. Ein Justizbeamter verlas eine Verfügung, daß ihre Todesstrafe in lebenslängliche Verbannung nach Sibirien umgewandelt worden sei. Sie wurde in einer Herde von Leidensgenossen ins Straflager Kara getrieben. Dort lebte sie noch neunzehn Jahre. Solange sie konnte, unterrichtete sie Sträflinge und Wachsoldaten, die Analphabeten waren.

Eine große Welle der Gewalt ging durch das Land. Bevor die Widerständler sich an das Zentrum der Macht heranwagten, suchten sie ihre Opfer unter denen, die sie für die Exponenten dieser Macht hielten.

Am 16. August 1878 erstach Sergej Krawtschinskij, der Redakteur des Untergrund-Blatts »Land und Freiheit«, in Petersburg auf offener Straße den Polizeigeneral Mesenzow, und wieder war es Dr. Weimars Rennpferd, das Krawtschinskij in ein sicheres Versteck brachte, aus dem er spä-

In langen Zügen werden Verbannte nach Sibirien getrieben. Kosaken hindern mit Knutenhieben mitleidige Menschen am Wege, ihnen Wasser zu geben.

ter ins Ausland entkommen konnte.

Am 21. Februar 1879 erschoß Grigorij Goldenberg in Charkow den dortigen Gouverneur Fürst Dimitrij Kropotkin, einen Vetter des Anarchisten. Auch er war ebenso wie Heyking alles andere als ein Bluthund, sondern ein Mann, der sich für die Ziele der politischen Reformer interessierte und sehr für die gute Behandlung der politischen Gefangenen eingesetzt hatte.

Am 25. März 1879 verübte der polnische Edelmann Leon Mirski ein Attentat auf Mesenzows Nachfolger General Drenteln. Er sprengte ganz dicht an dessen Kutsche heran und feuerte auf ihn, brachte ihm aber nur einen Streifschuß bei und wurde dann von seinem Pferd abgeworfen. Es gelang ihm jedoch, in der allgemeinen Verwirrung zu Fuß in einer düsteren Toreinfahrt zu verschwinden und durch Hinterhöfe und Gartenhäuser zu entkommen.

All diese Opfer waren nur Randfiguren. Wenn die Tat zum Fanal werden sollte, durften sich die Täter nicht mit ihnen begnügen, dann mußten sie schon den Mut aufbringen, die Zentralfigur zu vernichten, auch wenn die Staatsreligion ihr den Rang einer überirdischen Größe verlieh: den Zaren.

Alexander Solowjew hatte den Mut. Er war ein junger Adeliger und hatte bis vor kurzem in einem Dorf an der Wolga nahe Saratow mit Wera Figner zusammengearbeitet, die ihr Medizinstudium in Zürich abgebrochen hatte, um unter den Bauern daheim als Heilgehilfin wirken zu können, im verzweifelten Kampf gegen Krätze und Syphilis, gegen Eiterbeulen, offene Beine und Lungentuberkulose. (»Oftmals verwässerten meine Tränen die Arznei, die ich den Armen gab . . .«)

Von dort war Solowjew nach Petersburg gewandert, um die Wurzel allen Elends, wie er meinte, auszureißen, um den Zaren zu erschießen. In Petersburg traf er Freunde, und diese brachten ihn zu Dr. Weimar, der nicht nur die schnellsten Pferde, sondern auch die besten Waffen in der Stadt besaß. Weimar gab ihm einen Revolver. In der ersten Frühe des 14. April wartete Solowjew auf dem Platz vor dem Winterpalais auf den Zaren, der allmorgendlich mit weitausgreifenden Schritten einen zügigen Spaziergang zu machen pflegte.

Als er den Halbgott vor sich sah, feuerte Solowjew, aber die spürbare Nähe dieses Mannes, der alle Macht des Russischen Reiches repräsentierte, verwirrte ihn so, daß er nicht traf. Er ließ sich widerstandslos von den Begleitern des Zaren ergreifen. Ein Kriegsgericht verurteilte ihn zum Tode. Am 9. Juni 1879 wurde er öffentlich gehenkt, mit dem üblichen theatralischen Rahmenprogramm, denn solche Veranstaltungen dienten auch immer zugleich der Unterhaltung des Vol-

Wera Figner.

kes, dessen Vergnügungen sich sonst in Grenzen hielten.
Wera Figner widmete Alexander Solowjew den Nachruf: »Er hatte den Mut eines Helden und das gütige Herz eines Kindes.«
Dr. Orest Weimar wurde in ein Arbeitslager verbannt. Er, der in Petersburg der Arzt der Reichsten gewesen war, wurde nun in Sibirien der Arzt der Ärmsten.
Solowjews Attentat bewies, wie unzulänglich die Tat des einzelnen war. Das Objekt war viel zu bedeutend, als daß man dessen Beseitigung einem einzelnen überlassen und dem Zufall aussetzen konnte. Im August 1879 verurteilte die »Narodnaja Wolja«, »der Volkswille«, eine aus mehreren Gruppen vereinigte Organisation revolutionärer Kräfte, den Zaren in aller Form zum Tode. Nur der Ort und die Hinrichtungsart mußten noch diskutiert werden.
Eine große Unruhe ergriff das Land, viele spürten es. Graf Walujew, ein hoher Regierungsbeamter, notierte in seinem Tagebuch: »... alles bröckelt. Ich fühle deutlich, wie der Boden unter uns wankt. Das Haus kann schon bald zusammenstürzen, aber von den Bewohnern merkt es anscheinend niemand ...«
Merkwürdigerweise verlief mit dieser Aufweichung im Innern die Ausweitung des russischen Machtsystems nach außen absolut synchron. Die einstigen russischen Teilfürstentümer, aus denen das Zarenreich entstanden war, bildeten nur noch den kleinen Kern eines gewaltigen Machtblocks, der sich unablässig nach allen Seiten ausdehnte, unbeeindruckt von traditionellen Grenzen und Volkszusammengehörigkeiten, von religiösen oder ethnischen Bindungen, von nichts anderem besessen als von einem ungehemmten Expansionsdrang und einem Machthunger, den die Zaren wohl aus dem Erbe der tatarischen Dynasten übernommen hatten.
Schon bei Alexanders Regierungsantritt 1855 gehörten Länder wie Finnland und Polen, wie Grusinien oder die Krim, wie Estland, Livland und Kurland, die ursprünglich mit Rußland nicht das geringste zu tun gehabt hatten, so selbstverständlich zum Russischen Reich, daß kein Mensch mehr ein Wort darüber verlor. Unter Alexanders Regierung gingen die Eroberungen zügig weiter. 1858 wurde das Amur-Gebiet annektiert, 1859 die östlichen Gebiete des Kaukasus unterworfen, 1865 Taschkent erobert, 1868 Samarkand und Buchara.
Der Mann, der für den Zaren diese weitausgreifenden Aktionen mit einem relativ kleinen, sehr beweglichen Heer und mit größtem strategischem Geschick im endlo-

sen Raum durchführte, war General Konstantin von Kaufmann, der Abkömmling einer jener holsteinischen Familien, die unter Peter III. nach Rußland gekommen waren und sich im Land schon einige Verdienste erworben hatten. Kaufmann eroberte die alten Tataren-Khanate Chiwa (1873) und Kokand (1876) und wurde als Generalgouverneur im neu konstituierten Generalgouvernement Turkestan mit der Residenz Taschkent eingesetzt.

Bei all seinen Eroberungszügen erlitt Kaufmann nur eine einzige Niederlage. Der Sturm seiner Truppen auf die Festung Gök-Tepe bei Aschabad, ostwärts des Kaspischen Meeres, wurde unter blutigen Verlusten zurückgeschlagen. Die Strafaktion gegen diese Menschen, die es wagten, sich der russischen Okkupation zu widersetzen, übernahm General Skobelew. Er kam mit 11000 Mann und 20000 Kamelen, schoß die Mauern zusammen, stürmte die Trümmer und ließ alles niedermachen, was noch atmete: 6500 Menschen, auch Greise, Frauen und Kinder. Das Russische Reich, dessen Zustand Graf Walujew so pessimistisch beurteilte, dehnte sich kraftvoller aus denn je. Nur dort, wo es an heikle Grenzen stieß, begnügte es sich mit geduldigem Abwarten. Als etwa auf Rußlands Versuche, ein wenig in den Norden Afghanistans einzudringen, die Engländer allergisch reagierten, weil sie ihre indischen Interessen bedroht sahen, verlief die Sache ohne großen Ärger friedlich im Sande. Wie unangenehm die Engländer werden konnten, hatten die Russen gerade im Krimkrieg erfahren. Man mußte Geduld haben. Der Drang zu den Weltmeeren war eine der Grundlagen russischer Politik, und Afghanistan lag auf dem Weg zum Indischen Ozean. Geduld war seit jeher eine der vornehmsten Tugenden des russischen Volkes und seiner Politiker. Eines Tages würde auch Afghanistan reif sein für eine rasche Besetzung, und schon bald danach würde kein Mensch mehr ein Wort darüber verlieren.

General Kaufmann führte sein Generalgouvernement Turkestan, das größer war als Deutschland, Frankreich und Italien zusammen, mit behutsamer Hand. Er sorgte für eine korrekte Verwaltung, mischte sich nicht in die ethnischen und religiösen Belange der unterworfenen Stämme ein und bewahrte ihre überlieferte Rechtsprechung. Sie waren durchweg Moslems.

Das Land, aus dem die Vorfahren dieses Mannes einst gekommen waren, Schleswig-Holstein, war nach dem Krieg von 1864 eine preußische Provinz geworden, mit einer kleinen dänischen Minderheit in Nord-Schleswig, die jetzt auch im preußischen Landtag vertreten war. Diesem Krieg, an dem außer anderen Staaten des Deutschen Bundes auch Österreich teilgenommen hatte, war schon zwei Jahre später Preußens Krieg gegen Österreich gefolgt, das danach alle Führungsansprüche in Deutschland hatte aufgeben müssen. Jetzt waren die deutschen Österreicher nur noch eine Minderheit in ihrem Vielvölkerstaat unter der Dynastie der Habsburger.

Und dann war nach dem deutsch-französischen Krieg 1871 ein neues Deutsches Reich mit der Hauptstadt Berlin und dem preußischen König Wilhelm I. als Deutschem Kaiser entstanden. Es war ein kleines Reich geworden. Die Träume der Männer aus den Befreiungskriegen und den Unruhen von 1848 blieben unerfüllt, da Österreich nicht dazugehörte. Aber in diesem Reich gab es wenigstens keine inneren Grenzen mehr. Wer von Hadersleben nach Passau oder von Straßburg nach Memel reiste, brauchte nicht mehr an einigen Dutzend Zollhäusern seine Gebühren zu entrichten. In derselben Zeit, in der Rußland, unbeeindruckt durch innere Spannungen, seine Grenzen unermüdlich nach außen drückte, genossen die Deutschen das lange entbehrte Gefühl der Einheit, die dann allerdings schon nach einem Menschenalter wieder verlorenging.
Otto von Bismarck, früher preußischer Gesandter in Petersburg, vertraut mit der russischen Politik und den Männern, die sie machten, war der Schöpfer dieses Reiches: Die symbolisierenden Darstellungen seiner Zeit stellten ihn meistens als Schmied dar. Es war eine glückliche Zeit. In den dreiundachtzig Jahren seines Lebens geschah es nicht ein einziges Mal, daß fremde Heere durch Deutschland zogen.
Sieben Jahre nachdem Berlin die neue Reichshauptstadt geworden war, wurde die Stadt zu einem Mittelpunkt europäischer Friedenspolitik. Der Berliner Kongreß, auf dem unter Fürst Bismarcks Vorsitz die Großmächte Frankreich, Österreich und Italien, Großbritannien und die Türkei, Rußland und Deutschland zusammentraten, um eine stabile Ordnung für den Unruheherd Balkan zu erarbeiten, endete am 13. Juli 1878 mit einem Übereinkommen, das unter dem Namen »Berliner Friede« in die Geschichte einging.
Auch das neue Deutschland war nicht frei von sozialen Spannungen. Das Land, das immer noch vorwiegend ein Agrarland war, entwickelte sich zügig zum Industriestaat. Handwerksgesellen und Landarbeiter drängten in die Fabriken. In den rasch erbauten

grauen Häusern ringsum entstand ein städtisches Proletariat. Die alte patriarchalische Bindung zwischen Meister und Gesellen war auf die neuen Verhältnisse nicht zu übertragen. Neue Formen des Zusammenwirkens mußten entwickelt, mußten erkämpft werden.
Dieses Problem hatten Deutschland und Rußland mit England und Frankreich und dem gewaltigen Emporkömmling USA drüben in der Neuen Welt gemeinsam. Aber in Rußland waren die sozialen Unterschiede am schärfsten, die Klassengrenzen am ausgeprägtesten, der Entwicklungsrückstand der breiten Massen so beklemmend, daß die Auseinandersetzungen mit besonderer Härte geführt wurden.
Nachdem die »Narodnaja Wolja« den Zaren zum Tode verurteilt hatte, war es nur noch eine Frage, wie und wo das Urteil vollstreckt werden sollte. Zunächst plante der »Volkswille« zwei Attentate auf den Sonderzug, der den Zaren von der Krim nach Moskau bringen sollte. Die erste Sprengladung war bei der kleinen Festung Alexandrowsk am Dnjepr unter den Gleisen verdämmt worden. Aber als der Zug vorbeifuhr, funktionierte die Zündung nicht, und die prächtigen Waggons mit den eleganten Höflingen und den Damen unter weitausladenden Pleureusenhüten an den Fenstern fuhren vorbei, ohne daß einer von ihnen merkte, über welche tödliche Gefahr sie dahinratterten.
Das war am 30. November 1879. Am Tag darauf näherte sich der Zug Moskau. Hier hatte Sophia Perowskaja das Kommando, und hier waren die Zündungen in Ordnung. Aber dann kamen auf einmal ganz überraschend zwei Züge dicht hintereinander auf den Aktionspunkt zugefahren. Sophia Perowskaja nahm an, der erste sei nur mit Wachmannschaften besetzt und im zweiten säße der Zar. Sie zündete im rechten Augenblick. Acht Waggons entgleisten. Es war aber der falsche Zug. Der Zar war schon in dem ersten vorausgefahren, und die Hofdamen und die Herren des Gefolges rauchten und plauderten und hörten vermutlich nicht einmal die Explosion weit hinten in dem anderen Zug.
Es gab keine Toten, nur Verletzte. Es gab aber eine große Unruhe im Land, und alle laufenden Prozesse gegen Terroristen wurden mit gesteigerter Schärfe geführt. Elf Männer wurden in diesem Jahr hingerichtet, zahllose weitere nach Sibirien verbannt. Überall spürten Geheimpolizisten konspirative Unterkünfte auf und hoben Sprengstofflabors und illegale Druckereien aus. Eine davon war die von Sophia Iwanowna, der deutschen Hauptmanns-

tochter, die ihren Familiennamen immer verschwieg. Alle Freunde, Drucker und Setzer wehrten sich verzweifelt. Einer erschoß sich. Nikolaj Buch und Sophia Iwanowna wurden zu fünfzehn Jahren Zwangsarbeit in Sibirien verurteilt.

Am 17. Februar 1880 wollte eine Gruppe das Winterpalais in die Luft sprengen, und zwar anläßlich eines Festessens, das der Zar für seinen Schwager, den Großherzog Alexander von Hessen, gab. Während des Banketts gab es einen Donnerschlag, der den ganzen Palast erzittern ließ. Mehr war im Festsaal von der Wirkung der Bombe nicht zu spüren. Im Erdgeschoß aber, wo der Sprengsatz gezündet worden war, lagen elf Tote und sechzig Verletzte: Köche und Lakaien, Kammerzofen und Gardesoldaten, zum Teil fürs ganze Leben verstümmelt.
Am Tag darauf gab »Narodnaja Wolja« eine Erklärung ab: Das Schicksal dieser Menschen sei zwar bedauerlich, es gehe aber schließlich um höhere Ziele, und all diese Opfer hätten ja auch dem System gedient, statt es zu bekämpfen.
Die Polizei verschärfte abermals ihre Maßnahmen. Im Jahre 1880 wurden von russischen Gerichten insgesamt 127 Verfahren wegen politischer Verbrechen abgewickelt und 1770 Personen unter polizeiliche Sonderbewachung gestellt.
Der Versuch, den Zaren im Mai in Odessa zu töten, scheiterte ebenso wie der im August 1880, eine Eisenbahnbrücke bei Petersburg in die Luft zu sprengen, als der Salonwagen des Zaren sie passierte. Der dritte Versuch am 13. März gelang.
In der Nacht davor hatten Wera Figner und Sophia Perowskaja mit einigen Freunden aus alten Blechdosen vier Bomben gebastelt. Am Nachmittag des 13. März besuchte Alexander II. eine Cousine, um bei ihr den Tee zu nehmen. Auf dem Rückweg am Katharinenkanal entlang erwarteten ihn an verschiedenen Positionen vier Bombenwerfer, die Sophia Perowskaja nach einem sauber gezeichneten Plan postiert hatte. Es lag Schnee in den Straßen Petersburgs.
Die erste Bombe rutschte unter der Kutsche hindurch, explodierte dahinter und riß einen kleinen Jungen um, der begeistert mitgelaufen war. Da sprang der zweite Mann mit seiner Bombe vor und zündete sie dicht neben der Kutsche. Als sich der Qualm verzogen hatte, lagen er und der Zar in ihrem Blut dicht beieinander. Zar Alexander II. starb abends im Winterpalais, der Attentäter im Gefängnislazarett.
In den nächsten Tagen wurden nach und nach alle Mitglieder der

Das Attentat auf Alexander II. am 13. März 1881 in Petersburg.

»Narodnaja Wolja« verhaftet, die mit dem Attentat in Zusammenhang gebracht werden konnten, und das fassungslose Volk erfuhr aus den Zeitungen, daß die führenden Mitglieder Frauen waren, Töchter aus den privilegierten Familien des Landes.

Das Volk war ihnen nicht dankbar. Es trauerte um den Zaren, den es den »Befreier« genannt und auf den es alle Hoffnungen gesetzt hatte, auch jene Männer, Frauen und Kinder, die so arm waren, daß sie keine Wohnungen besaßen, sondern in den Fabrikhallen, in denen sie arbeiteten, leben mußten und manchmal auch sterben. Die große Tat wurde nicht zum Fanal. Das Volk erhob sich nicht gegen die herrschende Klasse. Das Offizierskorps, aus dem mehrere Revolutionäre stammten, putschte nicht, und die Mannschaften meuterten nicht.

Am 22. März wurde Sophia Perowskaja auf dem Newskij-Prospekt von einer Frau erkannt und von Polizisten festgenommen. Vierzehn Tage darauf begann der Prozeß gegen die Attentäter. Am 10. April wurden vier Männer und zwei Frauen zum Tode verurteilt, eine von ihnen wurde dann zu lebenslänglicher Gefängnisstrafe begnadigt: Hesse Helfmann gestand, daß sie ein Kind

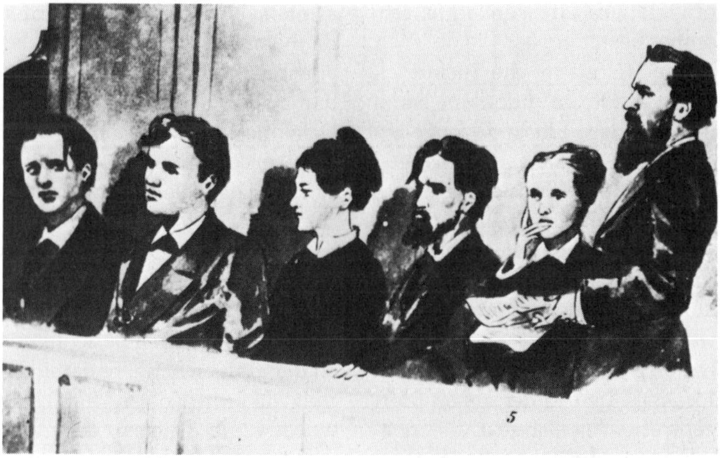

Die Attentäter auf der Anklagebank.

Hinrichtung der Attentäter am 15. April 1881. Alle Delinquenten trugen ein Schild mit der Aufschrift »Zarenmörder« auf der Brust. In der Mitte Sophia Perowskaja.

▽

erwarte, und eine vereidigte Hebamme bestätigte es.

Hesse Helfmann, die Tochter einer orthodoxen jüdischen Familie, war ihren Eltern davongelaufen, weil diese sie hatten zwingen wollen, einen Mann zu heiraten, den sie nicht lieben konnte. Sie war in den Kreis um Sophia Perowskaja geraten und Mitglied der »Narodnaja Wolja« geworden.

Die Todesurteile wurden am 15. April 1881 in der ersten Morgenfrühe vollstreckt. Angeschnallt an die Bänke des Henkerkarrens und gefolgt von mehreren Kutschen mit Popen, wurden die Delinquenten zum Semenowskij-Platz gefahren, wo die Galgen errichtet und ringsum Truppen angetreten waren. Dahinter drängte sich unübersehbar das Volk.

Der Henker zog seinen Mantel aus und reichte ihn einem seiner Gehilfen. Darunter trug er einen roten Kittel. Die Verurteilten umarmten einander und wurden dann der Reihe nach gehenkt. Bei einem riß der Strick, genau wie damals bei der Hinrichtung der Dekabristen. Aber der Henker hatte aus den Erfahrungen seines Vorgängers gelernt und ausreichend Reservematerial mitgebracht. Sophia Perowskajas Strick riß nicht, sie war sehr leicht.

Drei Stunden lang blieben die Toten zur allgemeinen Besichtigung an den Galgen hängen, damit das Volk auf seine Kosten kam. Dann wurden die Leichen abgenommen und am Abend bei Dunkelheit an einer nicht näher bezeichneten Stelle begraben.

Ein halbes Jahr später brachte Hesse Helfmann im Kerker ein Kind zur Welt, ein kleines Mädchen. Es wurde ihr genommen und in ein Waisenhaus gebracht. Dort starb es nach wenigen Tagen. Im Februar darauf starb auch Hesse Helfmann in ihrer Gefängniszelle.

KAPITEL XVIII

Zarenadler und roter Stern

Der deutsche Anteil am russischen Volk stammt aus vielen verschiedenen Quellen. Die Ordensritter, Kaufleute und Handwerker in den baltischen Ländern, die Glockengießer und Büchsenschmiede im alten Moskau, die Ärzte und Gelehrten im neuen Petersburg, sie alle kamen von weit her und waren doch nicht lange Fremde in der neuen Heimat. Die Hauer und Steiger im Ural, die Bauern an den Wolgaufern und den Schwarzmeerküsten, sie alle wurden rasch ein Teil des Volkes, zu dem sie sich hingezogen fühlten, das sie aufnahm und dem sie ihre Kenntnisse und ihre Lebenstüchtigkeit mitbrachten. Alle bewahrten noch lange ihr Brauchtum und ihre Eigenarten, Trachten, Gewohnheiten und heimische Bauweise; vor allem pflegten sie jahrhundertelang neben der russischen immer noch ihre deutsche Muttersprache.

Die Tochter einer solchen Familie war auch Lenins Mutter Maria Blank. Ihr Vater, Dr. Alexander Blank, war Stationsarzt in einem Petersburger Krankenhaus gewesen, dann ärztlicher Leiter aller Krankenhäuser im Gouvernement Perm geworden und hatte sich schließlich mit fünfundvierzig das hübsche kleine Landgut Kokuschkino nahe Kasan an der Wolga gekauft, um dort in Ruhe zwischen einigen Musikinstrumenten und Hunderten von Büchern seine reifen Jahre zu verbringen. Seine Frau Anna stammte aus der alten Lübecker Kornmakler-Familie Großschopf, von der einige Mitglieder nach Petersburg übersiedelt waren. Auch in Riga saß Verwandtschaft. Zwei Brüder Großschopf waren hohe russische Regierungsbeamte geworden. In Kokuschkino wurde Deutsch gesprochen, obwohl alle Familienmitglieder selbstverständlich ebensogut Russisch sprachen.

Aus diesem Lebenskreis also war Lenins Mutter gekommen, eine gebildete Frau, die sich auch mit englischer und französischer Literatur befaßte und gut Klavier spielte. Lenins Vater Ilja Nikolajewitsch Uljanow war der Sohn eines russischen Schneiders und einer Kalmückin, die ihren schrägen Augenschnitt an alle Nachkommen weitervererbte. Mit eiserner Zähigkeit hatte Ilja Uljanow sich sein Studium erarbeitet und war Lehrer geworden, ein vorbildlicher Beamter: gewissenhaft, bibelfest und zarentreu. Mit zweiunddreißig heiratete er Maria Blank. Der Lehrer Uljanow machte Karriere. Er wurde Schulrat und Inspekteur aller Volksschulen im Gouvernement Simbirsk, von denen er zwanzig vorfand und deren Zahl er in siebzehn Dienstjahren auf 434 vermehrte. Schließlich wurde er zum Staatsrat befördert und in den erblichen Adelsstand erhoben.

Im siebten Ehejahr war er mit seiner Familie aus Nischnij-Nowgorod, wo er bis dahin Dienst getan hatte, in die schöne, großzügig angelegte Gouvernements-Hauptstadt Simbirsk an der Wolga übersiedelt. Dort bewohnten die Uljanows in dem hoch über den Flußnebeln gelegenen sogenannten adeligen Stadtteil ein weiträumiges Holzhaus mit kunstvoll geschnitzten Fensterornamenten, mit ausreichend Platz für viele Kinder, mit Garten und Nebengebäuden für Kutsche, Kutscher und Pferde und für ein angemessenes Hauspersonal.

Hier wurde am 22. April 1870 als viertes von acht Kindern Wladimir Iljitsch Uljanow geboren, der sich später Lenin nannte. Er hatte einen großen Kopf, aber dünne Beine und lernte nur mühsam laufen. Man nannte ihn zärtlich Wolodja, und so nennen ihn heute noch die sehr mütterlichen Führerinnen, die mit Scharen von Besuchern in riesigen Filzschuhen durch das Haus schlurfen und ihnen das Spielzeug zeigen, das Wolodja damals gebastelt hat.

Zur selben Zeit, als Lenin in Simbirsk geboren wurde, starb in Paris in der Emigration Alexander Herzen, und in dem kleinen galizischen Städtchen Zamost kam Rosa Luxemburg zur Welt, als Kind einer jener jüdischen Familien, die vor Jahrhunderten aus ihrer deutschen Heimat vertrieben worden waren, ihren Namen aber ebenso erhalten hatten wie die deutsche Sprache und die Verbindung zur deutschen Kultur. Ihr Vater hatte sogar eine deutsche Schule besucht. In Lenins Geburtsjahr, am 9. Dezember 1870, wurde das Deutsche Reich gegründet, und zwei Jahre später, als Lenin laufen lernte, ohne immer wieder hinzufallen, erschien die erste Ausgabe von Karl Marx' Werk »Das Kapital« in russischer Sprache.

Dieses programmatische Werk war keine Lektüre für den Schulrat Uljanow, dessen Weltbild keinerlei Platz bot für revolutionäre Gedanken. Nichts von dem, was in dieser Zeit der großen Unruhe in Rußland vor sich ging, hinterließ in ihm erkennbare Spuren. Er tat gewissenhaft seine Pflicht und erwarb sich um das Bildungswesen in seinem Gouvernement hohe Verdienste, aber er war ein unpolitischer Mensch.

Die Welt, in die die Kinder hineinwuchsen, war eine Welt voll krasser Gegensätze. Während in Petersburg die ersten Demonstrationen unter roten Fahnen von berittenen Polizisten zersprengt wurden, lasen die russischen Damen mit tränenschwerem Blick Tolstois »Anna Karenina«. Während aus den reichen Kornkammern der Ukraine große Mengen Getreide exportiert wurden, litten die Menschen in anderen Gebieten Rußlands bitterste Not.

Jugendbildnis Wladimir Iljitsch Uljanows.

Nadeschda Krupskaja, Lenins Lebensgefährtin.

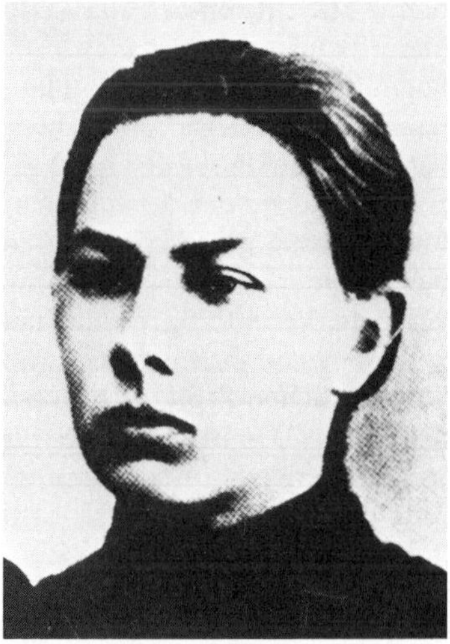

Während die Bauernbefreiung als humanitäre Tat gefeiert wurde, schleppte sich deren praktische Durchführung endlos dahin.

Neben dem Kampf um soziale Gerechtigkeit lief der Kampf der Slawophilen und Panslawisten um die Vorherrschaft aller Slawen in Europa. Michail Pogodin, einer ihrer Führer und zugleich eifriger Kämpfer für die Allmacht des Zaren, grollte Peter dem Großen: »Ach, wenn er Rußland doch nie mit den Europäern zusammengebracht hätte!«, womit er die Zugehörigkeit Rußlands zu Europa in Frage stellte. Als er aber die Durchsetzung der russischen Herrschaft über dieses Europa mit Waffengewalt propagierte, beschwor er den Geist des großen Zaren: »Oh, möge uns doch ein zweiter Peter auferstehen! Mit fünfhunderttausend Mann würde er es schaffen!«

Pogodin starb, als Lenin fünf Jahre alt war und lesen und schreiben lernte. In dieser Zeit hatte ein anderer Führer der Slawophilen, Jurij Samarin, gerade den letzten Band seiner Arbeit »Russische Grenzmarken« fertiggestellt, ein von Deutschenhaß erfülltes und von sachlichen Fehlern strotzendes Werk. Da er in Rußland dafür keinen Verleger finden konnte, fuhr er nach Deutschland, und dort fand er einen. In Berlin-Schöneberg, wo er sich immer besonders wohl fühlte, starb Samarin am 31. März 1876, als sein Buch fertig war.

Der dritte nennenswerte Mann, der in dieser Zeit von der Bühne der öffentlichen Auseinandersetzungen abtrat, war Michail Bakunin, der große Kopf des Anarchismus. Sein Leben endete in Einsamkeit und Verbitterung am 1. Juli 1876 in Bern.

Die Kinder Uljanow wuchsen heran, behütet und erzogen von ihrer Mutter. Bevor sie in die Schule kamen, lernten sie bei ihr lesen und schreiben, Russisch mit kyrillischen Lettern, Deutsch mit lateinischen Buchstaben, sie lernten auch Noten lesen, Klavier spielen und alles ohne Mühe. Der Vater trat nur selten in Erscheinung, als allmächtige, über allem schwebende, weisunggebende Instanz. Meistens war er mit Kutscher und Kutsche auf Inspektionsreisen.

Die ersten in der Familie, die sich mit revolutionären Ideen befaßten, waren Lenins ältere Geschwister Anna und Alexander. Sie begrüßten es unverhohlen als einen Akt der Befreiung, als Zar Alexander II. ermordet wurde. Aber bald schon stellte sich heraus, daß sein Nachfolger Alexander III. weit schlimmer war. Er brach alle Liberalisierungsmaßnahmen seines Vaters ab, engte die kommunale Selbstverwaltung drastisch ein, erklärte sich zum uneingeschränkten Autokraten und leitete – beeinflußt von Panslawisten und orthodoxen Popen – eine rigorose Russifizierung Finnlands und der baltischen Provinzen ein. Dazu nahm er der Presse jede Möglichkeit freier Meinungsäußerung. Damals gewann der junge Lenin seine ersten Erkenntnisse, aus denen später die grundlegende Erklärung vom 23. August 1915 erwuchs: »Die Freiheit des Wortes und der Presse soll vollständig sein!«

In Lenins Bruder Alexander setzte sich immer mehr die Überzeugung fest, diesen Zar müsse er töten. Nachdem er mit Glanz das Gymnasium absolviert hatte, studierte er in Petersburg Zoologie. Für seine Arbeit über die Süßwasser-Ringelwürmer verlieh ihm der Rektor feierlich eine goldene Medaille. Er versetzte sie und kaufte für das Geld alles Rohmaterial, das er für die Herstellung einer Bombe benötigte.

Alexander Uljanow war der geistige Führer einer Gruppe von Studenten, die sich »Terrorsektion des Volkswillens« nannten. Nur wenige Russen bekannten sich zu revolutionären Plänen, nur sehr wenige zu terroristischen Aktivitäten, und nur ein paar Menschen waren bereit, einen Zarenmord zu begehen, der in ihrem Bewußtsein einer schrecklichen Gotteslästerung gleichkam. Lenins älterer Bruder war zu dieser Tat entschlossen. Nachdem er und seine Freunde dem Zaren zweimal vergebens aufgelauert hatten, wollten sie Alexander III. am 13. März 1887 auf dem Newskij-Prospekt in die Luft sprengen, zum Andenken an das gelungene Attentat auf dessen Vater Alexander II. sechs Jahre zuvor. Sie trugen schwere Bücher unter dem Arm, deren ausgehöhltes Inneres Blechkästen mit Dynamit und Bleikugeln barg. Aber den Polizisten fielen die jungen Leute mit den ungewöhnlich schweren Folianten auf. Sie sahen sich die Männer samt ihren Büchern etwas näher an und brachten sie ins Gefängnis. Da waren nicht alle den scharfen Vernehmungsmethoden der Beamten gewachsen, und einige nannten die Namen von anderen, die noch draußen in Freiheit waren.

Schließlich standen am 1. Mai 1887 drei Frauen und zwölf Männer vor den Richtern, in einem Verfahren, das unter Ausschluß der Öffentlichkeit stattfand. Am 20. Mai wurden fünf der Männer gehenkt, das allerdings in aller Öffentlichkeit. Einer von ihnen war Alexander Uljanow, der Sohn des Musterbeamten aus Simbirsk. Dem blieb es erspart, diese Schande mitzuerleben. Er war im Jahr davor gestorben.

Die Familie aber, die dank der Tüchtigkeit des Vaters dem

Adelsstand angehörte, fiel damit in Ungnade und schied aus dem Kreis der Simbirsker Notabilitäten aus. Man schnitt jetzt die Uljanows. Sie hielten um so mehr zusammen und hatten ja als Rückhalt immer noch das Gut Kokuschkino mit seinen herrlichen Lebensmöglichkeiten und der reichen Bibliothek des Großvaters Blank. So konnten sie den noblen Lebensstil durchaus beibehalten, an den sie sich gewöhnt hatten.

Lenin war in diesem schicksalhaften Jahr 1887 siebzehn Jahre alt. Er machte sein Abitur als bester, bekam allerdings die dafür ausgesetzte Goldmedaille nicht, weil er der Bruder eines gehenkten Terroristen war. Er begann in Kasan die Rechte zu studieren und las Marx und Bakunin, Herzen und Engels, zwei Russen, zwei Deutsche, beide Sprachen beherrschte er ja perfekt. Es konnte nicht ausbleiben, daß er anfing, sich über die Zukunft seiner russischen Heimat ernste Gedanken zu machen.

In Rußland sah es nicht gut aus in jener Zeit. Zumal im städtischen Proletariat staute sich der Haß, und da stauten sich Kräfte, die sich ihrer Möglichkeiten noch gar nicht bewußt waren. Noch hatten die Fabrikarbeiter nicht gelernt, sich zu organisieren, sondern ließen sich widerstandslos ausbeuten. Die Arbeitszeiten waren der Willkür der Fabrikbesitzer anheimgestellt. Erst zehn Jahre später wurde ein Gesetz erlassen, das als extrem human bejubelt wurde: Es begrenzte die Arbeitszeit in russischen Fabriken, die vorher zwölf bis sechzehn Stunden betragen hatte, auf elfeinhalb Stunden am Tag. Der Sonntag war frei.

Die Preise stiegen ständig an den Löhnen vorbei. Die Kaufkraft des Rubels sank beängstigend. Sein Kurswert auf den internationalen Geldmärkten fiel unausgesetzt. Der überhastete Ausbau der Kriegsflotte und die maßlosen Rüstungsausgaben verschlangen Unsummen. Um das Defizit auszugleichen, wurden immer mehr Getreide und wichtige Rohstoffe exportiert. Im Innern gab es Versorgungsschwierigkeiten und regionale Hungersnöte, die eine schwerfällige Verwaltung nicht aufzufangen verstand. Da Schuldige für die allgemeine Misere gefunden werden mußten, setzte eine lebhafte Judenhetze ein, Verfolgungen, Zerstörungen, blutige Massaker, für die das russische Wort »Pogrom«, das Verwüstung bedeutet, zum festen Begriff wurde, der in viele andere Sprachen überging. Die Juden in Rußland waren schutzlos dem Haß derer ausgeliefert, die unter der Mißwirtschaft und Desorganisation litten, aber nicht gegen die Obrigkeit aufzumucken wagten, weil sie nach ihrem unerschütterlichen Glauben eine gottgewollte Instanz war. Die alten Juden nahmen all die blutigen Demütigungen als Strafe Gottes, die sie in der langen Leidensgeschichte ihres Volkes zu ertragen gelernt hatten. Von den jungen Juden aber schlossen sich viele den revolutionären Zellen an. Auch Mädchen.

So traurig es im Innern aussah, so glanzvoll präsentierte sich das Russische Reich nach außen. Die weitausgreifenden Eroberungen in Mittelasien machten ständig Fortschritte, und eine besonnene russische Außenpolitik verstand es, ernste Konflikte mit Großbritannien in Afghanistan zu vermeiden, wo es seit Jahren Interessenkollisionen gab.

Die beiden größten Imperien der Welt betrieben ihre Expansion entsprechend ihrer geographischen Ausgangslage nach unterschiedlichen Gesetzen: Rußland strebte über die Länder hinweg zu neuen Meeren, Großbritannien über die Meere hinweg zu neuen Ländern. Beide waren entschlossen, risikoreiche Konfrontationen zu vermeiden.

Lenin begann seine Karriere als Revolutionär durchaus nicht spektakulär: Am 16. Dezember 1887 wurde er bei einer Studentenversammlung mit einigen Dutzend seiner Kommilitonen verhaftet, nach zwei Tagen wieder entlassen und von der Universität verwiesen. Das tat ihm nicht weh. Er ging nach Kokuschkino, auf dieses herrliche Gut, das seine beiden deutschen Großeltern ihren Nachkommen hinterlassen hatten, wo es für jeden ein Nachtlager und immer gut zu essen gab und wo die reichhaltige Bibliothek jede Möglichkeit bot, das Wissen nach allen Seiten hin auszuweiten. Großvater Blank war ein vielseitig interessierter Mann gewesen und hatte in seinen letzten Lebensjahren auch noch – angeregt von Christoph Wilhelm Hufelands »Makrobiotik« – damit begonnen, ein Natur- und Wasser-Heilverfahren zu entwickeln und Abhandlungen über das Thema zu schreiben.

In dieser angenehmsten aller denkbaren Verbannungen erlebte Lenin das für Deutschland so schicksalsschwere Drei-Kaiser-Jahr 1888. Wilhelm I., ein Kind der Königin Luise und ein Kind des vergangenen Jahrhunderts, starb als Neunzigjähriger. Ihm folgte sein Sohn Friedrich als todkranker Mann. Er regierte nur neunundneunzig Tage. Dann kam Wilhelm II., ein junger Mann von neunundzwanzig, noch unausgereift, beeinflußt von einem Freundeskreis ohne politische Erfahrungen, entschlossen, die Regierung selber zu führen und den Reichskanzler Fürst Bismarck, den Verfechter eines gutnachbarlichen deutsch-russischen Verhältnisses, bei der ersten Gelegenheit zu entlassen. Die Thronfolge, bei der eine Generation praktisch übersprungen wurde, begann dieses Verhältnis schon bald zu trüben. Der junge deutsche Kaiser lieferte bereits zu Beginn seiner Regierung ein markantes Beispiel seines nicht sonderlich ausgeprägten Zartgefühls: Seinen offiziellen Besuch am Zarenhof absolvierte er, indem er mit einer eindrucksvollen Kriegsflotte in Petersburg einlief und bald bei den Russen den unangenehmen Eindruck erweckte, hier handele es sich um eine Machtdemonstration.

Im Herbst 1888 durfte Lenin sein Exil verlassen, wurde aber nicht wieder immatrikuliert. Er mußte sich aus eigener Kraft weiterbilden. Als Externer konnte er 1891 seine Examina machen. Dann ließ er sich als Rechtsanwalt nieder, anfangs in Samara, dann, im Jahre 1893, in Petersburg. Dort schloß er sich schon bald an sozialdemokratische Zirkel an und ging immer mehr in der Parteiarbeit auf. Er las, schrieb, redigierte, polemisierte, agitierte, erregte erst die Aufmerksamkeit, dann die Bewunderung seiner Gesinnungsgenossen und schließlich das Mißfallen der politischen Polizei. Am 20. Dezember 1895 wurde er als Verschwörer festgenommen und in Untersuchungshaft gebracht.

Rußland hatte jetzt einen neuen Zaren. Alexander III. war keinem der Attentate erlegen, die auf ihn unternommen worden waren, sondern am 1. November 1894 eines ganz natürlichen Todes gestorben. Nach ihm trat sein Sohn Nikolaus II. die Herrschaft an. Schon der Beginn seiner Regierung stand unter keinem guten Stern: Bei den Krönungsfeierlichkeiten in Moskau brach aus ungeklärtem Anlaß unter den Hunderttausenden von Gläubigen, die zu diesem goldstrotzenden Kolossal-Schauspiel in die alte Hauptstadt gepilgert waren, eine Panik aus. Mehr als 2900 Menschen wurden niedergetrampelt oder zu Tode gedrückt.

Vierzehn Monate saß Lenin in Petersburg ein. Er behielt aber die Führung seiner Parteigruppen fest in Händen und leitete deren Aktionen mit Hilfe von Kassibern. Außerdem verfaßte er mit Geheimtinte einige politische Schriften. Im März 1897 trat er dann, bewacht von zwei Polizisten, den Marsch in eine dreijährige Verbannung nach Sibirien an. Dort wurde ihm das Dorf Schuschenskoje als Quartier angewiesen. Er bekam ein Zimmer in einem Bauernhaus. Er las viel, schrieb, spielte Schach, ging auf die Jagd und arbeitete an seinem Werk »Die Entwicklung des Kapitalismus in Rußland«. Dort traf er auch eine Petersburger Freundin wieder: Nadeschda Krupskaja. Sie war nach Ufa verbannt worden, ihm dann aber mit ihrer Mutter nach Schuschenskoje gefolgt. Die beiden heirateten, und das Haus, in dem sie lebten, wurde zum Mittelpunkt eines großen Kreises deportierter Sozialdemokraten. Hier nahm Wladimir Uljanow auch seinen Kampfnamen an: Nach dem Fluß Lena, der durch das Land fließt, in dem sie lebten, nannte er sich Lenin.

Im Februar 1900, als die Verbannungszeit zu Ende war, brachte er die beiden Frauen im Schlitten nach Ufa. Dort vertraute er sie Freunden an und fuhr selbst weiter nach Westen.

Nun begannen lange Jahre der Unruhe und Heimatlosigkeit. Die Hauptstadt Petersburg zu betreten war ihm verboten worden. Als er dennoch versuchte, dahin zu gelangen, landete er im Gefängnis. Drei Wochen saß er da unter schlimmsten Bedingungen, dann durfte er wieder wandern. Aber seine Bewegungsfreiheit war in jeder Beziehung stark eingeschränkt. Überall wurde er bespitzelt. Um sich endlich einmal frei fühlen zu können, ging Lenin schließlich nach Deutschland.

Dort konnte er dann mit Hilfe seiner Gesinnungsfreunde Alfred Braun und Klara Zetkin ein lange gehegtes Projekt verwirklichen und seine Zeitschrift »Iskra« herausgeben, zu deutsch: »Der Funke«. Die Redaktion war in München, gedruckt wurde in Leipzig in einer geheimen Druckerei, den Vertrieb übernahm der »Vorwärts« in Berlin. »Iskra«, in kleinster Schrift auf dünnstem Papier gedruckt, wurde in handlichen Päckchen in deutsche Grenzorte geschickt und von Schmugglern in Rucksäcken auf Schleichwegen nach Rußland gebracht. Dort übernahm Lenins sozialdemokratische Parteiorganisation die weitere Verteilung.

Die deutschen Genossen leisteten den Russen einen Freundschaftsdienst, bei dem sie viel riskierten. Wie in allen wichtigen Städten, so hatte der russische Geheimdienst auch in Berlin und Leipzig seine Spitzel. Sie waren natürlich darauf angesetzt, herauszufinden, wo Redaktion, Druckerei und Vertrieb dieser Kampfschrift »Iskra« saßen, von der immer mal einige Exemplare bei abgefangenen Grenzgängern gefunden wurden. Die deutsche Polizei war ebenfalls lebhaft bemüht, dieser Sache nachzugehen, die ja zu Verwicklungen mit der russischen Regierung führen konnte.

Mit »Iskra« prägte Lenin von Deutschland aus das politische Bewußtsein seiner Gesinnungsgenossen in der Heimat, solange er dort nicht persönlich wirksam werden konnte. Er reiste umher, sprach auf Kongressen, schrieb Bücher (»Was tun?« [1902] und

»Ein Schritt vorwärts, zwei Schritte zurück« [1904]) und erlebte in der Fremde aus Briefen und Zeitungen mit, was in seiner Heimat geschah; so den Russisch-Japanischen Krieg.

Wie vor fünfzig Jahren im Krimkrieg war Rußlands kraftvoller Expansionsdrang nun im Fernen Osten auf Widerstand gestoßen: Als russische Truppen die Mandschurei besetzt hatten, traten ihnen die Japaner entgegen und brachten ihnen zu Wasser und zu Lande schwere Verluste bei. Dem Mißerfolg in Asien folgte der Aufruhr im Innern. Im Herbst 1905 gab es Streiks in Petersburg, die in eine offene Revolution übergingen, mit blutigen Straßengefechten und Erschießungen, mit Plünderungen und Verwüstungen im ganzen Land. In der Ukraine und in Russisch-Polen gelang es immer wieder, die Wut der Massen auf die Juden abzulenken. Die Geistlichkeit und der niedere Adel waren da die Hauptträger des Judenhasses. Ihr Werkzeug waren die sogenannten »Schwarzen Hundert«, fanatisierte Banden, die durchs Land zogen, die Häuser und Läden der Juden verwüsteten und in vielen Ortschaften zahllose Menschen erschlugen.

In den baltischen Provinzen mußten die deutschen Gutsbesitzer für grausame Ersatzhandlungen herhalten. 184 Herrenhäuser wurden ausgeraubt, zertrümmert, niedergebrannt, die Menschen darin gefoltert und erschlagen, von Männern, die eigentlich den Zaren und seine Regierung meinten.

Lenin drängte es, die Revolution von unkontrollierten Emotionen zu befreien und ihre Führung fest in die Hände zu nehmen. Er schaffte es auch, nach Moskau zu gelangen, aber als er ankam, war der Elan des Aufruhrs schon gebrochen. Sein Eingreifen blieb wirkungslos. Wieder ging er in die Emigration in den Westen, dieses Mal für zehn Jahre.

In vielen größeren Städten Deutschlands gab es damals russische Kolonien. Da lebten Menschen unterschiedlichster Gesinnung, aber durchweg gleichen Herkommens beisammen, diskutierten in den Cafés, in den Wandelgängen der Theater und Konzertsäle, Geistesgrößen, Aristokraten, Kapitalisten; nur Arbeiter und Bauern waren nicht dabei. Zumal die eleganten Kurorte waren beliebte Treffpunkte und Refugien für Enttäuschte und Kranke. Anton Tschechow verbrachte seine letzten Lebensjahre in Badenweiler, Fürst Gortschakow in Baden-Baden, wo aus dem weltweit planenden Staatsmann ein melancholischer Schwarzwaldwanderer wurde. Auch Revolutionären aus gutem Hause konnte man in den deutschen Luxusbädern begegnen, meistens allerdings bevorzugten sie schlichte Quartiere in unauffälligen Wohnvierteln, die sie ebenso häufig wechselten wie ihre Namen.

Nadeschda Krupskaja hatte es deswegen nicht leicht, ihren Mann in Deutschland zu finden. Sie spürte ihn schließlich in München auf, wo sie an einem heißen Junitag mit ihrem dicken, knöchellangen Pelz die Aufmerksamkeit einer Wirtin von bemerkenswertem Kombinationstalent erregte. Die sagte zu ihr: »Dahinten wohnt ein Herr Meier, der eine Dame aus Sibirien erwartet.« Tatsächlich fand sie Meier alias Lenin alias Wladimir Iljitsch Uljanow in dem kahlen Zimmer eines Hinterhauses mit Genossen diskutierend. Die Begrüßung nach langer Trennung schilderte sie so: »... ich fange an zu schimpfen: ›Daß dich der Teufel hole! Warum hast du mir nicht geschrieben, wie ich dich finden kann! ...‹« Er hatte ihr geschrieben, getarnt in einem Buch, aber der Genosse, dem er es geschickt hatte, war so von dem Inhalt gefesselt gewesen, daß er gar nicht daran gedacht hatte, es an Nadeschda weiterzugeben.

In München gab es die größte und eine sehr seßhafte russische Kolonie: Bildhauer, Musiker, vor allem Maler. Wassilij Kandinskij war schon vor der Jahrhundertwende dahin gezogen, und die »Neue Künstlervereinigung«, die 1909 gegründet wurde, sah unter ihren ersten Mitgliedern Alexej Jawlenskij und Alexander Sacharow, Marianne von Werefkin und Wladimir Bechtejew und viele andere. Diese Russen wirkten sehr belebend im deutschen Kunstbetrieb, menschlich ebenso wie künstlerisch. Die erste große Chagall-Ausstellung veranstaltete Herwarth Walden in seiner »Sturm-Galerie« in Berlin im Jahre 1914, kurz vor Kriegsausbruch.

Dieser Krieg, in dem Deutschland und Rußland nichts voneinander zu gewinnen hatten, wurde durch eine Kettenreaktion ausgelöst: Die Erschießung des österreichischen Thronfolgers durch serbische Terroristen am 28. Juni 1914 führte zum Krieg Österreichs gegen Serbien. Rußland war Serbien, Deutschland war Österreich vertraglich zum Beistand verpflichtet, England und Frankreich wiederum Rußland. Hundert Jahre lang, seit deutsche Fürsten Napoleon Waffenhilfe geleistet hatten, war kein Schuß mehr zwischen Russen und Deutschen gefallen. Jetzt führten beide Reiche einen vollkommen sinnlosen Krieg gegeneinander, den am Ende beide verloren.

Anfangs drangen die russischen Heere tief in Ostpreußen ein und richteten schwere Verwüstungen an. In der dreitägigen Schlacht bei Tannenberg vom 26. bis 28. Au-

gust 1914 aber wurden sie vernichtend geschlagen und dann von den deutschen Truppen in zähen Kämpfen wieder in ihr Land zurückgetrieben. In dreißig Kriegsmonaten erlebte das russische Volk, wie alle Mängel seiner Gesellschaftsordnung, der politischen und militärischen Führung, des ganzen Versorgungssystems im russischen Riesenreich bloßgelegt wurden. Die Verkehrsverbindungen brachen zusammen, und in den Städten herrschte bitterste Hungersnot. Leidtragende waren vor allem wieder die einfachen Menschen, an der Front wie in der Heimat.

Petersburg hieß jetzt Petrograd. Zu Beginn des Krieges war als Ausdruck nationaler Begeisterung die deutsche Endung »burg« ins Russische übersetzt worden. Dort, in der Hauptstadt, unter den Augen des Zaren und der Hocharistokratie, verbrüderten sich Soldaten und Matrosen mit den Arbeitern der Werften und Rüstungsbetriebe, wählten Räte und riefen die Revolution aus.

Am 12. März 1917 konstituierte sich eine provisorische Regierung aus Liberalen und Menschewiki (Minderheits-Sozialisten).

Anarchistinnen aus der besten Petersburger Gesellschaft vor dem Abtransport nach Sibirien.

Am 15. März dankte Zar Nikolaus ab und verzichtete damit auch auf den Titel eines Herzogs von Schleswig-Holstein-Stormarn und Dithmarschen, den einst Peter III. mit dem eines Kaisers von Rußland verschmolzen hatte. Nikolaus wurde mit seiner Familie nach Jekaterinburg (heute Swerdlowsk) in die Verbannung geschickt und dort, in der Stadt der Goldwäscher und Jaspis-Schleifer, mit Frau und Kindern im Jahre darauf, am 17. Juli 1918, im Keller eines Wohnhauses erschossen.

Lenin hatte die Kriegsjahre in der Schweiz verbracht. Der Ausbruch der russischen Revolution war das Signal für seine Heimkehr. Nachdem die deutsche Regierung ihm die Durchreise ohne Paßkontrolle gestattet hatte, fuhr er am 9. April 1917 mit Nadeschda und 29 Freunden mit dem fahrplanmäßigen Zug um 3 Uhr 10 in Zürich ab. Im deutschen Grenzbahnhof Gottmadingen wurden alle in einen komfortablen D-Zug-Wagen umgesetzt, in dem sie unter dem Schutz von zwei deutschen Offizieren durch Deutschland und dann weiter über Schweden und Finnland nach Rußland reisen konnten. Von den vier Türen des Waggons wurden drei plombiert, die vierte blieb für die Begleiter unversiegelt.

Am 16. April kam die Reisegesellschaft in Petrograd an und wurde von einer jubelnden Volksmenge empfangen. Nadeschda notierte: »Das Volk drängte sich um uns wie ein aufgewühltes Meer. Wer die Revolution nicht erlebt hat, kann sich ihre majestätische Schönheit nicht vorstellen.«

Lenin ergriff die Macht. Er war der unangefochtene Führer der Bolschewiki. Diese Partei war bei der Spaltung der Sozialdemokratischen Arbeiterpartei, deren linken Flügel sie repräsentiert hatte, 1903 entstanden. Sie forderte bedingungslos die Diktatur des Proletariats. Die Menschewiki vom rechten Flügel wollten den Sozialismus in Etappen verwirklichen, unter Einbeziehung aller fortschrittlichen Kräfte der Bürgerklasse. Es gab noch andere sozialistische Parteien und Splittergruppen, wie die Maximalisten, die Sozialrevolutionäre, die Volkssozialisten, sie hatten die meisten Anhänger, aber die größte Entschlossenheit war bei den Bolschewiki. Sie hatten auch in Lenin die konsequenteste Führerpersönlichkeit, und ständig liefen ihnen neue Anhänger aus den anderen Gruppen zu. Die Bolschewistische Partei vor allen anderen war die tragende Kraft der Oktoberrevolution, die am 7. November (nach dem alten Julianischen Kalender war es der 25. Oktober) mit dem Sturm aufs Winterpalais begann.

Der Augenzeuge John Reed, ein überzeugter Kommunist aus reichem amerikanischem Hause, berichtete: »... nun begann die Menge wieder vorwärts zu fluten. Im Licht, das aus den Fenstern des Winterpalais fiel, sah ich, daß es Rotarmisten waren. Wir kletterten über eine Barrikade, sprangen in den Hof und stolperten über die Gewehre, die diese Fähnriche weggeworfen hatten, die den Palast eigentlich hätten verteidigen sollen. Die stürmische Welle riß uns fort ins rechte Portal. Wir kamen ins Kellergewölbe des Ostflügels. Da stand eine Menge riesiger Kisten. Die Rotarmisten fielen darüber her und zogen Gardinen, Wäsche und Porzellan heraus. Einer steckte sich einen Busch Straußenfedern an den Hut. Aber einer rief: ›Revolutionäre Disziplin! Volkseigentum!‹ Ein Komitee bildete sich, das ihnen alles wieder wegnahm. Auf der Suche nach der Besatzung, die es gar nicht mehr gab, wurden immer neue Zimmerfluchten entdeckt. Wir stürmten Treppen hinauf, durch Gänge und verlassene Räume. Ein alter Palastdiener in blau-rot-goldener Livree stand in einem Saal und murmelte verstört: ›Hier können Sie nicht hindurchgehen, meine Herren! Das ist nicht gestattet!‹«

Die Bolschewiki setzten die sozialliberale Regierung Kerenskij

Junge Damen aus gutem Hause ließen sich kahlscheren und meldeten sich freiwillig zur Front.

ab und riefen die Republik aus, deren Führung der Rat der Volkskommissare übernahm. Dessen Vorsitzender war Lenin, der Verantwortliche für Auswärtige Angelegenheiten: Lew Bronstein, genannt Trotzki.

Am 25. November fanden geheime und öffentliche Wahlen zur Konstituierenden Nationalversammlung statt. Zur großen Enttäuschung der Bolschewiki bekamen sie nicht einmal ein Viertel aller abgegebenen Stimmen, während die Sozialrevolutionäre über die Hälfte erhielten.

In der Zeit zwischen den Wahlen und der ersten Sitzung des ersten freigewählten Parlaments in der russischen Geschichte gab es zwei wesentliche Ereignisse: Das eine war die Aufstellung einer bolschewistischen Geheimpolizei, der sogenannten Tscheka (ab 1922 GPU genannt) am 20. De-

Am 3. März 1918 schloß der sowjetische Rat der Volkskommissare in Brest-Litowsk einen Separatfrieden mit dem Deutschen Reich.

zember, das andere war die Aufnahme von Friedensverhandlungen mit Rußlands Kriegsgegnern Deutschland, Österreich, Bulgarien und der Türkei.
Die Vorverhandlungen fanden in einem überaus freundlichen Klima und in konzilianter Form im Theatersaal des Offizierskasinos der einstigen, inzwischen von deutschen Truppen besetzten russischen Festung Brest-Litowsk statt. Sie wurden vom 28. Dezember bis zum 9. Januar 1918 unterbrochen. Danach gab es wichtige Veränderungen in Moskau, das die Sowjets wieder zur Hauptstadt gemacht hatten. Als am 18. Januar das freigewählte Parlament zusammentrat, ließ Lenin die Abgeordneten von Rotarmisten auseinandertreiben. Die Bolschewistische Partei, die knapp ein Viertel aller Stimmen errungen hatte, war nun die alleinherrschende. Jetzt übernahm Trotzki persönlich die Führung der sowjetischen Delegation in Brest-Litowsk und änderte den Verhandlungsstil grundlegend. Er notierte: »Ich beschloß, die familiären Beziehungen, die sich unmerklich eingebürgert hatten, schroff abzubrechen, und verlangte, daß die Mahlzeiten getrennt eingenommen wurden...«
Die deutsche Delegation wurde von Staatssekretär Richard von Kühlmann und General Max Hoffmann geführt. Sie setzte durch, daß Sowjetrußland auf seine Hoheit über Polen verzichtete, die Unabhängigkeit Finnlands und der Ukraine anerkannte, daß

Litauen und Kurland über ihre zukünftige Staatsform selber bestimmen sollten, daß Estland und Livland zunächst unter deutschem Schutz bleiben und nach endgültiger Klärung der Lage in Europa ebenfalls in die Selbständigkeit entlassen werden sollten. Das Deutsche Reich verzichtete auf Gebietsgewinne. Es begnügte sich damit, dem stetigen, jahrhundertelangen Vordringen des russischen Machtblocks nach Westen Einhalt zu gebieten und den dabei aufgesogenen Völkern zur Unabhängigkeit zu verhelfen. Die Männer, die auf deutscher Seite diesen Frieden aushandelten, waren nüchterne Politiker und Militärs, und kaum einer von ihnen wird bei dem monatelangen diplomatischen Tauziehen an

Johann Gottfried Herder gedacht haben. Es waren aber merkwürdigerweise seine Ideen, die diese Männer hier verwirklichten, indem sie den baltischen Völkern das Recht erkämpften, über ihr politisches Schicksal selber zu entscheiden.

In der von Trotzki geschaffenen und sorgfältig gepflegten Atmosphäre unpersönlicher Kälte beurteilten die Kontrahenten einander so:

General Hoffmann: »Trotzki war unzweifelhaft die interessanteste Persönlichkeit der neuen russischen Regierung: klug, vielseitig, gebildet, von großer Energie, Arbeitskraft und Redegewandtheit...«

Trotzki: »Kühlmann war ein größerer Kopf als die anderen Diplomaten, die ich kennenzulernen Gelegenheit hatte. Man bemerkte an ihm Charakter, einen praktischen, erheblich über dem Durchschnitt stehenden Geist und ein gut Teil Bosheit, die er nicht nur gegen uns äußerte, sondern auch gegen seine Verbündeten... General Hoffmann brachte in die Konferenz eine erfrischende Note. Er zeigte keine Sympathie für die Hinterlist der Diplomatie ... Hoffmann las fließend Russisch...«

Staatssekretär von Kühlmann beurteilte Trotzki so: »...sein Gesichtsausdruck verriet deutlich, daß er am liebsten den ganzen, ihm höchst unsympathischen Verhandlungen durch ein paar Handgranaten, über den grünen Tisch hinüber, ein rasches und gründliches Ende bereitet hätte, wenn dies mit der politischen Gesamtlinie sich einigermaßen vertragen hätte...«

Allen Bedenken und allen inneren Widerständen zum Trotz setzte Lenin den Abschluß dieses Vertrages bei seinen Genossen durch, weil er den Frieden dringend als Grundlage für seinen Neubeginn in Sowjetrußland brauchte. Am 3. März 1918 wurde der Vertrag von Brest-Litowsk unterzeichnet. Im Osten hatte Deutschland den Krieg gewonnen, während sich im Westen immer deutlicher die Niederlage abzeichnete.

Als erster Staat der Welt erkannte das Deutsche Reich die sowjetische Regierung an. Diplomatische Vertreter wurden ausgetauscht. Pressekorrespondenten wagten den Sprung mitten hinein in die russische Revolution, nach Moskau, in den Krater eines Vulkans, in dem es immer wieder zu unberechenbaren Eruptionen kam, in dem es kein Fleisch und keine Butter gab, kaum mal ein Brot, aber dauernd Schüsse, Verhaftungen, Detonationen.

Karl Johann von Voß, Korrespondent des »Berliner Tageblatts«, notierte: »Kein tausendjähriges Reich des Sozialismus, mag man

Lew Bronstein, genannt Trotzki, der Schöpfer der Roten Armee und Verhandlungsführer in Brest-Litowsk.

es noch so herrlich schildern, könnte das Grauen dieser Tage ausgleichen.«

Alfons Paquet von der »Frankfurter Zeitung«, dessen Briefe aus Moskau Albert Schweitzer »historische Dokumente ersten Ranges« nannte, schrieb: »Ganz Moskau zittert, windet sich in Todesängsten ...« Und das schmerzte ihn, denn er liebte die Russen und gab das auch immer wieder deutlich zu verstehen.

Das deutsch-sowjetische Arrangement, das für die Russen ebenso wichtig war wie für die Deutschen, hatte schon bald eine schwere Belastungsprobe zu bestehen: Am Sonnabend, dem 6. Juli 1918, diesem schwülen Tag, an dem die drückende Luft wie ein heißer Sandsack über Moskau lag, meldeten sich zwei Männer in der deutschen Gesandtschaft, die ziemlich abgerissen gekleidet waren, aber recht gut Deutsch sprachen und baten, den Gesandten Graf Mirbach sprechen zu dürfen. Sie wurden vorgelassen, und er fragte sie, was sie wünschten. Sie sagten, sie wollten ihn warnen, es sei ein Attentat auf ihn geplant. Er fragte, wie man es machen wolle. Sie sagten: »So!«, zogen Pistolen und erschossen ihn. Dann zündeten sie noch eine Handgranate, sprangen durch das geborstene Fenster ins Freie und entkamen mit einem Auto, das unten wartete. Unmittelbar danach entlud sich ein schweres Gewitter über Moskau, das sich stundenlang nicht verziehen wollte.

Das Entsetzen über diese Tat war so groß, daß Lenin und Trotzki in die deutsche Gesandtschaft kamen und sogleich veranlaßten, daß die deutsche Reichsregierung und Graf Mirbachs Familie Beileidstelegramme erhielten. Die Sorge, daß der gerade besiegelte Friede ernsthaft gefährdet war, beunruhigte alle.

Die Täter, so versicherte Karl Radek, der für Deutschland zuständige Abteilungsleiter im Außenkommissariat, würden bald gefunden und erschossen werden. Sie wurden gefunden: Sie hießen Bljunkin und Andrejew. Erschossen wurden sie jedoch nicht. Alle Anzeichen deuteten darauf hin, daß sie im Auftrag der Sozialrevolutionäre gehandelt hatten, die mit den Westmächten zusammenarbeiteten und den deutsch-sowjetischen Frieden durch diesen Terrorakt gleich zu Beginn mit Gewalt wieder sprengen wollten.

Offenbar sollte Mirbachs Ermordung das Signal für einen Aufstand der Sozialrevolutionäre gegen die Bolschewiki sein. In der Tat kam es in Moskau und einigen anderen russischen Städten zu blutigen Auseinandersetzungen zwischen Bewaffneten aus beiden Lagern. Aber weder Deutschland noch Sowjetrußland waren gewillt, das mühsam geschaffene Friedenswerk gefährden zu lassen, und taten alles, um weitere Spannungen zu vermeiden.

Alfons Paquet, Sohn eines Wiesbadener Handschuhmachers, sensibler Lyriker und furchtloser Reporter, berichtete seiner »Frankfurter Zeitung« über die Nacht und die Tage nach dem Mord: ». . . zuweilen ein ferner Schuß. Es regnet. Lokomotiven pfeifen. – Sonntag, den 7. Juli. Regnerisch grauer Morgen. Spähe durch die Bäume. Pferde stehen da, Soldaten in langen Mänteln. Das Telefon geht nicht. Gewehrfeuer. Um elf bin ich mit meinem Kommißbrot nach Hause gelangt. Das Artilleriefeuer wird lebhafter. Vor einem Wohnhaus liegen Sättel, Flinten, Patronenkisten. – Ein paar Tage später die Einsegnung der Leiche. In weißen Tüchern. Palmenkübel. Ein polnischer Priester, von der Straße weggeholt. Völlige Ausdruckslosigkeit der Trauergemeinde. Sein alter Kammerdiener fährt mit dem Toten...«

Die sowjetische Regierung beging den Abschied von Graf Mirbach sehr feierlich. Führende Mitglieder geleiteten den Sarg auf seinem Weg durch die Stadt zum Alexanderbahnhof, und alle in dem endlosen Trauergefolge trugen geladene Revolver in den Taschen. General Odinzow, ein vom Zaren zu den Roten übergewechselter Offizier, der sich auf subtilste Protokollfragen verstand, bekam den Auftrag, als Reisemarschall die Leiche nach Deutschland zu begleiten und den Toten dort seiner Familie zu übergeben.

Wilhelm Graf von Mirbach-Harff erreichte seine Heimat auf einigen Umwegen. Nach einem feierlichen Requiem in der Hedwigskirche in Berlin wurde er am 15. Juli in der Familiengruft in Schloß Harff bei Rheydt beigesetzt.

Ein weiteres Ereignis, das die Beziehungen zwischen dem Deutschen Reich und Sowjetrußland (erst seit Dezember 1922 lautet der offizielle Name: »Union der Sozialistischen Sowjetrepubliken – UdSSR«) belastete, war die Erschießung der Zarenfamilie in Jekaterinburg im Keller des Hauses Ipatjew, in dem sie nach längerer Haft in Tobolsk gefangengehalten worden war.

In der ersten Stunde des 17. Juli 1918 weckten Soldaten den Zaren Nikolaus II., die Zarin Alexandra, eine geborene Prinzessin von Hessen, ihre vier Töchter Olga (22), Tatjana (21), Maria (19), Anastasia (17) und den einzigen Sohn, den Zarewitsch Alexej, der kurz vor seinem vierzehnten Geburtstag stand, aber immer noch getragen wurde, da er schwer bluterkrank war und die kleinste Schnittwunde seinen Tod bedeuten konnte. Man ließ allen eine Stunde Zeit, sich anzuziehen, und führte sie dann zusammen mit dem Arzt Dr. Botkin, einem Diener, dem Koch und einer Kammerfrau in den Keller. Dort wurden sie von einem elf Mann starken Erschießungskommando, unter dem sieben Letten waren, mit zahllosen Pistolenschüssen liquidiert. Die Kammerfrau, die zu fliehen versuchte, durchbohrten die Wachtposten mit ihren Bajonetten. Noch vor Tagesanbruch wurden mürrische Soldaten in den Keller getrieben, wo sie mit Sägemehl und Wasser die Blutlachen aufwischen mußten, die Spritzer von den Wänden entfernen, die Spuren im Korridor tilgen, durch den man die Toten hinausgeschleift hatte, um sie auf einen Lastwagen zu packen und draußen vor der Stadt in einen stillgelegten Berkwerksschacht zu werfen.

Diese Tat erregte das Entsetzen der ganzen Welt, aber Trotzki rechtfertigte sie: »Diese Hinrichtung der kaiserlichen Familie war notwendig, um den Feind zu erschrecken, aber auch, um unseren Leuten klarzumachen, daß es kein Zurück gibt und daß sie entweder der Sieg oder der völlige Untergang erwartet!«

Anderthalb Jahre nach dem Vertrag von Brest-Litowsk bekam die deutsche Regierung von den Westmächten den Versailler Vertrag vorgelegt, den sie nur zu unterzeichnen, nicht zu diskutieren hatte. Deutschland verlor weite Gebiete an Frankreich, Belgien und Dänemark, vor allem aber an das neugegründete Polen. Es verlor drei Viertel seiner Eisenerz-

Ein Bild der Zarenfamilie aus glücklichen Tagen (1904).

und ein Viertel seiner Kohlevorkommen. Es mußte die alleinige Schuld am Ausbruch des Weltkrieges auf sich nehmen und sich verpflichten, entgegen dem erklärten Wunsch der Menschen beider Länder, sich nie wieder mit Österreich zu vereinigen.

Wie Lenin als außenstehender, unsentimentaler Politiker diesen Versailler Vertrag beurteilte, erklärte er unmißverständlich am 22. November 1919 auf dem II. Gesamtrussischen Kongreß der Kommunistischen Organisationen der Völker des Ostens in Moskau: »... Den Werktätigen sind die Augen aufgegangen, weil der Versailler Frieden ein Raubfrieden ist und gezeigt hat, daß Frankreich und England in Wirklichkeit gegen Deutschland Krieg führten, um ihre Herrschaft über die Kolonien zu festigen und ihre imperialistische Macht zu vergrößern ...« (Original-Übersetzung Verlag Progreß, Moskau 1971).

Es gab vieles, was Deutschland und Sowjetrußland miteinander verband. Beide Länder hatten einen Krieg und Millionen von Menschen verloren. Beide mußten auf einem Trümmerhaufen von vorn beginnen. Beide hatten – wenn auch mit unterschiedlichen Methoden – ihre Monarchen abgesetzt und suchten nach neuen Formen von Staat und Gesellschaft. Die russische Revolution verlief ungleich blutiger und dauerte ungleich länger als die deutsche, aber die Menschen in beiden Ländern waren dem Hunger und der Lebensangst gleich hilflos ausgeliefert. Zu Tausenden kämpften deutsche Kriegsgefangene auf beiden Seiten an den verschiedenen Fronten des russischen Bürgerkrieges zwischen Weiß und Rot mit, aus innerer Überzeugung die einen, gezwungenermaßen die anderen.

Die siegreichen Westmächte ordneten Europa neu. Sie taten es am Reißbrett, gestützt auf einseitige Informationen. So wurde in manchen neugegründeten Staat gleich ein brisantes Minderheitenproblem eingebaut, als Zeitbombe, die bereits dem nächsten Krieg entgegentickte.

Finnland bekam endlich seine langersehnte und heiß erkämpfte Selbständigkeit bestätigt, aus der es auch das Beste machte. Die baltischen Länder wurden auf drei Staaten verteilt: Estland, Lettland, Litauen. In jedem waren mehrere Nationalitäten vertreten. Polen bekam ein Areal zugesprochen, dessen Bevölkerung zu einem Drittel aus Nichtpolen bestand, vor allem Ukrainern, deren Selbständigkeit nur von kurzer Dauer gewesen war, aber auch aus Deutschen und Juden, die sich keinesfalls alle als Polen empfanden. Sogleich wurde rigoros polonisiert. Wer für Deutschland optierte, wurde enteignet und ausgewiesen, 800000 Menschen allein aus Posen und Westpreußen; und sie alle konnten nicht begreifen, warum sie die Städte, die sie gegründet, die Felder, die sie beackert, das Land, in dem sie gelebt hatten, nicht mehr als ihre Heimat empfinden durften.

Schon im November 1916, mitten im Krieg, hatten die deutsche und die österreichische Regierung in den von ihren Truppen besetzten Teilen Polens einen unabhängigen polnischen Staat proklamiert, dessen Aufbau kräftig gefördert und als dessen Rückgrat eine polnische Legion aufgestellt. Am Ende des Krieges aber, als alle drei Nachbarn, Deutschland, Österreich und Rußland, geschlagen waren und die Sieger ein neues Polen nach ihren Vorstellungen konstruierten, als das deutsche Heer entwaffnet und das russische durch die Revolution geschwächt war, konnten polnische Kampfverbände unbesorgt tief in deutsches und russisches Gebiet eindringen, um vollendete Tatsachen zu schaffen. Sie stürmten Posen im Norden, eroberten Lemberg im Süden, stießen bis nach Minsk und Kiew im Osten vor, schlugen eine Gegenoffensive der Roten Armee zurück und erzwangen eine neue Grenzziehung in ihrem Sinne auf der ganzen Linie.

In Schlesien bildeten sich Selbstschutzeinheiten: Kriegsinvaliden, Schüler, alte Männer versuchten mit Schrotflinten und Hirschfängern die Eindringlinge abzuwehren. Truppen der Siegerstaaten, die eigentlich die Abstimmungen in Oberschlesien überwachen sollten, bemühten sich nicht einmal, auch nur den Anschein von Neutralität zu erwecken, wobei die Engländer eine rühmliche Ausnahme machten, sondern begünstigten einseitig die Polen. Obwohl sich in der Abstimmung dort 59,6 Prozent aller Wähler für Deutschland und 40,4 Prozent für Polen entschieden, wurde Oberschlesien geteilt. Obwohl sich in Kattowitz 85 und in Königshütte 75 Prozent der Menschen zu Deutschland bekannten, wurden beide Städte ohne Rücksicht auf das so oft beschworene Selbstbestimmungsrecht der Völker mit Hilfe der Siegermächte Polen einverleibt.

Die neue Grenze verlief so, daß alle Fabriken, Fördertürme und Verhüttungsanlagen zu Polen kamen. Sie zerschnitt Straßen, Bahngleise und Friedhöfe, trennte Häuser von ihren Gärten und Wasserleitungen von ihren Wasserwerken.

Das wiedererstandene Polen meldete unverzüglich seine teils von mittelalterlich feudalen, teils von panslawistischen Vorstellungen geprägten Herrschaftsansprüche

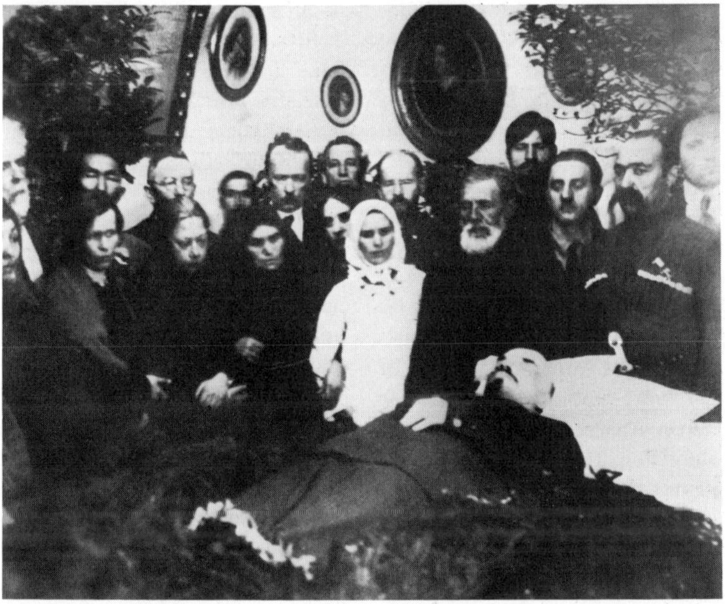

Fremde und Bauern aus dem Dorf Gorki am Totenbett Lenins.

an, mit denen es bedenkenlos alle Minderheiten vereinnahmte, die eine slawische Sprache sprachen: Sorben und Kaschuben, Masuren und Litauer, Weißruthenen und Ukrainer, ohne Rücksicht darauf, ob die nun Polen sein wollten oder nicht. Das führte dort, wo es zu einer der seltenen Abstimmungen kam, oft zu erheblichen Überraschungen. So stimmten etwa im Kreis Ortelsburg, in dem zwei Drittel aller Einwohner Masurisch als Muttersprache angeben, 99 Prozent für Deutschland und ein Prozent für Polen.

Die polnischen Nationalisten konnten ebensowenig wie später die deutschen Nationalsozialisten begreifen, daß es mehrere Millionen Slawen deutscher Nationalität gab, abgesehen von all denen, in denen sich das Blut unterschiedlicher Ahnen mischte. Viele, die in Bezirken, die zu Polen kamen, für Deutschland optiert hatten, ließen sich lieber aus ihrer Heimat vertreiben, als ihr Deutschtum aufzugeben. Und dann kamen sie mit ihren slawischen Namen, ihrem eigentümlich klingenden Deutsch und den paar Habseligkeiten, die sie hatten mitnehmen können, in den westlichen Teil ihrer großen Heimat Deutschland und fanden durchaus nicht immer das Verständnis, das sie hätten erwarten können.

Aber der Expansionsdrang Polens richtete sich nicht nur gegen die Deutschen, sondern ebenso gegen Litauer, Ukrainer und Russen. Im tiefsten Frieden überfielen sie Litauen und besetzten dessen uralte Hauptstadt Wilna. Gegen Sowjetrußland führten sie einen regulären Krieg. Einen Aufstand ukrainischer Freiheitskämpfer schlugen sie blutig nieder. Und ständig waren sie sich der Rückendeckung durch die Westmächte – vor allem durch Frankreich – sicher und brauchten keinerlei Rücksicht zu nehmen, nicht auf die Angst der Menschen vor dem nächsten Krieg.

Auch das verband Deutschland und Sowjetrußland miteinander. Die Sowjets behandelten ihre Minderheiten damals anders als die Polen. Sie durften ihre Schulen haben und ihre kulturellen Eigenarten pflegen. In der Verfassung der »Russischen Sozialistischen Föderativen Sowjetrepublik« war auch die Autonomie der »Wolgadeutschen Republik« verankert. Auch kleinere deutsche Siedlungsräume in der Ukraine und auf der Krim, in Georgien und Aserbeidschan erhielten ihre volle Kulturautonomie. 171 deutsche Schulen, fünf Hochschulen, elf technische Lehranstalten wirkten dort. Es gab ein deutsches Theater und über zwanzig deutsche Zeitungen.

Aus dem Zustand weitgehender Isolation heraus, der beiden gemeinsam war, wuchsen immer engere Kontakte zwischen Deutschland und Sowjetrußland, die folgerichtig zum Vertrag von Rapallo führten.

Im April 1922 trafen sich die Vertreter von 28 Staaten in Genua zu einer Wirtschaftskonferenz, auf der ursprünglich die deutschen Reparationszahlungen im einzelnen festgelegt werden sollten. Deutschland und Sowjetrußland waren geladen und mußten rasch erkennen, wie isoliert sie waren. So war es gar nicht abwegig, daß sich Reichskanzler Wirth und Außenminister Walther Rathenau am Ostersonntag, dem 16. April 1922, mit dem sowjetischen Außenminister Tschitscherin ein wenig ostwärts von Genua in Rapallo trafen und einen Vertrag unterzeichneten, durch den normale diplomatische Beziehungen wiederaufgenommen und von Anfang an dadurch entlastet wurden, daß beide Vertragschließenden alle früheren Ansprüche für

Rote Armee und Reichswehr arbeiteten in den zwanziger Jahren eng zusammen.

erledigt erklärten. Damit schufen sie eine stabile Basis für künftige Zusammenarbeit.
Für die Politiker der Westmächte wurde der Name des schönen ligurischen Badeorts Rapallo zu einem Reizwort, hinter dem sich das Schreckgespenst einer deutsch-sowjetischen Freundschaft verbarg. Für Deutsche und Russen aber wurde er zu einem Begriff, der die Möglichkeiten einer friedlichen Koexistenz von Staaten unterschiedlicher Gesellschaftsordnungen bezeichnet. Beide hatten ihre Form gefunden: Deutschland die der parlamentarischen Demokratie und der freien Wirtschaft, die Sowjetunion die des Einparteien-Räte-Systems und der Staatswirtschaft. Der Vertrag von Rapallo wurde vier Jahre später durch den Neutralitäts- und Freundschaftspakt vom 24. April 1926 befestigt und ausgebaut.

Lenin erlebte diesen Tag nicht mehr. Seit dem Mai 1922 hatte er mehrere Schlaganfälle erlitten, sich aber mit aller Kraft gegen den Verfall gewehrt und immer wieder versucht, die Zügel der Staatsführung in die Hand zu nehmen. Vergebens. Im Mai 1923 zog er sich endgültig auf sein Landhaus in einem Dorf namens Gorki, fünfzig Kilometer von Moskau entfernt, zurück, mit seiner Frau Nadeschda Krupskaja und seiner Schwester Anna, die ihn pflegten.
Meistens mußte er liegen. Er las viel, mit Vorliebe das wichtige philosophische Werk des Generals Carl von Clausewitz »Vom Kriege« und schrieb an den Rand: »Ein guter Führer!« Er formulierte Sätze wie diesen: »Die Interessen des Welt-Sozialismus stehen über den nationalen Interessen.« Und: »Ich werde einen Kampf auf Leben und Tod gegen den großrussischen Chauvinismus einleiten! Ich werde ihn mit all meinen gesunden Zähnen verschlingen!«
Von einem befreundeten Pianisten ließ er sich Sonaten von Johann Sebastian Bach und Johannes Brahms vorspielen, die in seiner Kindheit die Mutter gespielt hatte.
Er ließ berühmte Ärzte aus Deutschland kommen, die mit ihren russischen Kollegen im besten Einvernehmen zusammenarbeiteten, darunter Professor Foerster, der Lenin bis zum letzten Atemzug betreute.
Am 21. Januar 1924 starb er mit dreiundfünfzig Jahren in seinem Haus, auf dessen Dach eine schwere Schneelast lag, fünfzig Kilometer vom Kreml entfernt, den er wieder zum Machtzentrum des Russischen Reiches und zum Zentrum der Sowjetunion gemacht hatte und der nach seinen Vorstellungen zum Zentrum der ganzen Welt werden sollte.

Inzwischen hatte längst ein Mann die Macht ergriffen, der in Lenins großen Zeiten kaum eine Rolle gespielt hatte: Der Georgier Josef Wissarionowitsch Dschugaschwili, genannt Stalin, war Generalsekretär der Partei geworden.

Wie Lenin diesen Mann beurteilte, geht aus einem Schreiben vom 4. Januar 1923 hervor, das man sein politisches Testament nennen könnte: »... Stalin ist zu grob ... Ich schlage daher den Genossen vor, ein Mittel zu finden, um Stalin aus dieser Stellung zu entfernen und einen anderen zu ernennen, der sich von Stalin in jeder Weise durch den Vorzug unterscheidet, daß er geduldiger, loyaler, höflicher, aufmerksamer gegen die Genossen und weniger launisch ist...«

Am 23. Januar 1924 wurde der tote Lenin im Zug nach Moskau gebracht: die große Führerfigur, der vielseitig gebildete Russe mit einer reichen europäischen Erfahrungswelt und einem Blick, der weit über die Küsten der sieben Weltmeere hinausreichte. Wie zweihundert Jahre vor ihm Peter der Große, so hatte Lenin dem Volk der Russen eine völlig neue Lebensform gegeben, und ebenfalls unter kluger Verwertung geistiger Kräfte, die aus Deutschland gekommen waren: Marx und Engels hatten sein Denken geprägt. Er hatte ihre Lehren für den Bedarf seines Landes umgeformt, für die Sowjetunion, in der nicht nur Russen, sondern viele Völker lebten. Deren richtungweisende Lehre hieß von nun an »Marxismus-Leninismus«, und die hatte eine stärkere Ausstrahlungskraft als alle Lehren vor ihr.

Den Slawophilen hatte die russische Orthodoxie das geistige Rüstzeug gegeben. Sie boten aber den Slawen anderen Glaubens nur die Möglichkeit zu konvertieren. Der Panslawismus hatte auch andere Konfessionen gelten lassen, damit alle Slawen gemeinsam ihre Herrschaftsansprüche über den Rest der Welt erheben konnten. Erst mit dem Marxismus-Leninismus, der zwischen Slawen und Germanen, zwischen Magyaren und Romanen, zwischen allen Völkern dieser Erde keinen Unterschied machte, schuf Wladimir Iljitsch Uljanow den ideologischen Unterbau, auf dem sich eine Weltherrschaft errichten ließ.

Auf dem ganzen Weg von Gorki nach Moskau standen auf beiden Seiten der Bahngleise die Menschen dicht an dicht und nahmen Abschied von Lenin. In Moskau zogen Hunderttausende an ihm vorbei, wie heute noch Tag für Tag ohne Unterlaß Menschen an seinem einbalsamierten Leichnam vorbeiziehen, der im Mausoleum an der Kreml-Mauer aufgebahrt liegt.

KAPITEL XIX

Die neuen Männer im alten Moskau

Fast zwei Jahrhunderte war Sankt Petersburg – 1914 in Petrograd umbenannt – die Metropole des Russischen Reiches gewesen. Mit dem Sturm aufs Winterpalais war diese Rolle ausgespielt. Lenin verlegte den Regierungssitz mit allen Ämtern nach Moskau zurück, das viele Russen noch »Das Heilige Moskau« nannten. Da bezogen die Spitzen der neuen Gesellschaft im Laufe des Jahres 1918 ihre Dienstwohnungen im Kreml, möglichst in Lenins nächster Umgebung. Sie aßen mit zaristischen Bestecken von zaristischem Geschirr, wurden von erfahrenen Dienstboten betreut und von geschulten Tscheka-Leuten des Geheimdienst-Chefs Dserschinski unauffällig überwacht. Stalin bekam erst Ende 1919 eine Wohnung im Kreml, ziemlich weit von Lenins Gemächern entfernt.

Die markanteste Persönlichkeit war Lew Davidowitsch Bronstein, der sich Trotzki nannte. Er war – wie Stalin – Jahrgang 1879, Sohn eines jüdischen Gutsbesitzers, hatte auf der Schule der Deutsch-Lutherischen Gemeinde in Odessa Deutsch, Englisch und Französisch gelernt, mit siebzehn das Abitur gemacht, sich revolutionären Zirkeln angeschlossen und alle Stationen eines Aufrührers durchlaufen: Verhaftung, Verbannung nach Sibirien, Flucht, Exil in Österreich, Frankreich, den USA, und war rechtzeitig vor der Oktoberrevolution mit einem norwegischen Dampfer nach Petrograd gelangt. Da hatte er mit feurigen Ansprachen die Soldaten der Garnison für die Revolution begeistert. Im November 1917 war er Volkskommissar des Auswärtigen, im März 1918 Oberbefehlshaber aller Streitkräfte geworden. In dieser Zeit rangierte er weit über Stalin, und er verzichtete nie darauf, ihm seine Geringschätzung zu zeigen, auch als sie beide schon im Kreml wohnten. Trotzki: »Mehrfach hat Stalin versucht, sich an mich heranzumachen, wie es so seine Art war: devot und plump. Er fühlte, daß er mir unterlegen war.«

Trotzki, der Nichtsoldat, der seine militärischen Kenntnisse gewissermaßen auf dem zweiten Bildungsweg erwerben mußte, schuf die Rote Armee. Um die Dilettanten der Roten Garde nicht zu überfordern, griff er auf zaristische Offiziere zurück, die seine Genossen eingekerkert hatten. Er stellte sie mit ihrem alten Dienstgrad wieder ein und bot ihnen die Chance, in der Roten Armee Karriere zu machen. Damit sie nicht auf dumme Gedanken kamen, ließ er ihre Frauen und Kinder durch Dserschinskis Tscheka in Verwahrung nehmen. Als Kommandozentrale richtete sich Trotzki einen Panzerzug ein, der später in Romanen und Filmen eine Rolle spielte. Mit dem ratterte er von Front zu Front, immer dahin, wo es gerade brannte.

Und es brannte an vielen Stellen. Drei Jahre dauerte der Bürgerkrieg zwischen Weiß und Rot. Er wurde nach Bakunins Grundsätzen geführt: »Die einzige Tätigkeit, die wir anerkennen, ist die Zerstörung. Sie reicht von der Kugel in den Nacken bis zum Galgen. Die Revolution heiligt alle Mittel!« – Und Dserschinski, der Sproß einer polnischen Adelsfamilie, erklärte: »Wir brauchen keine Justiz, wir brauchen nur den Kampf bis aufs Messer.« Er richtete sich sein Tscheka-Hauptquartier mit dem ganzen Instrumentarium, das ihm alle gewünschten Geständnisse einbrachte, im einstigen Verwaltungsgebäude einer liquidierten Versicherungsgesellschaft an der Lubjankastraße 22 ein. Diese Adresse wurde bald zum Angsttraum vieler Menschen.

Trotzki bewies sein Talent als Heerführer an allen Fronten des Bürgerkrieges. Er vernichtete die Weißen Armeen des Admirals Koltschak und der Generale Denikin und Judenitsch. Er warf die polnischen Invasoren auf Warschau zurück, bis General Weygand mit den eilig herbeigeschafften Kampfmitteln die zurückflutenden Polen auffing und den Russen die schwere Niederlage bereitete, in deren Gefolge sie bittere Gebietsverluste hinnehmen mußten. Im Endeffekt wurde die Schlappe Trotzki angelastet, während der Polit-Kommissar

Stalin seinen entscheidenden Anteil an der riskanten Truppenführung geschickt zu verschleiern verstand.
Josef Wissarionowitsch Dschugaschwili, der sich Stalin nannte, war der Sohn eines Schuhmachers aus Gori in Georgien. Der Vater war als junger Mann noch Leibeigener gewesen, die Mutter arbeitete als Näherin und Putzfrau in fremden Häusern. Er hatte also eine makellose proletarische Herkunft. Das war ein Vorteil, da die sowjetische Führungsspitze vorwiegend aus Sprößlingen adliger oder bürgerlicher Familien bestand und unbedingt echte Proletarier in ihren Reihen brauchte. Seit seiner Kindheit hatte sich Stalin mit zwei Handicaps auseinanderzusetzen: Sein Gesicht war durch Pockennarben entstellt und sein linker Arm nach einem Unfall verkrüppelt. Eigentlich hatte er Priester werden wollen, da er sich aber schon früh mehr für marxistische Ideen als für Gottes Wort hatte begeistern können, war er vom Seminar verwiesen worden. Er machte dann von sich reden, als er 1907 in Tiflis einen Geldtransport überfiel, um Mittel für terroristische Aktivitäten zu beschaffen. Die nächsten zehn Jahre lebte er in Verstecken, in Kerkern, in der Verbannung, voller Groll auf jene Salonbolschewisten, die als Emigranten in mondänen Badeorten im Westen

Josef W. Stalin (1879–1953).

flammende Aufrufe an die Arbeiterklasse verfaßten und die Flugblätter von tollkühnen Agenten nach Rußland schmuggeln ließen, was manche von ihnen mit dem Leben bezahlten. Stalin blieb im Lande.
In der Frühjahrsrevolution 1917 schloß er sich eng an Lenin an, arbeitete in der »Prawda« und wurde von den Bolschewiki ins Zentralkomitee gewählt. Als Lenin die Verhaftung drohte, verhalf Stalin ihm zur Flucht und vor der Oktoberrevolution zur Rückkehr aus Finnland: Er besorgte

eine fuchsrote Perücke. So konnte Lenin unerkannt nach Petrograd gelangen. Nach dem Sturm aufs Winterpalais wurde Stalin nach Lenin, Trotzki und Swerdlow am 29. November 1917 als vierter Mann in den kleinen Führungskreis des Zentralkomitees aufgenommen.

Stalin war ein untersetzter Mann von 1,65 Meter Größe, mit einem wuchtigen Schnauzbart als einzigem Ornament. Alles andere an ihm war schmucklos: seine Sprache, seine Kleidung, seine Umgangsformen. Er aß gerne Pellkartoffeln mit Salz, gelegentlich einen Hering dazu. Seine Arbeitskraft war unerschöpflich, sein Mißtrauen so ausgeprägt, daß ihn niemand überlisten konnte. Stalins Intelligenz, von seinen Feinden oft unterschätzt, hatte viele Facetten. Sie reichte von Bauernschläue und Schlitzohrigkeit bis zu pragmatischem Verstand und politischem Weitblick. Von moralischen Bedenken war er unbelastet und somit zu allem fähig. Es war gefährlich, ihn zum Feind, noch gefährlicher, ihn zum Freund zu haben: In jedem profilierten Genossen sah er einen Rivalen. Für die lyrische Komponente in seinem Leben war ein Pianola zuständig, ein automatisches Klavier, das georgische Weisen hämmerte. Als ihn sein lebensfroher Amtskollege Kamenew einmal fragte, ob er überhaupt ein Glücksgefühl kenne, sagte Stalin: »O ja, wenn ich einen Feind aufgespürt und seine Vernichtung organisiert habe und dann zu Bett gehe.«

Der erste, dessen Vernichtung organisiert wurde, war Trotzki. Als Lenin gestorben war, bat Stalin ihn, zu den Beisetzungsfeierlichkeiten nach Moskau zu kommen. Er telegrafierte aber ein falsches Datum auf die Krim, wo Trotzki eine Kur machte. So kam der Rivale zu spät, und zum Erstaunen der trauernden Menschenmenge fehlte unter den auserwählten Genossen, die den Sarg über den Roten Platz in den Kreml trugen, der Mann, in dem die meisten Sowjetbürger Lenins Erben sahen.

Die wahren Machtverhältnisse zeichneten sich bald ab: Stalin bildete mit Lenins engsten Vertrauten Sinowjew und Kamenew die »Troika« der Partei- und Staatsführung. Trotzki stand im Schatten. Seine Vernichtung wurde als Langzeitprogramm erledigt: Im Januar 1925 berief ihn das ZK vom Amt des Kriegskommissars ab. Im Oktober 1926 wurde er aus dem Politbüro ausgeschlossen, im November 1927 aus der Partei, im Januar 1928 nach Sibirien verbannt, im Dezember 1929 aus der UdSSR ausgewiesen. Von da an war er nur noch auf der Flucht vor Stalins Haß: in Istanbul, in Kopenhagen, in Marseille, in Me-

Vor dem Lenin-Mausoleum stellen sich Tag für Tag unzählige Menschen geduldig an.

xico-City. Am 21. August 1940 schlug ihm dort der spanische Berufskiller Jaime Ramon Mercader in Stalins Auftrag einen Eispickel durch die Schädeldecke, und der Kreml tilgte Trotzkis Namen aus allen offiziellen Werken.

Lenin war sechs Jahre Herr des Kreml gewesen, Stalin hatte fünfmal so lange Zeit, von dort aus sein Riesenreich zu beherrschen. Iwan Grosny war der Monarch, an dessen Führungsstil er sich unverkennbar orientierte. Er verstand es meisterhaft, persönliche Rivalen in die Rolle des Partei- und Staatsfeindes hineinzumanövrieren und so im rechten Augenblick die Männer zu beseitigen, die ihm im Wege waren. Und immer fand er Freunde, die dieses Spiel mitspielten, bis sie ihrerseits unversehens Partei- und Staatsfeinde waren.

Lenin war tot, aber Stalin erkannte, daß er ihn als Leitfigur für kommende Generationen weiterleben lassen mußte. Das seit Jahrhunderten an Heiligenverehrung gewöhnte Volk brauchte eine bolschewistische Reliquie. Kommunistische Dogmatiker forderten: »Wir müssen ein Lenindenkmal errichten an Stelle des Kreml! Der gehört in den Mülleimer der Geschichte!«

Aber der einstige Priesterschüler Stalin wußte genau, daß eine Reliquie ohne glanzvollen Namen nicht wirken kann. Der Kreml war der ideale Hintergrund. Außerdem wohnte es sich nicht schlecht in seinen alten Palästen. Also ließ er Lenins Leichnam von einem Meister präparieren und, bis das marmorne Mausoleum an der Kremlmauer fertig war, in einem hölzernen Pavillon ausstellen.
Vom ersten Tag an zog das Volk in einer endlosen Schlange an dem Toten vorbei, die bis heute nicht abgerissen ist, und alle Paraden, alle Demonstrationen sowjetischer Macht finden seitdem zu Füßen Lenins statt.
Während draußen an der Mauer des alten zaristischen Nationalheiligtums ein neues sowjetisches entstand, sorgte drinnen Stalin für die erste technische Neuerung: Durch den tschechischen Fernmeldeingenieur Karlik ließ er in allen Behördenräumen und Privatwohnungen führender Funktionäre Telefone mit Wählscheiben installieren, neben seinem Arbeitszimmer aber die Zentrale. So konnte er alles mithören und wußte immer genau, wer mit wem worüber sprach. Als die Anlage funktionierte, wurde der Mann, der das große Staatsgeheimnis kannte, mit höchster Anerkennung nach Hause entlassen. In Moskau stieg Karlik auch in den richtigen Zug, aber er kam nie in seiner Heimat an.
Stalins erste prominente Opfer waren seine Troika-Genossen Kamenew und Sinowjew, der einst den programmatischen Satz gesprochen hatte: »Von den hundert Millionen Einwohnern Rußlands müssen wir neunzig Millionen überzeugen, den Rest, der nicht hört, müssen wir ausrotten!« Ihre Erledigung ging formvollendet über mehrere Stationen: Parteiausschluß, Gerichtsverhandlung, Gefängnisstrafen und dann der erste große Moskauer Schauprozeß. Er endete im August 1936 mit der Hinrichtung der einstigen Gefährten. Zahllose Prozesse folgten. Am 8. April 1935 hatte die Gesetzgebende Versammlung die gerade erst abgeschaffte Todesstrafe wieder eingeführt, und zwar auch für Kinder vom 12. Lebensjahr an. Aber nicht immer wurde die Form gewahrt. Alte Bolschewiki, die ihm nicht mehr gefielen, ließ Stalin reihenweise auch ohne Prozeß in aller Stille liquidieren. Damit die Polit-Kommissare, die die Moral der Truppe im Sinne der Partei überwachen sollten, nicht nachlässig wurden, befahl er, einige tausend von ihnen zu erschießen. Selbst deutsche Kommunisten, die ins geistige Zentrum der Weltrevolution geflüchtet waren, verschonte Stalin nicht. Linientreue Genossen wie

Heinz Neumann, Otto Remmele, Fritz Hecker und viele andere wurden ohne jede Begründung liquidiert. Die Tscheka, die das routinemäßig erledigte, wurde 1922 in GPU umbenannt, 1934 in NKWD. Der Apparat jedoch blieb immer der gleiche.

Unermeßliche Blutopfer mußte das Land bringen. Im Ersten Weltkrieg waren 1,7 Millionen Russen gefallen, während des Bürgerkrieges vier Millionen, und wenigstens ebenso viele waren verhungert. Die Sozialistische Ökonomie, die den Menschen goldene Zeiten bescheren sollte, bescherte ihnen zunächst Versorgungskrisen und Hungersnöte. Noch lange nach der Oktoberrevolution litt sie an Systemfehlern, gegen die kein Schauprozeß half, keine Säuberungswelle, kein Zwangsarbeitslager mit Produktionskräften zum Nulltarif. Immer wieder mußten Schuldige gefunden werden. Immer mehr Genossen der ersten Stunde verschwanden aus dem Politbüro, aus der Partei, aus den Namenslisten der Geschichtsbücher. Von den 115 Volkskommissaren (Ministern) der ersten 17 Jahre des Sowjet-Staates wurden 61 hingerichtet. Von den 71 Mitgliedern, die dem ZK im Jahre 1934 angehörten, ließ Stalin 44 liquidieren. Der XVII. Parteikongreß jenes Jahres formulierte den Satz: »Sowjet-Patriotismus ist die Treue zum großen kulturellen Erbe des menschlichen Genius, das wahrhaftig nur in unserem Lande blüht... Die Sowjetunion ist der Frühling der Menschheit.« Von den Delegierten dieses Kongresses überlebten 858, die übrigen 1108 wurden umgebracht.

Mit aller Energie betrieb Stalin die Industrialisierung des Landes, das jahrhundertelang weitgehend ein Agrarland gewesen war. Er baute Bergwerke und Fabriken, Talsperren, Kanäle und leistungsfähige Straßen. Seine Außenpolitik ließ keinen Zweifel daran, daß die Sowjetunion das Weltgeschehen mitbestimmen wollte. Das Verhältnis zum Deutschen Reich verbesserte sich zusehends. Nach dem sinnlosen Blutvergießen des Ersten Weltkriegs setzte sich in beiden Ländern wieder deutlich die Erkenntnis durch, daß ihre ökonomischen Möglichkeiten sich ideal ergänzten und sie zur Partnerschaft prädestinierten.

Die Zusammenarbeit mit dem Deutschen Reich, die Lenin seinerzeit angebahnt hatte, bewährte sich über seinen Tod hinaus zum Nutzen beider Länder auf vielen Gebieten, in Handel und Industrie, im Gesundheitswesen und im Bereich der Landesverteidigung. Nach den Bestimmungen des Versailler Vertrages war die Reichswehr auf 100000 Mann beschränkt und

Rote Armee und Reichswehr arbeiteten in den zwanziger Jahren eng zusammen.

durfte weder Panzerwagen noch schwere Artillerie, noch Flugzeuge haben. Für die Sowjetunion bestanden solche Einschränkungen nicht. Auf ihren Übungsplätzen konnten sich Reichswehroffiziere über die Entwicklung der Waffentechnik informieren, und russische Offiziere waren ständige Gäste bei Reichswehrmanövern.

In vielen deutschen Städten waren nach dem Ersten Weltkrieg russische Kolonien entstanden. Menschen, die in der Heimat während der Revolution vermutlich liquidiert worden wären, hatten hier Asyl gefunden. Auch Kriegsgefangene gehörten dazu, die nicht in ihre Heimat zurückkehren mochten und sich in Deutschland eine Existenz aufbauten, wo die Lebensbedingungen nach dem verlorenen Krieg ja auch nicht gerade rosig waren. Vielerorts entstanden russische Restaurants und Teestuben. Donkosaken-Chöre gingen auf Tournee, Balalaika-Orchester spielten in den Cafés, wer ein Auto lenken konnte, übernahm gern bei einem Taxibesitzer die Nachtschicht, und mancher Fahrgast genoß es ganz besonders, von einem russischen Grafen kutschiert zu werden.

Zur gleichen Zeit entstand in Moskau eine Kolonie neuartiger Prägung. Auch viele deutsche Kommunisten zog es ins Herzstück des Weltkommunismus, und ständig wurden es mehr. Die meisten wurden im Hotel »Lux« untergebracht, das heute schlicht Hotel »Zentral« heißt und nicht zu den offiziellen Sehenswürdigkeiten zählt. Dort lebten Berufsrevolutionäre, die unter wechselnden Identitäten wechselnde Funktionen irgendwo in der Welt zu erfüllen hatten, wie Tito oder Tschou En-lai, wie Ulbricht und Dimitroff, wie Pieck und Herbert Wehner. Auch viele Künstler und Literaten lebten im Exil wie der Maler Heinrich Vogeler, die Schauspielerin Carola Neher, die Schriftsteller Erich Weinert, Theodor Plievier und etliche andere.

In Deutschland litt das ganze Leben hoffnungslos unter dem Versailler Vertrag, den Lenin »bestialisch« genannt hatte. Die Reparationsforderungen waren praktisch unerfüllbar, nachdem Hunderte von Fabriken demontiert, alle seegängigen Handelsschiffe und Fischereifahrzeuge ausgeliefert, die Industriereserve in Lothringen an Frankreich, in Oberschlesien an Polen abgetreten und die internationalen Patente der Deutschen, von deren Wirksamkeit der Export gelebt hatte, jedem Zugriff freigegeben waren. Sobald Zahlungen oder Leistungen sich verzögerten, marschierten Truppen der Siegermächte ein, ins Ruhrgebiet, in Frankfurt, Darmstadt und sonstwo. Die Deutschen mußten begreifen, daß sie ein Volk zweiter Klasse waren und daß das von Präsident Wilson mit Pathos proklamierte Selbstbestimmungsrecht der Völker für sie nicht galt. Obwohl 82 Prozent der Bevölkerung Deutsche waren, wurden Eupen und Malmedy an Belgien abgetreten. In Nordschleswig wurden die Stimmbezirke so gelegt, daß die deutschen Städte Tondern und Apenrade von den nördlichen Landgebieten majorisiert wurden und an Dänemark fielen. In Tirol

Karl Liebknecht (1871–1919).

Rosa Luxemburg (1870–1919).

entschieden sich 98,8 Prozent, in Salzburg 99,3 Prozent der Wähler für den Anschluß ans Deutsche Reich, und Österreichs Bundeskanzler, der Sozialdemokrat Renner, forderte ». . . den Anschluß an den Staat, zu dem wir der Natur der Dinge nach gehören!«. Aber die Siegermächte verboten den Anschluß. So lieferten sie nicht nur radikalen Nationalisten in Deutschland und Österreich überzeugende Argumente, sondern weckten auch in den friedfertigsten Menschen den Wunsch, sich aus der Zwangsjacke politischer Rechtlosigkeit zu befreien.

In Deutschland scheiterten in den ersten vier Jahren nach Gründung der Weimarer Republik acht Regierungen, die durchweg von der SPD, dem Zentrum und den Demokraten getragen waren, an den unlösbaren Aufgaben. Fortwährende Unruhen, Straßenkämpfe, Putschversuche, Attentate vergifteten die Atmosphäre. Die Kommunisten Karl Liebknecht und Rosa Luxemburg wurden Opfer politischer Morde, der Sozialdemokrat Hugo Haase, der Zentrumspolitiker Matthias Erzberger, der Liberale Walther Rathenau. Die Währung verfiel. Die Inflation fraß alle Ersparnisse auf, was die alten Menschen am schwersten traf. Die Zahl der Selbstmorde wuchs ebenso stetig wie die Zahl der Arbeitslosen.

KAPITEL XX

Stalin und Hitler

In dieser schlimmen Zeit trat ein Mann auf, von dem kein Mensch ahnen konnte, daß er einmal Stalins gefährlichster Gegner werden würde, ein österreichischer Beamtensohn namens Adolf Hitler. Er war zehn Jahre jünger als Stalin, hatte vorzeitig die Realschule verlassen, nie einen Beruf erlernt, nie regelmäßig gearbeitet und sich aus unterschiedlichen Quellen eine diffuse Halbbildung angelesen. Nach der Gründung der Weimarer Republik hatte er »beschlossen, Politiker zu werden«. Sein Weltbild, geprägt von Rasse-Dogmen, wurde vom Idealbild des »Nordischen Menschen« beherrscht, dem der »Slawische Untermensch« zu dienen hatte; in finsteren Tiefen aber lauerte die Inkarnation des Bösen: »das Judentum«. Zunächst nahm kaum jemand diesen Hitler ernst. Die beiden Männer, die eine Zeitlang das Schicksal Europas bestimmen sollten, waren zwei grundverschiedene Charaktere aus grundverschiedenen Lebensräumen. Sie hatten nichts miteinander gemein, außer dem Glauben an die Macht, dem Willen zur Macht und der Lust an der Macht. Stalin war der Despot orientalischer Prägung ohne Bindung an Menschen oder Grundsätze; der Marxismus diente ihm als Legitimation für den Gebrauch der Macht. Hitler war der Demagoge; er rief die Menschen, und sie kamen, er beschwor sie, und sie ließen sich überzeugen. Stalin brauchte niemanden zu beschwören, er hatte von seinem genialen

Vorgänger ein klar programmiertes Partei-Staats-Gefüge übernommen, in das die Menschen eingebunden waren. Hitler konnte nichts übernehmen. Er mußte seine Gefolgschaft zusammentrommeln. Er war 1919 als Mitglied Nr. 7 in eine neugegründete Partei eingetreten, war Vorsitzender geworden, hatte sie »Nationalsozialistische Deutsche Arbeiterpartei« benannt und ihr mit eindringlichen Reden zu einem Zulauf verholfen, der ebenso rasant wuchs wie die Zahl der Arbeitslosen, der Brotlosen, der Hoffnungslosen. Er kannte ihre Not, teilte ihre Sorgen und versprach, alles zu bessern, wenn er nur eine Chance bekäme. Er war Wanderprediger und Polit-Prophet. Seine Rede mit dunkel grollender Stimme wirkte wie Rauschgift. Die Menschen liefen ihm zu, um sich von ihm in eine bessere Zukunft führen zu lassen. Er nannte sich auch »der Führer«, wie seine etablierten Zeitgenossen, die sich von der Titulatur demokratischer Hierarchien abheben wollten, jeder in seiner Sprache: Mussolini war der »Duce«, Pilsudski der »Naczelnik«, Franco der »Caudillo«. Der Rumäne Ceausescu nannte sich bis vor kurzem noch »Conducator«.

Am 8. November 1923 rief Hitler seine Gefolgsleute zu einem Staatsstreich auf. Vor der Münchner Feldherrnhalle endete der Marsch auf Berlin am anderen Tag, und neunzehn Tote blieben liegen. Während der Festungshaft verfaßte Hitler sein programmatisches Werk »Mein Kampf«. Es wurde nach 1933 Pflichtlektüre für Schüler und Brautpaare und damit ein Bestseller mit 9,84 Millionen Auflage.

Im Winter 1928/29 stieg die Zahl der Arbeitslosen in Deutschland auf über zwei Millionen und die Auslandsverschuldung auf 25 Milliarden Mark. Immer neue Unruhen gab es im Reich mit immer mehr Toten bei Straßenkämpfen und Saalschlachten zwischen den uniformierten Kampfgruppen der politischen Parteien: Rotfrontkämpferbund, Reichsbanner Schwarzrotgold, Stahlhelm und der SA und SS der NSDAP. Hitler zog von Ort zu Ort, redete auf Sportplätzen und Fabrikhöfen, in Turnhallen und Gasthofsälen, und die Menschen strömten ihm zu. Nach den Reichstagswahlen am 14. September 1930 zogen schon 107 Nationalsozialisten in den Plenarsaal ein. Der »Führer« war nicht unter ihnen. Da er kein Deutscher war, konnte er nicht gewählt werden.

Am 25. Februar 1932 nahm er dieses Hindernis mit einem Trick: Parteifreunde verschafften ihm die Ernennung zum Regierungsrat in Braunschweig. Nun war er Beamter, hatte damit automatisch die deutsche Staatsangehörigkeit erworben und konnte schon drei Wochen später bei der Wahl zum Reichspräsidenten kandidieren. Im zweiten, entscheidenden Wahlgang am 10. April erhielt er 13,4 Millionen Stimmen, aber er blieb deutlich hinter den 19,4 Millionen Stimmen zurück, mit denen Reichspräsident Paul von Hindenburg wiedergewählt wurde. Der Kommunist Ernst Thälmann bekam nur 3,7 Millionen Stimmen und bestätigte damit seinen Genossen im Kreml, wie klug sie handelten, wenn sie den Ausgang einer Wahl nicht dem Wählerwillen überließen.

Ende dieses Jahres 1932 erschienen drei Bücher in Deutschland, die sich mit Hitler und seiner Bewegung auseinandersetzten: Graf Reventlows »Nationaler Sozialismus«, »Hitlers Weg« von Theodor Heuss und »Hitler, ein deutsches Verhängnis« von Niekisch. Jetzt nahm man den Mann also ernst.

Im Winter 1932/33 gab es in Deutschland 6128429 Arbeitslose, und in der Sowjetunion löste die schwerste aller bisherigen Hungersnöte ein Massensterben aus. Da hatte der »Kampf um die Kollektivierung« gezeigt, daß sich die Privatinitiative der Kreativen nicht einfach durch die Linientreue der Funktionäre ersetzen ließ und daß sich die radikale »Liquidierung des Kulakentums« (Enteignung der selbständigen Bauern) katastrophal auf die allgemeine Versorgung auswirkte.

Reichspräsident Paul von Hindenburg (1847–1934).

Indessen ging Hitlers Marsch an die Macht zügig voran. Viele sahen in ihm die letzte Chance. Mehrere Landtagswahlen brachten der NSDAP kräftige Gewinne. In Preußen verlor der allgemein geachtete Ministerpräsident Otto Braun (SPD) die Regierungsmehrheit, während Kommunisten und Nationalsozialisten, die sich in blutigen Straßenschlachten bekämpften, zusammen die absolute Mehrheit hatten. Am 30. Januar 1933 betraute

Reichspräsident von Hindenburg den Führer der stärksten Partei – bei den letzten Reichstagswahlen hatte die NSDAP 37,8 Prozent der Stimmen bekommen – mit der Regierungsbildung: Adolf Hitler, seit elf Monaten Deutscher, war jetzt Reichskanzler.
Stalin verfolgte diese Entwicklung mit Interesse. Wie Lenin war er überzeugt, daß die Westmächte mit dem Versailler Vertrag Deutschland »unterdrückt« hatten und daß »ein Krieg nationaler Befreiung vom imperialistischen Joch«, der unweigerlich kommen müsse, die Unterstützung der Sowjetunion verdiene. Hitlers laut bekundeter Anti-Marxismus schreckte ihn kaum. Er war überzeugt, daß Hitlers Judenhaß ihn zum idealen Verbündeten im Kampf gegen den »Monopolkapitalismus« machte. Hitler nutzte die Macht ohne zu zögern für seine Ziele. Den Reichstagsbrand vom 27. Februar 1933 nahm er zum Anlaß, wesentliche Grundrechte der Verfassung außer Kraft zu setzen, reihenweise kommunistische Funktionäre verhaften zu lassen und die gesamte linke Presse zu verbieten. Um über alle Vorgänge im Volk jederzeit informiert zu sein und lästige Strömungen beizeiten ersticken zu können, schuf er nach dem Vorbild der Tscheka seine Gestapo (Geheime Staatspolizei) und machte aus der SS (Schutzstaffel) ein Kampfinstrument für größere Aufgaben. Aus deren Kadern wurden später zur Kontrolle der Wehrmacht die Waffen-SS-Divisionen aufgestellt.
Die Reichstagswahlen am 5. März 1933 brachten der NSDAP einen Stimmenanteil von 44 Prozent, den höchsten, den sie je in einer Wahl erreichte. 56 Prozent der Wähler also stimmten gegen Hitler. Danach wurden alle anderen Parteien zur Selbstauflösung getrieben, die SPD verboten, und die NSDAP konstituierte ein Einparteiensystem nach dem Muster der KPdSU in der Sowjetunion.
Am 1. April 1933 wurde der Boykott jüdischer Geschäfte organisiert, am 7. April alle jüdischen Beamten aus dem Staatsdienst entlassen, am 2. Mai alle Gewerkschaften aufgelöst. Am 30. Juni befahl Hitler nach dem Vorbild Stalinscher Säuberungen einen tödlichen Schlag gegen eigene Genossen, die ihm mißfielen. Über den Umfang dieser Aktion allerdings konnte Stalin nur lächeln: Kaum hundert Menschen brachten SS und Gestapo aus Anlaß des sogenannten Röhm-Putsches um, darunter den einstigen Reichskanzler Kurt von Schleicher und dessen Frau, die mit Politik nichts zu tun hatte. Die weitere Entwicklung vollzog sich absolut folgerichtig: Am 19. Oktober erklärte Hitler Deutschlands Austritt aus dem Völkerbund, am

2. August übernahm er nach Hindenburgs Tod auch die Funktion des Reichspräsidenten. Am 16. März 1935 führte er die allgemeine Wehrpflicht ein, und am 7. März 1936 befahl er die Wiederbesetzung der entmilitarisierten Zone im Rheinland. Es war offensichtlich, daß ein Mann, der legal an die Regierung gekommen war, sich fortschreitend als skrupelloser Diktator decouvrierte, Gesetze und Verträge mißachtete und die Macht ungehemmt mißbrauchte. Die Welt hätte entsetzt sein müssen.

Die Welt war nicht entsetzt. Im Gegenteil. Winston Churchills anerkennende Worte sind nur ein Beispiel von vielen. Der Enkel des siebten Herzogs von Marlborough sah von seiner hohen gesellschaftlichen Warte auf den »Gefreiten und früheren Anstreicherburschen« zwar nachsichtig herab, den Erfolgsmenschen aber bewunderte er: »Die Geschichte ist reich an Männern, die mit Hilfe dunkler Taten an die Macht gekommen sind, die aber, wenn man ihr Leben in seiner Gesamtheit betrachtet, trotzdem als große Gestalten gelten dürfen, die die Geschichte der Menschheit bereichert haben. Ein solcher Mann könnte Hitler sein...« Und: »... Was man auch über seine Erfolge denken mag, sie gehören doch zu den bemerkenswertesten der gesamten Weltgeschichte.« Dieses Loblied schrieb Churchill 1935 im Glauben, in dem erklärten Anti-Marxisten Hitler einen möglichen Verbündeten im Kampf gegen das kommunistische System in der Sowjetunion gefunden zu haben.

Winston Churchill (1874–1965).

Nein, die Welt war durchaus nicht entsetzt. Was vielen demokratischen Politikern versagt geblieben war, das erreichte der Diktator: Das besiegte Deutschland wurde erstmals als gleichberechtigter Partner akzeptiert. So bat auch der Naczelnik Pilsudski zur Staatsjagd in polnischen Wäldern. Da Hitler nicht jagte, folgte sein Paladin Hermann Göring der Einladung, und einem Nichtangriffspakt folgten mehrere Wirt-

schaftsabkommen mit Polen, das in einer schweren Krise steckte und dringend deutsche Hilfe brauchte.
Hitlers spektakulärster außenpolitischer Erfolg war der britisch-deutsche Flottenvertrag vom 18. Juni 1935, mit dem die größte Seemacht der Erde der deutschen Kriegsflotte entgegen den Bestimmungen des Versailler Vertrages eine Aufrüstung bis zu 35 Prozent der eigenen Kampfstärke zubilligte. Im August 1936 dann half alle Welt dem Diktator Hitler, aus den Olympischen Spielen in Berlin einen triumphalen Akt der Selbstdarstellung zu machen. Und alle Welt war begeistert.
Nur die Russen fehlten. Einmal war die Sowjetunion noch nicht Mitglied im IOC, dann hatten sich aber auch die Beziehungen zum Deutschen Reich rapide verschlechtert, seit die nationalsozialistische Regierung einen brutalen Kampf gegen die Kommunisten führte. Der Weltkongreß der Dritten Internationale in Moskau hatte einstimmig den Beschluß gefaßt, Nationalsozialismus und Faschismus mit allen Mitteln zu bekämpfen. Auf dem Reichsparteitag der NSDAP im Herbst 1936 in Nürnberg wurden drohende Reden gegen den Weltkommunismus gehalten, und wenig später schossen Deutsche und Russen schon wieder aufeinander im Spanischen Bürgerkrieg: auf seiten des Caudillo Franco die einen, in den Reihen der »Volksfront« die anderen. Im Oktober 1936 schloß Hitler mit Mussolini das Abkommen über die »Achse« Berlin-Rom, im November mit Japan den »Antikomintern-Pakt« mit dem Ziel, die Sowjetunion einzukreisen. Der Geist von Rapallo war endgültig tot.
Während Stalin die Sowjetunion durch immer neue Säuberungen in immer neue Krisen steuerte, festigte Hitler seine Stellung in der Welt. Im September 1937 zelebrierte der Duce Mussolini einen Staatsbesuch in Berlin, um die Lebenskraft der »Achse« zu demonstrieren, und stellte sich wirkungsvoll als Caesars Erbe dar. Im November besuchte – wesentlich schlichter – Lord Halifax den »Führer und Reichskanzler«, wie der offizielle Titel jetzt lautete, um Möglichkeiten einer Annäherung Großbritanniens ans Deutsche Reich zu sondieren. Im März 1938 löste der Einmarsch deutscher Truppen in Österreich nur verhaltene Empörung aus. Was neunzehn Jahre vorher das Ergebnis einer von den Siegermächten kontrollierten Abstimmung mit klarem Ausgang gewesen wäre, wurde jetzt zum grandiosen Befreiungsakt mit einem jubelnden Volk und einem Helden, seinem Sohn, Adolf Hitler. Am 10. April bestätigte eine Volksabstimmung mit überwältigender

Mehrheit den Anschluß Österreichs ans Deutsche Reich, dessen Bestandteil es jahrhundertelang gewesen war und dem es etliche Kaiser gestellt hatte.
Ein halbes Jahr später verhandelten die Premierminister von Großbritannien und Frankreich, Chamberlain und Daladier, mit Hitler und Mussolini in München über den Anschluß des Sudetenlandes – der überwiegend von Deutschen bewohnten Gebiete Böhmens und Mährens – ans Reich. Hitler erklärte feierlich, das sei seine letzte territoriale Forderung, und mit der Billigung der Westmächte marschierten deutsche Truppen am 1. Oktober 1938 ins Sudetenland ein, unter dem Geläut aller Glocken, bejubelt wie in Österreich, zu dem das Böhmerland bis zum Oktober 1918 gehört hatte.
Alles, was die Siegermächte den Deutschen versagt hatten, als sie ihnen nach dem Ersten Weltkrieg einen maßvollen Frieden verweigerten, wurde jetzt von einem Diktator erzwungen. Und Winston Churchill lobte: »... Hitler kämpfte seinen langen mühevollen Kampf um die Herzen der Deutschen. Man kann die Geschichte dieses Kampfes nicht ohne Bewunderung für den Mut und die Vitalität dieses Mannes lesen.«
Stalin geißelte den Einmarsch ins Sudetenland – von den Beteiligten als »Blumenkrieg« bezeichnet – als einen imperialistischen Krieg, aber er mußte sich mit Worten begnügen. Die Hände hatte er sich selber gebunden: Einen großen Teil der Führungselite, des Politbüros, des Zentralkomitees hatte er liquidieren lassen: Rykow, Bucharin, Jagoda und unendlich viele andere, dazu fast die gesamte Generalität der Roten Armee, an ihrer Spitze den Marschall Tuchatschewski, der noch dem Zaren gedient, einiges vom Stil des Petersburger Offizierskorps in die Rote Armee eingebracht hatte und immer ein gerngesehener Gast bei deutschen Freunden gewesen war. Die Sowjetunion war praktisch nicht handlungsfähig. Ihr Beistandspakt mit der Tschechoslowakei war ohnehin wertlos, da er Frankreichs Eingreifen vorsah, und Frankreich tolerierte Hitlers Einmarsch. Die Polen nutzten sogar die günstige Gelegenheit, an Hitlers Coup zu partizipieren: Am 2. Oktober drangen sie in die mit ihnen verbündete Tschechoslowakei ein und besetzten die Provinz Teschen im Olsagebiet.
Mit Hitlers außenpolitischen Erfolgen liefen brutale Übergriffe im Innern parallel: Verfolgung politischer Gegner und mißliebiger Menschen, Ausschreitungen gegen Leib, Leben und Eigentum deutscher Juden. Die SA steckte Synagogen in Brand, verwüstete

Hitler mit Mussolini auf der Fahrt durch Rom 1938. Demonstrativ wird die Einheit der »Achse« zur Schau gestellt.

Werkstätten, Wohnungen und Geschäfte. Bitterer Untergrund-Humor prägte den Begriff »Reichskristallnacht«.

Schon ein halbes Jahr nachdem er mit Billigung der Westmächte das Sudetenland annektiert hatte, brach Hitler sein Versprechen, keine weiteren territorialen Ansprüche mehr zu erheben, das er Chamberlain, Daladier und Mussolini gegeben und am 26. September im Berliner Sportpalast in einer vom Rundfunk übertragenen Rede vor dem deutschen Volk feierlich bekräftigt hatte. Am 15. März 1939 besetzte er die »Rest-Tschechei« und fügte sie als »Protektorat Böhmen und Mähren« in den Reichsverband ein.

Damit war der Tiefpunkt deutsch-sowjetischer Beziehungen erreicht. Und dieser gewissen- und sinnlose Vertragsbruch – die Tschechoslowakei war als Machtfaktor durch das Münchner Abkommen ohnehin schon ausgeschaltet – hatte endgültig das Vertrauen der Großmächte in den Mann zerstört, der nicht bereit war, sich an sein eigenes Wort zu halten. Und dieser Mann handelte im Namen Deutschlands. Und Deutschland ließ sich von ihm ins Verderben führen, singend die einen, schweigend die anderen. Vereinzelte Widerstandsgruppen scheiterten. Ihre Mitglieder endeten im Konzentrationslager oder unter der Guillotine. Ein Versuch höherer Heeresoffiziere in den Jahren 1938/39, Hitler zu entmachten, kam über die Planung nicht hinaus, und unaufhaltsam trieb die Entwicklung der Dinge auf die Katastrophe zu.

Nach dem deutsch-litauischen Vertrag vom 22.3.1939 wurde der als »Memel-Gebiet« bezeichnete Teil Ostpreußens nördlich der Memel, den Litauen 1923 okkupiert hatte, wieder dem Deutschen Reich angegliedert. Daraufhin befahl die polnische Regierung am 23. März die Mobilmachung und gab die Pläne für den Einmarsch ins Deutsche Reich an die Truppenführung aus. Am 31. März garantierten der britische und am 13. April der französische Premierminister das Eingreifen beider Länder, falls Polen bedroht werde. Die Nachricht löste im Land Kriegsbegeisterung aus. Auf patriotischen Kundgebungen war zu hören: »Wir marschieren nach Berlin!« Die »Polska Zbrojna« lobte die Wiedergeburt des Geistes polnischer Expansion. Der »Kurjer Warszawski« zeigte am 11. Mai 1939 auf einer Landkarte, daß sich die Expansion bis dicht an Berlin heran erstrecken müsse. Der belgische Journalist Ward Hermanns notierte am 3. August 1939: »Auf den neuen Landkarten sind Böhmen, Mähren, die Slowakei, große Teile Deutschlands und riesige Gebiete Rußlands schon jetzt von den Polen annektiert.« Am 10. August schrieb der »Kurjer Polski«: »... dann wird von Deutschland nur ein Trümmerhaufen übrig bleiben!«, und die Warschauer »Depesza« drohte am 20. August: »Das deutsche Blut wird in Strömen fließen, wie es seit Entstehung der Welt noch nicht gesehen worden ist!« Schließlich stellte der italienische Außenminister Carlo Graf Sforza fest: »Wenn es nach den Polen ginge, wäre halb Europa einstmals polnisch gewesen und müßte es auch unbedingt wieder werden.«

Während die Stimmung in Polen immer mehr angeheizt wurde, geschah in Moskau etwas, das kein Mensch für möglich gehalten hatte: Drei Tage nach dem Artikel in der »Depesza« empfing Stalin den Reichsaußenminister Joachim von Ribbentrop und handelte mit ihm einen Nichtangriffspakt aus, der in einem geheimen Anhang eine erneute Teilung Polens vorsah und alle Gebiete, die Rußland im Ersten Weltkrieg verloren hatte, der Sowjetunion zuordnete: Litauen, Lettland, Estland, Bessarabien, die nördliche Bukowina. Damit sollten die drei baltischen Staaten nach zwei Jahrzehnten der Unabhängigkeit

Handschlag in Moskau: Stalin empfängt Hitlers Außenminister Joachim v. Ribbentrop.

wieder ihre Souveränität verlieren.
Das Moskauer Vertragswerk gab Hitler die Rückendeckung für den Krieg, der am 1. September 1939 mit dem Einmarsch in Polen begann und am 8. Mai 1945 mit der vollständigen Vernichtung des Deutschen Reiches endete. Einundzwanzig Monate und zweiundzwanzig Tage waren Stalin und Hitler Verbündete. Sie sind sich nie begegnet. Sie nannten einander mit unverhohlener Bewunderung »genialer Bursche«, »Teufelskerl«, »gewaltige Persönlichkeit«. Stalin trank mit seinen deutschen Gästen im

Kreml auf Hitlers Wohl, und er achtete streng darauf, daß die Verträge, die das nationalsozialistische Deutschland mit der kommunistischen Sowjetunion verbanden, korrekt befolgt wurden. Stalins Vertragstreue ging so weit, daß er, als ihm im Juli 1940 der britische Botschafter Sir Stafford Cripps das reizvolle Angebot unterbreitete, sich mit Großbritannien gegen Deutschland zu verbünden, den deutschen Botschafter Friedrich Werner Graf von der Schulenburg über diesen Versuch informierte.

Der Feldzug in Polen dauerte achtzehn Tage und endete nicht am Stadtrand von Berlin, sondern in der Zitadelle von Brest-Litowsk, wo die Deutschen die Russen erwarteten. Getreu ihrem Beistandsversprechen traten Frankreich und Großbritannien in den Krieg ein. Um britischen Landungsunternehmen zuvorzukommen, besetzten deutsche Truppen im April 1940 Dänemark und Norwegen. Am 10. Mai begann der Westfeldzug, er endete am 22. Juni mit dem Waffenstillstand im Eisenbahnwagen im Wald von Compiègne.

Jetzt wäre eine grundsätzliche Revision des Versailler Vertrages leicht zu erreichen gewesen. Einem stabilen Frieden zuliebe hätte man im Elsaß und in Lothringen den Menschen die Chance geben können, sich in freien Wahlen selbst zu entscheiden, ob sie Franzosen oder Deutsche sein oder einen eigenen Staat gründen wollten zwischen der Schweiz und dem Großherzogtum Luxemburg. Nicht wenige Deutsche hofften auf eine solche Lösung um des Friedens willen. Aber der Führer führte, und der Führer wollte den totalen Krieg, in Anlehnung an sein Leitbild Mussolini. Der Duce, Begründer und Verkünder des Faschismus, plante eine Wiedergeburt des antiken Römischen Kaiserreichs und schickte seine Krieger zu grandiosen Demonstrationen imperialen Machtanspruchs nach Albanien und Abessinien, nach Griechenland und Tunesien, nach Jugoslawien und Britisch Somaliland, wo sie immer schon bald in arge Bedrängnis gerieten. Dann rief er regelmäßig Hitler um Hilfe. Der setzte augenblicklich Truppen in Marsch und opferte viele tausend Soldaten, um seinem Idol Mussolini aus der Klemme zu helfen.

Im Bewußtsein, daß sein Vertrag mit Stalin ihm den Rücken frei hielt, konnte Hitler ungehindert agieren. Dabei verlor er keinen Augenblick seinen Grundgedanken aus den Augen, den er erstaunlicherweise dem Schweizer Carl Jacob Burckhardt gegenüber am 11. August 1938 offen bekannt hatte: »Alles, was ich unternehme, ist gegen Rußland gerich-

Der sowjetische Außenminister Molotow im November 1940 auf Staatsbesuch in Berlin.

tet; wenn der Westen zu dumm und zu blind ist, um dieses zu begreifen, werde ich gezwungen sein, mich mit dem Russen zu verständigen, den Westen zu schlagen und dann nach seiner Niederlage mich mit meinen versammelten Kräften gegen die Sowjetunion zu wenden.«

Das geschah am 22. Juni 1941 um vier Uhr morgens, und es war ein Schock für die politische Führung im Kreml wie für die militärische in den Grenzbezirken; die russischen Soldaten konnten es gar nicht fassen, daß ihre deutschen Verbündeten plötzlich auf sie schossen. 152 Divisionen, drei Millionen Mann, drangen in sowjetisches Gebiet ein, während ihnen auf den Eisenbahnschienen noch die Züge mit den Wirtschaftsgütern entgegenrollten, deren Lieferung Stalin zugesagt hatte.

Um 5.30 Uhr empfing der sowjetische Außenminister Molotow den deutschen Botschafter Graf von der Schulenburg. Zwei Männer standen einander gegenüber, die sich seit Jahren bemüht hatten, alle Spannungen zwischen ihren beiden Ländern zu entschärfen. Zwei Jahre nach Hitlers Machtergreifung hatte Molotow auf dem VII. Sowjet-Kongreß im

Januar 1935 erklärt: »Obwohl ein deutlicher Wandel in den deutsch-sowjetischen Beziehungen eingetreten ist, haben wir keinen anderen Wunsch, als weiterhin gute Beziehungen mit Deutschland zu pflegen.« Noch im November 1940 war er um des Friedens willen nach Berlin gereist. Schulenburg war seit 1934 Botschafter in Moskau, beherrschte die Sprache und kannte viele Menschen, die er verstand und die ihn verstanden. Beide Männer hatten entscheidend am Abschluß des Nichtangriffspaktes im August 1939 mitgewirkt. Nun konnte Schulenburg nur noch seine dienstliche Pflicht erfüllen und Adolf Hitlers Kriegserklärung überreichen. Molotow hörte ihm bewegungslos zu. Dann fragte er: »Glauben Sie, daß wir das verdient haben?«

Stalin hatte sich korrekt an seine Abmachungen gehalten. Hitler wußte, daß die Rote Armee nur bedingt einsatzbereit war. Er brach den Vertrag und überfiel seinen Bündnispartner, der ihm vertraut hatte, besessen von dem Wahn, im Osten »Lebensraum für das deutsche Volk« erobern zu müssen!

Und wieder kämpften Deutsche gegen Russen, aber die Russen wußten, wofür. Wieder fielen Städte in Trümmer, brannten Fabriken, Scheunen und Ställe, wurde das Korn auf den Feldern niedergewalzt, lebten Menschen in Todesangst, verloren Gesundheit und Leben, Haus und Heimat. Nach vier Jahren hatte die Sowjetunion den Sieg errungen und Hitler das Deutsche Reich endgültig zerstört. Anfangs kämpften die Sowjets allein. Frankreich war besiegt und besetzt, Großbritannien beschränkte sich auf den See- und Luftkrieg. Auf deutscher Seite kämpften italienische, rumänische, slowakische, ungarische, finnische, später auch spanische Verbände. Im ersten Ansturm wurden Nowgorod und Narwa, Minsk und Smolensk, Lemberg und Odessa genommen, wurden im Raum von Bialystok 328000 Gefangene gemacht, bei Orscha 310000, in der Kesselschlacht von Kiew 665000. Moskau aber erreichte der Angriff nicht. Bei Možajsk kam er zum Stehen, in Sichtweite der Türme des Kreml.

Der Winter brach früh herein im Jahr 1941, und Hitler mußte einsehen, daß die Sowjetunion mit einem Blitzkrieg nicht zu besiegen war. Das schrieb er der militärischen Führung zu und übernahm selbst das Kommando über das Heer. Er ließ sich gern von seinen Schmeichlern »der größte Feldherr aller Zeiten« nennen, und der bittere Humor des kleinen Mannes machte daraus: »der Gröfaz«.

Friedrich Werner Graf von der Schulenburg 1944 vor dem Volksgerichtshof. Kurz darauf wurde er hingerichtet.

Bis zum 1. Dezember hatte der Feldzug in der UdSSR die deutsche Wehrmacht 162314 Tote gekostet, 571767 Verwundete und 33334 Vermißte. Der Krieg, der Wahnsinnskrieg, der in tausend Büchern nicht zu erfassen ist, ging weiter: Am 11. Dezember 1941 erklärte Adolf Hitler den USA, die seine Gegner unterstützten, den Krieg und verhalf so der Sowjetunion zum potentesten Verbündeten. Nun bekam sie in endlosen Konvois über den Atlantik alles, was sie an Kriegsmaterial und Versorgungsgütern brauchte, und nur wenige der Frachtschiffe wurden von deutschen U-Booten versenkt. Im ganzen lieferten die Amerikaner 14795 Flugzeuge, 7056 Panzerkampfwagen, 131633 Maschinengewehre, 197 Torpedoboote, 8218 Geschütze, 3786000 Autoreifen, 373883 Lastkraftwagen, 4478000 Tonnen Nahrungsmittel und 15417000 Paar Soldatenstiefel. Sie lieferten auch noch weiter, als der Krieg längst entschieden und der unberechenbare Machtfaktor Hitler endgültig ausgeschaltet war. So stärkten sie unermüdlich die Sowjetunion, mit der sie schon bald wieder in Konflikt gerieten.

Am 20. Juli 1944 entging Hitler einem Attentat, bei dem einige Männer seines Gefolges ums Leben kamen, er aber nur leicht verletzt wurde. So konnte er blutige Rache nehmen. Die Führer des

Aufstandes um Graf Stauffenberg und Hunderte von Verdächtigen wurden standrechtlich erschossen. Dann veranstaltete der »Volksgerichtshof» eine Reihe spektakulärer Schauprozesse. Die Verurteilten wurden gehenkt oder mit dem Beil hingerichtet. Insgesamt 4920 Opfer forderte das gescheiterte Komplott. Eines von ihnen war Friedrich Werner Graf von der Schulenburg, 69 Jahre alt, ehemaliger Botschafter in Moskau.

Indessen hatten die Russen den Feind aus dem Land vertrieben, und auch ihre Verbündeten drangen von allen Seiten tief ins Reich ein. Hitler erließ Durchhaltebefehle und am 19. März 1945 den »Nero-Befehl«: Alle Straßen- und Bahnverbindungen, alle Industrie- und Versorgungsanlagen, alle Lebensmitteldepots, soweit sie nicht schon den Bomben zum Opfer gefallen waren, sollten vollständig demoliert werden. Am 28. April bekam er die deprimierende Nachricht, daß seine Leitfigur, der Duce Mussolini, auf der Flucht von kommunistischen Partisanen kurz vor der Schweizer Grenze gefangen und mit seiner Geliebten Clara Petacci erschossen und in einer Tankstelle an den Füßen aufgehängt worden war. Adolf Hitlers Ende glich dagegen mehr dem Finale eines bürgerlichen Trauerspiels: In der Nacht zum 29. April ließ er einen Standesbeamten in den Bunker der Reichskanzlei kommen und befahl ihm, ihn mit seiner Geliebten Eva Braun zu trauen, um eine uralte Liaison im letzten Augenblick zu legalisieren. Tags darauf gingen beide aus dem Leben. Sie nahm Gift, wie er es machte, blieb ungeklärt. Wie er es befohlen hatte, trugen Wachsoldaten die Leichen in den Garten der Reichskanzlei, übergossen sie mit Benzin und verbrannten sie. In seinem Testament ermahnte der Führer noch sein Volk, immer streng die Rassengesetze zu beachten.

Hitlers Lebenswerk waren verwüstete Länder und zertrümmerte Städte. Über fünf Millionen Deutsche waren ums Leben gekommen, gefallen, verbrannt, in Zwangsarbeitslagern verhungert, auf der Flucht von Panzern überrollt oder unter den Trümmern ihrer Häuser begraben. Unbekannt ist die Zahl derer, die aus den östlichen Provinzen Preußens und den weiten Siedlungsräumen in Ost- und Südosteuropa verschleppt und deren Spuren ausgelöscht wurden. Die Sowjetunion gibt ihre Menschenverluste mit 20,6 Millionen an, davon 7 Millionen Zivilisten. Die Rußland-Deutschen hatten die Folgen von Hitlers Verrat, an dem sie schuldlos waren, als erste zu tragen: Sie wurden aus den Häusern geholt und in Güterwagen

Die ersten Russen in Berlin: Soldaten hissen die sowjetische Fahne auf den Ruinen des Reichstagsgebäudes.

nach Mittelasien gebracht: Wolgadeutsche, Deutsche von der Krim, aus Leningrads Umfeld, von den Schwarzmeerküsten, achthunderttausend Menschen im ganzen. Sie kamen in Zwangsarbeitslager, wo viele verhungerten und erfroren. Hitler ließ im Zuge der »Endlösung« sechs Millionen Juden in Vernichtungslagern umbringen: deutsche, russische, polnische, ungarische, tschechische. Und für alles, was er befahl, fand er Vollstrecker, fanatische Anhänger, Opportunisten oder zum Gehorsam erzogene Untertanen, die willig oder widerwillig ihre Pflicht taten, bis zum letzten Augenblick: Die Bankrotterklärung des Deutschen Reiches ergab sich aus der Lage. Am 4. Mai 1945 kapitulierten die Reste der deutschen Streitkräfte in Lüneburg vor den Briten, am 7. Mai in Reims vor der US-Army, am 9. Mai in Berlin-Karlshorst vor der Roten Armee.

Im tödlichen Spiel der Kräfte hatte Stalin einen grandiosen Sieg errungen, den er vor allem Hitler verdankte. Während die Sowjetunion in der »Rekonstruktionsperiode« durch überhasteten »Sozialistischen Aufbau«, hektischen Kampf gegen »Klassenfeinde« und immer neue »Säuberungsaktionen« in einen Zustand bedrohlicher innerer Zerrissenheit geraten war, hatte Hitler ihre Bevölkerung durch seinen Überfall geeint und in ihr jene patriotische Begeisterung entfacht, die

ihr die Kraft gab, den »Großen Vaterländischen Krieg« siegreich durchzufechten.
Das Deutsche Reich war vernichtet. Den Norden Ostpreußens hatte die Sowjetunion annektiert, der südliche Teil und Westpreußen, Schlesien, weite Gebiete Pommerns waren an Polen gefallen, die Reste des Landes auf vier Besatzungszonen aufgeteilt, aus denen später zwei sehr unterschiedliche deutsche Staaten entstanden. Fast zwölf Millionen Menschen waren aus ihrer Heimat im Osten vertrieben worden und mußten sehen, daß sie irgendwo im Westen eine Bleibe fanden.
Stalin war der Sieger. Der Kommunist hatte in der Tradition der zaristischen Eroberer Land gewonnen: Außer Litauen, Lettland, Estland und der nördlichen Bukowina waren nun die Karpatenukraine, das Petsamogebiet in Karelien, die östliche Hälfte Polens und die nördliche Hälfte Ostpreußens feste Bestandteile der Sowjetunion geworden. Alle Ostseehäfen von Reval bis Königsberg gehörten zu ihr, und die von Elbing bis Wismar standen der »Roten Flotte« als Stützpunkte zur Verfügung. Die Rote Armee war in Bulgarien präsent, in Rumänien und Ungarn, in Polen und der Tschechoslowakei, an der Elbe, der Werra, der Saale. Die alte Reichshauptstadt Berlin schwebte frei im Raum, ohne gesicherte Zufahrtswege, ein Faustpfand, jedem Zugriff sowjetischer Befehlshaber ausgeliefert.
Auch am Verhandlungstisch war Stalin der Sieger. Der georgische Outsider, den Trotzki so gründlich unterschätzt hatte, erreichte alles, was er wollte. Auf den Konferenzen in Teheran (November 1943), Jalta (Februar 1945) und Potsdam (Juli 1945) waren weder Churchill noch Roosevelt oder gar dessen Nachfolger Truman Stalins Verhandlungsgeschick gewachsen, der nach der schlichten Formel vorging: »Was ich habe, das habe ich; über das, was ich haben möchte, bin ich gern bereit zu verhandeln.« Er hatte auch diese orientalische Geduld, und seine Gesprächspartner konzedierten ihm nach und nach, mal zögernd, mal mit Vorbehalten, mal mit Widerwillen, am Ende doch alles, was er verlangte. Er handelte ihnen sogar noch die leicht überschaubare Zonengrenze an der Elbe ab, die die Amerikaner besetzt hatten, gewann so das sächsische Industriegebiet und im weit nach Westen vorgewölbten thüringischen Bogen eine ideale Raketenstellung, von der aus sich nach dem damaligen Stand der Technik bei Bedarf alle wichtigen westeuropäischen Städte erreichen ließen. Roosevelt lebte im Glauben, Stalin durch permanentes Entgegen-

Churchill, Truman und Stalin demonstrieren gutes Einvernehmen bei der Konferenz von Potsdam 1945.

kommen moralisch verpflichten zu können; er war auch krank und wollte alles rasch hinter sich bringen. Churchill nannte ihn zwar »Mein Freund Stalin!« (28.4.1945), hatte aber Schwierigkeiten, mit seinem nicht sonderlich sensiblen psychologischen Instrumentarium das Wesen dieses Exoten ganz zu durchdringen.

Truman, vollends außerstande, die Dimensionen des absoluten Despoten zu erfassen, erfand für ihn den Kosenamen »Uncle Joe« und erfreute Stalin, dessen Musikverständnis durchs heimische Pianola geprägt war, mit Darbietungen am Flügel der einstigen Kronprinzessin Cecilie im Schloß Cecilienhof.

Stalins Werk war es, daß die Sowjetunion – vor allem mit amerikanischer Hilfe – zur größten Militärmacht der Welt wurde. Er erlebte noch den Triumph, daß seine Techniker am 29. August 1949 die erste sowjetische Atombombe zündeten, weswegen ihn die Sowjetische Akademie der Wissenschaften zur »Koryphäe der Wissenschaft« ernannte. Graf Coudenhove-Kalergi, der Begründer der paneuropäischen Bewegung, schrieb: »Stalin ist dem Titel nach Generalsekretär der Partei, dem Range nach Papst der kommunistischen Kirche, Kaiser von Rußland, Generaldirektor des Sowjet-Trusts, kurz: der mächtigste Mann der Welt.«

Im Alter litt Stalin unter Schwindelgefühl, Sprachstörungen, Ohrensausen und, was seine Umgebung vor allem beunruhigte, unter Verfolgungswahn. Überall sah er Spione, Verräter, Meuchelmörder, besonders unter seinen Ärzten. So war es folgerichtig, daß er mit letzter Kraft noch eine umfassende Säuberungsaktion unter den Medizinern organisierte. Die Radiologin Lydia Timaschuk, die auch dem NKWD nützliche Dienste leistete, lieferte ihm ausreichendes Beweismaterial gegen ihre Kollegen, und am 13. Januar 1953 meldete die »Prawda«: »Sicherheitsorgane haben terroristische Ärztegruppe entlarvt!«

Aber diese Säuberungsaktion verlief im Sande. Am Abend des 1. März 1953 fanden Stalins Leibwächter den mächtigsten Mann der Welt auf dem Teppich seines Arbeitszimmers in tiefer Ohnmacht. Vier Tage hielten ihn seine Ärzte noch am Leben. Am 5. März starb er um 21.30 Uhr, und Radio Moskau verkündete in alle Welt: »Der unsterbliche Name Stalins wird ewig in den Herzen der fortschrittlichen Menschheit weiterleben!« – Sein Leichnam wurde einbalsamiert und neben Lenin im Mausoleum auf dem Roten Platz beigesetzt, in gläserner Hülle, für alle Verehrer sichtbar, die unermüdlich in Scharen an beiden Kultfiguren der sowjetischen Geschichte vorbeipilgerten. Viele Orte im weiten Land hatten schon ihm zu Ehren auf ihre traditionellen Namen verzichten müssen und waren umbenannt worden wie Stalinabad, Stalino, Stalingrad, Stalinogorsk.

KAPITEL XXI

Perestroika und Glasnost

Diese beiden Begriffe kamen zu Stalins Zeiten allenfalls im Vokabular westlicher Slawisten oder russischer Träumer vor. 34 Jahre nach Stalins Tod sprach der neue Mann im Kreml sie aus: Michail Gorbatschow, Generalsekretär der KPdSU. Perestroika bedeutet Umgestaltung, Wandlung, Kurskorrektur – Glasnost heißt Klarheit, Wahrheit, Ehrlichkeit. Mit diesen beiden Wörtern, die auf keiner der 829 Seiten der offiziellen Geschichte der KPdSU (6. Auflage von 1984) zu finden sind, definierte Michail Gorbatschow im Sommer 1987 ein Programm, das er »die zweite russische Revolution« nennt. In einem in viele Sprachen übersetzten Buch will er seine Gedanken »... den Menschen in der UdSSR, den USA und allen anderen Ländern ...« nahebringen. Ein absolutes Novum: Der führende Mann der Sowjetunion setzt sich über Tabus und Traditionen hinweg, verkündet der Welt keine neuen Dogmen, keine Schuldzuweisungen, kommt nicht als Eroberer oder Besetzer, sondern wirbt als planender Politiker um Aufmerksamkeit über alle Grenzen hinweg: »Es herrscht ein Bedürfnis nach gegenseitigem Verständnis und gegenseitiger Verständigung auf der Welt.«

Siebzig Jahre nach der ersten, der Oktoberrevolution, setzt er sich kritisch mit deren Auswirkungen auseinander und leitet kraftvoll und sensibel die zweite ein, die seinem Land aus der Stagnation und der Welt aus ihren

Ängsten helfen soll. Der erklärte Kommunist Gorbatschow schreibt: »Der Kommunismus wurzelt in den Interessen und der Freiheit der Menschen ... er verfügt über ein gewaltiges Potential humanitärer Ideen.« Er weiß, wie weit sich Theorie und Praxis in den siebzig Jahren sowjetischer Geschichte voneinander entfernt haben und wieviel vom gewaltigen Potential humanitärer Ideen inzwischen verschlissen wurde. Er kennt das Leben in Stadt und Land, die Enge, die oft fragwürdigen Perspektiven, die endlosen Schlangen vor tristen Geschäften, die Trunksucht, »... dieses bei uns seit Jahrhunderten verwurzelte soziale Laster«. Er kennt die arrogante Indolenz eines aufgeblähten Funktionärsapparates von über achtzehn Millionen Apparatschiks, spricht offen vom »katastrophalen Zustand der sowjetischen Wirtschaft« und macht kein Hehl daraus, daß das Leben im größten Land der Erde mit den vielseitigsten Möglichkeiten kaum noch den ursprünglichen Idealen entspricht. Er hat den Blick für Symptome, den Mut zur offenen Sprache, die Kraft, eine tiefgreifende Neuordnung in Angriff zu nehmen: Perestroika.

Der Mann mit dem Fürstennamen Gorbatschow kam als Bauernsohn in einer Siedlung freigelassener Leibeigener namens Privolnoje, was »Freiheit« bedeutet, nahe Stawropol am Nordrand des Kaukasus zur Welt, in dem unglücklichen Jahr 1931, als das Land nach der »Liquidierung des Kulakentums« eine verheerende Hungersnot durchleiden mußte. Seine erste Begegnung mit Deutschen hatte er als Elfjähriger im Juli 1942, als die deutsche Wehrmacht bis an den Kaukasus vorgedrungen war, aber schon bald wieder abrückte. Nach acht Schuljahren arbeitete er auf einer Landmaschinenstation und wurde mit zwanzig – seine Intelligenz war unübersehbar – zum Studium der Rechte auf die Universität nach Moskau delegiert. Dort trat er der Partei bei, und dort begegnete er seiner späteren Frau Raissa, die Philosophie studierte und seine ideale Partnerin wurde. In Moskau erlebte Gorbatschow Stalins Tod und den Machtwechsel, der sich ganz friedlich vollzog. Die Männer der Stunde hießen: Malenkow, Molotow, Woroschilow, Bulganin, Berija, und dann war da noch einer, den bisher nur wenige kannten: Nikita Sergejewitsch Chruschtschow. Der wurde schließlich Stalins Nachfolger. Im Gegensatz zu seinem Vorgänger reiste er durch die Welt und lernte die wichtigen Politiker persönlich kennen. Im Herbst 1955 lud er Konrad Adenauer nach Moskau ein und nahm damit diplomati-

Der erste Besuch in Moskau 1955: Konrad Adenauer zwischen Ministerpräsident Bulganin und Parteichef Chruschtschow.

sche Beziehungen zur Bundesrepublik auf. Mit der Entlassung der letzten deutschen Kriegsgefangenen und Zivilinternierten signalisierte er die Bereitschaft zu einem positiven Neubeginn.
Aus den drei westlichen Besatzungszonen war im Mai 1949 die Bundesrepublik Deutschland entstanden und aus der Sowjetischen Besatzungszone im Oktober desselben Jahres die Deutsche Demokratische Republik. Die einstige Reichshauptstadt Berlin, in vier Sektoren aufgeteilt, unterstand nach wie vor dem Viermächtestatus. Das Thema »Deutsche und Russen« hatte neue Akzente bekommen: Außer dem staatsrechtlichen Sonderfall Berlin gab es jetzt zwei deutsche Staaten. Es lebten also dreierlei Deutsche mit unterschiedlichen

Rechten unter grundverschiedenen politischen Systemen und ungleichen ökonomischen Bedingungen. Österreich war wieder selbständig geworden. Anders als nach dem Ersten Weltkrieg wiesen die Österreicher jetzt jegliche Assoziation mit dem Begriff »deutsch« entrüstet zurück und legten größten Wert darauf, als erste Opfer Adolf Hitlers bedauert zu werden.

Die Bundesrepublik war durch den »Deutschland-Vertrag« vom Mai 1952 und die Pariser Verträge vom Mai 1955 fest ins westliche Verteidigungsbündnis eingegliedert, die DDR durch die Verträge vom März 1954 und September 1955 ebensofest an die Sowjetunion gebunden. Beide Staaten hatten weitgehende Souveränität erlangt. Nach den ersten freien Wahlen in der Bundesrepublik seit 1933 vom 14. August 1949 zogen 139 Abgeordnete der CDU/CSU und 131 von der SPD in den Bundestag ein, dazu 52 von der FDP, 17 von der DP. Alle folgenden Wahlen ergaben andere Mehrheitsverhältnisse und dementsprechend andere Regierungskoalitionen. Den Bürgern der DDR wurde die Entscheidung leichter gemacht. Sie brauchten nur einen vorgedruckten Wahlschein in die Urne zu werfen, und bei jeder Wahl wurde ein Ergebnis von 99 Prozent für die Einheitsliste erzielt. Die »Nationale Front« wurde eindeutig von der SED dominiert. Die Christdemokraten und die Liberalen bekamen eine unbedeutende Stimmenquote zugeteilt, auf deren Stärke die Wähler keinerlei Einfluß hatten. Die 400 Abgeordneten der Volkskammer waren immer einer Meinung, und die wurde von der SED festgelegt. Das Marschlied: »Die Partei, die Partei, sie hat immer recht!« verkündete laut auf Straßen und Plätzen das Unfehlbarkeitsdogma der Sozialistischen Einheitspartei. Die Hoffnung der Deutschen, in einem Land leben zu dürfen, das nicht durch eine scharf bewachte Grenze auseinandergeschnitten war, blieb lange Zeit unerfüllt. Die DDR verstärkte ihre Grenzbefestigungen immer mehr, und Nikita Chruschtschow erklärte die Frage der Wiedervereinigung zur alleinigen Angelegenheit der beiden deutschen Staaten.

Sieben Jahre bestimmte er die Geschicke der UdSSR. Er schickte die Männer, die in der Hierarchie vor ihm rangiert hatten, in ein ungestörtes Rentnerdasein, nur Berija starb eines unnatürlichen Todes. In Chruschtschows Zeit fiel der Flug des ersten Erdsatelliten »Sputnik« (1957) und der Bau der Berliner Mauer am 13. August 1961, mit der die Machthaber in der DDR den Strom der Flüchtlinge in den Westen abfangen

Am 13. August 1961 riegelt die Volksarmee die Grenze zu den Westsektoren ab und beginnt mit dem Bau der Berliner Mauer.

wollten. Im Innern betrieb er die Entstalinisierung so konsequent, daß er sich Feinde machte. Er nannte Stalin unverhohlen einen Massenmörder und ließ seinen Leichnam im Oktober 1961 aus dem Lenin-Mausoleum in eine wesentlich schlichtere Gruft an der Kremlmauer umbetten. 1964 rehabilitierte er die deutsche Volksgruppe in der SU und hob das Verbot der deutschen Sprache in der Sowjetunion auf. Im selben Jahr wurde er gestürzt. Als er auf seiner Datscha am 11. September 1971 starb, erwähnte die »Prawda« seinen Tod mit einem einzigen Satz. Chruschtschow wurde in aller Stille auf einem abgelegenen Friedhof am Rand Moskaus begraben. Der neue Generalsekretär hieß Leonid Breschnjew. Er war 58 Jahre alt und konnte eine makellose proletarische Herkunft vorweisen: Sein Vater war Metallarbeiter in Kamenskoje in der Ukraine gewesen, der Junge hatte in derselben Fabrik gearbeitet, ein Polytechnikum besucht, Maschinenbau studiert, war in den Krieg gezogen und hatte als General mit einer Brust voller Orden 1945 an der Siegesparade auf dem Roten Platz in Moskau teilgenommen. Achtzehn Jahre blieb Breschnjew die bestimmende Kraft in der UdSSR, starr und flexibel, aufgeschlossen und undurchdringlich. Nach dem Muster des ungarischen Herbstes von 1956 erstickte er

1968 den »Prager Frühling«, den Versuch Dubceks und Svobodas, in der Tschechoslowakei menschlichere Varianten des Kommunismus zu praktizieren: Freiheit des Wortes, der Schrift, der Versammlung, des kulturellen Eigenlebens aller Arten von Minderheiten. Breschnjew aber duldete keine Abweichung von der Moskauer Linie und ließ den Aufruhr mit Panzern niederwalzen. Truppen aus der DDR und aus Polen halfen der Roten Armee.

Die Menschen in der Bundesrepublik verfolgten beklommen, was jenseits des Fichtelgebirges und des Bayerischen Waldes geschah. Länder und Gemeinden taten alles, um Tausende von Flüchtlingen zu versorgen. Sie lebten ohnehin in ständiger Sorge. Seit Jahrhunderten war Deutschland der traditionelle Kriegsschauplatz in der Mitte Europas gewesen, jetzt war es zum Zielgelände denkbarer Atomraketen-Duelle zwischen den USA und der UdSSR geworden. Städte, die etwa im Dreißigjährigen Krieg, im Spanischen Erbfolgekrieg, in den Napoleonischen Kriegen von fremden Heeren noch umständlich in Brand und Trümmer geschossen wurden, konnten nun leicht mit Raketen angeflogen und mit relativ geringen Sprengladungen in absolutes Ödland verwandelt werden. Friede war die Sehnsucht der

Leonid Breschnjew (1906–1982).

Menschen und Entspannung das vornehmste Ziel der Regierungen, von welchen Parteien sie auch getragen wurden.

In Bonn – die einstige Sommerresidenz der geistlichen Kurfürsten von Köln war jetzt Hauptstadt des westlichen deutschen Staates – hatten die Bundestagswahlen gemäß den Gesetzen einer intakten parlamentarischen Demokratie wechselnde Mehrheitsverhältnisse und wechselnde Koalitionen ergeben. Die Regierung Erhard, die 1963 der Regierung Adenauer gefolgt war, hatte am 25. März 1966 in einer Friedensnote an alle osteuropäischen Staaten um generellen Gewaltverzicht geworben. Die große Koalition unter Kurt Georg Kiesinger (CDU) und Willy Brandt (SPD), seit Dezember 1966 an der Regierung, behielt den Kurs bei und nahm diplomatische Beziehungen zu Rumänien und Jugoslawien auf. Aus den Wahlen vom September 1969 ging eine SPD/FDP-Koalition und die Regierung Brandt/Scheel hervor mit dem erklärten Ziel, die Verständigung mit den Ostblockstaaten weiter voranzutreiben, ohne die westeuropäische Integration zu vernachlässigen. Der Moskauer Vertrag vom 12. August 1970, in dem die UdSSR und die Bundesrepublik Deutschland die Unverletzlichkeit aller europäischen Grenzen garantieren, und der Warschauer Vertrag vom 7. Dezember 1970, der die Normalisierung der Beziehungen zur Volksrepublik Polen einleitete, waren Ergebnisse dieser Politik. Persönliche Besuche signalisierten den Wunsch beider Seiten, die Beziehungen enger zu gestalten. Im Sommer 1971 lud Breschnjew Bundeskanzler Willy Brandt nach Oreanda auf der Krim zu einer Besprechung ein.

Am 3. September 1971 bestätigte ein Viermächteabkommen nach siebzehnmonatigen Verhandlungen den Status der Stadt, die Bindungen Westberlins an die Bundesrepublik und die Garantie des freien Transitverkehrs von Personen und Gütern. Ein Abkommen zwischen dem Westberliner Senat und der Bundesrepublik vom 20. Dezember 1970 sowie der Grundlagenvertrag zwischen der Bundesrepublik und der DDR vom 21. Dezember 1972 ergänzten das Vertragswerk.

Im Mai 1973 besuchte Leonid Breschnjew die Bundesrepublik und unterzeichnete in Bonn mit Willy Brandt ein Abkommen über kulturelle Zusammenarbeit. Den Gegenbesuch im Oktober 1974 absolvierte der neue Bundeskanzler Helmut Schmidt. Willy Brandt war einer Intrige der anderen Deutschen zum Opfer gefallen: Sein Vertrauter Günter Guil-

Willy Brandt leitete die Entspannungspolitik ein.

Leonid Breschnjew mit Außenminister Gromyko 1978 zu Gesprächen bei Kanzler Helmut Schmidt.

laume, Referent im Bundeskanzleramt, war als Top-Agent der DDR enttarnt worden. So unterzeichneten Helmut Schmidt und Hans-Dietrich Genscher sowie Leonid Breschnjew und Andrej Gromyko ein Abkommen wirtschaftlicher Zusammenarbeit, dem anderthalb Jahre später, am 6. Mai 1976, ein weiteres Wirtschaftsabkommen mit einer Laufzeit von 25 Jahren folgte. Die Statistiker ermittelten, daß in den zehn Jahren von 1970 bis 1979 der Handelsverkehr zwischen der UdSSR und der Bundesrepublik Deutschland auf das Achtfache des ursprünglichen Volumens angestiegen war. Und das größte Geschäft wurde gerade ausgehandelt: Das Erdgas-Röhren-Abkommen, im Wert von rund zwanzig Milliarden DM, das bedeutendste Ost-West-Industriegeschäft aller Zeiten.

Breschnjew war kein Staatsphilosoph wie Lenin, kein Asket wie Stalin, kein witziger Unterhalter wie Chruschtschow. Er lief gern Schlittschuh, reparierte seine Uhren selber, liebte die Jagd auf Bären und Wildschweine, schätzte elegante Autos, zog zierliche Singvögel auf und konnte genießen: »Dauernd steht Genosse Appetit neben mir; immer wieder versuche ich, ihn zu verscheuchen, aber er geht einfach nicht weg.«

In Breschnjews Ära überholte die UdSSR die USA in der Raumfahrt. Immer neue Sputniks, bemannt und unbemannt, umkreisten die Erde und kündeten von der Macht der Sowjetunion auch im Weltall. Ein Witz lief um in Moskau: Fragt ein Mann einen Jungen: »Was macht dein Vater?« – »Der fliegt zum Mond.« – »Und was macht deine Mutter?« – »Die steht vorm Brotladen Schlange.«
Damit die Menschen auf Erden einsehen sollten, wie banal ihre Klagen über leere Regale und endlose Käuferschlangen waren, sorgte die Rote Armee für prachtvolle Paraden und Siegesmeldungen. Getreu der Tradition Iwan Grosnys und seiner Nachfolger – schließlich verdankte das Russische Reich seine immense Ausdehnung konsequenten Eroberungszügen –, drangen starke Truppenverbände in Afghanistan ein, um die Menschen in den Bergen zu befreien und an den Errungenschaften der »Entwickelten Sozialistischen Gesellschaft« teilhaben zu lassen. Presse, Radio und Fernsehen schilderten die Erfolge der Befreier und die Dankbarkeit der Befreiten. Aber viele Afghanen wollten gar nicht auf diese Weise befreit werden und wehrten sich. Immer häufiger bekamen Familien in der UdSSR die diskrete Nachricht, daß ihr Sohn, Bruder, Ehemann den Heldentod gestorben war. Afghanistan war die offene Wunde an der Südostflanke der Sowjetunion, die Breschnjew am Ende seines Lebens den Nachfolgern hinterließ.
Im übrigen war Breschnjews Wirken erfolgreich und im Sinne der Partei lobenswert. Schon den hundertsten Geburtstag seines Vorbildes Lenin am 11. April 1970 hatte er auf ganz besondere Weise gefeiert, ohne Festessen, ohne Wodka, ohne Musik, aber: »... das ganze Sowjetvolk trat zu einem grandiosen kommunistichen Subbotnik für die vorfristige Erfüllung des Fünfjahresplanes an!« – Das heißt, 280 Millionen Menschen, ausgenommen Kleinkinder, Kranke und Greise, leisteten an diesem Feiertag unbezahlte Arbeit.
Auf jedem Parteitag konnte Breschnjew lange Listen neuer eindrucksvoller Erfolge vorlegen, wie etwa auf dem XXV. Kongreß der KPdSU vom 24. Februar bis 5. März 1976: In den vergangenen fünf Jahren hatte sich das Nationaleinkommen um 28 Prozent erhöht, die Industrieproduktion um 43 Prozent, das durchschnittliche jährliche Getreideaufkommen um 14 Millionen Tonnen, und 11 Millionen neue Wohnungen und Eigenheime waren errichtet worden.
Von Parteitag zu Parteitag steigerten sich Arbeitsproduktivität und Warenproduktion, wuchs die Zahl der »Territorialen Pro-

duktionskomplexe« und der »Komplexmechanisierten Anlagen«. Immer mehr Kraftwerke wurden gebaut und im Jahre 1980 bereits 1300 Milliarden Kilowattstunden Elektroenergie erzeugt. Parallel mit dem Energiepotential der Landwirtschaft wuchsen deren Erträge. Nur war es schwer begreiflich, warum das reichste Land der Erde mit der größten landwirtschaftlichen Nutzfläche, das zu Zeiten des Lübecker Getreide-Importeurs Großschopf (Lenins Urgroßvater) noch halb Europa versorgt hatte, jetzt Weizen aus Amerika und Kanada, Butterschmalz und Dosenfleisch aus der irrsinnigen Überproduktion der EG-Länder beziehen mußte. Das fragte sich mancher Sowjetmensch, aber die Sowjetpresse ließ solche Fragen damals noch unerörtert.

Leonid Breschnjew wurde 1980 mit dem Lenin-Literaturpreis ausgezeichnet, und niemand wußte zu sagen, weswegen. Im Jahr darauf wählten ihn die Delegierten des XXVI. Parteitages der KPdSU abermals einstimmig zum Generalsekretär des Zentralkomitees. Es war das letzte Mal. Dieser Parteitag formulierte auch einen für die Menschen in der Bundesrepublik Deutschland wichtigen Satz: »Im Handel mit der UdSSR nimmt unter den kapitalistischen Ländern die BRD den ersten Platz ein.«

Breschnjew alterte rasch. Es machte ihm zunehmend Mühe, den zahlreichen protokollarischen Verpflichtungen nachzukommen, sich hinzusetzen, aufzustehen, lange Reden fließend abzulesen, im rechten Augenblick den Arm zu heben oder Beifall zu klatschen. Starke Leibwächter, die ihn hautnah begleiteten, halfen ihm bei jeder Bewegung mit unbewegtem Gesicht. Im Sommer 1982 konnte er noch miterleben, daß der Bau der 4450 Kilometer langen transkontinentalen Erdgasleitung Urengoi-Pomary-Ushgorod in Angriff genommen wurde. An diesem gewaltigen Projekt, das die Medien der UdSSR das »Jahrhundertbauwerk« nannten, war die Bundesrepublik Deutschland, trotz heftiger Querschüsse US-amerikanischer Unternehmen, wesentlich beteiligt mit der Lieferung von Röhren, Verdichtungsstationen und sonstigen Ausrüstungen.

Am Mittwoch, 10. November 1982, starb Leonid Breschnjew an Herzversagen. Sogleich schwärmten starke Polizeiverbände aus und riegelten Moskaus Innenstadt ab, im weiten Umkreis ringsum patrouillierten Einheiten der Roten Armee. Die Menschen wagten sich kaum aus den Häusern in banger Sorge, was nun geschehen würde. Es geschah gar nichts. Die Medien gaben den Tod des Generalsekretärs bekannt, und die KPdSU widmete ihm einen ehrenden Nachruf: »... ein Streiter für den Frieden und das Glück der Menschheit hat sein Leben vollendet.«

Am 12. November wählte das Plenum des Zentralkomitees den KGB-Chef Juri Wladimirowitsch Andropow zu Breschnjews Nachfolger, einstimmig, obwohl es gegen sein diffuses Persönlichkeitsbild gewiß einige unterschwellige Vorbehalte gab: Er war nierenleidend, 68 Jahre alt, keinesfalls jünger aussehend, in außenpolitischen Fragen wenig kompetent, aber über subtilste Interna informiert und beherrschte die komplizierte Klaviatur des KGB perfekt.

Insgeheim verfaßte er Liebeslyrik, haßte Pfusch und Schlendrian, wetterte gegen »Mißwirtschaft, Vergeudung, Augenwischerei und Vergehen am Sozialistischen Eigentum«. Dabei berief er sich auf zahllose Briefe verbitterter Sowjetmenschen, die sich ihm anvertrauten. Aber seine Sittenstrenge schreckte Spitzenfunktionäre und Nomenklatura kaum: Die Lebenserwartung dieses Mannes war offensichtlich begrenzt. Er kränkelte zusehends und konnte nur mit Hilfe stummer Begleiter, die ihn eng umringten, den Schein leidlicher Vitalität in der Öffentlichkeit wahren.

Als Andropow im Juni 1983 vom Obersten Sowjet der UdSSR zum Vorsitzenden des Präsidiums gewählt wurde, tauchte im Bericht über dieses Ereignis in der gedruckten Geschichte der KPdSU erstmals ein Name auf, der zwei Jahre später in der Weltpresse Schlagzeilen machte: Michail Sergejewitsch Gorbatschow.

Nach den Moskauer Studentenjahren war der Jurist Gorbatschow mit seiner attraktiven Frau Raissa in seine nordkaukasische Heimat zurückgekehrt und hatte in deren Metropole Stawropol eine flotte Parteikarriere gemacht: vom Komsomol Sekretär der Stadt bis zum Parteisekretär des Gebietes. Acht Jahre war er der erste Mann von Stawropol in einem Umfeld, dessen Leben vorwiegend von der Landwirtschaft bestimmt wurde. Das war nichts Neues für ihn. Aus dem Milieu stammte er ja. Er kannte die Stärke der Menschen und die Schwäche eines Systems, das die Produktivkräfte mit Worten anheizte und mit einem schwerfälligen Funktionärsapparat lähmte. Die Erkenntnis, daß die minimalen Anbauflächen von jeweils maximal zwei Morgen, die noch in Privatbesitz waren, 30 Prozent aller Erträge brachten, obwohl sie nur drei Prozent der gesamten Anbaufläche ausmachten, wurde für ihn eine Grundlage seiner Reformen. Die gewaltsame Beschränkung der Bauern außerhalb der Kolchosen auf je zwei Morgen, eine Kuh und eine Sau mußte jede Initiative lähmen. In einer kraftvollen Privatinitiative sah Gorbatschow eine Chance. Er förderte unauffällig die Bildung individueller Betriebe, in denen die Bauern einen ansehnlichen Teil der erwirtschafteten Gewinne nach eigenem Ermessen verwenden konnten. Offiziell blieben die Kolchosen erhalten, in der Praxis aber räumte Gorbatschow den Bauern erhebliche Handlungsfreiheit ein. So gewann er Freunde unter ihnen, weniger allerdings unter den Funktionären des landwirtschaftlichen Verwaltungsapparates.

Als Erster Parteisekretär von Stawropol wurde er Mitglied des ZK, das zweimal jährlich in Moskau tagte. Dort gewann er rasch Verbindungen zu einflußreichen Männern, die einen Blick für seine Talente und für seine Durchsetzungskraft hatten: Suslow, Andropow, Tschernenko, Kulakow. Als letzterer 1978 starb, rückte Gorbatschow in sein Amt als ZK-Sekretär für Landwirtschaft nach und übersiedelte ganz nach Moskau. 1979 wurde er Kandidat, 1980 Vollmitglied des Politbüros, und schon bald war er der Mann, der für den ständig kränkelnden Andropow einen wesentlichen Teil der Arbeit erledigte. Nach dessen Tod war er ebenso um den Nachfolger bemüht: Konstantin Tschernenko, der mit 72 ins höchste Amt gewählt wurde, an einem Lungenemphysem litt und sich mit einer chronischen Gelbsucht quälte.

Als Konstantin Tschernenko am 10. März 1985 starb, hatte Gorbatschow zweieinhalb Jahre Gelegenheit gehabt, sich in die Aufgaben eines Generalsekretärs des ZK der KPdSU, Mitglied des Politbüros, Vorsitzenden des Präsidiums des Obersten Sowjets der UdSSR einzuarbeiten. Und er hatte den Genossen in all diesen Gremien Gelegenheit gegeben, seine zahlreichen Qualitäten kennenzulernen, vor allem aber seinen analytischen Blick für Fehlentwicklungen, Falschmeldungen und Funktionärsfilz.

Die letzten drei Jahre der alten Männer waren eine Zeit der Stagnation gewesen, im größten Land der Erde und in seinem politischen Umfeld. Dem Wirtschaftsbündnis der EG stand das Wirtschaftsbündnis des COMECON gegenüber, dem Militärbündnis der Nato das Militärbündnis des Warschauer Paktes. Beide Seiten hatten ausreichend Atomraketen installiert, um die Gegenseite zu verwüsten und das Leben dort bis auf den letzten Grashalm auszulöschen. Satelliten umkreisten die Erde, befähigt, kleinste Kleinigkeiten zu registrieren. Der menschliche Geist

Michail Gorbatschow in Nürnberg: Am 8. Mai 1975 hält er auf Einladung der DKP eine Rede zum 30. Jahrestag der Befreiung.

hatte unmenschliche Techniken bis zur Perfektion entwickelt und dabei ganz übersehen, daß er damit die Zerstörung allen Lebens auf der Welt möglich machte. Diese Welt brauchte neue Denkmodelle. Sie brauchte Politiker, die nicht auf überholte Klischees oder gnadenlose Dogmen festgelegt waren. Nicht nur die Menschen in der Sowjetunion warteten gespannt darauf, wer der neue Mann werden würde, auch die Menschen im Zielgelände der Raketen an Rhein und Main, an Weser und Werra, an Saale, Elbe und Oder und auch alle Menschen anderswo, die ihr Dasein unter potentiellen Raketen-Flugbahnen fristen müssen.

Der neue Mann war rasch gewählt, einen Tag nach Tschernenkos Tod, und niemand konnte daran zweifeln, daß seine Wahl nicht nur eine sowjetische, sondern eine weltweite Dimension hatte: ein Mann aus einer russischen Exklave im Vielvölker-Umfeld am Nordrand des Kaukasus, vertraut mit unterschiedlichen

Mentalitäten, ein überzeugter Kommunist mit Grundsätzen nicht aus Beton, sondern aus elastischem Geist. Er war mit offenen Augen durch etliche europäische Länder gereist, hatte in Deutschland einen DKP-Kongreß in Nürnberg besucht, war über den Atlantik nach Kanada geflogen, und er hatte sich seine Gedanken gemacht über die unterschiedliche Lebensqualität in unterschiedlichen Wirtschaftssystemen. Seine Erkenntnisse formulierte er in Gesprächen, Reden, Diskussionen. Im Sommer 1987 dann verfaßte er das Buch unter dem facettenreichen Titel »Perestroika«, mit dem er die schöpferischen Kräfte zur Aktivität motiviert.

Ungerührt setzt er sich über Tabus hinweg, kämpft gegen die Überheblichkeit der Funktionäre, gegen leere Phrasen und Mangel an Verantwortungsgefühl. Er rügt die Schwerfälligkeit der Verwaltung, in deren aufgeblähten Ämtern jeder, der etwas gelten will, sich nach dem Parkinsonschen Gesetz möglichst viele Untergebene zulegen muß. Bei seinem England-Besuch 1984 scherzte Gorbatschow: »Ich habe eine frohe Botschaft für Sie: Parkinson lebt jetzt in Moskau!«

Was bisher weitgehend tabu war, wird nun offen diskutiert: Stalins millionenfache Bluttaten, die verhängnisvolle Schluderei in Tschernobyl, der Korruptionsskandal der »Usbekischen Mafia«, in den Mitglieder des Breschnjew-Clans und hohe Würdenträger der UdSSR verwickelt waren. Es muß auch nicht mehr hinter der vorgehaltenen Hand gemunkelt werden, daß die Segnungen der Diktatur des Proletariats im Paradies der Werktätigen auf eine dünne Oberschicht beschränkt sind, die sich in mit Mauern und Wachtposten abgesicherten Reservaten einem elitären sozialistischen Dolce vita hingibt. Verständlicherweise werden Glasnost und Perestroika von der Nomenklatura nicht gerade jubelnd begrüßt. Wer duldet schon gern Einblicke in sein abgeschirmtes Paradies oder läßt sich gar widerstandslos daraus vertreiben! Unter den mindestens achtzehn Millionen privilegierten Funktionären in der UdSSR hat Gorbatschow nicht nur begeisterte Anhänger, die Menschen im Land aber setzen all ihre Hoffnungen auf ihn, wie auch die Menschen jenseits der Grenzen. Er spricht von der »Staatengemeinschaft der ganzen Welt« und nennt Europa »unser gemeinsames Haus«. Der Abbau der Mittelstrecken-Raketen trug ganz wesentlich dazu bei, die chronische Angst ein wenig zu verringern.

Die Deutschen sind ein besonderes Problem. Die DDR, von allen

Bruderstaaten ökonomisch am besten gestellt, war politisch, wirtschaftlich und militärisch fest an die UdSSR gebunden. Ihre Zeitungen verkündeten unermüdlich die »Waffenbrüderschaft der NVA mit der Sowjetarmee«, und jahrzehntelang erklärten breite Transparente an Fabrikmauern und Verwaltungsgebäuden: »Die Freundschaft mit den Völkern der Sowjetunion ist der warme Herzschlag unseres Lebens.« Das Attribut »warm« verschwand weitgehend in den frühen achtziger Jahren, der Herzschlag blieb. Eine einfache Orientierungshilfe für Schulkinder: der Herzschlag im Osten, der »Klassenfeind« im Westen. Dabei trug der »Klassenfeind« zur ökonomischen Sonderstellung der DDR im Ostblock wesentlich mehr bei als der warme Herzschlag: Unter anderem zahlte die Bundesrepublik für die Paketsendungen von Freunden und Verwandten in die DDR jährlich 165,5 Millionen DM Postpauschale, für die Transitstrecken nach Berlin 525 Millionen, dazu 90 Millionen im Rahmen eines Gesundheitsabkommens, und sie gewährte der DDR einen zinslosen Überziehungskredit von 850 Millionen DM. Die Grenze zwischen beiden deutschen Staaten war mal schwerer, mal leichter zu passieren, die Todesautomaten waren abgebaut, und es wurde auch nur noch selten von den Grenzsoldaten auf flüchtende Landsleute geschossen, aber diese Grenze war existent. Sie zerschnitt ein Land und trennte Landschaften, Städte, Dörfer voneinander, vor allem Menschen.

Auf den sowjetischen Parteichef Michail Gorbatschow richten sich die Hoffnungen für einen dauerhaften Frieden zwischen Ost und West.

Die in der Bundesrepublik rege Friedensbewegung sandte unüberhörbare Signale über diese Grenze nach Osten. Sie wurde nicht zuletzt von Frauen getragen, die den blutigen Wahnsinn des Krieges am eigenen Leibe erfahren hatten, von ihren Töchtern und Enkelinnen. Sie alle träumten nicht nur den uralten Traum von einer Welt der absoluten Toleranz ohne Waffen, ohne Grenzen, ohne gnadenlose Dogmen. Sie gingen auch für ihre Ideale auf die Straßen, bei Regen und Schnee, und warben um Verständnis, im sicheren Bewußtsein, bei den anderen Deutschen drüben und in der Sowjetunion immer mehr Gleichgesinnte zu finden.

Bei seinem Besuch in Moskau im Sommer 1987 erinnerte Bundespräsident Richard von Weizsäcker seinen Gastgeber Michail Gorbatschow an das Wort vom »gemeinsamen europäischen Haus« und sagte: »Wir sind nicht besonders erfreut darüber, daß sich ein tiefer Graben durch ein gemeinsames Wohnzimmer zieht.« Auf die Bemerkung des Deutschen antwortete der Russe mit einem Rückblick auf Krieg und Nachkrieg, auf Jalta und Potsdam und endete mit dem Satz: »Was hier historisch geformt wurde, sollte am besten der Geschichte überlassen bleiben.« Dennoch existierte in seinem Bewußtsein das deutsche Volk ganz offenbar noch als Einheit. In seinem Buch »Perestroika« schreibt er: »Wir verwechseln das deutsche Volk keineswegs mit dem Naziregime. Und wir geben ihm nicht die Schuld an dem Leid, das Hitlers Angriff uns zugefügt hat.«

Literaturverzeichnis

Adelung, Friedr. von
Siegmund Freiherr von Herberstain, Petersburg 1818

derselbe
Kritisch literarische Übersicht der Reisenden in Rußland, Petersburg 1846

Archenholz, Bogislav von
Die verlassenen Schlösser, Berlin 1967

derselbe
Bürger und Patrizier, ein Buch von Menschen und Städten des deutschen Ostens, Berlin 1970

derselbe
Erinnerung und Abschied, Schicksale und Schöpfertum im deutschen Osten, Frankfurt/Berlin/Wien 1972

Amburger, E.
Die Anwerbung ausländischer Arbeitskräfte für die Wirtschaft Rußlands vom 15. bis ins 19. Jahrhundert, Wiesbaden 1968

Ascher, Abraham
Der Kreml, Wiesbaden 1975

Awaloff, Fürst Pawel
Im Kampf gegen den Bolschewismus, Glückstadt und Hamburg 1925

Arsenjew, N. S.
Die russische Literatur der Neuzeit und Gegenwart in ihren geistigen Zusammenhängen, Mainz 1929

Baedeker's
Russia, Handbook for Travelers, London 1914

Baethgen, Friedrich
Europa im Spätmittelalter, Berlin 1951

Bauer, Gottlieb
Geschichte der deutschen Ansiedler an der Wolga, Saratow 1908

Baumgart, Winfried und Repgen, Konrad (Hrsg.)
Brest-Litowsk, Göttingen 1969

Baumgart, Winfried
Von Brest-Litowsk zur deutschen November-Revolution, Göttingen 1971

Bismarck, Otto Fürst von
Gedanken und Erinnerungen, Stuttgart und Berlin 1926
Blanch, Leslie
Die Säbel des Paradieses, Reinbek 1965
Blum, Karl Ludwig
Katharina II. und Graf Jakob Johann von Sievers, Leipzig 1864
Boehm, M. H. und Weiß, H.
(Hrsg.) Wir Balten, Salzburg/München 1951
Boess, Otto
Rußland-Chronik, Salzburg 1967
Bohmann, Alfred
Strukturwandel der deutschen Bevölkerung im sowjetischen Staats- und Verwaltungsbereich, Köln 1970
Bonwetsch, Gerhard
Geschichte der deutschen Kolonien an der Wolga, Stuttgart 1919
Borkenau, Franz (Hrsg.)
Karl Marx, Frankfurt/Main 1956
Bosau, Helmold von
Slawenchronik (Ausgewählte Quellen zur deutschen Geschichte des Mittelalters – Freiherr vom Stein-Gedächtnisausgabe, Band XIX), Berlin 1963
Braudel, Fernand
Geschichte der Zivilisation, München 1971
Bunge, Friedrich Georg von
Baltische Geschichtsstudien, Leipzig 1875
derselbe
Die Stadt Riga im 13. und 14. Jahrhundert, Leipzig 1878
derselbe
Die Revaler Ratslinie und Revaler Ratsverfassung, Reval 1874
Clausewitz, Carl von
Der russische Feldzug von 1812, Wiesbaden 1953
Conze, Werner
Das deutsch-russische Verhältnis im Wandel der modernen Welt, Göttingen 1967
Conquest, Robert
Am Anfang starb Genosse Kirow, Düsseldorf 1970
Cowles, Virginia
The Defiant Swan Song, London 1967
Crusenstolpe, M. J. von
Der russische Hof von Peter I. bis Nikolaus I., 9 Bände, Hamburg 1855–1859
Daschkowa, Fürstin Katharina von
Erinnerungen, Katharina die Große und ihre Zeit, München 1970
Dudek, Gerhard (Hrsg.)
Die Dekabristen, Dichtungen und Dokumente, Leipzig 1975
Duncan, Isadora
Memoiren, Wien 1928
Ediger, Theodor
Rußlands älteste Beziehungen zu Deutschland, Frankreich und der Römischen Kurie, Halle 1911
Fischer Weltgeschichte
Byzanz, Frankfurt/Main 1973
Fischer Weltgeschichte
Rußland, Frankfurt/Main 1972
Fleming, Paul
Teutsche Poemata, Lübeck 1642,

herausgegeben von Lappenberg, Stuttgart 1866
Gause, Fritz
Deutsch-slawische Schicksalsgemeinschaft, Kitzingen 1952
Georgi, Johann Gottlieb
Beschreibung von Sankt Petersburg, Petersburg 1790
Germanoslavica,
Vierteljahreszeitschrift für die Erforschung germanisch-slawischer Kulturbeziehungen, Brünn/Prag/Leipzig/Wien, verschiedene Jahrgänge
Geschichte der KPdSU
Deutsche Ausgabe, Berlin 1984
Gitermann, Valentin
Geschichte Rußlands, Frankfurt/Main 1963
Goertz, Hans-Jürgen
Radikale Reformatoren, München o. J.
Gorbatschow, Michail S.
Perestroika, München 1987
Gordon, Alexander
Geschichte Peters des Großen, Leipzig 1765
Grab, Walter und Friesel, Uwe (Hrsg.)
Noch ist Deutschland nicht verloren, München 1973
Grey, Jan
Iwan der Schreckliche, Tübingen 1964
Gröper, Klaus
Die Geschichte der Kosaken, München 1976
Grossmann und Knöbel
Führer durch Moskau, Moskau 1882
Große
Adam Olearius, Leben und Schriften, 1867
Häusler
Der Panslawismus, Berlin 1886
Halem, Gerhard Anton von
Das Leben Peters des Großen, Münster 1803–1805
derselbe
Lebensbeschreibung des russischen Generalfeldmarschalls Graf von Münnich, Oldenburg 1803
Hallett-Carr, Edward
Berlin–Moskau, Deutschland und Rußland zwischen beiden Weltkriegen, Stuttgart 1954
Hammen, Oscar J.
Die roten 48er, Karl Marx und Friedrich Engels, Frankfurt/Main 1972
Harden, Maximilian
Köpfe, Hamburg 1963
Hartknoch, Johann Friedrich
Historische Gemälde: Band 11, Geschichte der Gefangenschaft des Buchhändlers Hartknoch unter der Regierung Pauls I. – Leipzig 1803
Herberstain, Siegmund Freiherr von
Moscoviter Wunderbare Historien, Basel 1563/Neue deutsche Ausgabe von W. Steinen, Erlangen 1926
Helbig, Georg Adolf Wilhelm von
Russische Günstlinge, Tübingen 1809 / Neudruck Stuttgart 1883

Herzen, Alexander
Die russische Verschwörung und der Aufstand vom 14. Dezember 1825
derselbe
Rußlands soziale Zustände, Hamburg 1854
derselbe
Memoiren eines Russen, 4 Bände, Hamburg 1855–1856
derselbe
Mein Leben, Memoiren und Reflexionen, Berlin 1962/63
Herzog, Wilhelm
Große Gestalten der Geschichte, Bern 1961
Hirsch, Helmut
Rosa Luxemburg, Reinbek 1969
Jessen, Hans (Hrsg.)
Katharina II. von Rußland in Augenzeugenberichten, München 1978
Johannsen, P.
Nowgorod und die Hanse, in: »Städtewesen und Bürgertum als geschichtliche Kräfte«, Lübeck 1953
Joll, James
Die Anarchisten, Frankfurt/Main, Berlin, Wien 1964
Karamsin, Nikolaj
Geschichte des Russischen Reiches, 11 Bände, Leipzig 1886 ff.
Kljutschewskij, W.
Geschichte Rußlands, 4 Bände, Berlin 1925–26
Kohn, Richard (Hrsg.)
Die russische Revolution in Augenzeugenberichten, München 1977
Kostomarow, Nikolaj
Geschichte Rußlands in Biographien, Leipzig 1886 ff.
Kotoschin, Grigorij
Über Rußland unter der Regierung des Zaren Alexeij Michailowitsch, Petersburg 1884
Kotzebue, August von
Das merkwürdigste Jahr meines Lebens, Neuausgabe München 1965
Kramer, Walter (Hrsg.)
Die Entdeckung und Erforschung der Erde, Leipzig 1967
Kühn, Joachim
Ehen zur linken Hand, Stuttgart 1968
Kürenberg, Joachim von
Holstein, die graue Eminenz, Berlin 1954
derselbe
Die tanzende Heilige / Juliane von Krüdener, Hamburg 1941
Lennhoff, Eugen
Politische Geheimbünde, Wien 1931
Lenin, Wladimir
Ausgewählte Werke (deutsch), Moskau 1971
Lichtheim, George
Ursprünge des Sozialismus, Gütersloh 1968
Linke, Horst-Günther
Deutsch-sowjetische Beziehungen bis Rapallo, Köln 1972
Liszkowski, Uwe
Zwischen Liberalismus und Imperialismus / Die zaristische Außenpolitik vor dem Ersten Weltkrieg, Stuttgart 1974

Lubos, Arno
Deutsche und Slawen, Wien 1974
Ludwig, Emil
Schliemann, Geschichte eines Goldsuchers, Berlin / Wien / Leipzig 1932
Lunatscharski, Anatoli
Die Revolution und die Kunst, Dresden 1974
Mackensen, Lutz
Zur deutschen Literatur Altlivlands, Würzburg 1961
Marx, Karl und Engels, Friedrich
Werke, 39 Bände, Berlin 1957–1968
Mayenburg, Ruth von
Hotel Lux, München 1978
Meier-Lemgo, Karl
Engelbert Kämper erforscht das seltsame Asien, Hamburg 1960
Mirskij, Dimitrij
Rußland, von der Vorgeschichte bis zur Revolution, Essen 1975
derselbe
Geschichte der russischen Literatur, München 1964
Missenharter, Hermann (Hrsg.)
Die Großen der Kunst, Literatur und Musik in Rußland, Stuttgart 1964
Müller-Sternberg, Robert
Zwischen Lübeck und Reval, Oldenburg und Hamburg 1964
Neunbauer, H.
Zar und Selbstherrscher, Beiträge zur Geschichte der Autokratie in Rußland, Wiesbaden 1964
Oberländer, Erwin
Sowjetpatriotismus und Geschichte, Köln 1967
Onasch, Konrad
Groß-Nowgorod, Aufstieg und Niedergang einer russischen Stadt-Republik, Leipzig / Wien / München 1969
Olearius, Adam
Beschreibung der Moskowitischen und Persischen Reise, Schleswig 1656, Neudruck Tübingen 1971
Pallas, Peter Simon
Reisen durch verschiedene Provinzen des Russischen Reiches, Petersburg 1776
Paquet, Alfons
Briefe aus Moskau, Stuttgart 1970
Pekarskij, P.
Wissenschaft und Literatur zur Zeit Peters des Großen, o. J.
Pfister, Kurt
Frauenschicksale, München 1949
Picht, Ulrich
Michail Pogodin und die slawische Frage, Stuttgart 1969
Pokrowskij, M.
Brief History of Russia, 2 Bände, New York 1933
Propper, S. M. von
Was nicht in die Zeitung kam / Erinnerungen des Chefredakteurs der »Birschewyja Wedomosti«, Frankfurt/Main 1929
Rauch, Georg von
Die Universität Dorpat, Essen 1943

derselbe
Geschichte der baltischen Staaten, München 1977
Richards, Guy
The Rescue of the Romanows, Old Greenwich/Conn. 1975
Rörig, Fritz
Die europäische Stadt im Mittelalter, Göttingen 1932
derselbe
Wirtschaftskräfte im Mittelalter, Weimar 1959
Rosen, Andreas Baron von
Aus den Memoiren eines russischen Dekabristen, Leipzig 1874 (2. Auflage)
Rothfels, Hans
Bismarckbriefe, Göttingen 1955
Samarin, Jurij F.
Russische Grenzmarken, 5 Bände, Berlin 1868 ff.
Scharff, Alexander
Schleswig-Holstein in der deutschen und nordeuropäischen Geschichte, Stuttgart 1969
Schaeder, H.
Moskau, das dritte Rom, Studie zur Geschichte der politischen Theorien in der slawischen Welt, Darmstadt 1957
Schirren, Karl Christian
Quellen zur Geschichte des Untergangs livländischer Selbständigkeit, 8 Bände, Reval 1861–1881
Schlesinger, Moritz
Erinnerungen eines Außenseiters im diplomatischen Dienst, Köln 1977
Schleuning, Johannes
Die deutschen Kolonien im Wolgagebiet, Berlin 1919
Schlözer, August Ludwig von
Übersetzungen des russischen Chronisten Nestor, 5 Bände, Göttingen 1802–1809
Schlözer, Kurd von
Die Hanse und der deutsche Ritterorden in den Ostseeländern, Berlin 1851
derselbe
Livland und die Anfänge deutschen Lebens im baltischen Norden, Berlin 1850
derselbe
Friedrich der Große und Katharina II., Berlin 1859
derselbe
Verfall und Untergang der Hanse, Berlin 1853
Schmieding, Walther
Aufstand der Töchter, München 1979
Schnurr, Joseph
Die Kirchen und das religiöse Leben der Rußland-Deutschen, Stuttgart 1979
Schreiber, Georg (Hrsg.)
Deutschland und die Kultur der Ostsee, München 1953
Setscharew, V.
Gogol, Leben und Schaffen, Berlin 1953
derselbe
Puschkin, sein Leben und Werk, Wiesbaden 1963
derselbe
Geschichte der russischen Literatur, Stuttgart 1962

Sheehy, Ann
The Crimean Tatars, Volga-Germans and Meshketians Minority Rights Group, London 1973
Shub, David
Lenin, eine Biographie, Wiesbaden 1957
Stählin, Karl
Die Entstehung des Panslawismus, Berlin 1936
Stöckl, S.
Russische Geschichte von den Anfängen bis zur Gegenwart, Stuttgart 1965
Stumpp, Karl
Die Auswanderung der Deutschen nach Rußland in den Jahren 1763 bis 1892
Treitschke, Heinrich von
Das deutsche Ordensland Preußen, Göttingen 1955
Tarsis, Valerij
Rußland und die Russen, Luzern / Frankfurt 1967
Troyat, Henry
Puschkin, eine Biographie, München 1959
Trubetzkoj, N. S.
Die russischen Dichter des 18. und 19. Jahrhunderts, Graz/Köln 1956
Tschischewskij, Dimitrij
Hegel bei den Slawen, Frankfurt/Main 1934
derselbe
Geschichte der altrussischen Literatur, Frankfurt/Main 1948
derselbe
Altrussische Geistesgeschichte, Hamburg 1959–1961
derselbe
Russische Literaturgeschichte des 19. Jahrhunderts, München 1968
Valentin, Veit
Deutsche Geschichte, München / Zürich 1965
Vehse, Eduard
Geschichte der preußischen Höfe, Hamburg 1851
derselbe
Geschichte der Höfe des Hauses Sachsen, Hamburg 1854
Vogeler, Heinrich
Reise durch Rußland, Dresden 1925
Weidle, Wladimir
Rußland, Weg und Abweg, Stuttgart 1956
Wittfogel, Karl
Die orientalische Despotie, Frankfurt/Main, Berlin, Wien 1977
Wittram, Reinhard
Baltische Geschichte, München 1954
derselbe
Peter I., Zar und Kaiser, Göttingen 1964
Yarmolinskij, Avrahm
Zaren und Terroristen, Hannover 1957
Zenkowskij, Sergej
Aus dem alten Rußland, Epen, Chroniken und Geschichten, Herrsching 1963
Zubow, Valentin Graf von
Zar Paul I., Stuttgart 1963

Personenregister

Bildnachweis

Akademie der Wissenschaften Leningrad: 19; Archiv Gerstenberg: 41, 122, 235, 250, 278, 306, 317, 321, 322, 343, 344, 345, 346, 350/351, 385; Archiv für Kunst und Geschichte: 23, 37, 47, 225, 253, 259, 275, 299, 302, 312, 313, 320, 324, 341, 349 u., 353, 364/365, 392; Bayerische Staatsbibliothek München: 30/31, 32, 56, 72 (H. Gebhardt); Bildarchiv Foto Marburg: 297 u.; Bildarchiv Österreichische Nationalbibliothek: 113, 117, 118, 143, 167, 184, 245, 339; Bildarchiv Preußischer Kulturbesitz: 62, 76, 78, 89, 105, 120/121, 154, 157, 162/163, 165, 168/169, 172, 173, 180, 193, 194, 196, 198, 204/205, 212, 214/215, 215 u., 217, 221, 231, 233, 236, 238, 260/261, 264, 269, 272/273, 279, 284, 285, 294/295, 304/305, 315, 321, 354, 355, 357, 358, 361, 362, 371, 382/383, 409, 410/411, 445, 447; Bildarchiv Preußischer Kulturbesitz/Novosti-Press: 321, 326/327; British Museum: 10; Camera-Press: 333, 451, 458; DKP: 465; Aus: »Der alte Fritz«, H. Buber-Verlag, Potsdam: 252/253; Gruner + Jahr Bilddokumentation 449; Aus: S. Frh. v. Herberstain: »Moscoviter Wunderbare Historien«: Titel, 50, 79, 93; Historia-Photo: 27, 51, 53, 114/115, 128/129, 137, 147, 224, 239, 337, 375, 406; Aus: »An illustrated history of Russia« v. J. Carmichael: 249, 349 o.; Aus: »Historische Gemälde in Erzählungen...« Leipzig 1800: 289; Historisches Bildarchiv Handke: 190/191; Historisches Museum Nowgorod: 97; Aus: »Illustrierte Geschichte Rußlands« v. W. Scheck/ Südwest-Verlag: 13, 16/17; keystone: 428; Lothar Kuchartz 459; Landesamt für Denkmalspflege Schleswig-Holstein: 151; Lenin-Bibliothek Moskau: 54; Mansell-Collection, London: 393 u.; Novosti-Press: 29, 44, 59; Öffentliche Bibliothek Leningrad: 48; Rovinski, A. D./New York Publish Library: 109; Aus: »Russia under Western Eyes«: 228; Staatsbibliothek Hamburg: 35; STern-Archiv: 376/377, 393 o., 397 o., 421, 426, 431, 433, 436; Süddeutscher Verlag Bilderdienst: 160, 177, 321, 322; Sven Simon: 441, 460, 467; Swan-Verlag Kehl: 416; Ullstein Bilderdienst: 21, 106, 134, 166, 189, 197, 203, 208/209, 248, 277, 297 o., 311, 335, 382, 386; United Press Photo: 438; Upi: 419; Aus: »Volk auf dem Weg«, Landsmannschaft der Deutschen in Rußland e.V.: 267; Viollet, H. Roger: 186/187; Walters Art Gallery: 246; Zeitgeschichtliches Bildarchiv H. Hoffmann: 426/427, 443.

Anhang

Wie sehen die Deutschen die Russen?

Ergebnis einer Meinungsumfrage

»Vor diesen [den Reformen Peters d. Großen] lebten sie in der größten barbarey von der welt / itzt aber sind sie um ein merckliches civilisirter worden...« schrieb im Jahre 1706 der junge Leipziger Gelehrte Christian Stieff in einer »Relation von dem gegenwärtigen zustande des Moscowitischen Reichs«. Doch »sauffen sie biß zur äusersten bezechung«, haben auch »die garstigsten schimpff- und schelt-worte«. Zur Normalität gehöre »das continuirliche prügeln der unterthanen und schlagen der weiber«. Überdies sind sie »bey dieser knechtischen art gleichwohl hochmüthig / stoltz / unbändig / bilden sich ein / sie seyn klüger und besser als alle andere völcker«.

Rußland. Das war für die Deutschen damals, ebenso wie für andere Völker, etwas Fremdes, Rätselhaftes, Unheimliches. Die zeitgenössischen Berichte waren vielfach von Vorurteilen geprägt, mit Klischees behaftet. Je weniger man tatsächlich von diesem Land und seinen Menschen wußte, um so schöner konnte man sich gruseln. Die Figur des Tyrannen Iwan der Schreckliche wurde zum russischen Menschen schlechthin.

»Freundliche oder nur objektive, wirklichkeitsnahe Fremdenbilder werden durch zeitweilige Ereignisse verdrängt, verwischt«, schreibt der in Köln lebende russische Schriftsteller Lew Kopelew in dem mehrbändigen Werk »Russen und Rußland aus deutscher Sicht«. Und: »Dagegen bleiben Zerrbilder, die aus alten Vorurteilen, aus bitteren Reminiszenzen, aus Überheblichkeit oder aus Angst und Minderwertigkeitskomplexen entstanden sind, jahrhundertelang zählebig und können immer wieder als Feindbilder neu belebt werden.«

»Manche der vor 400 Jahren geäußerten Meinungen über Rußland klingen noch heute vertraut«, sagte der Historiker Andreas Kappeler 1976 in einer Vortragsreihe an der Bonner Universität. »Als rohe Barbaren, als mächtige Feinde, die das Abendland bedrohen und sich durch grausame Willkürherrschaft im Innern und Kriegsgreueltaten gegen außen auszeichnen, galten und gelten die Russen zum Teil noch immer.«

Bundeskanzler Helmut Kohl kam im Oktober 1988 als Repräsentant eines Volkes nach Moskau, dessen Meinung über die Russen sich in den vergangenen zehn Jahren verändert hat – fast dramatisch, berücksichtigt man die kurze Zeitspanne. Unabhängig von Alter, Bildung und politischer Einstellung über

wiegt in der Bundesrepublik jetzt die Sympathie für die Russen. Die heutige sowjetische Politik wird von der Mehrheit positiv beurteilt.
Das ist das Ergebnis einer groß angelegten Studie der Münchner »Gesellschaft für Sozialforschung und Marktforschung Sinus«. Im Auftrag des STERN und der Friedrich-Ebert-Stiftung untersuchte Sinus die Einstellung der Deutschen zu den Russen und zur sowjetischen Politik sowie – im Vergleich – zu Amerikanern und zur US-Politik und befragte hierzu in der Zeit vom 11. Juli bis zum 5. August 1988 einen repräsentativen Querschnitt von 1670 Wahlberechtigten in der Bundesrepublik Deutschland.

★

Untersuchungen darüber, wie die Deutschen ihre westlichen Nachbarn und die Vereinigten Staaten sehen, gibt es seit langem. Bereits wenige Monate nach Kriegsende sammelten die Amerikaner systematisch Meinungen der deutschen Bevölkerung über die Besatzungsmacht. Waren nach anfänglicher Euphorie die Sympathien für die Amis – so ein Geheimbericht von Ende Juli 1945 – auch sehr gesunken, so konnte man doch mit dem Finger immer auf den östlichen Verbündeten zeigen: »Wir profitieren allerdings auch davon, daß sich das Image der Russen drastisch verschlechtert hat.«
So wurden die Sowjets stets eher als Besatzer denn als Befreier angesehen. Flucht, Vertreibung, die Rache der Sieger, das wirkte ebenso nach wie die nationalsozialistische Propaganda von den »Untermenschen«, den »jüdischen Bolschewiken«, den »asiatischen Horden«. Der Mensch im Vielvölkerstaat Sowjetunion, das war »der Russe«, ein fremdes Wesen, unberechenbar, bedrohlich. Ihr Staat: ». . . eine Gefahr für alles, was uns lebenswert erscheint« – so der erste Kanzler der Republik, Konrad Adenauer, 1952 im Bundestag. Auch heute noch fürchtet eine Minderheit (23 Prozent) der Bundesbürger, die UdSSR könne mit der Reformpolitik ihre wirtschaftlichen Schwierigkeiten schneller lösen, um danach um so stärker weltrevolutionäre Ziele zu verfolgen, Eroberungspolitik zu betreiben.
Eine 1948 im Auftrag der UNESCO durchgeführte Studie ergab bei den Deutschen eine negative Beurteilung der Russen. Nur fünf Prozent hielten sie für friedliebend, 48 Prozent aber für grausam, 41 Prozent für rückständig. Vier Prozent attestierten ihnen damals Intelligenz.
Meinungsforschungsinstitute fragten später immer wieder nach den Einstellungen der Bundesdeutschen zu Russen und zur Sowjetpolitik. Dabei zeigte sich, daß bis Ende der sechziger Jahre das Weltbild der meisten Bundesbürger eindeutig war: Die Amerikaner standen für Freiheit und Demokratie, Wohlstand und Fortschritt. Moskau wurde für Teilung, Blockade und Mauerbau, Koreakrieg und Kubakrise verantwortlich gemacht, war Symbol für Unfreiheit und Unterdrückung im Innern, für Verletzung der Menschenrechte und Intervention in anderen Ländern. Die Sowjetunion galt den Westdeutschen als Land, das den Weltfrieden bedrohte, den Krieg als Mittel der Politik einsetzte, die Interessen seiner Verbündeten mißachtete und sich in die inneren Angelegenheiten kleinerer Länder einmischte, ja seine Gesellschaftsordnung anderen Nationen aufzwingen wollte. Die rücksichtslose Unterdrückung der ungarischen Freiheitsbewegung und des Prager Frühlings prägte das Rußland-Bild der Deutschen nachhaltig.
Den Amerikanern wurde die Befreiung Deutschlands von den Nazis gut-

geschrieben. Aus Amerika kamen Care-Pakete und John F. Kennedy. Die USA versorgten die Berliner über die Luftbrücke und galten als »starker Mann«, der die Sowjets in Schach halten konnte.

★

Dieses positive Amerika-Bild trübte sich während des Vietnamkrieges. Berichte über Rassendiskriminierungen, Arbeitslosigkeit, Armut, Slums, Kriminalität, Drogenhandel und politische Korruption kratzten ebenfalls am Image der USA. Auch war in den sechziger und siebziger Jahren parallel mit der Wirtschaftskraft das Selbstbewußtsein der Deutschen gewachsen. Die USA wurden vermehrt kritisiert, und es wurde eine auf deutsche und europäische Bedürfnisse abgestellte Politik in den Ost-West-Beziehungen formuliert.
Schreibt der Hamburger Historiker Arnold Sywottek über die Anfänge der Bundesrepublik: »Das Fremdbild der Sowjetunion als Feindbild wird in der Phase der innenpolitischen Formulierung und der außenpolitischen Festlegung der Bundesrepublik intensiv propagiert«, so änderte sich das mit der Entspannungs- und Vertragspolitik der sozialliberalen Koalition. Allensbach stellte 1973 fest, daß wieder eine enge Zusammenarbeit mit beiden Großmächten gefragt war.

★

In der zweiten Hälfte der SPD/FDP-Regierungszeit änderte sich das erneut.
Bereits 1980 wurde das Sinus-Institut von der Planungsabteilung im Bundeskanzleramt mit einer Studie über die Einstellungen der Westdeutschen zu den Bürgern und zur Politik der beiden Supermächte betraut. Aktueller Anlaß war der Einmarsch sowjetischer Truppen in Afghanistan und der befürchtete Rückschlag für die Entspannungspolitik.
Ergebnis: Nachdem in den zurückliegenden siebziger Jahren die Hoffnung gewachsen war, USA und Sowjetunion sowie ihre Verbündeten könnten zu einem Ausgleich kommen, stellten sich erneut Zweifel an der Friedfertigkeit Moskaus ein. Die amerikanische »Politik der Stärke« fand wieder Anhänger. Die Chancen für die Bewahrung des Friedens in Europa wurden pessimistischer beurteilt. Stärker als früher waren die Westdeutschen davon überzeugt, die Sowjetunion bedrohe die Bundesrepublik militärisch und dagegen helfe nur Entschlossenheit des »westlichen Lagers«.
Die Sinus-Studie von 1981, ebenfalls im Auftrag des Kanzleramtes, stand im Zeichen verschärfter Spannungen zwischen Washington und Moskau. Seit zehn Monaten war Ronald Reagan neuer US-Präsident, und er verfolgte eine harte Linie gegenüber den Sowjets. Im selben Jahr formierte sich vor allem in der Bundesrepublik die Friedensbewegung. In Bonn demonstrierten 300000 Bürger gegen den Nachrüstungsbeschluß. Das Vertrauen in die Friedenspolitik Washingtons hatte deutlich nachgelassen und die Zahl der Wähler zugenommen, die weder der Sowjetunion noch den USA glaubten, an einer Entspannung interessiert zu sein, ihnen dagegen unterstellten, sie würden ihre Konflikte gegebenenfalls auf dem Rücken ihrer europäischen Bündnispartner austragen.
Dieser Trend verstärkte sich. Nach der dritten Sinus-Umfrage, wieder im Auftrag des Kanzleramtes und fertiggestellt, als Union und FDP die SPD/FDP-Regierung gestürzt hatten, waren 1982 fast zwei Drittel der Bundesbürger mit der Politik Reagans nicht zufrieden.

In der Laufzeit der vierten Sinus-Studie 1983 fiel der Abschuß eines koreanischen Verkehrsflugzeuges durch die Sowjets. Dennoch ließ sich an den Ergebnissen ablesen, daß die Kritik der Wähler an bestimmten Ausprägungen der amerikanischen Politik weiter zugenommen hatte und immer mehr Bundesdeutsche beide Supermächte für ihre friedensgefährdende Großmacht- und Rüstungspolitik kritisierten. Wichtigste Auslöser waren der bevorstehende Nachrüstungsbeschluß, die SDI-Pläne, Reagans Mittelamerikapolitik, US-Wirtschaftssanktionen gegen die Sowjetunion und Polen.

Erst drei Jahre später führte Sinus im Auftrag des STERN und der Friedrich-Ebert-Stiftung eine weitere Untersuchung durch. Anlaß war die angebliche Zunahme eines »Anti-Amerikanismus« in der Bundesrepublik. Das Ergebnis der Studie von 1986 korrigierte das grobschlächtige Bild. Tatsächlich »mögen« die Bundesdeutschen die Amerikaner – die Machtpolitik des Weißen Hauses sehen sie hingegen mit starken Vorbehalten. Gegenüber den beiden Supermächten, so Sinus damals, »zeigen die Deutschen einen skeptischen Realismus«.

★

Acht Jahre nach der ersten Untersuchung des Münchner Instituts zur Haltung der Deutschen gegenüber den Großmächten, sind die Sowjets dabei, Afghanistan wieder zu verlassen. Die beiden Supermächte haben sich darauf geeinigt, die Mittelstreckenraketen zu verschrotten. In der Sowjetunion deuten sich mit Glasnost und Perestroika nahezu revolutionäre Veränderungen an.

Diese Begriffe sind – so die STERN-Sinus-Umfrage 1988 – zwei Dritteln aller Wähler in der Bundesrepublik bekannt. Und vier Fünftel der Wähler, die mit Glasnost und Perestroika etwas anfangen können, verfolgen die Moskauer Reformpolitik mit Interesse. Mehr als zwei Drittel erwarten von den Reformen – wenn sie sich durchsetzen – positive Auswirkungen auf das Ost-West-Verhältnis.

Es war vor allem die Reformpolitik Gorbatschows, die den Wandel in der Einstellung der Bundesdeutschen zur Sowjetunion beschleunigt hat. Immer weniger Bundesbürger sind heute bereit, alles Schlechte in der Welt einseitig der Sowjetunion anzulasten oder bedingungslos alles für gut zu halten, was die USA tun. Immer mehr Westdeutsche sehen Ähnlichkeiten in der Weltmachtpolitik beider Großmächte. Deren Image, das zeigt die Sinus-Studie von 1988 deutlich, gleicht sich in der Vorstellung der Deutschen zunehmend einander an.

Weit verbreitet ist die Hoffnung, daß sich die Großmächte endlich an einen Tisch setzen, um sich – außer der Abrüstung – den weltweiten Problemen wie der Bekämpfung des Hungers und der Umweltzerstörung zu widmen. Mehr als die Hälfte der Befragten erwartet von Glasnost und Perestroika größere Unabhängigkeit für die Staaten des Warschauer Pakts. Eine Minderheit von 25 Prozent rechnet allerdings mit einem Scheitern der sowjetischen Reformpolitik an der Parteibürokratie, weil sie letztlich auf eine Abschaffung des Systems hinauslaufe.

Die Mehrheit blickt mit Vertrauen nach Moskau. Ganz oben in der Gunst der Bundesdeutschen steht der Vater von Glasnost und Perestroika. 84 Prozent haben von Michail Gorbatschow eine gute Meinung, von US-Präsident Reagan nur 53 Prozent. Je besser der Schulabschluß und je jünger die Befragten, um so schlechter kommt der amerikanische Präsident bei den Deutschen weg und um so besser der sowjetische Generalsekretär.

Die gleiche Tendenz zeigt sich bei der Einschätzung der Russen generell, und das, obwohl persönlich mehr Deutsche (41 Prozent) die Amerikaner »mögen« als die Russen (35 Prozent). Immerhin gibt es weniger Deutsche (13 Prozent), die die Russen »nicht mögen«, als solche, die die Amerikaner »nicht mögen« (16 Prozent).
Aufschlußreich ist die Wechselwirkung von politischer Einstellung und der Zuschreibung von Charaktereigenschaften. Bundesbürger, die der Moskauer Politik positiv gegenüberstehen – und das ist die Mehrheit –, sind eher geneigt, den Russen als friedliebend, weniger, ihn als herrschsüchtig und kriegerisch zu bezeichnen. Und 42 Prozent von dieser Gruppe finden, die Russen seien in ihrer Mehrzahl höfliche Menschen. Dies meinen aber nur 19 Prozent jener, die die sowjetische Politik ablehnen.
Die hohe Zahl derer, die bei diesen und anderen Fragen keine Angaben machen, unentschieden bleiben, ist für die Meinungsforscher nicht überraschend. Sie erklären die Scheu vor Festlegung vor allem mit fehlendem Wissen über Land und Leute und nicht verarbeiteten Vorurteilen. »Was ist das für ein rätselhaftes Land, dieses Rußland! Wie undurchsichtig das alles!« Dieser Eindruck Konrad Adenauers während seines Aufenthaltes in Moskau im Jahre 1955 beherrscht noch heute viele Deutsche. Der Mensch in der Sowjetunion ist ihnen fremd geblieben. Man zögert, ihn zu charakterisieren.
Noch einmal der in der Bundesrepublik lebende Russe Lew Kopelew: »Drüben gibt es immer noch Vorstellungen von den tüchtigen, pedantischen, selbstgefälligen, sentimentalen, aber kaltherzigen und überheblichen Deutschen, denen man nur mit großem Vorbehalt trauen darf... und hier rätselt man immer noch über die berüchtigte russische Seele, die so widerspruchsvoll ist, daß man jeden Augenblick von ihr sowohl die herzlichste Zärtlichkeit wie die wildeste Grausamkeit erwarten könne.«
Die Sinus-Studie 1988 zeigt, daß die Deutschen nicht nur auf mehr Frieden und Verständnis durch Glasnost und Perestroika, also dank Gorbatschow, hoffen, sondern daß sie beginnen, den russischen Menschen ohne Vorurteile zu sehen.

★

Während der Aufklärung erlebte der geistige Austausch zwischen Deutschen und Russen eine Hochblüte. Das Gefühl kultureller Verbundenheit ist trotz Nationalsozialismus und Stalinismus, trotz aller politischer Systemunterschiede, offensichtlich bis heute lebendig geblieben. Das zeigen die Antworten vor allem auf Fragen nach Bereichen, in denen Russen und Deutsche ebenbürtig und vergleichbar sind. Die Kultur allgemein wurde dabei von 43 Prozent genannt, im speziellen Volksmusik und ernste Musik sowie Dichtung und Literatur. Hier scheint es im Bewußtsein vieler Deutscher, so die Sinus-Meinungsforscher, »ein gemeinsames europäisches Dach zu geben, unter dem man Gemeinsamkeiten von Werten und Tradition verspürt, oft auch in Abgrenzung zu einer als oberflächlicher und kurzlebiger empfundenen amerikanischen Kultur«.
In 21 Bereichen fragte Sinus nach nationalen Kompetenzen, Leistungen und Fähigkeiten. Die Antworten zeigen, daß die Deutschen nach wie vor sehr von sich überzeugt sind. Sie gestehen den Sowjetrussen nur in sechs Bereichen eine Überlegenheit zu: Sport, Weltraumforschung und Technik, Sicherheit vor Arbeitslosigkeit, Schutz vor Kriminalität und Bekämpfung des Terrorismus.

60 Prozent der Bundesbürger sind außerdem der Meinung, daß Nationalbewußtsein und Patriotismus bei den Russen besser angeschrieben sind.

★

Die Ergebnisse der Studie 1988 belegen, daß sich der Trend einer im Zuge der Ost-West-Entspannung größer werdenden Distanz zum Bündnispartner USA seit 1986 noch verstärkt hat. Nicht nur, daß die Bundesbürger die Russen vermehrt »mögen« und emotional positiv beurteilen, auch die Einstellung der Westdeutschen zu vielen Fragen der Sicherheits-, Verteidigungs- und Entspannungspolitik hat sich grundlegend geändert. Noch 1980 sagten 71 Prozent der Wähler, die Sowjetunion – nicht die USA – bedrohe den Weltfrieden, nach der Sinus-Umfrage 1988 sind nur noch 11 Prozent dieser Ansicht. 28 Prozent meinen, beide Seiten würden den Weltfrieden bedrohen. Und 45 Prozent glauben, dies treffe für keine der beiden Mächte zu (1986: 27 Prozent).
Schon 1980 forderten 55 Prozent der Westdeutschen, die Bundesrepublik solle sich mit beiden Supermächten gutstellen und nicht etwa nur mit den USA. 1986 wünschten dies 60 Prozent, 1988 sind es 69 Prozent, also mehr als zwei Drittel. Dennoch halten heute (so die Sinus-Umfrage) 70 Prozent der Westdeutschen die Mitgliedschaft der Bundesrepublik in der Nato nach wie vor für richtig.
Den Vorwurf, nur Moskau rüste auf, erhoben 1981 noch 36 Prozent der Westdeutschen, heute tun dies 12 Prozent. 1988 ist die Hälfte der Bundesdeutschen der Meinung, beide Großmächte wollten abrüsten, 20 Prozent bescheinigen sogar der Sowjetunion ein größeres Interesse daran. 44 Prozent glauben, beide Weltmächte wollten Atomwaffen verschrotten. Falls die Nato auf Atomwaffen verzichtet, sehen nur noch 30 Prozent der Bundesbürger dadurch die Gefahr eines konventionellen Krieges erhöht.
Für viele Deutsche sind gegenwärtig beide Supermächte Länder, die versuchen, anderen ihre soziale und wirtschaftliche Ordnung aufzuzwingen. Mehr als zwei Drittel der Befragten finden, daß sich beide Weltmächte in Angelegenheiten kleinerer Länder einmischen. 1980 sahen noch 49 Prozent allein Moskau als Störenfried an. Heute sind es nur noch zwei Prozent.
Die Münchner Meinungsforscher ziehen den Schluß: »Vierzig Jahre nach dem Ende des Zweiten Weltkrieges begegnen die Deutschen in der Bundesrepublik der Politik beider Supermächte mit zunehmend kritischer Distanz. Eine Großmachtpolitik im herkömmlichen Sinne ist immer weniger gefragt.«
Parallel zur Nivellierung der politischen Urteile über die USA und die Sowjetunion wächst im Sommer 1988 der Optimismus über die politische Großwetterlage. Während 1983 noch 86 Prozent der Befragten fanden, das Ost-West-Verhältnis sei schlecht oder weniger gut, sind heute nur noch 39 Prozent dieser Ansicht, und fast die Hälfte der Westdeutschen hält das Ost-West-Verhältnis für gut. Vor zwei Jahren waren nur 18 Prozent dieser Meinung.
Zwei Drittel der Westdeutschen sind zuversichtlich, daß der Frieden in Europa bewahrt werden kann. 59 Prozent meinen, die Bundesrepublik sei von der Sowjetunion militärisch nicht bedroht. 1983, zur Zeit der Nachrüstungsdebatte, fühlten sich 46 Prozent bedroht, heute nur noch 24 Prozent. 1988 halten 44 Prozent Nato und Warschauer Pakt für annähernd gleich stark, und zwei Drittel sind der Ansicht, daß eine gleiche Stärke beider Supermächte für die Sicherheit Westeuropas am besten wäre. Eine knappe Mehrheit ist inzwischen überzeugt,

daß USA wie UdSSR auf ein militärisches Gleichgewicht hinsteuern. 44 Prozent glauben immer noch, daß die USA die Oberhand anstreben, und 41 Prozent nehmen das von der Sowjetunion an.
Dabei zeigen die Einstellungen der Bundesbürger zur amerikanischen und sowjetischen Politik, daß die weltpolitischen Klimaverbesserungen der aktuellen Moskauer Politik zugeschrieben werden. Die amerikanische Politik wird noch kritischer beurteilt als 1986.

★

Die Bewertung der Politik der Supermächte ist auch von Parteipräferenz, Alter und Bildungsgrad abhängig. Je höher der Schulabschluß und je jünger die Befragten, um so kritischer die Einstellung zu den USA und gleichzeitig um so positiver die Urteile über die Sowjetpolitik. Das gilt besonders für SPD-Anhänger, noch mehr für Parteigänger der Grünen. Bei den Befürwortern der Bonner CDU/CSU/FDP-Regierungskoalition und bei der Kriegsgeneration (60 Jahre und älter) überwiegt dagegen das Einverständnis mit der US-Politik.
Der Friedensbewegung stehen zwei Drittel der Bundesbürger mehr oder minder positiv gegenüber. Zwischen der Haltung zur Friedensbewegung und der Einstellung gegenüber den USA und der UdSSR besteht ein enger Zusammenhang. Die Gegner der Friedensbewegung sind zwar nicht »anti-sowjetisch«, aber »den Russen« gegenüber häufiger negativ als positiv eingestellt. Mitglieder der Friedensbewegung sind dagegen, wie Sinus ermittelte, eher »antiamerikanisch«, und 53 Prozent von ihnen sind gegen die Nato-Mitgliedschaft der Bundesrepublik. Dagegen denken die Sympathisanten, eine größere Gruppe als die Friedensbewegung selbst, über USA und Sowjetunion im wesentlichen wie die Gesamtbevölkerung: Von ihnen lehnen nur 14 Prozent die Einbindung der BRD in das westliche Bündnis ab. Bei den Gegnern der Friedensbewegung überwiegen die positiven Urteile über Reagan und die amerikanische Politik, und dementsprechend kritischer ist ihre Haltung gegenüber Gorbatschow.
Deutsche Unterschiede in der Einstellung der Deutschen zu Russen und sowjetischer Politik gibt es zwischen Jüngeren und Älteren. Der sowjetische Historiker Roy Medjedjew berichtete 1985 in der »Frankfurter Rundschau« über die Gefühle vor allem älterer Russen, die sich bis heute gegenüber den Deutschen feindselig verhalten: »Ich kann sie nicht sehen«, sagt eine ältere Frau, die als Sanitäterin von der Wolga bis Berlin kam. »Egal, ob aus der BRD oder der DDR.« Eine andere: »Ich kann sie nicht ertragen. Meinen Mann haben sie lebendig begraben.«
Medjedjew auch: »Ein ganz großer Teil der jungen Leute, die ich nach ihrer Beziehung zu den Deutschen fragte, sprachen von ihnen ohne feindliche, aber auch ohne freundschaftliche Gefühle.«
Vorbehalte gegenüber »den Russen« gibt es ebenso in der älteren Generation der Westdeutschen, deren Vorstellung von der Sowjetunion trotz aktueller politischer Entwicklungen im wesentlichen durch Krieg sowie Krisen und Feindbilder der Nachkriegszeit geprägt ist. Viele von ihnen neigen schneller als die Jungen zu negativen Urteilen über die Russen mit dem Argument, sie hätten persönliche Erfahrungen.
Dagegen fühlt sich die jüngere Generation von der Sowjetunion kaum mehr bedroht. Sinus schließt daraus, »daß sich das schon heute bereits recht positive

Bild der Deutschen von den Russen mit dem Generationswechsel in Zukunft noch weiter verbessern wird«.
Einen erheblichen Beitrag könnten dazu sicherlich mehr persönliche Begegnungen zwischen Russen und Deutschen bilden. 91 Prozent der Bundesbürger beziehen ihre Informationen über Land und Leute in der Sowjetunion aus dem Fernsehen, außerdem aus Zeitungen, Zeitschriften, Berichten von Freunden und Bekannten. Eigene Erfahrungen machten nur sieben Prozent der Befragten. Das Bild von den Russen ist also eher von Massenmedien als von persönlicher Anschauung bestimmt.
Dabei erklärte über die Hälfte der Westdeutschen, sie würden, wenn sie das Geld hätten, gerne eine Ferienreise in die Sowjetunion machen. Auch der Wunsch nach engerer Zusammenarbeit mit der Sowjetunion ist weit verbreitet. An der Spitze steht dabei der Umweltschutz mit 95 Prozent. Mehr Jugendaustausch fordern 88 Prozent der Bundesbürger, Erleichterung für Ferienreisen 84 Prozent und wechselseitige Studienmöglichkeiten 76 Prozent. Es folgen der Wunsch nach Städtepartnerschaften (74 Prozent), Parlamentariertreffen (74 Prozent), Zusammenarbeit auf wirtschaftlichen und technischen Gebieten (86 Prozent) und in der Weltraumfahrt (66 Prozent). Und zwei Drittel der Westdeutschen wollen den Russen beim Aufbau einer leistungsfähigen Konsumgüterindustrie helfen.

★

Lieben wir die Russen? Es muß nicht Liebe sein. Verständnis füreinander und der ernsthafte Versuch nach Ausgleich der Interessen reicht.
Der sowjetische Professor Daniil Proektor beim 81. Bergedorfer Gespräch mit deutschen und russischen Teilnehmern im März 1987 in Moskau: »Die Geschichte hat die Sowjetmenschen und die Deutschen zur friedlichen Koexistenz und zur Zusammenarbeit gewissermaßen verurteilt. Das haben die letzten vier Jahrhunderte eindringlich bewiesen. Die tragischen Perioden in unserer Geschichte, die es im 20. Jahrhundert gegeben hat, stellen Ausnahmen dar, obwohl wir diese Ereignisse nicht vergessen können.«
Der deutsche Teilnehmer Professor Werner Weidenfeld registrierte bereits damals, nach der langen Periode des Mißtrauens, einen »qualitativen Sprung« in den Beziehungen zwischen Deutschen und Russen: »Man hat fast den Eindruck, nicht mehr auf dem gleichen Planeten zu leben wie vor zwei Jahren.«
(Die Auswertung der Studie besorgte Peter Kutschke)